纪念**郑成功**收复台湾360周年学术研讨会论文集

李立新——主编

中原出版传媒集团
中原传媒股份公司

大象出版社
·郑州·

图书在版编目(CIP)数据

纪念郑成功收复台湾 360 周年学术研讨会论文集／李
立新主编. — 郑州：大象出版社，2024.6
　ISBN 978-7-5711-2211-9

　Ⅰ. ①纪… Ⅱ. ①李… Ⅲ. ①郑成功(1624—1662)
-人物研究-文集 Ⅳ. ①K825.2-53

中国国家版本馆 CIP 数据核字(2024)第 102029 号

纪念郑成功收复台湾 360 周年学术研讨会论文集

李立新　主编

出 版 人　汪林中
责任编辑　郑强胜
责任校对　李婧慧　牛志远
书籍设计　王　敏

出　　版　大象出版社(郑州市郑东新区祥盛街 27 号　邮政编码 450016)
网　　址　www.daxiang.cn
发　　行　全国新华书店
印　　刷　河南瑞之光印刷股份有限公司
开　　本　720 mm×1020 mm　1/16
印　　张　24.75
字　　数　325 千字
版　　次　2024 年 6 月第 1 版　2024 年 6 月第 1 次印刷
定　　价　85.00 元
若发现印、装质量问题，影响阅读，请与承印厂联系调换。
印厂地址　武陟县产业集聚区东区(詹店镇)泰安路与昌平路交叉口
邮政编码　454950　　　　　电话　0371-63956290

编委会

目 录

主题一：郑成功的生平事迹

主题二：郑成功的爱国主义精神

主题三：郑成功与郑氏家族综合研究

主题四：郑成功文化的传播与接受

在纪念郑成功收复台湾 360 周年学术研讨会上的致辞

⊙王承哲（河南省社会科学院院长）

各位专家学者、女士们、先生们，大家上午好！

四时俱可喜，最好新秋时。连续的高温天气已经过去，在这秋气宜人的季节，我们相聚在美丽的郑州，隆重举办纪念郑成功收复台湾 360 周年学术研讨会。郑成功是我国伟大的爱国主义者和民族英雄，他驱逐荷兰殖民者，收复我们的宝岛台湾，展示了伟大的民族气节和爱国情怀。今天，我们在这里召开学术研讨会，纪念郑成功收复台湾的伟大壮举，缅怀郑成功的历史功绩，弘扬郑成功维护祖国领土完整的崇高爱国主义精神，这是很有意义的。借此机会，我代表主办方河南省社会科学院对研讨会的召开表示热烈祝贺，向出席会议的各位嘉宾、专家学者致以诚挚问候！

台湾自古就是中国的神圣领土的一部分。16 世纪以后，外国侵略者的魔爪开始伸向我国大陆东南沿海和台湾地区。1624 年，荷兰殖民者侵占了我国台湾，在台湾实行残酷的殖民主义统治。台湾人民为了摆脱外来侵略者压迫，1652 年爆发了大规模的抗荷起义。1659 年，郑成功屯兵厦门，开始准备东征收复台湾。1661 年 2 月，郑成功果断地做出东征收复台湾的决定。4 月 21 日，他亲自率领 25000 名官兵、数百艘战船从金门料罗湾出发。在台湾人民的支援下，郑成功和东征将士经过 9 个多月的英勇奋战，彻底击败了荷兰殖民者，迫使殖民者在 1662

年 2 月 1 日签字投降。被侵占长达 38 年之久的台湾,终于回到了祖国的怀抱。

郑成功收复台湾的壮举,书写了抗击外国殖民侵略的光辉一页,是维护祖国统一的光辉篇章。郑成功收复台湾后的治理实践,给两岸同胞留下了携手共建家园的丰厚遗产。台湾是祖国的宝岛,两岸同胞携手建设早已载入史册。郑成功收复台湾后,开府设县,重教兴学,实行科举,推行屯田,兴修水利,提振农业,推动了台湾的开发建设和发展。郑成功的历史功绩一直在两岸传颂,至今仍然是联结两岸同胞的精神纽带和文化桥梁。习近平总书记指出,要"以正确的历史观、民族观、国家观化育后人,弘扬伟大民族精神"。以史为鉴,可以更好地把握现在、面向未来。我们在这里召开学术研讨会,就是要从历史中汲取养分,赓续爱国主义传统,共同推动两岸关系和平发展,推进祖国完全统一。

河南是中华文明的重要发祥地,是海内外华人共同的精神家园和心灵故乡。河南与台湾在历史上有着同宗同祖、同根同源的紧密联系。2005 年,国民党主席连战在北京大学演讲时讲过一句话:"在台湾……有客家人,而我们大多是'河洛郎'。"这句话道出了台湾与中原源远流长的血脉关系。台湾有句谚语叫"陈林半天下,郑黄排满街",这陈、林、郑、黄四大姓追本溯源,根在河南。有人曾经形象地说,台湾之根五百年前在福建,一千年前在河南,台、闽、豫一千年前是一家。"中原河洛文化"是中华民族的根文化,也是台湾的根文化。台湾人和中原儿女人缘相亲、文缘相承、史缘相同,根在河洛。我们今天开会纪念的民族英雄郑成功,他的祖根地就在我们河南的荥阳。

河南省社会科学院是省委、省政府的"思想库""智囊团",始终坚持围绕中心、服务大局,多年来围绕省委、省政府重大决策和战略部署,开展了一系列具有全局性、战略性、前瞻性的研究,提出了许多有重要价值的对策和建议,赢得了领导的认可、业界的认同和社会的尊重。当前,河南省社会科学院站在了新的历史起点上,省委、省政府高度重视关心支持社科院的发展。这次省直事业单位重塑性改革,要求做大做强做优省社科院,提出了建设国内一流哲学社会科学研究机构和建设国内一流新型高端智库的"双一流"建设奋斗目标,给省社科院核定编制 1000 个,为社科院提供了前所未有的发展机遇。举办学术活动,是推进学科体系、学术体系、话语体系建设的重要抓手，是抢抓机遇、推进"双一流"建设的有力举措。在未来一个时期，我们将举办更多更有意义的学术活动，期待各位专家积极参与，大力支持。

今日中国，前所未有地走近世界舞台的中心，前所未有地接近实现中华民族伟大复兴的梦想。让我们在以习近平同志为核心的党中央的坚强领导下，传承弘扬伟大的爱国主义精神，以饱满的热情迎接党的二十大的胜利召开！

最后，祝纪念郑成功收复台湾360周年学术研讨会圆满成功！

谢谢大家。

2022 年 8 月 27 日

在纪念郑成功收复台湾 360 周年
学术研讨会上的致辞

⊙林宪斋（河南省姓氏文化研究会会长）

各位专家学者、各位嘉宾，大家上午好！

天上双星合，人间处暑秋。在这天气渐渐凉爽的美好季节，我们在这里隆重召开纪念郑成功收复台湾 360 周年学术研讨会。郑成功是荥阳之光，是世界郑氏之光。在郑姓的起源地郑州，召开这次会议非常有意义。这次会议的召开得到了河南省社会科学院的大力支持，得到了河南省台湾同胞联谊会的大力支持，得到了泉州郑成功研究会的大力支持，得到了社会各界尤其是学术界的大力支持。在此，作为主办方之一，我谨代表河南省姓氏文化研究会，向前来参加会议的各位领导以及专家学者表示热烈的欢迎和衷心的感谢！

习近平总书记指出，黄河文化是中华文明的重要组成部分，是中华民族的根和魂。在 5000 多年的中华文明史上，河南作为全国政治、经济、文化中心长达 3000 多年。从三皇五帝到如今，以中原文化为中心的黄河文明在兼容并蓄中不断发展进步，为这片土地留下了丰富的文化资源。姓氏文化是河南重要的文化资源之一，河南是中国姓氏资源第一大省。据统计，中国姓氏排名的前 100 个大姓中有 78 个姓氏直接起源于河南，有 98 个姓氏的郡望地在河南，南方"八大姓"全部起源于河南，这些姓氏涉及当代华人姓氏的 90%。郑姓以国号为氏，出自周宣王之弟姬友的封地郑国，郑姓远祖为郑桓公。荥阳既是郑姓的起源地，又是郑姓的郡望地。在郑姓人中，很早就有"天下郑姓出荥阳"和"荥阳郑氏遍天下"的说法。

荥阳市委、市政府高度重视保护和弘扬郑姓文化，成立了正科级单位荥阳市人民政府世界郑氏联谊中心，筹建了郑氏三公巨像、郑氏名人苑、荥阳堂文化苑。还出版有"荥阳郑氏研究"丛书，编纂了《郑氏族系大典》，成立有郑文化研究院，建立有郑成功纪念馆，每年都举办世界郑氏拜祖大典，在全球郑姓中产生了巨大影响。郑文化研究院于2013年7月经河南省民政厅正式注册，是为推广郑文化而成立的非营利性机构，是我会的团体会员单位，也是这次会议的承办单位之一。

河南省姓氏文化研究会是从事姓氏文化研究的专门学会，拥有一批省内外知名的专家学者。学会现有二级学会110多个，团体会员单位接近10个。2019年，中共河南省姓氏文化研究会党委成立以来，二级学会的党支部建设在稳步推进。我们要求各个二级学会在加强支部建设，提高政治意识的同时，多组织学术研讨会，研究、梳理各自的姓氏源流、家风家训和历史名人，推动中华优秀传统文化创造性转化、创新性发展。这些年来，我们举办过"中华姜姓源流暨太公文化学术研讨会""中华孙姓源流研讨会"等在国内有重大影响的学术研讨活动。最近，又成功召开了"王亥与中华王姓源流学术研讨会"。我们指导筹建了老家河南家谱馆，启动了《河南姓氏志》的编纂工作，在推动姓氏文化和根亲文化繁荣发展中做了大量卓有成效的工作，增强中华民族的凝聚力和向心力，得到了社会各界的广泛认可。

今年是郑成功收复台湾360周年。我们组织召开纪念性学术会议，最重要的是弘扬郑成功伟大的爱国主义精神，共担民族大义、顺应历史大势，共同推动两岸关系和平发展、推进祖国和平统一进程。我们要通过学术研讨活动，赓续中华民族爱国主义的优良传统，弘扬郑成功爱国主义精神，不断增进两岸同胞骨肉情谊，为推进祖国和平统一大业、实现中华民族伟大复兴做出积极贡献。

最后，预祝大会取得圆满成功！衷心祝愿各位领导、各位专家、各位来宾身心健康，阖家欢乐，工作顺利，事业有成！

谢谢大家！

2022年8月27日

国家统一是中华民族伟大复兴的历史必然

——在纪念郑成功收复台湾 360 周年暨郑成功诞辰 398 周年大会上的发言

⊙郑新立（中央政策研究室原副主任）

1661 年 4 月 21 日，郑成功率领 25000 名将士、400 多艘舰船从金门料罗湾出发，开始了收复台湾之战。经过 9 个多月的激烈战斗，1662 年 2 月 1 日，荷兰侵略者签署了投降书，结束了长达 38 年的殖民统治。今天，我们在这里隆重集会，纪念郑成功收复台湾 360 周年和郑成功诞辰 398 周年，重温历史，具有重大的现实意义。

总结郑成功取胜的经验：一是集中优势。发挥我方人力资源丰富的优势，集中 10 倍于敌的兵力打歼灭战。二是敢于近战。实施蜂群战术，战士乘小艇靠近敌舰，使荷兰重炮发挥不了作用，将敌舰击沉。三是直捣黄龙。擒贼先擒王，首先攻打敌方指挥中枢。四是围而困之。对顽固之敌进行长达 8 个月的包围，断其补给，打击援军。五是里应外合。动员台湾爱国民众，奋起反抗荷兰殖民者，内外夹击，夺取胜利。今天，武器装备虽已不可同日而语，但郑成功的战略战术特别是敢于战胜外国侵略者的英雄主义和爱国主义精神，仍值得我们借鉴和推崇。

实现国家完全统一，是中华民族伟大复兴的重要标志和必然要求。中华民族有着 5000 多年光辉灿烂的历史，为人类社会文明进步做出了巨大贡献。只是在近代以来，由于闭关锁国，在工业革命中落后于西方，才沦落为半殖民地半封建国家。中国共产党的建立，使我们掌握了马克思主义的先进思想武器，带领全国人民推翻了三座大山，建立了新中国，确立了中国特色社会主义制度。改革开放，使我们的国力大大增强。中华民族伟大复兴已近在眼前。我们积极争取采用和平方式解决台湾问题，但事情并不会总是按照我们的愿望发展。依靠武力实现国家统一，虽然会付出一定代价，但在不得已的情况下也是值得的。希望台湾同胞认清历史趋势，与全国人民一道，使台湾早日回到祖国怀抱，早日实现国家完全统一，使两岸人民共享民族复兴带来的福祉。

2022 年 8 月 27 日　郑州

主题一：
郑成功的生平事迹

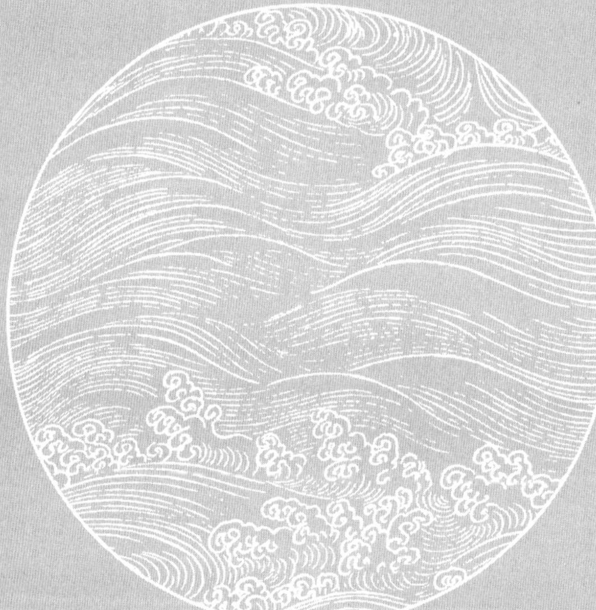

海上起兵同父子，人间读史各君臣
——论郑芝龙、郑成功父子功过

⊙任崇岳（河南省社会科学院研究员）

郑芝龙、郑成功父子是明朝末年的重要人物。郑成功驱逐敌寇，收复台湾，是彪炳史册的民族英雄；郑芝龙既降明又降清，反复无常，后世多以反面人物视之。郑芝龙降明叛明，投靠清朝，固然大节有亏，但他开发台湾，建设台湾，功劳也不可泯没，他是个有功有讨的人物。

一、根在荥阳，迁入南安

郑姓与郑国有着不解之缘，据《史记·郑世家》记载，周宣王二十二年（前806）封其弟姬友于郑（今陕西渭南市华州区东），此为郑国之始。至周幽王时，天下大乱，姬友为寻找安身立命之处，通过"寄孥与贿"的方式，把妻子、儿女安置在京这个地方，即今河南荥阳的京襄城村，为郑国建立新国打下了基础。姬友死后被追谥为桓公，其子掘突袭位，是为郑武公。周平王东迁，京城由镐京迁往雒邑，郑武公趁护送平王东迁之际，先后灭了虢、郐两国，在溱水、洧水之间建立了新的郑国，都城在今河南荥阳市境内。胡三省为《资治通鉴》卷一《周纪》作注时说："郑桓公始封于郑，其地属汉之京兆，后灭虢、郐而国于溱、洧之间，故曰新郑，郑庄公所谓吾先君新邑于此是也。"这里的"先君"指郑武公，"新邑"指的就是荥阳境内的郑国新都城。由此看来，郑姓源于荥阳，天下郑姓出荥阳，乃是不争的事实。郑桓公是郑芝龙、郑成功的始祖。

历史上郑姓曾因战乱不遑宁居而多次迁徙，晋代"永嘉之乱"时就有郑姓入闽。乾隆《福州府志》引宋人路振《九国志》云："晋永嘉二年，中州板荡，衣冠始入闽者八族，林、陈、黄、郑、詹、邱、何、胡是也。"《台湾省通志·人民志·氏族篇》说，晋代从中原入闽者，共十三姓，其中就有郑姓。唐代入闽者更多，郑芝龙的直系祖先就是这时入闽，明初迁入南安市（属福建泉州市管辖）的。南安市《郑氏石井宗谱序》说："夫我郑自唐光启间入闽，或居于莆（福建莆田）、于漳（福建漳州）、于潮（广东潮州）、于泉（福建泉州），是不一其处。"进入泉州的这一支郑姓就是郑芝龙、郑成功父子的直系祖先。台湾出版的《郑成功史事研究》一书说："郑氏在唐僖宗光启间由河南光州固始县入闽……大约在明初，成功的直系始祖隐石公开基南安县的石井巡司，逐渐而成大族。"

二、亦商亦盗，称雄海上

明神宗万历三十二年（1604），郑芝龙出生于福建南安县石井一个小官吏家庭，小名一官。南安县濒临台湾海峡，石井村是闽南渔村，这里的百姓多靠打鱼为生，生活并不富裕。郑芝龙从小不喜读书，有膂力，好使枪弄棒，水性极好，出没惊涛骇浪中如履平地。他的父亲郑士表指望他科举得中，光宗耀祖，见他不习诗书，冶荡无检，甚为失望。芝龙17岁时，因家庭贫窭，生计困难，便偕弟弟芝虎、芝豹前往广东香山澳（今澳门），投靠舅父黄程。香山澳乃当时中外贸易中心，货物山集，商贾云屯。黄程就是海商，他有经商天赋，把生意做得风生水起，多年从事海外贸易，赚得盆满钵满。见外甥到来，自然格外照顾，让郑芝龙襄理商务。郑芝龙头脑灵活，很快便熟悉并掌握了经商的诀窍，黄程赏识他的才能，派他到马尼拉经商。他在那里遇到了同样经商的葡萄牙人与荷兰人，相处既久，郑芝龙学会了葡萄牙语，并成为一名天主教教徒，后来又学会了荷兰语。

黄程的生意越做越大，添置了许多船舶，跟日本人做买卖。泉州人李旦在日本经商多年，遂成巨富。黄程派郑芝龙押运一批货物至日本长崎，郑芝龙见那里林峦优美，便滞留不归。但他初来乍到，人地生疏，谋生无术，衣食不给，只得靠卖鞋兼作缝纫，赚钱糊口。不久，便结识了李旦，李旦是当地华侨首领，又有一支专门从事海外贸易的船队，急需有经商才能的人做帮手。郑芝龙既通葡萄牙语与荷兰语，又善于经商，李旦甚为高兴，便认他为义子，让他率领一部分船只赴越南贸易。只消几年时间，郑芝龙来往奔波于海上，盈利甚多，成为一巨商大贾，在旅日华侨中名声大振，都愿结识他，和他往来。郑芝龙既有知名度，日本人也对他另眼相看，郑芝龙娶了日本女子为妻。

17 世纪初叶，荷兰是当时的海洋大国，在世界多地都有贸易往来，同时又以武力做后盾，抢劫掠夺，无所不为。李旦知道郑芝龙通荷兰语，便派他到澎湖做荷兰人的翻译。荷兰人正为语言不通商贸受阻一事发愁，有了郑芝龙做翻译，自然方便了许多，给他的待遇也很优厚。不巧的是，荷兰人因侵占澎湖而与明朝军队对垒，明朝一怒之下停止了与荷兰人的贸易，郑芝龙无用武之地，又遭到了荷兰人的冷落。与明朝做不成生意，荷兰人想垄断对日贸易，而西班牙人是他们的主要竞争对手。为打击对手，荷兰人专门成立了东印度公司，购置了船只，并在巴达维（今印度尼西亚雅加达）设立了大本营，命郑芝龙率领几十艘船只拦截葡萄牙与西班牙人的商船。郑芝龙既熟悉海洋环境，又能熟练地操纵船只，因此能拦截并俘获大量的外商船只，除了一部分上交东印度公司外，大部分落入了郑芝龙囊中。

明熹宗天启四年（1624），郑芝龙将他的根据地由日本转移至台湾，又结识了曾任日本甲螺（头目）的明朝人颜思齐，为他日后发展壮大打下了坚实基础。颜思齐生性慷慨，乐于助人，一掷千金，毫不吝惜。因遭官府欺辱，怒杀仇人，亡命日本，靠替人缝补衣服度日，同时尝试海上贸易。他谙熟经商之道，又诚信经营，很快便结识了一批志同道合的商人朋友，在日本有很高的知名度，日本人给了他一个甲螺的头衔。日本德川幕府对中国商人采用拉拢利诱与镇压相结合的政策，引起颜思齐的不满，与郑芝龙等密谋揭竿起兵。事不机密，日本人派兵捉拿，颜思齐与郑芝龙等乘船逃往台湾，在苯港（今台湾北港）登岸，卜居不归，作久驻之计。不久，李旦、颜思齐皆撒手归天，两人遗下的商船归郑芝龙所有，郑芝龙力量顿时雄厚，成为一支举足轻重的海上武装力量。到明天启七年（1627）

前后，郑芝龙已有船只近 700 艘，可以横行海上，敢与荷兰人、明朝政府抗衡了。他的船舶所到之处，既从事海上贸易，又打家劫舍，巧取豪夺，是一支亦商亦盗的队伍。

《明季稗史初编》卷二十一《赐姓始末》有一段关于郑芝龙的记载，与其他记载略有不同：

> 初，芝龙之为盗也，所居为泉州之东石。其地滨海，有李习者，往来日本，以商舶为事，芝龙以父事之。习授芝龙万金寄妻子，会习死，芝龙干没之，遂招募无赖为盗于海中。久之，而所得不赀。崇祯中，受巡抚沈犹龙招抚。芝龙娶日本长崎王族女为妻。凡为日本赘婿者，例不得归，惟芝龙挈其妻归还东石，遂为富人，甲于全闽，第宅纵横数里。犹龙母生日，进珊瑚高尺许，饰以珠龙金盘，观者艳之。芝龙从者掣生犀黄金为甲，每出则百人如一人焉。时南安有苟憨，惠安有刘香老，皆称富强。憨先亡，香恃强不就抚，朝命芝龙讨之，战于五虎门外之定海所，芝龙力不敌香。弟芝虎勇甚，望见香乘大舰，指挥兵士，芝虎直前跃舰而上，香手格芝虎，兵器堕之，遂徒手而搏，相持入海，俱死。芝龙既并其众，威震全闽。江右邹维琏嗣为巡抚，欲抑之，而势弥焰。

这段记载可能有疏漏之处，既没有提及郑芝龙的舅父黄程，也未提及颜思齐，更未提及他与葡萄牙人、荷兰人的关系，只提到了李习一人，以父事之，却又干没了他的财产，纯粹是一个无赖之徒。又说他火并苟憨、刘香老之后才"威震全闽"，这些提法都有可商兑之处。郑芝龙既有他的舅父黄程、李习（是否即李旦，待考）、颜思齐以及葡萄牙人、荷兰人的襄助，也有他头脑灵活、善于经商又善于纵横捭阖的因素在内，才能纵横东南沿海，成为富甲一方的海盗。

三、降明降清，大节有亏

明朝末年东南沿海主要有三股军事势力，即盘踞澎湖的荷兰人、郑芝龙集团、明朝政府，还有其他势力弱小的海盗。这三股军事力量互相攻伐，鏖战不休。明军攻打荷兰人，荷兰人遂从澎湖撤至台湾；明军攻打郑芝龙，往往铩羽而归，令明朝当局头疼不已。荷兰人与郑芝龙作战，也往往处于下风。崇祯帝于1628年即位，郑芝龙攻打泉州，明军大败输亏，明朝统治高层震惊不已。明军既要应对荷兰人，又要剿杀郑芝龙，两面作战，显得力不从心，于是便想到了招抚郑芝龙。郑芝龙知道当海盗不是长久之计，要封妻荫子，光宗耀祖，还得投靠明朝政府，于是便接受了招抚。当时南明弘光帝朱由崧（福王）政权覆亡后，大臣们和抗清志士在南方拥立了好几个政权。鲁王朱以海封地在兖州（今属山东），清兵攻破兖州，朱以海被俘，清兵见他年龄幼小，释而不杀，他渡江进入浙江，移居台州（今浙江临海）。原弘光朝的兵部尚书张国维、总兵方国安等把鲁王朱以海迎入绍兴，建立监国政权，控制了福建的长乐、永福、兴化、海口、福安等地。但随着清兵大举南下，这些地方又相继陷落。鲁王朱以海在大臣张煌言陪伴下进入舟山（今属浙江）。清军攻陷舟山，朱以海沿金门、天台逃亡，不得不取消了监国称号，接受永历帝管辖。

几乎与朱以海监国同时，原弘光朝委任的镇江总兵郑鸿逵（郑芝龙族弟）、南安伯郑芝龙、礼部尚书黄道周迎奉唐王朱聿键在福州称帝，改福建为福京，改福州为天兴府，建元隆武。隆武帝封郑鸿逵为定虏侯、郑芝龙为平虏侯，并赐郑成功国姓，改称朱成功，"以驸马体统行事，掌宗人府事"，郑成功得以按驸马的规格行事，可见天子对他的恩宠与信任。《明季稗史初编》卷二十《粤游见闻》叙述郑鸿逵说：

> 郑鸿逵镇守京口（今江苏镇江），有武弁王姓者，以三千金赂职方司王丽青，欲得京口。王利其贿，遂调郑鸿逵镇山东，郑失职，因怏怏。而清兵又屠扬州，犯瓜州（今江苏南京市六合区东南），鸿逵闻风先遁，挟王至闽。一云鸿逵曾与清兵相拒于京口，清将张天禄，史可法爱将也，鸿逵阵伤其一目，故清兵从天宁州渡江，郑遂奉王入闽。

这两种说法不管哪个准确，但都说郑鸿逵奉唐王朱聿键入闽，是再造明王朝的功臣，朱聿键倚郑鸿逵、郑芝龙兄弟为干城，也就在情理之中了。只是朱聿键疑心太重，既对邻近的鲁王朱以海政权猜忌，又对明末其他农民军不信任，不能结成统一战线，削弱了抗清力量。

朱聿键虽然贵为天子，但势力暗弱，军事上完全仰仗郑鸿逵、郑芝龙兄弟，郑芝龙与朱聿键时有龃龉。他与大臣方国安合疏推荐旧日大臣马士英，马士英得到重用。清兵渡钱塘江，方国安、马士英逃至天台（今属浙江），向清兵纳款请降，结果两人均被清兵诛杀。朱聿键认为郑芝龙荐人不妥，两人遂有了芥蒂，郑芝龙虽然拥立了朱聿键，但并不完全受朱聿键掌控。隆武朝大臣黄道周率师北伐，他的弟子遍布江西，黄道周请求去那里募兵，朱聿键下诏让郑芝龙资助军饷，郑芝龙靳而不与，未发一钱。黄道周招来了士兵，却无钱购置武器，只能拿着农具、木棍作战，结果被清兵打得大败，黄道周被俘，不屈而死。郑芝龙原来驻军仙霞岭（今浙江江山市南），扼清军南下之路，清兵来攻，郑芝龙却撤军不守，清兵得以长驱直入，直趋福州，时在延平的朱聿键仓皇出逃，郑芝龙则回到了家乡南安。《明季稗史初编》卷二十《粤游见闻》说：

> 先是郑芝龙力请旋跸福京，且云倾家相助，可四百万，入关固守，绝难飞渡，上不听。芝龙归，又令归，又赴行在，力向中官言，又不听，决策赴虔（今江西赣州），诏芝龙商留守事宜，芝龙亦不至。

从这条记载看，朱聿键、郑芝龙均有意气用事之处。郑芝龙请朱聿键回福州，自己愿意倾家相助，并入关固守，朱聿键不听，执意赴虔州。他让郑芝龙留守延平，郑芝龙也不听命令，两人的分歧越来越大了。

郑芝龙决意降清。他之所以降清，有三个原因：一是他与隆武帝朱聿键不和，想离开他另辟蹊径；二是清军攻势凌厉，南明覆亡已成定局，他不想殉葬；三是他的南安老乡、降清的明朝大臣洪承畴反复劝说，许以闽浙总督之职，这是个极大的诱惑。于是他不顾族弟郑鸿逵、儿子郑成功的劝阻，决意归依清朝。但清朝口惠而实不至，并没有让他当闽浙总督，而是把他送到了燕京，虽然待遇优渥，但事实上是把他软禁了。《明季稗史初编》卷二十一《赐姓始末》云：

> ［郑芝龙］为洪承畴所诱，必欲降附，诸将多不从，成功痛哭而谏，芝龙不从，单骑北去。芝龙既降，其家以为可免暴掠，遂不设备，北兵至安海，大肆淫掠，成功母亦被淫，自缢死。

让郑芝龙始料未及的是，他虽已降清，但清兵还是抄掠了他的家，奸淫了他的妻子，致使其妻含恨自缢。但既已投降，只能成为清朝砧板上的鱼肉，任人宰割了。清朝封郑芝龙为同安侯，是想以此为筹码，让他招抚郑成功，并未给予他相应的权力。郑芝龙奉清朝之命，在顺治十年（1653）、十一年（1654）、十三年（1656）三次招抚郑成功，均被拒绝，郑成功表示："万一吾父不幸，天也，命也，儿只有缟素复仇，以结忠孝两全之局耳！"招降不成，清廷恼羞成怒，囚郑芝龙于高墙，流放其弟芝豹于宁古塔（今黑龙江宁安市）。顺治十八年（1661）十月，郑芝龙被杀于燕京柴市（今北京市府学胡同西门）。他降明叛明，大节有亏，故后世对他多是负面评价。

四、收复台湾，民族英雄

郑成功击败荷兰侵略者，收复台湾，成为彪炳史册的民族英雄。郑成功原名森，字明俨，号大木，南明隆武帝朱聿键赐姓朱，名成功，世称国姓爷。又因永历帝封其为延平王，故又称郑延平。清顺治三年（1646）郑芝龙觍颜降清，22岁的郑成功毅然与父亲决裂，效忠明朝。这年十二月，郑成功移师南澳（今属广东），宣誓勤王。顺治四年（1647），表示仍奉明朝正朔。郑成功登高一呼，四方勤王者联翩而至，军威大振。其时永历帝朱由榔驻跸肇庆（今属广东），郑成功派人赴行在朝见，永历帝甚为高兴，封郑成功为延平王，年号改称永历。郑成功攻占平和（今属福建）、诏安（今属福建）、南靖（今属福建）三县之地，进围漳浦县（今属福建），一时输诚纳款者甚多。清廷慑于郑成功的声势，于顺治十一年四月提出，愿割让漳、泉、惠、潮 4 州之地给郑成功，条件是郑成功所部必须剃发归依清朝。郑成功不予理会，继续攻打漳州府，漳州府所属 10 县，除了龙岩县（今龙岩市）未攻下外，其余 9 县全部得手。又进攻泉州，"泉属七县降者六"。顺治十二年（1655）正月攻占仙游（今属福建），五月，祭旗誓师，六月祭海，大规模操练水师，九月挥师攻占揭阳、澄海、普宁（均属广东）三县，清廷再次劝降，又遭郑成功拒绝。顺治十三年（1656）五月，改厦门为思明州，以此为根据地，谋划北伐。顺治十五年（1658）二月，郑成功大会诸将，以少司马张煌言为监军北伐，抵达羊山（今浙江舟山大洋山岛）。羊山旧有龙王祠庙，海船途经羊山者，必用活羊祭祀，祭毕即放羊于山上，久而久之，羊群繁殖甚快，见人亦不避。士兵竞相捉羊，忽然大风猝至，波浪滔天，船只自相撞击，沉没甚多，只得返旆而还。顺治十六年（1659）五月，郑成功倾全力北伐，张煌言攻瓜洲（今江苏扬州邗江区），郑成功攻镇江，皆很快得手，芜湖震动，请求降附，许多地方传檄而定。《明季稗史初编》卷二十一《赐姓始末》记载：

> 江之南北，相率来归。郡则太平（今安徽当涂）、宁国（今安徽宣城）、池州（今安徽贵池）、徽州（今安徽歙县），县则当涂、芜湖、繁昌、宣城、宁国、南宁、南陵、太平、旌德、贵池、铜陵、东流、建德……州则广德、无为、和阳，凡得郡四、州三、县二十四。

一下子拿下这么多城池，这是南明政权一次空前绝后的胜利，郑成功及其部下不禁飘飘然，防御也就松懈了，士兵们"樵苏四出，营垒为空"。清军侦知明军没有防备，倾巢出动，大举进攻，明军仓促应战，兵无斗志，大败输亏，郑成功只得率残部退守厦门。顺治十八年（1661）郑成功率军从厦门出发，经澎湖直扑台湾。台湾曾经是郑氏父子经营之地，后被荷兰人夺去，在那里修筑了鸡笼（基隆）、淡水、赤崁（在今台南市）等城，另有土城数十处。台湾城池多用石头筑成，高数丈，厚丈余，建成之后，以火烧烤，石头熔化成石灰，融结一块，甚为坚固。澎湖是台湾的门户，地势低下，大船不易通过，到了这里必须换乘小船，故易守难攻。郑成功率师至澎湖，适值涨潮，得以顺利通过，直抵赤崁城。城中荷兰士兵只千余人，但城池坚固，炮火不能摧毁。赤崁城外高山有水，自下而上，聚于城壕，贯城而过。城中无井泉，此乃唯一水源。郑成功听取当地百姓建议，塞断水源，只过了三天，荷兰总督揆一便缴械投降，台湾重新回到了祖国怀抱，郑成功也就理所当然地成了民族英雄，名垂青史，俎豆千秋。

五、开发宝岛，泽被后世

郑芝龙降明叛明，大节有亏，颇受后世诟病，但他并非一无是处。一是在他亦商亦盗生涯中，只抢劫富豪商贾，从不劫掠穷苦百姓，并不时赈济那些衣食无着的百姓，"有彻贫者，且以钱米与之"，这与那些见利忘义、一味抢劫的海盗迥然不同。二是他用自己的海上力量，与荷兰人抗衡，打击了侵略者的气焰，荷兰人只能龟缩在台湾岛内，不敢在沿海横行。他控制海路，收取各国商船保护费用，成为海上霸主，东印度公司联合其他势力攻打郑芝龙，均以失败告终，不得不交出银两，取得郑家令旗方可出海。郑芝龙经商范围扩大到东洋、南洋等地，大小船只3000艘。三是他是开发台湾的功臣。明熹宗天启六年至七年（1626—1627），闽南大旱，数月不雨，禾稼不收，赤地千里，郑芝龙袭击泉州、金门、厦门等地，打败了前来剿抚的官军。战事平定之后，郑芝龙组织泉州饥民数万人进入台湾垦荒，沿海饥民竞相前往投靠。饥民们披荆斩棘，垦荒耕种，为开发台湾做出了贡献，这一壮举在台湾历史上还是第一次，郑芝龙筚路蓝缕之功，可圈可点。

崇祯元年（1628），福建又发生旱灾，田园鞠为茂草，百姓流离沟壑，郑芝龙再次招抚饥民入台湾垦荒。《明季稗史初编》卷二十一《赐姓始末》一书说：

> 台湾者，海中荒岛也。崇祯间，熊文灿抚闽，值大旱，文灿向芝龙谋之，芝龙曰："公第听候所为！"文灿曰："诺。"乃招饥民数万人，人给银三两，三人给牛一头，用船舶载至台湾，令其芟舍开垦荒土。厥田惟上上，秋成所获，倍于中土。其人以衣食之余，纳租郑氏。

台湾土地肥沃，所种五谷收成倍于内地，来台湾垦荒的饥民不但衣食有余，还可以给郑芝龙交租，真是一举两得。

郑成功收复台湾后，设立机构，继续移民，兴办学校，促进了台湾经济文化的繁荣和发展。台湾人口绝大多数是从闽、广等地迁入的汉族人，少数民族所占比例甚少。正如清末成书的《安平县杂记》一书所说："隶漳、泉籍者十分之七八，是曰闽籍；隶嘉应、潮州籍者十分之二，是曰粤籍；其余隶福建各府及外省籍者，百分中仅一分焉。"如跟随郑成功入台的陈姓，椒衍瓜绵，成为台湾第一大姓；跟随郑成功入台的林姓迁居嘉义、台南，后来遍布全岛，成为第二大姓，其他如黄姓、李姓、王姓等跟随郑成功入台者人数甚多。他们带来了内地先进的生产技术，传播了中原文化和风俗习惯，促进了汉人与少数民族的民族融合。郑芝龙、郑成功父子开发台湾的贡献光照日月，值得大书特书！

六、成功骸骨，奄厝何处？

郑成功收复台湾后仅5个月，便因积劳成疾，溘然长逝，年仅39岁。时为康熙元年（1662）。他殁后葬于何处，说法不一。康熙《台湾府志·坟墓篇》云："郑成功墓在台湾县武定里州仔尾。"他死后37年后，康熙帝恩准迁葬，即准许郑成功的骸骨可以迁回大陆家乡。郑成功是泉州南安人，自然是迁回南安。厦门鼓浪屿郑成功纪念馆内《郑氏附葬祖父墓志》说："康熙三十八年（1699）五月二十二日卯时葬于南安县康店乡乐斋公茔内。"这通墓志由郑成功之孙郑克塽撰文，另一孙郑克举勒石，故称祖父墓志。1970年河南固始县汪棚公社邓大庙大队小营生产队发现了郑成功墓，死者穿绣有蟒袍的官服，衣服上有"土部丰府郑成功"7字，发现此墓的是生产队队长郑大成。据此，有学者推断：郑成功灵柩被施琅献俘北京以后，又过了16年（即康熙三十八年，郑成功死后37年），郑成功灵柩被"特旨恩准归葬乡里"。但是郑克塽为了使郑成功安眠地下，不再受干扰，他一方面秘密护送郑成功灵柩从北京回到河南固始郑家飨堂安葬，另一方面，为了掩人耳目，又派其弟郑克举到福建南安石井乡刻了一块《郑氏附葬祖父墓志》，声称郑成功附葬在"郑氏乐斋公茔"祖坟里。（欧潭生：《台闽豫祖根渊源再探》，《信阳师范学院学报》1984 年 2 期）

我对这一说法不敢苟同。一是郑大成只是一个生产队长，不是考古学者，他的话无法使人信服。二是他见到的"土部丰府郑成功" 7 字恐也有误，怎样解读"土部、壬府" 4 个字，恐怕没人能说清楚，《辞海》《辞源》没有这两个词组，这 4 个字同郑成功连在一起，让人不解。三是据《郑氏家谱载》，郑成功这支是唐代迁入固始、明代迁入南安的，郑成功的直系亲属均葬于南安，他却葬在固始，于理不合。四是清朝初年视郑成功为乱臣贼子，但到康熙时为了安抚台湾，已转变了态度，赞扬他抗击外敌，说他是忠义典范，并为他写了挽联："四镇多二心，两岛屯师，敢向东南争半壁；诸王无寸土，一隅抗志，方知海外有孤忠。"郑成功骸骨迁往南安是康熙恩准的，他怎么会再受干扰？用得着掩人耳目，偷偷运回固始吗？五是固始郑成功墓没有发现墓志，没有其他有关文物，凭什么能让人相信是真的？

我的结论是：郑芝龙有功有过，不应全盘否定，他降明叛明，大节有亏；郑成功与父亲决裂，以一旅存故国衣冠于海外，是民族英雄，因此我的论文题目是《海上起兵同父子，人间读史各君臣》。

郑成功收复台湾史实与意义考略

⊙李玉洁（河南大学黄河文明与可持续发展研究中心教授）

台湾自古与祖国大陆有着密切的联系，三国时期开始与中原王朝有贸易往来。隋炀帝时曾派武贲郎将陈棱对台湾进行征伐和管理。唐朝在台湾设"押藩舶使"进行管理，台湾每年向唐王朝进贡，"岁帅贡职"。明朝之后，中央政府开始在台湾驻扎军队，并保卫台湾安全。明朝末年，倭寇、海盗、荷兰人等各种势力对台湾虎视眈眈。荷兰人刚开始借用台湾晒货物，之后看明朝内外交困，无暇顾及，于是就占领了台湾。郑成功抗清失败之后，从荷兰人手中收复台湾，立下了不朽的功勋，台湾终于回到祖国的怀抱。

一、中原王朝对台湾的管理

当台湾海峡形成之后，遂隔断了台湾与大陆的联系。新石器时代就发现有"舟"，商代甲骨文中有"舟"字，即"舟"。《诗经·长发》云"相土烈烈，海外有截"，说明自殷代中华民族就有航海的能力。

秦始皇派徐福"发童男女数千人，入海求仙人"的故事广泛流传。徐福入海是到台湾还是到日本，皆有传说。

《三国志·吴志·孙权》记载，黄龙二年（230）春正月，"遣将军卫温、诸葛直将甲士万人，浮海求夷洲及亶洲。亶洲在海中……其上人民。时有至会稽货布，会稽东县人海行，亦有遭风流移至亶洲者。所在绝远，卒不可得至。但得夷洲数千人还"。将军卫温、诸葛直将甲士万人，浮海求夷洲及亶洲，得知岛上居民是中国大陆所移居，世代相承有数万家。岛上人民与大陆会稽已经有贸易来往。

台湾与大陆虽然被海水阻隔，大陆较早进入文明时代。但大陆历代王朝与台湾都有密切的联系。

隋唐时期，台湾称为流求。隋炀帝曾对流求进行过征伐。《隋书·流求国列传》记载，大业四年（608），"帝遣武贲郎将陈棱、朝请大夫张镇州率兵自义安浮海击之。至高华屿，又东行二日至䶝鼊屿，又一日便至流求。初，棱将南方诸国人从军，有昆仑人颇解其语，遣人慰谕之。流求不从，拒逆官军。棱击走之，进至其都，频战皆败，焚其宫室，虏其男女数千人，载军实而还，自尔遂绝"。

由于陈棱对流求的征伐立下不朽的功勋，隋炀帝封陈棱为右光禄大夫，张镇州为金紫光禄大夫，而且后代也为陈棱立庙祭祀。

柳宗元《柳河东集·岭南节度飨军堂记》记载："唐制，岭南为五府，府部州以十数。其大小之戎，号令之用，则听于节度使焉。其外大海多蛮夷，由流求、诃陵，西抵大夏、康居，环水而国以百数，则统于押藩舶使焉。内之幅员万里，以执秩拱稽，时听教命。外之羁属数万里，以译言赠宝，岁帅贡职。"

唐制：大陆岭南分为五府，管辖部州十多个，由节度使统辖；而海上诸岛，如流求、诃陵等，则由"押藩舶使"管理。流求等数万里的海上诸岛，带着当地的宝物特产，还带着翻译，每年前来进贡，即"岁帅贡职"。唐朝设立"押藩舶使"来管理，台湾每年向唐王朝进贡。

大陆与台湾的贸易往来自唐代就开始了，如前面所说的唐朝设立的"押藩舶使"，就是管理贸易往来船舶的机构和长官。随着社会生产力的发展，贸易更加繁荣。宋代以后，大陆和台湾的贸易日益繁荣起来。海外的象牙、犀牛角、珠玑、金器、海贝、名香、宝布等这些中原地区认为很宝贵的物品，每年用大船从流求流入内地。在福建沿海地区停靠着许多海外的船舶。泉州城外每年停泊数十艘贸易货船，被称为泉州外府。如果有争讼之事，则到晋江县决讼。而台湾也设置馆舍招待大陆所去的商贾客人。

郑方坤《全闽诗话·六朝唐五代》记载唐代施肩吾所写关于福建风土情况的诗文云："《泉郡志》云：'东出海门，舟行二日程，曰彭湖屿，在巨浸中，环岛三十六，如排衙然。昔人多侨寓其上，苫茅为庐，推年大者为长，不畜妻女，耕渔为业。牧牛羊，散食山谷间。各耗耳为记，讼者取决于晋江县。城外贸易，岁数十艘，为泉之外府。后屡以倭患，墟其地，或云抗于县官，故墟之。今乡落屋址尚存。唐施肩吾《岛夷行》云：'腥臊海边多鬼市，岛夷居处无乡里。黑皮年少学采珠，手把生犀照咸水。'即其处也。今彭湖已设游兵汛守焉。"由此可见，唐代台湾与大陆的贸易已经非常频繁了。

自元代开始，台湾成为中国的辖地。元朝曾在澎湖设立巡检司，向台湾、澎湖等岛屿课税，对台湾进行管辖。台湾正式纳入了中国的版图。

元朝初年，元世祖忽必烈曾派遣使者到流求宣读诏书，要求流求归降大元帝国。《元史·瑠求》记载，至元二十八年（1291）冬十月，"（元世祖）乃命杨祥充宣抚使，给金符，吴志斗礼部员外郎，阮鉴兵部员外郎，并给银符，往使瑠求。诏曰：'收抚江南已十七年，海外诸蕃，罔不臣属，惟瑠求迩闽境，未曾归附。议者请即加兵，朕惟祖宗立法，凡不庭之国，先遣使招谕，来则按堵如故，否则必致征讨。今止其兵，命杨祥、阮鉴，往谕汝国。果能慕义来朝，存尔国祀，保尔黎庶；若不效顺，自恃险阻，舟师奄及，恐贻后悔，尔其慎择之。'"

元代学者汪大渊，字焕章，曾附商贾船舶浮海而游历数十国，将其所见所闻撰写成《岛夷志略》。吴鉴《岛夷志略·序》中说："汪君焕章，当冠年，尝两附舶东西洋，所过辄采录其山川、风土、物产之诡异，居室、饮食、衣服之好尚，与夫贸易费用之所宜，非亲见不书，则信乎其可征也。"

汪大渊《岛夷志略》"彭湖"条下云："岛分三十有六，巨细相间，坡陇相望，乃有七澳居其间，各得其名。自泉州顺风二昼夜可至。有草无木，土瘠，不宜禾稻。泉人结茅为屋居之。气候常暖，风俗朴野，人多眉寿。男女穿长布衫，系以土布。煮海为盐，酿秫为酒。采鱼虾螺蛤以佐食，爇牛粪以爨，鱼膏为油。地产胡麻、绿豆。山羊之滋生，数万为群，家以烙毛刻角为记，昼夜不收，各遂其生育。土商兴贩，以乐其利。地隶泉州晋江县。至元年间立巡检司，以周岁额办盐课中统钱钞一十锭二十五两，别无科差。"

根据《岛夷志略》的记载，元代至元年间（1264—1294），元朝已经在这里正式设立巡检司，行使行政管辖权，每年在台湾澎湖地区课税"钱钞一十锭二十五两"，台、澎已划归中国版图，其所属为福建泉州晋江县。

《明史·琉球列传》云：明太祖洪武初年，琉球"有三王：曰中山、曰山南、曰山北，皆以尚为姓，而中山最强"。洪武五年（1372）正月，朱元璋"命行人杨载以即位建元诏告其国，其中山王察度遣弟泰期等随载入朝，贡方物。帝喜，赐《大统历》及文绮、纱罗有差"。以后，台湾中山、山南、山北三王每年朝贡，甚至一年两贡。明王朝赏赐的则是他们所喜欢的瓷器、铁器、釜等物。台湾三王每年派遣他们的子弟到明朝京师学习文化知识，学习儒学。他们派遣到京师学习的既有贵族子弟、寨官之子，也有女学生。洪武二十九年（1396）春，台湾"遣使来贡，令山南生肄国学者归省，其冬复来。中山亦遣寨官子二人及女官生姑、鲁妹二人，先后来肄业，其感慕华风如此"[1]。是时，台湾三王对明朝"奉贡不绝"，而且无论是册封太子、国有大事，皆需明朝政府诏准。台湾自古就与大陆有密切的关系。元朝时期台湾正式纳入了中国的版图，是中国神圣的领土。明朝之前，大陆已经与台湾有很多联系，中央王朝政府已经对台湾有所管辖，但是大陆仍未在台湾驻扎军队。明朝之后，中央政府开始保卫台湾，并在台湾驻扎军队。

二、明朝末期各派势力对台湾的虎视眈眈

明朝末期，朝政混乱，太监擅权，内忧外患。由于台湾在大海之中，有海峡把台湾与大陆隔开，于是国内外各种势力，如倭寇、海盗、红毛番等对台湾虎视眈眈。

明朝时期，倭寇或海盗以各种形式开始在台湾驻扎。明万历三十年（1602），由于倭寇经常到我国沿海骚扰，明将沈有容（山东总兵驻登州）被派往台湾追剿

---

①《明史·琉球列传》，中华书局，1984年。

倭寇。陈第，连江（今福建连江）人，随沈有容赴台剿倭，深入考察台湾高山族风土人情，写下《东番记》，这是我国第一部较为系统的有关台湾的风土人情的人类学调查材料，是我国研究台湾的首篇珍贵历史文献。清人杜臻《粤闽巡视纪略》卷六《附纪彭湖台湾》云："台湾，旧名东番。"

《明史》卷二百七十《沈有容传》记载："有容守浯屿、铜山。二十九年，倭掠诸塞，有容击败之。逾月，与铜山把总张万纪败倭彭山洋。倭据东番，有容守石湖，谋尽歼之；以二十一舟出海，遇风，存十四舟；过彭湖，与倭遇，格杀数人，纵火沉其六舟，斩首十五级，夺还男妇三百七十余人。倭遂去东番，海上息肩者十年。捷闻，文武将吏悉叙功，有容赍白金而已。三十二年七月，西洋红毛番长韦麻郎驾三大艘至彭湖，求互市，税使高寀召之也。有容白当事，自请往谕。见麻郎，指陈利害。麻郎悟，呼寀使者，索还所赂寀金，扬帆去。改金书浙江都司。由浙江游击调天津，迁温处参将，罢归。四十四年，倭犯福建。巡抚黄承元请特设水师，起有容统之，禽倭东沙。寻招降巨寇袁进、李忠，散遣其众。"

沈有容不仅打跑了侵占东番（今台湾）的倭寇，使得"倭遂去东番，海上息肩者十年"，而且赶走了"西洋红毛番长韦麻郎"。万历四十四年（1616），倭寇又犯我福建沿海一带，沈有容在东沙擒获了倭贼，又招降海盗巨寇袁进、李忠。沈有容在保卫我国东南沿海一带立下了巨大的功勋。

以后海盗林道乾、颜思齐、郑芝龙相继在台湾驻扎。

《福建通志》卷二《建置沿革·台湾府》记载："嘉靖四十二年，流寇林道乾扰乱边海，都督俞大猷征之，追及澎湖，道乾遁入台。大猷知港道迂回，水浅舟胶，不敢逼，留偏师驻澎岛，时哨鹿耳门外。道乾以台非久居所，遂恣杀土番，取膏血造舟，从安平镇、二鲲身隙间遁去占城。道乾既遁，澎之驻师亦罢。天启元年，汉人颜思齐为东洋日本国甲螺，引倭屯聚于此，郑芝龙附之。"甲螺，即头目之类。

"台湾"之名源于明朝天启年间。明朝时期，都督俞大猷征伐流寇林道乾，追及澎湖，因"港道迂回，水浅舟胶，不敢逼"①，台湾才开始有"台湾"之称。

林道乾，广东潮州府澄海人，率众为海盗。嘉靖四十二年（1563），都督俞大猷征讨，林道乾逃避进入台湾。相拒数日，林道乾逃遁到占城（今越南境内），以后林道乾又到了吕宋（今菲律宾）。

天启元年，海盗颜思齐勾结倭寇驻扎台湾，这是明代中国人最早居住在台湾者。黄叔璥《台海使槎录》卷一载："明万历间，海寇颜思齐踞有其地，始称台湾。思齐剽掠海上，倚为巢窟，台湾有中国民，自思齐始。思齐死，红夷乘其敝而取之，芟草为田，民知树艺。"

颜思齐之后，郑芝龙驻扎在台湾。

郑芝龙，万历三十一年（1603）出生于福建南安石井村。根据《台湾外记》记载，郑芝龙出生时，"其母黄氏梦三妇人引虹霞一片堆于怀，徐而彩抹地下，取名一官"②。

一官"长躯伟貌，倜傥，善权变"。一官就是后来的郑芝龙。

天启元年（1621），郑芝龙18岁时离开家乡，到广东澳门寻找母舅黄程。是时，葡萄牙人正占领澳门，其母舅黄程正在澳门经商，就留下郑芝龙在澳门帮忙做生意。郑芝龙很快就学会了一些葡萄牙语，也有了经商的经验。

天启三年（1623），黄程有一批货物白糖、麝香、鹿皮，以船运到日本贸易，就派一官押船。一官到日本后，由于其相貌奇伟，被日本长崎王族的女儿翁氏看上，于是一官聘娶了翁氏。

郑芝龙为黄程贩货至日本，又结识并加入了以福建海澄人颜思齐为首的海盗集团，与颜思齐等结为兄弟。次年，即天启四年（1624）七月十四（或作十五）日，翁氏生下一个男孩，就是郑成功。据记载，郑成功出生时，翁氏梦见与众人在岸上看，忽然"大鱼跳跃，对怀直冲，惊倒；醒来即分娩一男"。而其邻居看见"光亮达天"，以为失火，前来救火。

①《福建通志·建置沿革》，清同治七年（1868）。
②〔清〕温睿临：《南疆逸史》卷五十四《郑芝龙传》，清傅氏长恩阁刻本，第322页。

同年八月，以颜思齐为首的海盗集团，欲袭击日本一个冈埠，抢夺其财物，如果得手便夺其政权，以为永久之计。结果消息走漏，日本方面有备。郑芝龙的岳父闻信，赶快通知郑芝龙，让其逃跑。郑芝龙又迅速地将消息传给其兄弟，赶快上船逃跑。在船上大家议论，认为到台湾最好。"十五日天明，思齐船中号炮三响，各鱼贯随行。计八昼夜，方到台湾，即安设寮寨，抚恤土番。然后整船出掠，悉得胜焉，故闽、浙沿海，咸知思齐等踞台横行。"以后颜思齐病死，一官为首，改名曰郑芝龙。郑芝龙"父绍祖已死，季弟蟒二（后名芝虎）同其四弟芝豹、从兄芝莞附搭渔船往寻，是以声势愈大"①。

从以上记载可知，郑芝龙等人是在明朝天启四年（1624）八月二十三日到达台湾，并在台湾"安设寮寨，抚恤土番"，招揽福建的许多贫苦人民到台湾耕种，从而对台湾开始了第一次大开发。

林道乾、颜思齐、郑芝龙等人驻扎台湾，这是明朝中国人最早在台湾驻扎。

《福建通志·建置沿革》记载："天启元年，汉人颜思齐为东洋日本国甲螺，引倭屯聚于此，郑芝龙附之。未几，荷兰人舟遭风飘此，欲借片地，暂为栖止，后遂久假不归。日繁月炽，寻与倭约，全与台地，每岁贡鹿皮二万。张倭乃以全台归荷兰。崇祯八年，荷兰始筑台湾、赤崁二城。荷兰又设市于台湾城外，漳泉之商贾皆集焉。"天启四年（1624），荷兰人（即文献中所说的"红毛番"）侵占了台湾，而明朝政府已经无暇顾及。

而此时的台湾竟然被一批外来的殖民者即荷兰人侵入。

台湾城，即今安平镇；赤崁城，即今红毛楼，名城而实非城。

三、郑成功抗清与收复台湾史实

明末，吴三桂引清军入关，明朝崇祯皇帝吊死在北京景山。清军一路南下，福建官员原本立福王朱由崧为南明帝，结果很快失败。这时在福建有强大实力的郑芝龙又立明太祖朱元璋第二十三子唐定王朱樫的八世孙，系太祖九世孙朱聿

---

① 〔清〕江日昇：《台湾外记》，福建人民出版社，1983年，第11页。

键为南明第二任君主，改元隆武。

郑芝龙与日本女人翁氏所生之子，名森，即后来的郑成功。郑森在 7 岁时被其父郑芝龙接回中国，在泉州府南安学习，接受系统的儒学教育。

郑成功为郑芝龙长子，原名森，字大木。郑芝龙引其子郑森入见隆武帝。"隆武奇其状，问之，对答如流。隆武抚森背曰：'恨朕无女妻卿！'遂赐姓，兼赐名'成功'，欲令其父顾名思义也。初封忠孝伯，又封为御营中军都督，仪同驸马、宗人府宗正，佩招讨大将军印。自此中外咸称国姓。"十月，"日本国王惧芝龙威权，认翁氏为女，妆奁甚盛，遣使送到安平，即成功生母也"①。

之后，郑成功晋封延平王，妻黄氏；生十子，长经（乳名锦），其九子为聪、明、睿、智、宽、裕、温、柔、发。

清军一路南下，直逼福建。此时，海盗兼商人出身的郑芝龙却是以利为主，当接到清人的劝降书之后，马上动心，北上投降了清朝。江日昇《台湾外记》记载："芝龙接承畴、熙胤书，许以三省王爵，决意投诚。不通其弟鸿逵、子成功，即驰札泉州，召熙胤子志美，谋复书。有'遇官兵撤官兵，遇水师撤水师，倾心贵朝者，非一日也'之句，交志美。美密遗老苍头送山浙江与承畴、熙胤。"

当郑芝龙准备北上投降清廷时，郑成功牵其衣，跪哭谏其父曰："夫虎不可离山，鱼不可脱渊；离山则失其威，脱渊则登时困杀。吾父当三思而行！"郑芝龙"见成功语繁，厌听，拂袖而起。成功出，适遇鸿逵于途，告以始末，逵壮之。功遂密带一旅，遁金门"②。

郑芝龙投降清朝决心已下，派人到金门岛劝郑成功一道投降。郑成功上书有"从来父教子以忠，未闻教子以贰。今吾父不听儿言，后倘有不测，儿只有缟素而已"③之句。郑芝龙见书，认为此子太狂悖，即唤季子渡同行，投降清王朝。

郑成功坚决不降清朝，继续抗清复明。当隆武皇帝死后，郑成功令全军缟素，以祭奠隆武皇帝。永历帝朱由榔在广州即位，郑成功受永历皇帝的诏令，于1659

---

① 〔清〕江日昇：《台湾外记》，福建人民出版社，1983 年，第 61 页。

② 〔清〕江日昇：《台湾外记》，福建人民出版社，1983 年，第 76 页。

③ 〔清〕江日昇：《台湾外记》，福建人民出版社，1983 年，第 76 页。

年从福建北伐直至南京、瓜洲（今镇江）。郑成功写诗《出师讨满夷自瓜州至金陵》曰：

缟素临江誓灭胡，雄师十万气吞吴。

试看天堑投鞭渡，不信中原不姓朱。

当时北伐抗清的主要有三支势力，但都以失败告终：朱舜水败走日本；张煌言战败被杀；郑成功北伐失败，乃有意退居台湾，以图东山再起。

清顺治十八年（1661）元月七日，郑成功下令："本藩矢志恢复，念切中兴。前者出师北讨，恨尺土之未得；既而舳舻南还，恐孤岛之难居。故冒波涛，欲辟不服之区，暂寄军旅，养晦待时；非为贪恋海外，苟延安乐。自当竭诚祷告皇天并达列祖，假我潮水，行我舟师。尔从征诸提、镇、营将，勿以红毛火炮为疑畏，当遥观本藩鹢首所向，衔尾而进。"[1]又祈祷曰："成功受先帝眷顾重恩，委以征伐。奈寸土未得，孤岛危居。今而移师东征，假此块地，暂借安身，俾得重整甲兵，恢复中兴。若果天命有在……望皇天垂怜，列祖默佑，助我湖水，俾鹢首所向，可直入无碍，庶三军从容登岸。"祝毕，令人于斗头将竹篙探水深浅。徐回报曰："是藩主弘福，水比往日加涨。"成功复问曰："加涨有多少？"曰："加涨有丈余。"[2]

台湾周围的水在平时是很浅的，不能使大的船舶登岸，而郑成功收复台湾之时，刚好天助之，海水比往日涨了一丈多，郑成功顺利地在台湾登陆。

郑成功将自己的军队列为三队：第一队正面进攻荷兰；第二队绕到鬼子埔后夹攻；第三队由20只战船作补给攻城之状，扰乱敌人军心。

郑成功军大胜，荷兰人形势窘迫。郑成功遣人说服荷兰人头目揆一，曰："此地非尔所有，乃前太师练兵之所。今藩主前来，是复其故土。此处离尔国遥远，安能久乎？藩主动柔远之念，不忍加害，开尔一面：凡仓库不许擅用；其余尔等

---

① 〔清〕江日昇：《台湾外记》，福建人民出版社，1983年，第158页。

② 〔清〕江日昇：《台湾外记》，福建人民出版社，1983年，第159页。

珍宝珠银私积，悉听载归。如若执迷不悟，明日环山海，悉用油薪礦柴积垒齐攻，船毁城破，悔之莫及。"[1] 荷兰人闻之悚然，皆愿投降。郑成功许其归国，并带走其全部财产。

从此台湾回归祖国，郑成功收复台湾，立下了不朽的功勋。

民族英雄郑成功率兵收复台湾，曾改名为"东郡"；其子郑经继位时，即更名为"东宁"；郑克塽投降了清朝。清朝将台湾仍更名为"台湾"，并设置台湾府，隶属于福建省，这是台湾的正式定名。

蓝鼎元《平台纪略·朱一贵之乱》云："康熙二十三年甲子四月己酉，上谕户部、兵部：台湾僻处海外，新入版图，应设立郡县营伍，俾善良宁宇，奸宄消萌。教化既行，风俗自美。着于赤崁设台湾府，附郭为台湾县，凤山为凤山县，诸罗山为诸罗县。设一道员分辖，又设总兵一员，副将二员，兵八千名，分为水陆八营。澎湖设副将一员，兵二千名，分二营。每营设游、守、千把等官。"

《大清一统志·台湾府》：台湾府"明天启中为红毛荷兰夷人所据……本朝顺治六年，郑成功逐荷兰夷据之，伪置承天府，名曰东都，设二县，曰天兴、万年。其子郑锦改东都曰东宁省，升二县为州。康熙二十二年讨平之，改置台湾府，属福建省，领县二。雍正元年，又分诸罗置彰化县，领县四"。

1662 年郑成功收复台湾，结束了荷兰人占领台湾 38 年的历史。台湾回到了祖国的怀抱。

---

① 〔清〕江日昇：《台湾外记》，福建人民出版社，1983 年，第 167 页。

郑成功收复台湾与清廷收复台湾之比较

⊙卫绍生（河南省社会科学院研究员）

清朝顺治至康熙年间，先后出现了两次收复台湾之战。一次是顺治十八年（1661），郑成功驱逐荷兰人，收复台湾之战。一次是康熙二十二年（1683），清廷靖海将军、福建水师提督施琅奉命收复台湾之战。前后 22 年间，竟然先后发生了两次收复台湾之战，其动因和影响都很值得研究。这里略陈管见，以就教于方家。

一、明清之际台湾的地位

宋元之前，台湾与大陆的联系很少。明永乐年间，郑和下西洋，因遭遇大风曾到达台湾。明代中期以后，台湾一度成为倭寇骚扰我国东南沿海的据点。清乾隆年间编纂的《大清一统志》言及台湾府建置沿革时有这样一段记载："（台湾）自古荒服之地，不通中国，名曰东番。明天启中为红毛荷兰夷人所据……本朝顺治六年，郑成功逐荷兰夷据之，伪置承天府，名曰东都，设二县，曰天兴、万年。其子郑锦改东都曰东宁省，升二县为州。康熙二十二年讨平之，改置台湾府，属福建省，领县二。雍正元年，又分诸罗置彰化县，领县四。"[1] 据此可知，宋元

---

①《大清一统志》卷三百五十五，上海古籍出版社，2008 年。

之前，台湾称东番，和大陆联系较少。到了明朝天启间，台湾被荷兰人占据。清康熙二十二年，靖海将军、福建水师提督施琅率军渡海剿灭郑军精锐，攻克台湾，正式将台湾列入清朝版图，属于福建省管辖。

清代广州府知府蓝鼎元的《覆制军台疆经理书》，属于官方文书，其中言及台湾时称："台地，宋元以前并无人知。至明中叶，太监王三保舟下西洋，遭风至此，始知有此一地。未几而海寇林道乾据之，颜思齐、郑芝龙与倭据之，荷兰据之，郑成功又据之。"① 蓝鼎元是福建漳浦人，生活于康熙雍正年间，曾经随族弟蓝廷珍入台，平台后又在台湾停留了一年多，对收复台湾的事情非常熟悉。他在《覆制军台疆经理书》中指出，宋元之前，人们并不知道有台湾这个地方。到了郑和下西洋的时候，因遭遇大风才到了台湾这个地方，才发现了海峡对岸的台湾。从此以后，台湾的事情就没有停息过，先是海盗林道乾占据台湾，后来福建漳州人颜思齐率众开拓台湾，被称为"开台王"。颜思齐之后，郑成功的父亲郑芝龙曾占据台湾，其后日本人也短暂占据过台湾。荷兰人占据台湾，在日本人之后，其时间应该是明末清初。紧接着是郑成功驱逐荷兰人，收复台湾，时间在南明永历帝十六年（1661），也就是顺治十八年。郑成功收复台湾后，开始了郑氏在台湾长达二十多年的统治。清康熙二十二年，福建水师提督施琅率领大军攻台，将台湾收入清廷版图，并留兵戍守。

关于台湾这段历史，清人黄叔璥《台海使槎录》作了较为清晰的记载，称："彭湖台湾，向属夷岛。明末迄国初，郑寇窃据。迨郑归命，夷岛亦入版图。"黄叔璥还赋诗一首以咏之："海中岛，各一方。耳无帝，目无王。古若兹，况汉唐。胜国末，郑寇强。踞其壤，恣跳梁。乘潮汐，驾帆樯。肆侵掠，毒闽疆。皇赫怒，整斧斨。命楼船，下扶桑。寇日蹙，乃求降。陬兼滋，梯且航。置郡县，破天荒。贡皮币，赋蔗糖。销兵气，日月光。"② 清康熙二十二年，台湾正式并入清廷版图，开始设置州县，行使对台湾的统治权和管辖权。台湾也开始向清廷纳贡进赋。从

---

① 〔清〕蓝鼎元：《平台纪略·东征集》卷三，清《鹿洲全集》本。
② 〔清〕黄叔璥：《台海使槎录》卷四，丛书集成初编本。

此，台湾"销兵气，日月光"，进入和平时期。

二、郑成功收复台湾的动因

郑成功是郑芝龙之子。清顺治三年（1646），清兵南下，进攻南明隆武帝的大本营福建。洪承畴利诱郑芝龙，承诺给予他三省王爵。郑芝龙经不住诱惑，投降了清廷。时年22岁的郑成功劝阻父亲不成，带领部下出走金门。由于郑芝龙等人的叛变，清军顺利攻下福建，隆武帝被俘，绝食而亡。桂王朱由榔即位，改年号为永历，史称永历帝。顺治三年（1649），郑成功改奉永历年号为正朔，永历帝封郑成功为延平王。郑成功从此以闽南为根据地，开始了艰苦卓绝的武装抗清斗争。

在率众抗清的斗争中，郑成功有顺利的喜悦，也有失利的痛苦，但他始终不改初心，视自己为南明之臣，竭尽全力与清廷周旋，誓与南明共存亡。然而，随着清廷统一进程的加快，南明可以回旋的空间越来越小。郑成功作为南明抗击清廷的中流砥柱，深知仅凭闽南和沿海诸岛难以与清军长期相持，更不要说取得最后胜利了。为了拓展抗清事业，同时也为了家人的安全考虑，郑成功决定收复台湾。浙江提督陈伦炯撰《海国闻见录》对此有记载：

郑芝龙昔鲸鲵海上，娶倭妇翁氏，生成功。随带数十倭奴，聚泊台湾。视海外荒岛不足以有为，仍寇江浙闽粤。因嘱其子曰："倘不可为，台湾有如虮虱之安。"及郑成功寇镇江败归，阻守金厦，始谋取台湾。会荷兰之通事何斌，遁夷负钓鹿耳门，知港路深浅，说成功联樯并进。荷兰严守安平大港。成功从鹿耳门进，水涨三丈余，入据台湾，与荷兰相持甚久，因喻之曰："台湾系我先世所有，现存倭人，为尔等所据。今还我地，资货无染。"荷兰悉众而去。

郑成功收复台湾，在镇江大败之后。顺治十六年（1659），郑成功亲率大军北伐，进入长江之后，连克镇江、瓜洲，一时声势甚大。后中清军之计，损失惨重，撤兵回厦门。顺治十八年（1661），郑成功以荷兰通事何斌为内应，带领三万多官兵大举攻台。荷兰守军战败，弃城而去。郑成功顺利收复台湾。曾任工部尚书的杜臻所撰《粤闽巡视纪略》有相似记载：

> 明季阻于海寇，不复相通，不知何时为红夷所得。海逆郑成功之败，遁于京口也，乘大雾袭杀红夷守者，而据其地，筑城以守，伪号东宁国。或言，岁以十万缗归红夷，而假其地以居。为日久矣，卒莫知其然否。后郑成功死于厦门，其妻董氏复立子锦，势益弱，降者踵至，争言台湾中曲折，始知其地南北长，东西狭，东面皆大山，莫知其穷际。水皆西流，长者或数百里。海逆既定，居规度便近地，给兵屯种而收赋，于诸社以自给。[①]

曾任刑部尚书的王士禛撰《香祖笔记》对郑成功收复台湾有更详细的记载：

> 辛丑，郑成功自江南败归，势日蹙顿，军厦门。适日本甲螺何斌与荷兰酋长隙，潜诱成功进取台湾鹿耳门，诘屈回旋，沙浮水浅，猝难飞渡。成功舟至，水忽涨十余丈，巨舰纵横毕济，遂克台湾。荷兰国人与成功战，不利，退保安平镇城。其酋归一王以死拒之，成功力攻不克，乃还山列营以困之。荷兰人势穷，以十余艘决战。成功用火攻，尽焚之。荷兰人遁归其国。成功既有台湾，以赤崁城为承天府，改台湾土城为安平镇，总名曰东都。[②]

陈伦炯、杜臻和王士禛记述郑成功收复台湾之事，言辞虽有差异，基本内容却出奇地一致。清乾隆年间编修的《大清一统志》在讲到郑成功收复台湾时，却是另一番说法："本朝顺治九年，伪郑成功率舟师攻平安城。荷兰战败，因弃台湾而去。"[③]比较《大清一统志》与诸书记载，可以发现有两大不同点：一是郑成

---

① 〔清〕杜臻：《粤闽巡视纪略》卷六，四库全书本。
② 〔清〕王士禛：《香祖笔记》卷一，中国书店出版社，2018 年。
③ 《大清一统志》卷四百二十三，上海古籍出版社，2018 年。

功收复台湾的时间，陈伦炯等人记载的是顺治十八年，《大清一统志》记载的是顺治九年；二是郑成功与荷兰人大战的地点，陈伦炯和王士禛记载的是安平城，《大清一统志》记载的是平安城。《大清一统志》虽然是官修，但在郑成功收复台湾一事上，陈伦炯等人的记载更为可信。

结合陈伦炯、王士禛等人对郑成功收复台湾的相关记载，可以看出郑成功收复台湾的主要动因。其一，台湾系我先世所有，收复台湾，就是收复我先世之地。郑成功告诉人们：台湾是我先王（指郑芝龙）固土，不容他人染指。如今被荷兰人占领，必须收回，归我郑成功所有。其二，郑成功的抗清斗争遭受严重挫折，抗清根据地大大压缩，需要开辟新的根据地，以支持抗清斗争。从郑成功收复台湾之后进行了多次出兵抗清的战役来看，台湾确实发挥了抗清根据地的作用。其三，郑成功遵照父亲"倘不可为，台湾有如虮虱之安"的嘱咐，把台湾作为避险之地。郑芝龙是在台湾说这番话的，那时台湾还在郑芝龙的控制之下。后来，郑芝龙到了福建辅佐南明皇帝，因禁不住利诱而投降清廷。但郑成功并没有忘记父亲的嘱咐，在处于困境之时，出兵收复了台湾，在"有如虮虱之安"的台湾扎下了根。

三、清廷收复台湾之目的

台湾虽然已经被郑成功收复，但在清廷看来，郑成功是南明之臣，郑成功占据的地盘是南明的地盘。为了消灭一切抗清力量，形成一统天下，清廷对于南明和占据台湾的郑成功及其子孙采取强硬措施，积极准备收复台湾。原是郑成功部将的施琅，后来背叛郑成功，投降了清朝。康熙二十年（1681），施琅重新得到重用，被任命为靖海将军、福建水师提督。康熙二十二年，施琅在澎湖大败台湾守军。此时，统治台湾的是郑成功的孙子郑克塽。面对来势凶猛的清军，郑克塽听从部将刘国轩的劝说，投降了清军。施琅收复台湾后，上书朝廷，请求在台湾驻军戍守。清廷采纳施琅的建议，在台湾设置府县，屯兵戍守。自此开始，台湾一直处于清廷的控制和管理之下。

据有关文献记载，清廷在平定"三藩之乱"之后，施琅等大臣就不断上书朝廷，请求收复台湾。在内阁大学士李光地等人的坚持下，康熙皇帝最终做出了收复台湾的决定。清廷收复台湾的主要目的，有以下几个方面。

一是消灭南明的最后一点希望。郑成功是南明反清复明的重要力量，自与父亲郑芝龙决裂，坚决不投降清廷开始，就把自己的命运和南明联系在一起。他收复台湾的一个重要动因，就是拓展南明的根据地，以便与清廷周旋。南明的势力被一点点地消灭后，郑成功占据的台湾，就是南明的最后一点希望。收复台湾，消灭郑成功子孙，就是消灭南明的最后一点希望，让南明所有的子孙断了最后一点念想。清廷官员言及郑成功和南明，称郑成功为"闽贼""海逆""海寇"等，显然是把郑成功作为敌对的一方，作为南明的代理人。

二是完成清朝统一的大业。元明时期，台湾地位及归属尚无定论。到了明末清初，颜思齐、郑芝龙等先后占据台湾。荷兰人在郑芝龙回归福建的时候，乘机占据了台湾。郑成功收复台湾之后，郑成功本人及其子孙占据台湾，与清廷分庭抗礼，前后经营了20多年，成为清朝的心腹大患。收复台湾，成为清朝完成统一大业的一个重要标志。在清廷收复台湾之前，清廷的官员说到台湾时，都用"伪郑"这样的字眼米称呼郑成功及其子孙，意味着郑成功及其了孙是"伪政权"，清廷才是正统所在。收复台湾，就是完成统一大业。黄叔璥《台海使槎录》言及清廷收复台湾之事，称"郑成功窃踞台湾，用彭湖为外薮"，"顺治辛丑，郑成功金陵挫败，厦门不守，袭而有之。迄康熙癸亥，归我一统"，[①] 都是把郑成功当作南明余孽来看的。

三是郑成功及其子孙屡屡突破海防，进犯江南等地，成为威胁清朝的不安定因素。清代河道总督靳辅曾经上疏，称"我朝定鼎之初，商民出洋者，亦俱有禁。然虽禁不严，而商舶之往来亦自若也。后因海逆郑成功负险抗顺，更于顺治十六年突犯江南。于是申严海禁，将沿边之民迁之内地，不许片板入海。经今二十年矣"[②]。黄叔璥称郑成功"荼毒滨海，民间患之"，并称"倘不讨平台湾，匪特赋

---

① 〔清〕黄叔璥：《台海使槎录》卷一，丛书集成初编本。

② 〔清〕靳辅：《文襄奏疏》卷七，四库全书本。

税缺减，民困日蹙。即防边若永为定制，钱粮动费加倍，又边防持久，万一惧罪弁兵及冒死穷民以为逋逃之窟，遗害叵测。且郑成功有十子，迟之数年长成，假有一二机觉才能，收拾党类，结连外国，联络土番，羽翼复长，终为后患"①。把据守台湾的郑成功及其子孙视为威胁清朝的不安定因素，且担心郑成功的子孙"收拾党类，结连外国，联络土番，羽翼复长，终为后患"。

四是郑成功据守台湾，阻碍王化，有碍"海隅安全，民生乐业"。康熙二十二年七月下令收复台湾："海洋险远，风涛不测。自明代以来，贼寇盘踞岛屿，出没靡常，为害已久。本朝平定闽省。逆贼郑成功窜伏海岛，侵扰沿海一带。地方虽屡经剿杀，未尽根株。逆孽遁踞台湾，蠢尔游魂，尚恣窥伺。自滇黔底定，贼寇殄除。独兹海外鲸鲵，犹梗王化，必须用兵扑灭，扫荡逆氛。庶海隅安全，民生乐业。特命施琅为水师提督，统领舟师。并饬该督调度会商，相机征剿。今克取澎湖，已扼险要，台湾逆穴，指日歼灭，立见廓清。"②康熙在这份诏书中，特意指出郑成功"窜伏海岛，侵扰沿海一带"，认为郑成功的存在不仅阻碍教化台岛百姓，而且有碍海疆安全，妨碍百姓乐业，因此必须予以剿灭。

郑成功收复台湾和清廷收复台湾，前后相隔仅有 20 多年的时间，但二者的动机和目的明显有以下几点不同：其一，郑成功收复台湾，认为台湾是其先世之地，不能为夷族所占领；清廷收复台湾是为了实现国家的统一。其二，郑成功收复台湾，是为了扩大抗清复明的根据地，壮大反清复明的力量；清廷收复台湾是为了消灭南明仅存的一点希望，彻底消除民间对南明仅存的一点念想。其三，郑成功收复台湾，是为了郑氏家族的安全，为郑氏寻找一处安全之地；清廷收复台湾则是为了消除不安全因素，使海防安澜，永绝后患。

前后两次收复台湾，影响也大不相同。郑成功收复台湾虽然有复明的动机，但它毕竟是一种家族行为。郑成功称台湾为其先世所有，就说出了这样一层意思。在荷兰人之前，郑芝龙曾经继颜思齐之后占据台湾，所以郑成功才有台湾为其先

---

①〔清〕黄叔璥：《台海使槎录》卷四，丛书集成初编本。
②《圣祖仁皇帝御制文集》卷十四，吉林出版集团，2005 年。

世所有这样的话。康熙收复台湾,是因为"独兹海外鲸鲵,犹梗王化",台湾郑氏政权的存在既有碍统一,又骚扰海防,不利于教化百姓。由此可见,前者是具有复明性质的家族行为,后者是具有统一性质的国家行动。在清廷已经基本完成国家统一的前提下,郑成功驱逐红夷,收复台湾,只是完成了台湾统治者的又一次更迭;清廷打败郑氏,收复台湾,把台湾纳入国家版图,在台湾行使治权,实现了国家的统一。因此,清廷收复台湾意义和影响都更加深远。

论郑成功收复台湾时的五月谕令

⊙袁延胜（郑州大学历史学院教授）

1661 年至 1662 年，民族英雄郑成功率部驱逐荷兰殖民者，收复宝岛台湾，为中华民族立下了不朽功勋。2022 年是郑成功收复台湾 360 周年，我们在缅怀郑成功伟业的同时，更要弘扬郑成功的爱国主义、维护国家领土完整、捍卫民族尊严的精神。

郑成功自清顺治十八年三月二十三日（1661 年 4 月 21 日）率军渡海登台，与荷兰殖民者进行了 9 个多月的军事、政治较量，终于在十二月十三日（1662 年 2 月 1 日）驱逐了荷兰殖民者，收复了祖国领土台湾。对于郑成功收复台湾的过程，季云飞先生从军事和谋略的角度将之分为四个阶段，即准备阶段（清顺治十七年十二月至清顺治十八年三月二十三日，即从 1660 年 1 月至 1661 年 4 月 21 日）、渡海登陆阶段（清顺治十八年三月二十三日至四月初二日，即从 1661 年 4 月 21 日至 4 月 30 日）、进攻阶段（清顺治十八年四月初二日至四月初六日，即从 1661 年 4 月 30 日至 5 月 4 日）、围困驱逐荷兰殖民者阶段（清顺治十八年四月初六日至十二月十三日，即从 1661 年 5 月 4 日至 1662 年 2 月 1 日）。[①] 章慕容先生则从战役的角度，把郑成功收复台湾的过程分为成功渡海阶段、登陆作战阶段、巩

---

① 季云飞：《郑成功收复台湾谋略运用演变之探析》，《台湾研究》2002 年第 1 期。

固成果阶段、打援围城阶段。① 在郑成功收复台湾的过程中，除了关注战争进程外，我们还要注意到郑成功审时度势，采取安定台湾局势、稳定社会秩序的措施。其中郑成功在占领赤崁城（今台南市赤崁楼）、巩固战争成果时颁布的五月谕令②，就是一道重要的文件，值得我们重视。

五月谕令内容见于杨英的《先王实录》，谕令颁布的时间是五月十八日，而在谕令颁布之前的五月初二，郑成功已经移驻台湾（似系指以赤崁城为中心的台湾南部一带）③，大批部队也到了台湾，"二程官兵左冲、前冲、智武、英兵、游兵、殿兵等镇到台湾"④。在已经占有赤崁城、掌控宝岛局势并围困荷兰殖民者的情况下，郑成功首先废除荷兰殖民者的体制和机构，按照明朝政权的形式设立府县，建立政权。"改赤崁地方为东都明京，设一府二县。以府为承天府，天兴县、万年县。杨戎政为府尹，以庄文烈知天兴县事，祝敬知万年县事。行府尹查报田园册籍，征纳口银。改台湾为安平镇。"⑤ 正是在台湾建立政权、初步掌控台湾局势的情况下，郑成功为了台湾的稳定和发展，也为了解决大批随军的官吏、将士及其家属的安置和各级机构的建置等问题，特颁布了八条谕令。

郑成功的五月十八日谕令分为两部分，第一部分介绍颁布谕令的原因，第二部分是八条谕令的具体内容。关于颁布谕令的原因，《先王实录》载：

> 十八日，本藩令谕云："东都明京，开国立家，可为万世不拔基业。本藩
> 已手辟草昧，与尔文武各官及各镇大小将领官兵家眷，事来胥宇，总必创建

---

① 章慕容：《郑成功收复台湾战役实施过程探析》，《军事历史》2002年第6期。

② 五月谕令颁布的时间在季云飞所言的围围驱逐荷兰殖民者阶段、章慕容所言的巩固成果阶段。有关内容，见季云飞：《郑成功收复台湾谋略运用演变之探析》，《台湾研究》2002年第1期；章慕容：《郑成功收复台湾战役实施过程探析》，《军事历史》2002年第6期。

③〔清〕杨英撰，陈碧笙校注：《先王实录校注》，福建人民出版社，1981年，第253页。

④ 同上。

⑤〔清〕杨英撰，陈碧笙校注：《先王实录校注》，福建人民出版社，1981年，第253页。陈碧笙注："赤崁地方，除赤崁城和赤崁街外，似尚包括对岸的台湾城和台湾街。"对于"改台湾为安平镇"一句中的"台湾"，陈碧笙注："此台湾似仅限于台湾城和台湾街。"对于"安平"，陈碧笙注："原名安海，是福建泉州的一个港口，郑芝龙发迹之地。郑成功将台湾城堡及附郭街市改名安平镇，似含有纪念其父功业的意思。"

田宅等项，以遗子孙计。 但一劳永逸，当以己力京营，不准混侵土民及百姓现耕物业。兹将条款开列于后，咸使遵依。如有违越，法在必究！着户官刻板颁行。特谕！"[1]

郑成功对于为何颁布谕令，主要说了三条原因：一是因为已经定都，建立政权，为了政权长治久安，才颁布此条，即所谓"东都明京，开国立家，可为万世不拔基业"。二是因为我已经带领大家到了台湾开创基业，大家也带着家眷来寻找安居之处，都需要开垦土地、建造房屋等来安居，即所谓"本藩已手辟草昧，与尔文武各官及各镇大小将领官兵家眷，聿来胥宇，总必创建田宅等项，以遗子孙计"。三是告诫到台湾来的官吏、将士要自力更生，自己"创建田宅"，而不能侵占土著居民和大陆移来的汉族人民的土地和财产。如有侵犯百姓利益的事情，一定依法严惩！即所谓"但一劳永逸，当以己力京营，不准混侵土民及百姓现耕物业。兹将条款开列于后，咸使遵依。如有违越，法在必究"。

为了让各级官吏及将士都了解谕令的内容，郑成功让"户官"把谕令"刻板颁行"，明确告知。对于谕令的具体条款，《先王实录》记载了八条，下面逐条叙述。

谕令第一条：

> 承天府安平镇，本藩暂建都于此，文武各官及总镇大小将领家眷暂住于此。随人多少圈地，永为世业，以佃以渔及经商，取一时之利；但不许混圈土民及百姓现耕田地。[2]

该条是对建都之地"承天府安平镇"社会秩序的规定。安平镇作为临时的

---

① 〔清〕杨英撰，陈碧笙校注：《先王实录校注》，福建人民出版社，1981年，第253—254页。对于谕令中的"土民"和"百姓"，陈碧笙注："土民，指当地土著居民，旧称'土番'。""百姓，指大陆移来的汉族人民。"

② 〔清〕杨英撰，陈碧笙校注：《先王实录校注》，福建人民出版社，1981年，第254页。

都城，不但郑成功本人暂住于此，"文武各官及总镇大小将领家眷"也暂住于此。既然在此居住，就要生活，因此允许官员及将领根据家庭人数的多少开垦土地，据为己有，同时也可以通过租佃、捕鱼、经商等，来养家糊口。但在开垦和占有土地的过程中，不允许圈占土著居民和汉民的现有耕地。

谕令第二条：

> 各处地方，或田或地，文武各官随意选择，创置庄屋，尽其力量，永为世业；但不许纷争及混圈土民及百姓现耕田地。[1]

该条是对都城"安平镇"之外各地社会秩序的规定。在都城之外的台湾各地，不管是耕地还是非耕地，文武各官都可以自己选择安居之地，建造房屋，开垦土地，安居乐业。但不允许侵犯土著居民和汉民的权益，出现纷争，更不允许圈占土著居民和汉民的现有耕地。

谕令第三条：

> 本藩阅览形胜、建都之处，文武各官及总镇大小将领，设立衙门，亦准圈地，创置庄屋，永为世业；但不许混圈土民及百姓现耕田地。[2]

该条是对各级官僚机构设置"办公场所"的规定。郑成功已经在安平镇建都，随着台湾的收复，各级官僚机构的设置，都需要"设立衙门"，选择地址，圈占土地，建造房屋。但在各级衙门的选址和建造中，严禁圈占土著居民和汉民的现有耕地。

谕令第四条：

---

① 〔清〕杨英撰，陈碧笙校注：《先王实录校注》，福建人民出版社，1981年，第254页。
② 同上。

文武各官圈地之处，所有山林陂池，具图来献；本藩薄定赋税，便属其
人掌管，须自照管爱惜；不可斧斤不时，竭泽而渔，庶后来永享无疆之利。①

　　该条是对各级文武官僚机构圈占土地的管理规定。第三条已经规定文武各官
在设立衙门时，允许在官衙周边圈地。对于各级官员圈占的土地，要按照土地的
性质，如山、林、陂、池等，绘图上报。郑成功要根据土地性质的不同，制定赋
税额度，并明确管理责任。对于山林陂池的开发利用，要尊重自然规定，按照
《月令》规定，不要在春夏草木生长的时节砍伐，更不要涸泽而渔，要保证大自
然生生不息，永世利用。
　　谕令第五条：

各镇及大小将领官兵派拨汛地，准就彼处择地起盖房屋，开辟田地，尽
其力量，永为世业，以佃以渔及经商；但不许混圈土民及百姓现耕田地。②

　　该条是对各镇及大小将领官兵派拨汛地的规定。汛地是指明清时期军队驻防
地段。郑成功收复台湾时带领两万多将士，这些将士需要驻防之地。军队的驻防
之地，也要选择地址，建造营房。为了解决军粮的供应问题，郑成功到台湾后实
行军屯。因此这些驻防的将士，也需要开辟田地，永为世业。同时将士可以通
过租佃、捕鱼、经商等，来补贴军需。但在将士营房的选址和建造中，严禁圈占
土著居民和汉民的现有耕地。
　　谕令第六条：

各镇及大小将领派拨汛地，其处有山林陂池，具启报闻，本藩即行给赏
（按：当作"赏给"），须自照管爱惜；不可斧斤不时，竭泽而渔，庶后来永享

①〔清〕杨英撰，陈碧笙校注：《先王实录校注》，福建人民出版社，1981年，第254页。
②〔清〕杨英撰，陈碧笙校注：《先王实录校注》，福建人民出版社，1981年，第254—255页。

无疆之利。①

该条是对各镇及大小将领官兵派拨汛地的管理规定。第五条已经规定各镇及大小将领官兵派拨汛地、起盖房屋的同时，也允许在军队营地周边开垦土地。除了耕地之外，对于汛地中的山林陂池等性质的土地，要据实上报。郑成功在掌握各地将领所辖的山林陂池情况后，再把这些土地赏给各镇将领，但要求驻军要严格管理。山林陂池的开发利用，要尊重自然规律，按照《月令》规定，按照时节砍伐树木，不要涸泽而渔，要保证大自然生生不息，永世利用。

谕令第七条：

> 沿海各澳，除现在有网位、罟位本藩委官征税外，其余分与文武各官及总镇大小将领前去照管，不许混取，候定赋税。②

该条是对台湾沿海港口管理及收税的管理规定。台湾四面临海，港湾众多，渔船和货船往来停泊，是税收的重要来源。郑成功规定，除了现有已经派官员征税的港口外，其余各地的港口，分配给文武各官及总镇大小将领去管理，但要明确权限，不允许两个部门管理同一个港口的情况发生，而且各港口税率的多少，要听候通知。

谕令第八条：

> 文武各官开垦田地，必先赴本藩报明口数，而后开垦；至于百姓，必开口数报明承天府，方准开垦。如有先垦而后报，及报少而垦多者，察出定将田地没官，仍行从重究处。③

---

① 〔清〕杨英撰，陈碧笙校注：《先王实录校注》，福建人民出版社，1981年，第255页。
② 同上。
③ 同上。

该条是对各级文武官员、百姓开垦田地的管理规定。前面第二条、第三条已经规定文武各官可以圈地开垦。本条规定，文武各官在开垦田地前必须向郑成功申报开垦的亩数，批准之后才能开垦。而对于汉族百姓开垦田地，则要上报承天府，批准后才能开垦。如果先垦后报，或者报少而垦多者，则要严厉处罚，没收土地。该条规定，应该是限制官员和百姓占有过多的土地数量，防止出现土地过于集中少数人手中的情况。

从郑成功五月谕令来看，其核心思想是重建政权、安定台湾的社会秩序。谕令中对随军的文武官吏、各镇大小将领及其家属在台湾的安居乐业，都做了详细的规定，保障了他们的权益。但同时也规定，在建造房屋、开垦耕地的过程中，不能损害原有的土著居民和汉民的权益。可以说，郑成功的五月谕令，堪称郑成功收复台湾后的"建国大纲"，是恢复台湾社会秩序、安定台湾社会的"纲领性文件"，值得我们重视。

郑成功五月谕令颁布后，军队的屯田、官员的土地开垦马上就得到了落实。《先王实录》载：

> 六月，藩驾驻承天府。遣发各镇营归汛：左先锋札北路新港仔（陈碧笙注：新港仔，今台南县新市乡）、竹堑（陈碧笙注：竹堑，今新竹市），以援剿后镇、后冲镇、智武镇、英兵镇、虎卫右镇继札屯垦；以中冲、义武、左冲、前冲、游兵等镇札南路凤山（陈碧笙注：凤山，今高雄县凤山乡）、观音山（陈碧笙注：观音山，今高雄县仁武乡一带）屯垦。颁发文武官照原给额各六个月俸役银，付之开垦。[①]

六月，郑成功已经遣发各镇营回到自己的军事驻地，并在驻地开始"屯垦"，实行军屯。在军屯的同时，给文武官员发放六个月俸役银，来鼓励这些官员开垦土地，即所谓"颁发文武官照原给额各六个月俸役银，付之开垦"。

---

① 〔清〕杨英撰，陈碧笙校注：《先王实录校注》，福建人民出版社，1981年，第255页。

　　《清史稿》卷二百二十四《郑成功传》在叙述郑成功收复台湾功绩时说："成功乃号台湾为东都,示将迎桂王狩焉。以陈永华为谋主,制法律,定职官,兴学校。台湾周千里,土地饶沃,招漳、泉、惠、潮四府民,辟草莱,兴屯聚,令诸将移家实之。"郑成功在驱逐荷兰殖民者之后,在台湾劝农力耕,推广先进的耕作技术,促进了台湾的开发。而这些措施的源头,可能就是五月谕令。

明末清初形势与郑成功收复台湾研究

⊙薛瑞泽（河南科技大学教授）

清末以来，国内外学术界对郑成功收复台湾问题展开了长期研究，并在每个时段都有不同的认识。但如果将郑成功收复台湾研究放在更广的层面进行考察，就可以看出郑成功收复台湾在中华民族历史上具有重要的历史地位。

一、郑成功时代的国际形势

郑成功收复台湾是从西方列强手中收复被侵占的土地。郑成功收复台湾之前，世界范围内的国际形势已经发生了巨大变化。1492 年哥伦布发现新大陆后，欧洲人口不断向美洲迁移的同时，西班牙、葡萄牙在美洲、亚洲、非洲建立了一系列殖民地。郑成功收复台湾与欧洲列强拓展海外市场联系在一起，是中国为了抵御西方列强的侵略而进行的战争。因此，对这一问题的认识应当将郑成功收复台湾与新航路开辟之后的国际形势综合起来加以考察。

1295 年，在元朝生活了近 20 年的马可·波罗回到罗马后，因参与威尼斯与热那亚的战争被俘，在狱中留下了口述的《马可·波罗游记》。《马可·波罗游记》问世后，激起了欧洲人对中国文明的向往。哥伦布发现新大陆之前是欧洲资本主义萌生与发展时期，随着资本主义的发展，为了拓展海外市场，资本主义列强在亚洲、非洲等地进行了一系列侵略活动。

1497 年，葡萄牙人达伽马沿非洲西海岸南下，年底到达非洲东海岸，进入印度洋。1502 年，达伽马再次出发，先后到达阿拉伯和印度卡里卡特，在当地掳掠了大量的贵重商品。1511 年，葡萄牙人经新航道至印度，8 月夺取马六甲。马六甲城成为葡萄牙在印度以东地区最重要的基地，直到 1641 年被荷兰人夺走。

自从达伽马开通了印度的航线之后，从欧洲到非洲、印度洋、亚洲的贸易线路就被葡萄牙垄断。明代葡萄牙被中国人称作"佛郎机"。1516 年，葡萄牙商人在南洋购买了几艘中国式的帆船，装上了小型的佛郎机炮，招募一些马来人，就开始向广州驶来，并且冒充葡萄牙官方派遣的使团，要求和明朝进行贸易，被明朝官员拒绝。葡萄牙商队竟然强行闯入内河，开向广州，沿途"铳炮之声，震动城郭"[1]。葡萄牙商队公然强占了东莞县的屯门岛，并且沿途烧杀抢掠。明武宗正德十三年（1518），佛郎机使者加必丹末至明朝朝贡。正德十五年（1520），佛郎机"入贡"[2]，故有"佛郎机者，国名也。正德末，其国舶至广东"之说。[3] 正德十六年（1521）三月，明武宗死后，"佛郎机诸贡使皆给赏遣还国"[4]。可以说在明武宗正德年间葡萄牙的商人、使节进入明朝，代表了资本主义进入中国市场的开始。

明政府相对宽松的对外政策，使葡萄牙人开始以武力进一步打开中国的门户。嘉靖二年（1523），"佛郎机国人别都庐剽劫满剌加诸国，复率其属疏世利等拥五舟破巴西国，遂入寇新会，（张）嵩遣将出海擒之，获其二舟，贼乃遁"[5]，明军获得佛郎机火炮，并被用于北部边防。明世宗听从与佛郎机通商便利的建议，"自是佛郎机得入香山澳为市，而其徒又越境商于福建，往来不绝"。嘉靖十四年（1535），葡萄牙人贿赂广州指挥使黄庆，在澳门码头停泊，将市舶司移到壕镜（今澳门），"岁输课二万金，佛郎机遂得混入。高栋飞甍，栉比相望，闽、粤

---

①《明武宗实录》卷一百九十四。

②《明史》卷十六《武宗纪》，中华书局，1974 年，第 212 页。

③《明史》卷九十二《兵志四》，中华书局，1974 年，第 2265 页。

④《明史》卷一百九十《杨廷和传》，中华书局，1974 年，第 5035 页。

⑤《明史》卷二百《张嵩传》，中华书局，1974 年，第 5280 页。

商人趋之若鹜。久之，其来益众。诸国人畏而避之，遂专为所据"。到了嘉靖二十六年（1547），广东巡抚朱纨"严禁通番"，佛郎机"无所获利，则整众犯漳州之月港、浯屿"。嘉靖二十七年（1548），佛郎机进击金门岛，次年，"又犯诏安"，后被赶走。朱纨被诬陷致死后，"海禁复弛，佛郎机遂纵横海上无所忌"。佛郎机进入中国后，开始"市香山澳、壕镜"，"筑室建城，雄踞海畔"，如同国家一样进行管理。朝廷在广州设市舶司加以管理。① 可见葡萄牙人通过对广东、福建沿海地区的不断骚扰，试图为经商打开通道。《澳门记略》云："（嘉靖）三十二年，番舶托言舟触风涛，愿借壕境地暴诸水渍贡物，海道副使汪柏许之。初仅茇舍，商人牟奸利者，渐运瓴甓榱栋为室……此租借澳门之原始也。"② 葡萄牙谎称商船遭遇了风暴，希望借澳门之地来暴晒货物。澳门开始成了葡萄牙的租地，1557 年葡萄牙人霸占澳门。葡萄牙租借澳门后，竟然私自扩充居住地，修建炮台，设置官员进行管理。葡萄牙人与台湾的实质关系仅止于用鸦片和稻米来交换一些原住民的物品，并没有进一步殖民的企图。

葡萄牙人之后，西班牙殖民者于嘉靖四十四年（1565）占领吕宋（菲律宾），作为与明朝贸易的基地。天启六年（1626），他们又占据了台湾北部的基隆与社寮岛（今和平岛）筑城，并称之为圣救世主城（即圣萨尔瓦多城）。之后又占领蛤仔难（今宜兰），并在沪尾（今淡水）兴建圣多明哥城（位于今红毛城原址）。③

万历九年（1581），荷兰独立，与西班牙展开了争夺海上霸权的斗争。关于荷兰的情况，《明史》记载："红毛夷者，海外杂种，绀眼，赤须发，所谓和兰国也……由大泥、咬𠺕吧二国通闽商。"万历年间始与福建沿海地区经商，"万历中，奸民潘秀引其人据彭湖求市，巡抚徐学聚令转贩之二国。二国险远，商含舍而之吕宋。夷人疑吕宋邀舶攻之，又寇广东、香山澳，皆败。不敢归国，复入彭湖求市，且筑城焉。巡抚商周祚拒之，不能靖。会居益代周祚，贼方犯漳、泉，招日本、大泥、咬𠺕吧及海寇李旦等为助。居益使人招旦，说携大泥、咬𠺕吧。贼帅

①《明史》卷三百二十五《外国传·佛郎机传》，中华书局，1974 年，第 8434 页。

② 转引自王孝通：《中国商业史》，东方出版中心，2020 年，第 148 页。

③ 曼叶平：《台湾映像》，台海出版社，2009 年，第 6 页。

高文律惧，遣使求款，斩之，筑城镇海港，逼贼风柜。贼穷蹙，泛舟去，遂擒文律，海患乃息"①。万历三十二年（1604）七月，"西洋红毛番长韦麻郎驾三大艘至彭湖，求互市，税使高寀召之也。有容白当事，自请往谕。见麻郎，指陈利害。麻郎悟，呼寀使者，索还所赂寀金，扬帆去"②。万历四十七年（1619），荷兰侵占爪哇。万历末年，"红毛番泊舟于此，因事耕凿，设阛阓，称台湾焉"③。荷兰为了进入台湾，首先占领了澎湖，随后入侵台湾。

关于荷兰取代葡萄牙殖民者在广东、福建乃至台湾的过程，《东西洋考每月统纪传》有较为详细的记载。明弘治年间，葡萄牙人控制了欧洲到东方地区商业贸易之路，"令师舰纵横洋面，截劫商船"，以至于"各国商船，不敢孤行"。为了抵抗葡萄牙海盗的侵扰，商船开始雇人护航，"遇葡舰海贼，则决战保货"，并由此成立了商会——公班衙，发挥"为群商捐措资本钱，其作贸易也"。为了与葡萄牙海盗做斗争，作为西方其他国家的首领的荷兰，"荷兰公班衙为首，始出公银二百五十万圆，赴牙瓦洲摩鹿群岛，买丁香、胡椒等货归国，获益一倍"。随着生意的拓展，"年年续驶南海，利路大开"。由于经商获利颇丰，荷兰人试图打开广东门户，"始则向土酋买地，开新埠，后则开衅战斗，而夺其旁地。兵盛势强，两攻澳门，败退"。在广东开埠遇阻后，荷兰人"因据台湾之港口，与福建沿海居民贸易，开垦愈广，钱货益增，船舶满海，筑城建邑，商变为君"。后来随着荷兰人愈来愈贪得无厌，到了清朝初年，随着郑成功被清军追赶，"后有为福建郑成功所攻，时荷兰公班衙通事何斌，知港路深浅，说成功联樯并进。荷兰严守安平大港，成功从鹿耳门进，水涨三丈余，入据台湾，与荷兰相持甚久，围其堡台，鏖战不息。镇守官乞盟，返棹回国"。

除了荷兰，日本亦想夺取台湾。嘉靖末年，戚继光驱逐骚扰福建的倭寇后，倭寇开始逃遁于鸡笼（今基隆），鸡笼人林道乾追随倭寇，既害怕被倭寇所吞并，又担心被明军追击，乃逃亡浡泥（一说占城）。鸡笼被倭寇占领后遭到严重损毁，

①《明史》卷二百六十四《南居益传》，中华书局，1974年，第6818页。

②《明史》卷二百七十《沈有容传》，中华书局，1974年，第6940页。

③《明史》卷三百二十三《外国传·鸡笼传》，中华书局，1974年，第8344页。

"鸡笼遭倭焚掠，国遂残破"。为了躲避倭寇的骚扰，鸡笼人"初悉居海滨"，"既遭倭难，稍稍避居山后"。后来，"忽中国渔舟从魍港飘至，遂往来通贩，以为常"。万历四十四年（1616），"日本有取鸡笼山之谋，其地名台湾，密迩福建"，琉球国世子尚宁派遣使者将这一消息报告给明朝廷，万历皇帝"诏海上警备"[1]。天启元年（1621），"有颜思齐者，为日本国甲螺（犹头目也），引倭酋归一王屯台湾，闽人郑芝龙附之，始建平安镇城"。此后，日本人与荷兰人为争夺台湾展开角逐，"既而荷兰国人舟遭飓风至此，爱其地，借居之，遂与倭约，尽有台湾之地，而岁输鹿皮三万。荷兰国人善火器，其居台湾也，以夹板船为犄角，虽兵不满千，南北土酋咸畏之，又建赤崁城以居。顺治庚寅，日本甲螺郭怀一谋逐荷兰人，事觉，怀一被杀于欧汪（在今凤山县界）"[2]。荷兰作为快速崛起的资本主义国家，与日本在台湾问题上的角逐，显现出资本主义国家急剧拓展海外市场的野心。

崇祯十五年（1642），荷兰打败盘踞在台湾北部鸡笼的西班牙殖民者，全部占领了台湾，把台湾变成了他们的殖民地。由于荷兰殖民者残酷地压榨普通民众，在1629年至1635年爆发了麻豆溪事件与1636年的萧垅事件，两次事件均是台湾少数民族的大规模反抗。到了1652年，以郑芝龙旧部郭怀一为首的汉族移民，也对荷兰殖民者展开大规模的反抗。反抗被镇压之后，荷兰人兴建普罗民遮城（今赤崁楼）以加强防范反抗事件。随后郑芝龙也大规模招募移民渡海拓殖台湾。1661年，由郑成功所领导的郑军围攻热兰遮城，占领台湾，1662年2月荷兰人接受条件开城投降，结束了其对台湾的统治。

从郑成功收复台湾之前的国际形势来看，随着西方资本主义的发展，东方广大的农业地区成为自新航路开辟之后西方列强亟须拓展的海外市场。为了拓展海外市场，这些国家不是通过和平的方式获得东方国家的认同，采取和平方式进行贸易，而是在东方国家未同意的前提下，以武力的方式入侵东方，以杀掠民众的

---

① 《明史》卷三百二十三《外国传·琉球传》，中华书局，1974年，第8470页。
② 王士禛撰，湛之点校：《香祖笔记》卷一，上海古籍出版社，1982年，第16页。

生命财产企图打开东方市场。从葡萄牙到西班牙进入当时广东、福建，侵占沿海地区战略要地，特别是荷兰等列强对于台湾的入侵即可体现出殖民者为了拓展海外市场采取的血腥杀戮。郑成功收复被荷兰所侵占的台湾是在当时的条件下进行的正义战争。

二、郑成功收复台湾之历史必然

郑成功收复台湾既是反对西方列强侵占中国土地的正义之战，也是当时的情势之下抵御荷兰殖民者的必然选择。关于郑成功收复台湾问题，清代以来的史学著作中多有记述，体现了那个时代对郑成功收复台湾的认识。

郑成功收复台湾之前，台湾已有大陆民众移居于此。清初，沈光文从潮阳航海至金门，"卜居于泉州海口，浮家泛宅"。因濒临海洋，"忽飓风大作，舟人失维，漂泊至台湾"。沈光文是因为台风船舶失事，到达台湾。当时台湾为荷兰人占据，沈光文所居条件极为简陋，"受一廛以居，与中土音耗隔绝"[①]。可见单独到达台湾者往往生活窘迫。施琅说："明季设澎水标于金门，出汛至澎湖而止。台湾原属化外，土番杂处，未入版图。然其时中国之民潜往生聚，已不下万人。郑芝龙为海寇，据为巢穴。及崇祯元年，芝龙就抚，借与红毛为互市之所。红毛联结土番，招纳内地民，渐作边患。"[②] 这说明在郑成功收复台湾之前，台湾尚未入清朝的版图，大陆民众迁居的有万余人。郑芝龙在为海盗之时，就曾占据台湾，后来与荷兰进行商业活动，扩大了势力。陈伦炯《海国闻见录》曰："东南诸洋，自台湾而南。台湾居辰巽方，北自鸡笼山，南至沙马崎，延袤二千八百里，与福、兴、泉、漳对峙；隔澎湖水程四更，隔厦门水程十有一更。西面一带沃野，东面俯临大海。……崇祯间，为红毛荷兰人所据……成功从鹿耳门进，水涨三丈余，入据台湾。"[③] 由此可见，郑成功收复台湾之前，大陆的民众已经逐步迁移至台湾，收复台湾使迁居台湾的民众有了一个宽松的生存环境。

---

① 《清史稿》卷二百八十七《沈光文传》，中华书局，1977 年。
② 《清史稿》卷二百六十《施琅传》，中华书局，1977 年。
③ 〔清〕陈伦炯：《海国闻见录》卷十一《东南洋记》，中州古籍出版社，1984 年。

郑成功收复台湾之前的国际形势特别是西方列强对广东、福建以及台湾的入侵前文已经略有陈述。明朝中期，台湾及其附属岛屿的形势更加复杂，嘉靖四十二年（1563），"海寇林道乾掠近海郡县，都督俞大猷征之，追至澎湖，道乾遁入台湾"。天启元年（1621），"闽人颜思齐引日本国人据其地。久之，为荷兰所夺"①。郑成功早年因为参与抗清，成为南明的主要军事力量。郑成功从江南败退后，驻扎在厦门。顺治十八年（1661），"郑成功攻台湾，逐和兰而取其地"②。在进攻台湾前，"适日本甲螺何斌与荷兰酋长隙，潜诱成功进取台湾"。在进攻台湾时潮水未起，"鹿耳门诘屈回旋，沙浮水浅，猝难飞渡"。恰在此时潮水涌起，"成功舟至，水忽涨十余丈，巨舰纵横毕济，遂克台湾"。故有"郑成功之破荷兰"，属于"偶乘风潮，出其不意"之说。③郑成功进入台湾后，"荷兰国人与成功战不利，退保安平镇城。其酋归（揆）一王以死拒之，成功力攻不克，乃环山列营以困之。荷兰人势穷，以十余艘决战，成功用火攻，尽焚之，荷兰人遁归其国"④。郑成功收复台湾后，"以赤崁城为承天府，改台湾土城为安平镇，总名曰东都"。其下设二县，曰天兴，曰万年。从郑成功收复台湾时的客观形势来看，涨潮与退潮成为其能否进入台湾的重要因素，正因为郑成功准确把握住了涨潮的机会，才迅速进入台湾。

关于郑成功收复台湾的过程及其战略形势，在清代正史中有更加详细的记载。《清史稿》卷二百二十四《郑成功传》云："成功自江南败还，知进取不易。"当时的台湾为荷兰人所占据，"台湾，福建海中岛，荷兰红毛人居之。……荷兰筑城二：曰赤崁、曰王城，其海口曰鹿耳门"。面对这种形势，郑成功夺取被荷兰人所占据的台湾是势在必得，因为面对清军的追击，如果不夺回台湾岛，将无立足之地。当时，"荷兰人恃鹿耳门水浅不可渡，不为备"。恰逢涨潮，当郑成功的军队到达后，"水骤长丈余"。利用涨潮的机会，郑成功"舟大小衔尾径进，

---

① 《清史稿》卷七十一《地理志十八》"台湾"，中华书局，1977年。

② 《清史稿》卷一百五十九《邦交志七》"和兰"，中华书局，1977年。

③ 〔清〕魏源：《海国图志》卷一《筹海篇一（议守上）》。

④ 〔清〕王士禛撰，湛之点校：《香祖笔记》卷一，上海古籍出版社，1982年，第16页。

红毛人弃赤崁走保王城"。攻入台湾的郑成功派人对荷兰殖民者说:"土地我故有,当还我;珍宝恣尔载归。"然而荷兰殖民者不甘退出,郑成功围城七月,"红毛存者仅百数十,城下,皆遣归国"。郑成功收复台湾后,对台湾社会进行了一系列改革。首先,正名号,郑成功"乃号台湾为东都",对外表明"示将迎桂王狩焉",这说明郑成功仍然借着恢复明朝来吸引民众。其次,郑成功从政治、经济、文化等层面进行全方位的改革。郑成功"以陈永华为谋主,制法律,定职官,兴学校。台湾周千里,土地饶沃,招漳、泉、惠、潮四府民,辟草莱,兴屯聚,令诸将移家实之"。与此同时,郑成功改台湾为东都后,又以"王城为安平镇,赤崁号天兴府,以郑省英为府尹。省英辟草莱,兴屯聚,犯法者亲故不假"①。郑成功收复台湾后,保留了明代文化的文脉。郑成功知道沈光文在台湾,非常高兴,"以宾礼见",生活上也予以优待,"廪饩,且以田宅赡之"。不仅如此,对于"海上诸遗老,多依成功入台"②者颇为优待。《海东逸史》卷十八《遗民·沈光文传》亦云:"及郑成功克台湾,(沈光文)遂依之以终。所著诗文甚多,皆赋台湾风景。"③

郑成功收复台湾,在清代也有不同的认识,从清代前中期的贬斥到中后期的赞扬,正体现了郑成功收复台湾因时代背景的变化,体现了人们价值观念的变化。清朝前中期,对郑成功收复台湾多以其占据台湾成为分裂因素予以评论。施琅说:"顺治十八年,郑成功盘踞其地,纠集亡命,荼毒海疆。"④"郑成功据台湾为乱。"⑤这一现象到了清代后期仍然有相同的看法,欧阳兆熊、金安清云:"国初郑成功窃据台湾。"⑥到了清代末年,随着民族危机加深,更多的仁人志士对于郑成功收复台湾有了新的认识,民族英雄的形象逐步形成。章绛《中夏亡国

---

① 〔清〕邵廷采:《东南纪事》卷十一《郑成功上》,北京古籍出版社,2002年,第316页。
②《清史稿》卷二百八十七《沈光文传》,中华书局,1977年。
③ 〔清〕翁洲老民:《海东逸史》,浙江古籍出版社,1985年,第88页。
④《清史稿》卷二百六十《施琅传》,中华书局,1977年。
⑤《清史稿》卷二百五十九《宜里布传》,中华书局,1977年。
⑥ 〔清〕欧阳兆熊、金安清撰,谢光尧点校:《水窗春呓》,中华书局,1984年,第89页。

二百四十年纪念会书》有云："愿吾闽人，无忘郑成功。"① 魏源《金焦行》有云："晋江城外郑成功，曾出此山夺台彭。"② 魏源将郑成功出兵收复台湾描述得颇有豪气。光绪元年（1875），沈葆桢建议"为明遗臣郑成功请予谥建祠，以作台民忠义之气"，得到朝廷的允许。③ 郑成功作为福建泉州府南安县人，在故乡有着极高的声誉，"士人爱戴，建为祠宇，世尸祝之"。沈葆桢为之撰写了郑成功庙联，其一云："开千古得未曾有之奇，洪荒留此山川，作遗民世界；极一生无可如何之遇，缺憾还诸天地，是创格完人。"其二云："由秀才封王，支持半壁旧山河，为天下读书人别开生面；驱外夷出境，自辟千秋新世界，愿中国有志者再鼓雄风。"④ 梁启超亦曾赞扬郑成功收复台湾的功绩，称颂"郑成功以一旅之师，而攘荷兰辟台湾"⑤。清佚名《名人轶事·郑成功遗诗》云："明季郑成功氏，明末汉种中一奇男子也。虽事之成不如其志，然当神州陆沈之后，犹得据海南一片土，其所建树，亦足以表白于天下矣。"郑成功收复台湾的举动在民族危难之时对后世也有深远的影响。1964 年，张学良游览台湾郑成功祠时，留下了两首《谒郑成功祠》，其一云："孽子孤臣一稚儒，填膺大义抗强胡。丰功岂在尊明朔，确保台湾入版图。"张学良以此表达自己被幽禁的心境。

郑成功收复台湾是历史发展的必然，既符合了当时的民意，也使大陆迁居台湾的先民有了一个真切的归属感。从郑成功收复台湾的过程来看，既有历史的偶然性因素，也是历史发展的必然。在郑成功收复台湾过程中，因为退潮的原因使船只难以进入，恰逢涨潮的因素使其能够顺利登陆，只能说是天助人愿。从清代以降对郑成功收复台湾评价的变化，与清代前后客观形势的变化有着密切的关系，特别是在近代以后随着民族危机的加剧，郑成功收复台湾对于激励民众的爱国热情有着积极作用。

---

① 郑振铎编：《晚清文选》，上海书店出版社，1987 年，第 754 页。

② 〔清〕魏源：《古微堂诗集》卷六《七言古诗》，岳麓书社，2004 年，第 620 页。

③ 《清史稿》卷二百《沈葆桢传》，中华书局，1977 年。

④ 〔清〕徐珂编撰：《清稗类钞·祠庙类（陵墓附）》，中华书局，2003 年。

⑤ 《饮冰室文集》之二十六《中国前途之希望与国民责任》，云南教育出版社，2001 年。

郑成功生平事迹考述

⊙陈姿文（郑州大学历史学院研究生）

郑成功是我国历史上著名的爱国将领、民族英雄。《清史稿·郑成功传》记载："郑成功，初名森，字大木，福建南安人。"明朝年间，郑成功的父亲郑芝龙早年跟随颜思齐在海上进行活动，颜思齐死后，郑芝龙向福建巡抚熊文灿请降，其带领的队伍摇身一变成了明朝的重要海上军事力量，郑芝龙本人也被封为"游击将军"。郑成功的生母田川松是一位日本女性，1602 年出生于日本九州岛平户。"郑成功于 1624 年 8 月 27 日出生于日本九州平户川内浦千里滨，6 岁之前跟随母亲一直住在日本平户，直到父亲郑芝龙受到大明朝廷招安任官之后，郑成功才被接回福建泉州府南安县石井津（现属安海镇）居住，在那里读书学习。"①

弱冠之年的郑成功得到了郑芝龙的欣赏，郑芝龙将他引荐给当时南明的隆武帝朱聿键。朱聿键非常赏识郑成功，封他为忠孝伯，授御营中军都督，并赐他国姓"朱"，因此郑成功又名朱成功，郑成功"国姓爷"的名号也由此而来。在郑成功十几年的政治生涯中，他一直将自己视为明朝遗民，面对清廷的招揽不为所动，甚至不惜与父亲郑芝龙反目。但在清廷的强势围追堵截下，郑成功接连丢失

---

① 束有春：《"明朝二郑"与台湾岛》，《寻根》2022 年第 3 期。

了沿海的根据地，最终只能带领一批亲信和百姓退守台湾岛，继续反清复明的大业，一直到 1662 年，在台湾岛含恨而终。

郑成功的一生颇具传奇色彩，他以出色的个人能力先后受到了父亲郑芝龙和唐王朱聿键的赏识，甚至在与清廷对峙的时候，清廷也多次表示——只要郑成功肯归降，就特赦他的罪行，加以封官授爵。如今，为了纪念这位民族英雄，台湾民众将其奉为神明，供奉郑成功的宫庙在台湾数以百计，且香火鼎盛。郑成功如此受人崇敬，不仅仅是因为他令人敬佩的民族气节，还因为他在政治、军事、经济、文化上取得的成就和做出的贡献，接下来我们从几个方面逐一了解这位民族英雄的生平。

一、政治生涯

郑成功的政治生涯始于 1645 年，总体可以分为两个阶段，第一阶段是大陆时期，第二阶段是台湾时期。

1646 年，就在郑成功获封"国姓爷"后的第二年，清军南下，攻陷泉州。郑成功的父亲郑芝龙接受了清军的劝降，郑成功的母亲田川松在战乱中自缢身亡，郑成功本人则屡劝不降，带领着父亲的旧部，重新召集上千人，游走在东南沿海，成为一支主要的抗清势力。

郑成功首先以厦门和金门为基地，厉兵秣马，随时为北上做准备。"通过不断进攻，郑成功先后占领过同安、漳浦、泉州、诏安等地。在明王朝流亡政府的两位'唐王'相继失败后，顺治四年（1647），桂王朱由榔继续称帝，年号始为'肇庆'，后又改为'永历'。郑成功派人前往朝拜桂王，桂王又封郑成功为'延平公'，所以郑成功又被人们尊称为'郑延平'。从此，郑成功又转而为以桂王朱由榔为首的明王朝流亡政府继续战斗。郑成功的军队转战于潮州、厦门、广州、漳州、漳浦、金门、诏安、南靖、平和、海澄之间，与清朝军队展开周旋争夺，令清政府十分头疼。"①

---

① 来有春：《"明朝二郑"与台湾岛》，载《寻根》2022 第 3 期。

郑成功在历次反击中展现出的卓越才能引起了清廷的注意，于是清廷让已经降清的郑芝龙修书一封给郑成功及其叔父郑鸿逵，并在信中许以重利。面对清廷打出的感情牌和高官厚禄的诱惑，郑成功并没有动摇。然而清廷没有放弃，接着抛出了"顺治十一年（1654），顺治皇帝再次派特使晓谕郑成功，朝廷要授予郑成功'靖海将军'官衔，让他的部队驻扎在漳州、潮州、惠州、泉州四府，实质上是让郑成功担任这四个州的'总督'。但郑成功'无意受抚'，不买清政府的账，他一心要'遥奉桂王'，并且'礼待'流亡中的明朝'诸遗臣'，铁了心不与清政府合作。与此同时，郑成功也学古人做法，'置储贤馆以养士'，招纳人才，准备干一番更大的事业"[1]。

郑成功的顽强抵抗让清廷颜面扫地，清廷最终放弃了招安郑成功的方案，转而派济度率师讨伐郑成功，同时将郑芝龙下狱治罪。当清军攻打到漳州时，还将郑氏祖坟尽数破坏，大肆斩杀拒不投降的郑成功部官员。这场和清廷的拉锯战持续到康熙帝登基，康熙帝采取釜底抽薪策略，"下达了迁界令，自山东至广东沿海 20 里范围内，一律毁坏沿海船只，寸板不许下水，以断绝郑成功军队的物资供应"[2]。

在这种严峻的形势下，郑成功选择了东进，将侵占台湾的荷兰人驱逐之后收复台湾岛。从此进入了他政治生涯的第二阶段。

占领台湾岛之后，郑成功展开了对台湾岛的建设工作，包括但不限于制定法律、定官职、办学校、安民心等等。与此同时，漳州、泉州、惠州、潮州四府的大量老百姓也响应号召来到台湾开荒，为台湾的发展打下了基础。可惜的是，1662 年，在到达台湾岛短短一年之后，郑成功听信了谗言，对戍边大将陈豹产生了疑心，致使陈豹向清廷投诚，加之又有谣言称郑成功对据守厦门的将领心存杀机，导致大量将领为了自保纷纷投靠清廷。至此，郑成功大势已去，在同年五月病逝于台湾，年仅 39 岁。

---

① 束有春：《"明朝二郑"与台湾岛》，载《寻根》2022 第 3 期。
② 同上。

可以说，郑成功终其一生都在为反清复明到处奔走，即使在父亲降清、"皇帝"逃到缅甸的情况下，郑成功仍然没有放弃复国的希望。在收复台湾之后他也没有自立为王，反而将台湾岛视为明朝的"东都"，而这一切只为报答明朝流亡政府当初对于他的知遇之恩，所以从政治上来说，郑成功称得上是一位"忠臣"。

二、军事成就

郑成功在民间的呼声如此之高，当然不只是因为他的忠臣形象，民众对郑成功的崇拜还生发于郑成功在军事上的超高成就和传奇经历。

"1661 年春，任职荷兰东印度公司台湾评议会通事的爱国商人何廷斌，从台湾回到厦门，向郑成功诉说当地人民不堪忍受荷兰侵略者野蛮残暴压迫，盼望祖国救他们于水火的愿望。"[①]与此同时，郑成功的反清复明势力在大陆遭到了清廷的大力围剿，于是他便决定出兵台湾。

荷兰人在台湾岛上建了赤崁城和王城，并且营造鹿耳门当作入海口。鹿耳门所在区域海水较浅，军舰难以开到这里，所以荷兰人并没有在鹿耳门重点布防。1661 年 4 月，郑成功留下部分兵力镇守后方，在举行了祭海神、候海风的隆重仪式之后，以"大明招讨大将军国姓爷"的名号，率领 2.5 万人及数百艘战舰，从金门料罗湾出发，先抵澎湖，再转台湾。当郑成功的舰队抵达鹿耳门时，恰逢涨潮，原本浅浅的海水瞬间涨至丈余，舰队借势直抵岸边，最终成功在台湾北港登陆。

"郑成功有装备精良、号称'铁甲人'的陆军，有严格战略战术、'进退以法'的海军。这支军队纪律严明、作风过硬"[②]，最终在当地各族人民的帮助下，"将荷兰侵略军首领弗里德里克·揆一及其残部，围困在热兰遮城（即安平古堡）内"[③]。荷兰人在经历了长达 9 个月的围困之后，终于签订投降书。至此，被荷兰人侵占

---

① 姜舜源：《国博〈郑成功画像〉与厦门〈台湾行乐图〉再认识》，载《明清论丛》2018 年第 2 辑，第 429 页。

② 同上。

③ 同上。

38 年之久的台湾岛被郑成功收复。

郑成功在军事上的才能还表现在对军队的训练和武器的运用上面。位于今厦门大学校园内南侧的演武场遗址，就是郑成功建立的练兵场遗址。演武场除了用于训练常规阵法，还被郑成功用来训练"虎卫亲军"。据《海上见闻录定本》载："永历十二年三月，赐姓筑演武亭于厦门港练兵，以石狮重五百斤为约，力能挺起者，拨入左右武卫虎卫亲军，配以云南斩马刀、弓箭，戴铁盔，穿铁臂、铁裙，用锁锁定，使不得脱，时谓之'铁人'。""每人月给饷银三两。有功者，擢为营将。令左虎卫陈魁统之。"以后，郑成功率领这支军队，"戈船八千，甲士二十四万，铁人八千，号八十万；沿海攻陷乐清等县。"继而攻陷瓜洲，直接威胁江南重镇南京。①

郑成功能在清廷的围剿下顽强抵抗多年，并且打败当时的海上霸王荷兰，少不了精良武器的助力。郑氏集团的军事力量所用既有传统的冷兵器，也有当时最先进的热武器。

"郑氏集团对火炮极为重视，早在郑芝龙时期，他利用与荷兰人的关系，从荷兰人手中得到了当时先进的武器——巨舰与大炮，装备十分精良。"②到了郑成功这一代，开始使用一种叫作"灵熕"的火炮，较之传统火炮威力更大，且郑成功的军队弹药充足，可以说热武器在对荷作战中发挥了极其重要的作用。

除了热武器，冷兵器在战斗中也功不可没。刀枪剑戟之外，还有一种特殊的防御兵器值得一提，那就是"藤牌"。"藤牌是用坚韧的植物藤条编制而成，分为两面，向外的一面涂上油漆，牌体向外鼓出，正中部分最为突出，类似蚌壳或反荷叶形，中心部位有一小孔；牌向内的一面凹陷，有一条绳索穿过，以便用手抓握，或用以套在手腕上。"③藤条的特性就是柔韧坚硬，且轻便，尤其不怕尖锐物品砍劈戳刺，用藤条制成的盾牌在以冷兵器为主的古代战场十分有用。此外，

---

① 转引赵巍：《两岸关系视阈下的福建涉台文物研究》，福建师范大学博士学位论文，2020 年，第 77 页。

② 同上，第 79 页。

③ 同上，第 80 页。

藤牌甚至可以抵御热武器的进攻。因此郑成功十分重视藤牌，甚至将它与火药等热武器摆到同等重要的位置。

可以看出，郑成功的队伍代表了我国当时最先进的海上军事力量。

三、经济能力

郑成功的抗清行动没有官方的资助，在当时的局势下，明朝流亡小朝廷自身难保，所以，想要养活一支精锐的队伍，就必须有别的经济来源，郑氏集团的海商群体就是郑成功的底牌。郑氏集团在海上的贸易活动从郑芝龙那一代就已经非常兴盛，郑成功在此基础上建立严密的组织来管理这些产业。

1661 年，清朝下达了迁界令，自山东至广东沿海 20 里范围内，一律毁坏沿海船只，寸板不许下水，以断绝郑成功军队的物资供应。在这种情况下，郑成功军队的经济来源更加依赖海外贸易。

"郑氏集团的海外贸易大致分为两大区域：东亚和东南亚。包括巴达维亚、东京、暹罗、广南、马尼拉、柬埔寨、柔佛、北大年等八个地方，分布于今越南、柬埔寨、泰国、马来西亚、印度尼西亚数国。史载，郑成功极为重视对外贸易，'曾督船亲临日本、吕宋、交趾、暹罗、柬埔寨、西洋等国'。如果将日本与东南亚贸易利润都计算在内的话，'郑成功海外贸易所获利润总额，平均每年在二百三十四万到二百六十九万两银'。这是一个相当惊人的数字。"[1] 这些巨额利润足以满足郑成功的军需和粮饷等开销。

铸币是郑氏集团应对经济问题的另一手段。郑成功时期就曾铸造"永历钱"，永历钱"重一钱六分，以红铜为之；每千文作银二两"[2]，这也在很大程度上缓解了郑氏集团的经济危机。

此外，郑氏集团进行海外贸易时，不可避免地与同在这一海域的荷兰人势力有摩擦和竞争。在郑芝龙消灭掉其他海商集团之后，荷兰人势力逐渐不能与郑氏

---

① 转引赵巍：《两岸关系视阈下的福建涉台文物研究》，福建师范大学博士学位论文，2020 年，第 85 页。

② 〔清〕刘献廷：《广阳杂记选》，《台湾文献丛刊》第 219 种，台湾银行经济研究室，1965 年，第 8 页。

集团抗衡，到了郑成功时代，郑氏集团已经在和荷兰人的较量中取得绝对优势。前文提到，郑成功建立了严格的制度来管理海商贸易，如牌饷制、五商制和公司制等，而这些制度发挥它应有作用的前提是郑氏集团首先是个政治集团，这就意味着它对于旗下的海商拥有极强的统治力和凝聚力，能办成很多单体海商或纯粹的海商群体不能办到的事情。"所以，在郑氏集团消亡之后，中国海商力量也随之迅速削弱，虽然不乏清朝统治者海禁制度的原因，但海商力量被分散则是更为重要的原因。"①

郑成功统治郑氏集团期间对郑氏集团的海上贸易做出的整改，为此后的抗清活动提供了完备的后勤保障，也显示出郑成功本人卓越的经济能力。

四、文化影响

郑成功虽然出生在日本，但却是在儒家文化的熏陶下成长起来的。"郑成功从小接受儒家正统教育，15岁入县学，19岁赴乡试，21岁入南京太学，拜名儒钱谦益为师。"②郑成功的教育经历为日后他做出与郑芝龙不同的选择埋下了伏笔，海商出身的郑芝龙投机思想较为浓厚，所以在清军的强大攻势下选择了降清；而受儒家教育熏陶的郑成功仍然坚持忠君爱国的思想，甚至与前来劝降的郑芝龙决裂。

受过教育的郑成功无比明白教育的重要性，因此在他的统治范围内，也同样重视文教工作。比如"郑成功于永历己丑（1649）'开科于广省，诏诸勋镇考送诸生赴试，赐姓遂送生员叶后诏、洪初辟等十余人……舟至潮阳，遭风飘坏……'永历九年（1655），'又设储贤馆、育胄馆。以前所试洪初辟、杨芳、吕鼎、林复明、阮旻锡等充之。先是，明主开科粤西，诸生愿赴科举者，成功给花红、路费遣之。岛上衣冠济济，犹有升平气象。又以死事诸将及侯伯子弟柯平、林维荣充育胄馆'"③。

---

① 张程：《明末清初郑氏集团与荷兰交往活动研究（1625—1661）》，安徽大学硕士学位论文，2020年，第51页。

② 转引赵巍：《两岸关系视阈下的福建涉台文物研究》，福建师范大学博士学位论文，2020年，第88页。

③ 同上。

同样地，在将大本营转移到台湾之后，郑成功也将儒家文化的春风带到了台湾岛。随郑氏集团一起前往台湾的有一批福建省的大儒，他们承担起了台湾岛的文化建设工作，开创了台湾儒学教育的先河。此时的儒学有着极强的现实主义色彩，很大一部分是服务于现实、作为反清复明的宣传工具存在的。

遗物作为精神文化的物质载体，在一定程度上能够反映出其所有者的精神世界。在福建省南安市博物馆，陈列着一件郑成功佩戴过的雕龙纹玉带板。"玉带板是中国古代官员和贵族革带上的装饰，一般认为其制作始于唐代，终于明代。历代对玉带的形制及其所有者的身份均有严格规定。无论唐明，佩戴玉带的均为最高级别的官员。"[1] 郑成功佩戴玉带板展现出了他对自己明朝遗臣身份的认同和对明朝政府的怀念，也说明郑成功是十分重视礼制的，符合他儒生的身份。

郑成功为中华文化在台湾岛的传播和发展做出了卓越贡献，那些和郑成功的队伍一起去往台湾岛的知识分子向当地人传播了儒家文化，促进了民族融合，并且初步建立起了各民族对于中华民族的认同感，为之后台湾融入中华文化圈奠定了思想基础。

时至今日，郑成功本身也成了促进两岸团结的文化符号。郑成功既是家国情怀的传承者，也是家国情怀的实践者，他一生都在为反清复明而奋斗。台湾人民将郑成功尊为"开台圣王"，自然也对郑成功的家国情怀抱有认同感。每年举行的"郑成功文化节"是海峡两岸人民进行思想和文化交流的重要平台，至今已经走过了 13 个年头。

从郑成功带来的文化影响来看，他在中华文明的发展进程中起到了重要的推动作用。

通过了解郑成功的生平事迹，我们可以更深入地感受到这位民族英雄的伟大之处。他在政治上坚守初心，将民族大义摆在个人私情之前；在军事上治军有方，采用先进的作战方式，成功将荷兰侵略者逐出台湾岛；在经济上颇有见地，采用

---

① 转引赵巍：《两岸关系视阈下的福建涉台文物研究》，福建师范大学博士学位论文，2020 年，第 90 页。

"以商养战"的方式,让郑氏集团无论在面对清军还是面对荷兰殖民者时,都有与之一战的底气与实力;在文化上尊儒重教,将家国情怀深深植根于每个台湾人的心中,成为两岸人民共同的文化基因。

"郑成功是在中华优秀传统文化的熏陶下成长起来的民族英雄。郑成功作为中国文化符号启示我们,传承中华文化的重要性。"[①] 对郑成功的事迹进行总结归纳,一方面,可以使我们对郑成功本人有更加全面客观的认识;另一方面,还可以从中提炼出一些典型元素,经过加工渲染,使之成为中国文化符号中的一部分。

文化符号,即"具有民族思想特质或历史风貌并被高度抽象化了的信息表征"[②]。人们对于一个文化的认知通常是从具体的人物事件开始的,而非抽象的文化符号。例如说起中国文化,人们会想到长城、故宫;说起法国文化,人们会想起巴黎铁塔、凡尔赛宫。这些文化符号带给人们的感觉往往构成了人们对于一个国家、一个民族的第一印象。所以说我们从郑成功的生平事迹中发掘出那些令人印象深刻的闪光点,将其包装之后进行宣传,"有利于增强中华民族的归属感、尊严感和荣誉感,也有利于引导新时代青年人树立正确的历史观、家国观和价值观"[③]。

"在大陆,郑成功是中华民族史上成功驱逐西方侵略者,捍卫国土、传承中华文化、开发台湾的民族英雄。"[④] 在台湾,"台湾后人非常崇拜郑成功,并逐步加以神化。尊称他是'开台圣王',并建庙(如开山王庙、延平王庙)来敬奉"[⑤]。总而言之,加快两岸统一的步伐,就要充分发挥郑成功对于两岸人民的感召力,而对郑成功生平事迹的追忆,也是对两岸关系发展的历史回顾。

---

① 林华东:《郑成功是中国的文化符号》,载《闽台缘》2021年第1期。

② 同上。

③ 同上。

④ 同上。

⑤ 同上。

郑成功忠义事件述评

⊙李　冰（商丘师范学院副教授）

明末清初有一批反清复明的义士明知不可为而为之，以各种方式反抗清朝的统治，而郑成功与这些人最大的不同，或者说他最大的历史功绩绝不仅仅在于他的反清复明斗争，更是他收复台湾和开发台湾的壮举。虽然英年早逝，但是郑成功因为决定和引导了台湾的命运而名垂青史。而他之所以能做出如此不世之功，很大部分原因是他身上强烈的忠义思想。后人曾对郑成功的忠义思想予以高度评价："台湾赐姓公之贤，以为诸葛忠武、郭汾阳、岳武穆后之一人也。"[1]孔子编撰的《春秋》以其"微言大义"成为后世经典。在明末外族入侵、时局动荡的年代，人们愈加珍视《春秋》所传达的"尊君父，讨乱贼，辟邪说，正人心，用夏变夷"的思想。因此，《春秋》受到了当时人们的格外重视。郑成功就成长在这种大氛围下，少年时他即喜读《春秋》，据文献记载，他"儿初识字，辄佩服《春秋》之义"[2]。而且，他青少年时期在南京国子监求学，对包括《春秋》在内的"四书""五经"进行了系统深入的学习，《台湾外记》记载："（郑成功）性喜《春秋》，兼爱孙吴。"[3]可以说，郑成功的忠义思想就是在这样内外因素的共同作

---

①〔清〕刘献廷：《广阳杂记》卷二，中华书局，2007 年。

②何炳仲点校：《延平二王遗集》，上海辞书出版社，2012 年，第 17 页。

③〔清〕江日昇：《台湾外记》，福建人民出版社，1983 年，第 32 页。

用下形成的。纵观郑成功的一生，他的忠义思想鲜明地体现在三件大事上：一是义无反顾与父亲决裂，二是历尽艰难收复台湾，三是深谋远虑开辟台湾。让我们一一剖析发生在郑成功身上的这些事件，深刻领悟他深厚的忠义思想。

一、义无反顾父子决裂

充分体现郑成功忠义思想的第一件大事就是他与背叛明朝投降清廷的父亲郑芝龙彻底决裂。虽然这不符合封建社会"孝"的本义，但他这是忠于国家的大孝，也是忠义的升华。

郑成功的父亲郑芝龙及叔父郑鸿逵原本是东南沿海的海商，他们扶植成立了南明隆武政权，但郑氏兄弟拥立隆武政权并非真心为了反清复明，而是为了他们自己的私利，所以，他们兄弟俩在隆武政权内部经常摆出一副盛气凌人、飞扬跋扈的姿态，仿佛他们是明王朝的救世主。但是当清廷大军压境，他们就露出了自己的真面目，不仅不思抵抗，反而与清廷暗通款曲，密谋投降。郑成功是通过自己的父亲获得隆武帝赏识的。《明季南略》记载："隆武尚未有嗣，郑芝龙乃令子郑森入侍，隆武赐国姓，改名成功。"[①]但是郑成功并没有与父亲和叔父一样背信弃义，反而规劝父亲效忠隆武政权。《广阳杂记》记载："芝龙怀逆谋，赐姓屡谏以尊朝廷，恢复中原，遭其父之怒骂。后芝龙、鸿逵皆提兵出关。思文诏赐姓谋，赐姓劝思文出关。思文曰：'芝龙、鸿逵，朕将谁依？'赐姓曰：'臣父、臣叔皆怀不测，陛下宜自为计。'与帝相持大哭。帝曰：'汝能从我行乎？'赐姓曰：'臣从陛下行，亦何能为？臣愿捐躯别图，以报陛下，此头此血，总之，已许陛下矣。'"[②]从以上文字可以看出，郑成功与其父郑芝龙大为不同。

郑芝龙降清之前曾派人联系郑成功，希望他和自己一起投降，遭到了郑成功的严词拒绝。"遣心腹蔡辅至关，将授意于成功。辅入见，语未发，成功厉声先谓曰：'敌师已迫而粮不继，空釜司饔，吾将奈之何耶？速请太师，急发饷济

---

① 〔清〕计六奇：《明季南略》卷七，中华书局，1984 年。
② 〔清〕刘献廷：《广阳杂记》卷二，中华书局，2007 年。

军，慎勿以封疆付一掷也。'辅噤不敢发语，回见芝龙，备述前事。且曰：'向若道及纳款，此头已断矣。'"① 不仅如此，郑成功还苦口婆心地规劝父亲不要投降，他说："吾父总握重权，未可轻为转念。以儿细度，闽粤之地，不比北方得任意驰驱，若凭高恃险，设伏以御，虽有百万，恐一旦亦难飞过。收拾人心，以固其本，大开海道，兴贩各港，以足其饷。然后选将练兵，号召天下，进取不难矣。"② 后来，郑成功又从家国大义的角度对父亲进行了规劝："我家本起草莽，斜法聚众，朝廷不加诛，更赐爵命，至于今上，宠荣迭承，阖家封拜。以儿之不肖，赐国姓，掌玉牒，畀剑印，视若肺腑，即糜躯粉骨，岂足上报哉？今既不能匡君于难，致宗社堕地，何忍背恩求生，反颜他事乎？大人不顾大义，不念宗祀，投身虎口，事未可知。赵武、伍员之事，古人每图其大者。惟大人努力自爱，勿以成功为念。"③ 最终郑芝龙并没有听从郑成功的规劝而投降了清廷，但不久他就被清廷押解到北京软禁了起来。后来他又屡次奉命做清廷的说客，劝说郑成功投降，但是在郑成功强烈的忠义思想支配下，这种劝降无异于异想天开，随着清廷认为他已经失去利用价值，就毫不犹豫地杀掉了他。郑芝龙妄图在明清两政权间投机取巧，希望做到个人利益最大化，但是这种想法在明清水火不容的情况下注定要失败，只落得个身首异处的悲剧，这也是他背信弃义所付出的必然代价。郑芝龙的结局与郑成功的丰功伟绩相比，实在是一个巨大的讽刺，究其原因是郑成功的忠义思想造成了两人的天壤之别。

在闽南的民间故事中，人们把郑氏父子的为人处世和忠义思想做了很多方面的对比，特别是郑芝龙降清和郑成功背父反清的义举更是凸显了后者的忠义思想。在《米篮墓》的民间故事中，郑芝龙曾教育儿子郑成功要孝敬长辈，并说"百善孝为先"，对此郑成功追问父亲在忠孝发生冲突时应该怎么办，"外公和塾师都说有出息的人要学岳飞精忠报国，这忠与孝，国与家哪个重要呢？谁服从谁呢？"郑芝龙则回答说："当然要做孝子，当然以家为重。"这一回答呼应了他后来投降变

① 〔清〕夏琳：《闽海纪要》卷之上，福建人民出版社，2008 年。
② 苏文菁：《海洋英雄郑成功》，厦门大学出版社，2014 年，第 29 页。
③ 〔清〕温睿临：《南疆逸史》卷五十四，中华书局，2010 年。

节的思想根源。郑芝龙降清后，自以为可以保全自己的家人，但是却事与愿违，清廷并没有放过他的家人，黄宗羲在《赐姓始末》中说："芝龙既降，其家以为可免暴掠，遂不设备。北兵至安海，大事淫掠，成功母亦被淫，自缢死。成功大恨，用夷法剖其母腹，出肠涤秽，重纳之以敛。"[1] 在《酉姑绣旗》的民间故事中，一位老人向郑成功哭诉，因为郑芝龙降清，他的家乡安平镇面对清军的进攻，并没有设防，但清军进入安平镇之后，不仅杀戮了安平镇的百姓，郑氏一家也没能幸免，包括郑成功的母亲也被清军奸污和杀害。郑成功听闻之后怒不可遏，向老人表示他与郑芝龙的父子情分已尽，一定要为家人和乡亲报仇，"立誓高擎义旗，杀父报国"[2]。在《投笔从戎》的民间故事中，也记述了郑成功率军在丰州孔庙驻扎时，孔庙"大门两边剑戟林立，东边升起一面书写'杀父报国'四个大字的白缎旗帜"[3]。

其实，郑成功并没有杀父报国的举动，但是劝阻父亲不要投降的书信则是有的，"从来父教子以忠，未闻教子以贰。今吾父不听儿言，后倘有不测，儿只有缟素而已"[4]。民间故事之所以赋予郑成功杀父报国这一举动，一是人们高度褒扬郑成功的忠义壮举，二是人们鄙视郑芝龙投降变节的可耻行为。人们通过郑氏父子二人的强烈对比，更加钦佩郑成功的忠义思想。

二、历尽艰难收复台湾

郑成功人生中最浓墨重彩的一笔无疑是收复台湾，可是收复台湾却历尽艰难，差点儿失败。如果不是他怀着一颗必胜的决心推动收复战争，结局还很难料。其中他心中怀有的大一统忠义思想是他坚持下来并最终取得胜利的关键。

郑成功起兵反清始自顺治三年（1646），开始的几年活动范围仅仅局限在漳州、泉州以及厦门、金门一带，其后虽然也曾北上江浙、南下潮汕，但都没有对

---

① 〔明末清初〕黄宗羲：《赐姓始末》，出自台湾银行经济研究室编：《台湾文献丛刊》第25种，台北银行出版，1960年，第2页。

② 李辉良：《郑成功传说》，红旗出版社，1993年，第29页。

③ 同上，第32页。

④ 泉州郑成功研究会编：《东亚文化与郑成功》，厦门大学出版社，2016年，第176页。

清廷造成大的威胁。顺治十四年（1657）四月，郑成功与部下商议如何打开局面，部下潘庚钟建议攻占南京。"成功因地方频得频失，终无了局，何时得望中兴，询诸参军，吏官潘庚钟曰：'边也虽得，亦不足以号召天下豪杰。昔太祖起义濠州，若不得俞通海、廖永忠等水军，安能夺采石而得金陵，以成一统之基？以钟管见，漳、泉沿边，数载争战，民亦苦极。不如将数百号战舰，直从瓜镇而入，逼取江南。南京一得，彼闽、粤、浙、楚以及黔、蜀之豪杰志士，悉响应矣。'"①潘庚钟的建议虽然有人反对，认为盲目效仿朱元璋夺取南京是不明智的，但郑成功和他的核心将领大部分人都赞成这一主张。于是在当年七月，郑成功率领自己的主要兵力开始了对南京及周边城市的讨伐。战争初期，郑成功的部队凯歌高奏，连破瓜洲和镇江，附近的仪真、浦口、句容、滁州、六合、江浦、当涂、丹阳、太平、繁昌、宁国、合州等先后归附，"杭州及九江等处，亦有密谋举义，前来给札，欲为内应者"。"大江南北，相率送款……凡四府三州二十二（四）县。……江、楚、鲁、卫人士多诣军门受约束，归、许起兵相应，我淮安漕督亢得时以援镇江兵败，投水死，自巡抚而下，仓皇欲走，东南大震。"②但郑成功的部队劳师远征后劲严重不足，而且这次南京战役并没有周密的筹划。另外，南京是军事重镇，防守严密，且清廷调集重兵增援，郑成功的部队难以长时间支撑如此大规模的战役。郑军与清军在南京城外三次交手均没能取得大的决战胜利，反而被清军压制。后来退至镇江，在进攻崇明失败后，郑成功认为四面受敌，有全军覆没的危险，遂决定撤离长江，结束北伐。

这次北伐失败对郑军打击很大，也严重影响了部队的士气。此时清军乘势而来，1660年清廷派将军达素率万余人马，并命浙江、广东两省的水师配合他的行动，希望一举歼灭郑军。面对如此凶险的局面，郑成功"每夜徘徊筹划，知近附无可措足，惟台湾一地，离此不远。暂取之，并可以连金、厦而抚诸岛。然后广通外国，训练士卒。进则可战而复中原，退则可守而无内顾之忧"③。好在到了

---

① 转引自方友义主编：《郑成功研究》，厦门大学出版社，1994年，第169页。

② 同上，第171页。

③ 〔清〕江日昇：《台湾外记》卷十一，齐鲁书社，2004年，第161页。

1661 年 2 月，顺治帝死，清廷忙于内部的权力更迭，无暇顾及远在金、厦的郑成功，才使他得以更充分地准备制订攻打台湾的计划。

其实，除了抗清的形势发生巨大变化，不得不为了自保和建立更为稳固的根据地而考虑收复台湾外，郑成功之前对收复台湾也早有考虑。在隆武二年（1646）郑成功与隆武帝的一次对话中，就表露了要收复台湾并以此为基地助反清复明的端倪，并得到了隆武帝的大力赞扬，"隆武二年三月，赐姓成功条陈：'据险控扼、拣将进取、航船合攻、通洋裕国。'隆武叹曰：'骅角也！'封忠孝伯，赐上方剑，便宜行事，挂招讨大将军印"①。郑成功后人，世界郑氏宗亲总会创始人郑彦棻证实了郑成功的这一想法，在 2008 年出版的《功盖千秋·延平王郑成功》一书的序中，他写道："成功公欲光复台湾，早在隆武年间已有此计划。例如隆武二年（1646），爪哇的巴达维亚东印度公司接获日本长崎商馆所搜集的情报，荷兰人已知成功公有攻取台湾的计划。永历四年（1650），成功公取得金门与厦门，此时荷兰人在台湾已感到了威胁，遂增兵防守。"② 除了以上郑成功对收复台湾早有考虑外，何斌的投诚成为他起兵收台的一个重要契机。

何斌原为郑芝龙部下，后投奔了荷兰人，在荷兰东印度公司下面做事。1657 年东印度公司委派他与郑成功打交道，此时他向郑献策，从台湾运往厦门的货物应该在台湾那边收税，这样可以比在厦门的税收高很多。郑成功一直认为台湾就是中国的地方，在台湾收税也无不可，于是就委派他全权代理在台湾的税收，所以何斌事实上成了郑成功在台湾的税收代理人。但是何斌返回台湾后并没有告知荷兰东印度公司，他明白如果告知荷兰人，他们是不会同意的，所以他私下承包了这项收税业务。1659 年 2 月，何斌为郑成功代收税务的事情被荷方知晓，荷兰人大怒，撤销了他在东印度公司的一切职务和权力，并处以巨额罚款。何斌自知再也难以在台湾立足，于是就投奔郑成功，向郑献图献策，游说郑军攻打台湾。何斌的到来对于郑成功来说犹如东风，一下子激活了他的攻台计划。虽然郑成功

---

① 〔清〕江日昇：《台湾外记》卷五，齐鲁书社，2004 年，第 65 页。
② 郑万进、郑惠聪：《功盖千秋·延平王郑成功》，大众文艺出版社，2008 年，第 208 页。

获得如此重要的帮助，但后来收复台湾的战争并不顺利，几次都差点儿失败。

1661 年 4 月 21 日，郑成功亲率大军 2.5 万人、400 艘战舰，从金门料罗湾起航，开始收复台湾之举。这次出征开始就遭遇不利，因风向问题，在郑军抵达澎湖后难以继续前进，被迫滞留当地。数日后军粮已经出现短缺，此时郑成功不得不决定冒险逆风起航，在 4 月 30 日凌晨到达台湾岛的鹿耳门港外。当时由鹿耳门外海进港有两条航路：一条是南航道，水面宽阔且水深，特别适合航行，但是荷兰殖民者在此有严密防守，并设置了重炮，外部船只不经允许很难通过。另一条是北航道，水面狭窄，水也很浅，荷兰人又事先在此沉船以堵塞港口，因此只有在涨潮时大船才可以通行，但荷兰人在此防守松懈。郑成功采纳何斌的建议，从北航道进入，行前他焚香祈祷，"成功受先帝眷顾，敢不竭力，无如寸土未得，依然孤岛危居。今天冒波涛前来收复台湾，苍天如保佑我，富假我潮水，助我行舟"①。到了 5 月 1 日中午，海水大涨，郑成功大喜，他身先士卒奋勇登岸，部下深受鼓舞人人争先，纷纷从船上跳下登陆。郑军登陆之后又得到了当地百姓的帮助，不到两个小时，已经有两千多人从此登陆。

当时的荷兰是海上大国，武器装备等很多方面都优于郑军，特别是他们的火炮更是郑军难以抗衡的，但是郑军的优势在于兵力多。荷兰殖民者只有两千多人，大部分都龟缩在热兰遮城里，城池特别坚固，又加上他们先进的火炮，郑军几次攻城，死伤惨重也没能攻下这座城。此时，荷兰人负隅顽抗，并派出通信兵出海召集援军。当时荷兰人在东南亚很多岛屿都有驻军，而且他们也联络了清军，希望和清军一起消灭郑军。郑军久攻不下，决定围城，希望以此拖垮荷兰人，但是荷兰人早有准备，在城中囤积了大量的粮食，反而是郑军粮食短缺，难以支撑长时间的围城。郑成功不得不命令自己的一部分士兵屯田，用以供给自己的军粮，但同时又必须时刻防备着海外的荷兰军队和清军向台湾的荷兰人支援，人心浮动在所难免。但是在这样的艰难情况下，郑成功毫不动摇，誓死拿下热兰遮城。在围困了热兰遮城 9 个月后，城中的一个日耳曼人偷偷出城投降，他向郑成功指出

① 苏文菁：《海洋英雄郑成功》，厦门大学出版社，2014 年，第 74 页。

了荷兰人的火药库位置和火炮位置。郑成功按他的指引，炮击了荷兰人的火药库和火炮，火药库被击中引起大爆炸，火炮阵地也被摧毁，荷兰人彻底失去了斗志，于 1662 年 2 月 1 日正式投降。

围城战争是军心和意志的较量，对于任何一方来说没有坚强的意志是难以坚持到最终胜利的。在围城期间，海外荷兰人也曾增援在台湾的荷兰人，但是遭遇了大风暴，他们的军队在靠岸时被以逸待劳的郑军击溃。清军也曾试图进军，也被郑成功留守在厦门的军队击溃。与此同时，郑成功多次致信热兰遮城中的荷兰守军，允许他们"凡珍宝、辎重听搬回本国"①，这些大大小小的事情都逐渐瓦解了城内守军的信心。虽然郑军在攻克台湾的过程中也经历了一系列艰难险阻，也一度军心不稳，但郑成功多次从民族大义的角度教导部下和军士，鼓舞他们的士气，包括当地住民也出于同胞感情给予郑军支援。这些因素支撑了郑军围困荷兰守军 9 个月之久，最终顺利收复台湾。

三、深谋远虑开发台湾

荷兰人占据台湾时，仅仅把它作为一个海外殖民地进行掠夺，对本地的经济发展没有任何建设和规划。郑成功收复台湾后，台湾的大规模改造发展才正式开始，因此，郑成功被尊称为台湾的开山祖。台湾在他的带领下取得巨大进步，是他把台湾人民作为中华民族一分子而真心珍惜、真心爱护，深谋远虑为台湾发展考虑的结果。深究郑成功开发台湾的指导思想，正是他忠义思想中大一统思想的具体体现。

当时台湾在经济、政治、文化等很多方面远远落后于大陆，主要人口也是居住在台湾的少数民族，大部分人依然过着刀耕火种的原始生活。郑成功进驻台湾后采取了一系列的措施，大大提升了台湾的经济、政治、文化、军事水平。

经济上，郑成功首先核查统计了台湾的土地田亩，编制田籍。由于台湾人口稀少，严重缺少劳动力，他命令军队屯田，开辟了大量的荒地，组织开垦了三十

---

① 厦门大学郑成功历史调查研究组：《郑成功收复台湾史料选编》（增订本），福建人民出版社，1982年，第48页。

多个农垦区。与此同时，郑成功组织东南沿海大量无地和少地居民移民台湾开垦荒地。政治上，郑成功效仿大陆的政治制度，在台南设立承天府，在高雄设立万年县，在嘉义设立天兴县，并选派精明强干的官员治理这些地方，大大加强了这些地方的政治基础。文化上，郑成功推行儒家文化教育，弘扬儒家文化，并把大一统思想贯彻到台湾文化中来。军事上，郑成功的着力也很多，他的初衷是把台湾作为反清复明的基地，所以对台湾的军事建设极为重视。他在台湾很多地方建设了碉堡等军事设施，并大力发展水师，大大增强了台湾的军事防护能力。经过郑成功的建设，很长时间内台湾在东南沿海都是实力最强的地方，不仅有效抵御了清军的进攻，也阻止了西方列强对台湾的觊觎。

另外，台湾是个多民族聚居区，有着大量的少数民族居民，郑成功对他们一视同仁，三令五申要保护高山族同胞的利益，"不准混侵土民及百姓现耕物业""不许混圈土民及百姓现耕田地，违者从重究处"[1]。同时，多次率领部下接待高山族各个部落首领的拜访，也到这些高山族部落回访，赠送他们礼物，传授他们先进的农业技术经验，帮助他们提高生活水平等。有一个民间故事讲述了郑成功与高山族人交往的过程：一次郑成功携部下来到一个高山族部落，部落的人出来迎接他，他们端出了四个盘子，分别盛有金、银、泥土和野草。郑成功看到后笑笑说："我到台湾是为了驱逐荷兰侵略者，收复国土，不是为了金银。"于是他选择了泥土和野草。高山族同胞大为感动，这件事也迅速传遍了全岛，人民对郑成功更为敬仰。

可以说，经过郑成功的努力经营，台湾的经济、政治、文化、军事等诸多方面都取得了极大的进步。后来施琅在《恭陈台湾弃留疏》中，向康熙汇报了台湾情况，客观描述了台湾在郑成功开发后的情景："臣奉旨征讨，亲历其地，备见野沃土膏，物产利薄，耕桑并耦，鱼盐滋生，满山皆属茂树，遍处俱植修竹。硫磺、水藤、糖蔗、鹿皮，以及一切日用之需，无所不有。向之所少者布帛耳，兹则木棉盛出，经织不乏。且舟帆四达，丝缕踵至……实肥饶之区，险阻之域"，

---

① 厦门大学郑成功历史调查研究组：《郑成功收复台湾史料选编》，厦门大学出版社，1982年，第155页。

"人居稠密，户口繁息，农工商贾，各遂其生"。① 由此可见，台湾人民之所以尊称郑成功为台湾的"开山祖"，是有充分理由的。

在郑成功去世后，人民进行了各种形式的纪念和祭祀活动。"唯台湾所祀之王爷，自都邑以至郊鄙，陬海竺，庙宇巍峨，水旱必告，岁时必祷，尊为一方之神。田夫牧竖，靡敢渎谩。而其庙或曰'王公'，或曰'大人'，或曰'千岁'，神像俱雄而毅。其出游也，则曰'代天巡狩'。而诘其姓名，莫有知者。呜呼！是果何神，而今台人崇祀至于此极耶？顾吾闻之故老，延平郡王入台后，辟土田，兴教养，存明朔，抗满人，精忠大义，震曜古今。及亡，民间建庙以祀，而时已归清，语多避忌，故闪烁其词，而以'王爷'称。"② 为什么郑成功对台湾的开发能取得巨大成就？究其根本原因，在于郑成功对于台湾的开发是站在台湾的角度，真心实意地帮助台湾，真心实意地提升台湾各方面的水平。台湾人民也看在眼里，也发自真心怀念他、祭祀他。郑成功为什么不像荷兰人那样对待台湾？正是他心中的大一统思想使他对台湾充满感情，设身处地地发展台湾、建设台湾，才使台湾各方面取得了巨大进步。

我们今天纪念郑成功，缅怀他的丰功伟绩，更要知晓他取得这些历史功绩的深层原因，继承他的忠义思想，为中华民族的最终统一做出自己的贡献。

---

① 〔清〕施琅：《靖海纪事》，福建人民出版社，1983 年，第 121 页。
② 连横：《台湾通史》（下），生活·读书·新知三联书店，2011 年，第 424 页。

"荥阳之光"

——民族英雄郑成功在日本史迹略考

⊙张玉霞（河南省社会科学院历史与考古研究所副研究员）

日本平户郑成功庙内墙壁上悬挂着两块匾额，分别楷书"祖德流芳"和"荥阳之光"。郑成功不仅是民族英雄，同时也是郑氏的荣光，被誉为"荥阳之光"，为郑氏祖地荥阳带来无限荣耀。据记载，郑成功的父亲郑芝龙是一名成功的海商，经商旅日时娶平户河内浦一渔业主女儿田川氏（一说是华侨，中国血统）为妻，于 1624 年诞下一子，名森，他就是明末清初民族英雄郑成功。郑成功在日本度过童年，7 岁时被父亲接回家乡福建南安。享年仅有 39 岁的郑成功的人生大致可划分为生于日本并度过 7 年时光、南安求学入仕、辅佐南明抗击清廷、驱逐荷兰光复台湾、统治台湾等五个阶段。中华民族英雄郑成功和父亲郑芝龙及其赖以生存的海商集团与日本渊源甚深，郑成功在日本的政治、经济、文化上也都占有重要地位。日本遗留有大量与郑成功有关的遗迹。

一、有关郑成功的物质文化遗迹

1. 郑成功故宅——喜相院。位于平户岛川内浦市街的一幢琴平神社原址，郑成功在此度过了 7 个春秋。1972 年长崎市政府在此故宅前竖立木牌"郑成功居宅迹"，并另设木牌简介郑成功及其父事迹。平户市文化财（文化部门）1992 年发表了《平戸和蘭商館跡の発掘・鄭成功居宅跡の発掘》（《平户荷兰商馆遗址的发掘·郑成功居住遗址的发掘》），平户市政府根据发掘资料于 2014 年在郑成功故居遗址上重建郑成功故居，并作为"郑成功纪念馆"供人们参观。大殿门额楷书"浩气千秋"。2016 年，郑成功纪念馆建筑群的大门"郑成功门"也修建完成。

2. 郑成功手植树 2 株。一为松柏树，位于郑成功故宅庭院内，据说是郑成功幼年时游戏植栽，高达 20 米，是岛上屈指可数的一株松柏。此树深受当地人爱护，每年的郑成功诞辰日，人们取此树上的枝叶插于花瓶，以示敬仰。一为椎树，高丈余，位于平户市一学校内，旁有碣石一块，现空心。上有汉字七绝诗一首，曰："郑森往昔在壶阳，讲武修文炼铁肠；此树当年亲所植，至今蟠郁绿苍苍。"

3. 郑氏铜刻印章。上有"郑氏"二字，印章体宽约 2 厘米，通高 3 厘米，与郑芝龙铜器香炉共存一箱。箱上刻有 1864 年的铭文，文载此皆为故居喜相院所藏。与郑芝龙故居铜器古玩，现皆藏于松浦资料博物馆。

4. 妈祖像。郑芝龙为庆祝儿子郑成功出生，专门铸造一尊妈祖像，祈愿儿子平安健康成长。现存于平户市郑成功纪念馆。

5. 郑成功七律诗手书。发现于日本长崎县平户。20 世纪 90 年代郑成功的第十二代侄孙福住邦夫寄赠福建泉州南安郑成功纪念馆。诗曰："破屋荒畦趁水湾，行人渐少鸟声闲。偶迷沙路曾来处，始踏苔岩常望山。樵户秋深知露冷，僧扉昼静任云关。霜林尤爱新红好，更入风泉乱氎间。"落款为：成功郑森。①

6. 台湾版的"永历通宝"钱币。此有草、行、篆三体之别，文字清秀，厚薄不一，当时广泛流通于闽台地区，是郑成功父子三次在日本铸造的钱币。第一次为永历五年（1651），第二次为康熙五年（1666）郑经据台时，第三次为康熙十三年（1674）。郑氏集团为筹集军饷在日本铸钱，大力发展海上贸易，不仅起到了维护政权作用，而且还使此货币一跃成为具有鲜明中国特色的国际贸易货币。现存数量不多。

7. 郑成功儿诞石。位于平户河内浦千里滨的海滩，宽 3 米，高 0.8 米。据说田川氏在怀孕后期到河内浦海滨捡拾蛤蜊，突然临盆，情急之下就在海滨一松树

① 夏明：《日本发现郑成功手书》，《经济新闻》1994 年 7 月 26 日。

下的大石头上生下了孩子，故孩子小名为福松，官名为森。此石也因郑成功名气大增成为"圣迹"，当地不仅有歌颂它的传说神话，还有平户市政府斥资修建的半环形保护墙，并在旁立一石碑，上刻"郑成功儿诞石"。

8. 郑延平王庆诞芳踪碑。位于平户岛平户藩镇，是平户第三十五世藩主松浦侯乾斋所建，刻立于 1852 年。碑高 2.2 米，宽 1.2 米，篆额"郑延平王庆诞芳踪"，碑文楷书镌刻，共 1500 字，扼要叙述郑成功在日本诞生及其真迹。由当时大儒叶山高行撰文、大书法家多贺嘉彰所刻记。如今是平户岛海滨旅游必到的打卡之地。

9. 郑成功庙和坐像。庙建于 1962 年，坐落于日本长崎平户市丸山山顶，匾额书"浩然正气"四字。此是长崎华侨在纪念郑成功逝世 300 周年之际修建的，并将每年的五月初八①定为郑成功纪念日，并举行祭祀仪式。1926 年还塑造了一身着大明衣冠、高 0.55 米的郑成功坐像，供后人瞻仰。大殿墙壁上悬挂着两块匾额，分别楷书"祖德流芳"和"荥阳之光"。

10. 郑成功纪念公园及郑成功雕像。在平户千里滨有郑成功纪念公园，公园内有福建泉州南安市 2015 年赠送的通高约 5 米的郑成功雕像。

二、有关郑成功的民间风俗

1. 郑成功诞辰日祭祀仪式。此仪式始于 1851 年（清咸丰元年），当时平户藩镇明文规定，在每年的 7 月 14 日即郑成功诞辰日举办盛大的祭祀仪式。主要负责单位是郑氏旧宅的喜相书院，这天他们会把博物馆里的郑氏遗物拿出来展览，并由世袭官员准备一条鱼、两层糕、两瓶酒等祭祀物品。喜相书院主持者身着全套礼服主祭。结束后，主祭者在祭祀文上签字，郑氏遗物送还博物馆，祭祀品分赠参加者。此活动经久不衰，延续至今，是日本"国家指定重要无形民俗文化财"，类似于中国的国家级非物质文化遗产。

2. 妈祖祭祀仪式。郑芝龙为庆祝儿子郑成功出生，专门铸造了一尊妈祖像。

---

① 吴凤斌：《郑芝龙、郑成功父子侨居日本考略》，《中外关系史论丛》（第二辑），世界知识出版社，1986 年。

妈祖是中国古代神话中的海神，是航海和渔业的守护神，是海商、船工、海员、渔民等共同信奉的神祇。祈安的民俗活动妈祖祭祀仪式，每年都会举行，祈愿妈祖祛病消灾、保境平安、五谷丰穰，等等。

三、有关郑成功的戏剧文学作品

自 1661 年江户时代开始，以郑成功为题材的文学创作体裁多样，作品层出不穷，可谓绵延不绝、代有高潮。主要代表人物相继有近松门左卫门、小山内薰、久保荣、野田秀树等，领域涉及小说、戏剧、诗歌、传记、日记等。如前园仁左卫门的《明清斗记》（1661）、锦文流的净琉璃《国仙野手柄日记》（1701）等。影响深远的是具有"日本的莎士比亚"之称的近松门左卫门所创作的净琉璃《国姓爷合战》（1715），后续形成了"国姓爷三部曲"[另外两部是《国姓爷后日合战》（1717）、《唐船噺今国姓爷》（1722）]，风靡全日本。尤其是近松门左卫门的《国姓爷合战》，1715 年在大阪竹本座上演，获得极大的商演成功，实现了连续 17 个月的座无虚席，最终收获了大阪民众百分之八十的赞誉，并掀起了"国姓爷"热潮。极大的商业利润刺激了相应的文学及剧本产出，从而使郑成功步入了日本主流文化的意识形态。此后，随着时代的变化不断注入新的时代诉求，融入新的内容，从而使郑成功获得了不死之身，对日本社会和后世文化产生了深远影响。如 19 世纪末小山内薰利用西方现实主义手法改编了近松门左卫门的《国姓爷合战》、1930 年久保荣的反战剧《新说国姓爷合战》、1940 年拍摄的电影《国姓爷合战》等，皆倾注了新的时代诉求。

二战后，日本的郑成功文学进入又一个繁荣期，继续在郑成功身上注入新的时代诉求——泛海洋化，并取得了丰硕成果。如福住信邦的历史小说《新国姓爷合战物语》、河村哲夫的《龙王之海国姓爷郑成功》、伴野朗的《南海的风云儿郑成功》、荒俣宏的《海霸王》和长谷川伸的《国姓爷》等。

四、有关郑成功在其他方面的影响

郑氏父子在明清鼎革之际，投身于时局变幻的惊涛骇浪之中，抗清击荷，在历史的长河中激荡出属于他们的浪潮。为筹集庞大的军费和维持政权运转的开支，建立了连接中日及南亚的海商贸易网络，把强劲的动力注入日本社会经济生活中，极大地促进了日本经济的发展，提高了民众的生活水平。自江户时代开始，文人以郑成功为蓝本，创造出具有日本魂灵的国姓爷——合藤内。随着时代的变迁，郑成功融入日本精神文化血液中。二战后，郑成功文学成为国际友好交流的桥梁纽带，推动了世界和平发展和学术合作。

（一）以郑氏为首的海商集团促进了日本经济的发展

明清时期，由于政府实行海禁和闭关锁国的政策，严格限制海外交往，致使民间对外贸易占比激增，中日贸易最终形成了以海商为主导的局面。

郑芝龙庞大的海商集团是以中国福建和日本为据点，华侨为主体，范围波及整个东亚、南亚的庞大贸易网络。郑氏海商集团在日本官方和民间均具有很大影响力，德川幕府历代皆有励勉，日本封建主或商人甚至贷款给日本华侨往海外做生意。① 郑氏海商集团鼎盛时拥有万艘船只，"海舶不得郑氏令旗，不能往来"②。可见其实力之一斑。

为了反清复明、收复台湾，维持庞大的军费和政权开支，郑成功承袭了父亲的海商网络，并积极拓展，通商范围波及日本、菲律宾、柬埔寨、泰国、越南等地，利润获银每年高达 70 万两。郑成功有山路海路各五商，山路以金、木、水、火、土为名，负责采办中国大陆各地物资；海路为仁、义、礼、智、信五商，负责将采办的物资运往海外，尤其是日本。郑氏海商集团的对日贸易占日本当年进口额的 80%。据岩生成一《关于近世日支贸易数量的考察》③ 和田中克己《清初闽粤浙沿海考》④ 记载，来日华船 1610—1633 年每年约为 30—60 艘，1639 年为 93 艘，1641 年为 97

① 荷兰东印度公司：《巴城日志（1631—1634）》，第 306 页，转载于吴凤斌：《郑成功父子时代与日本华侨》，《南洋问题》1983 年第 3 期。

② 〔明末清初〕林时对：《荷牐丛谈》，转载于吴凤斌：《郑芝龙、郑成功父子侨居日本考略》，《中外关系史论丛》（第二辑），1986 年。

③ 〔日〕岩生成一：《关于近世日支贸易数量的考察》，《史学杂志》第 62 编第 11 号。

④ 〔日〕田中克己：《清初闽粤浙沿海考》，傅衣凌译，《福建文化》1941 年卷 1，第 43—44 页。

艘，1649—1661 年每年约 51 艘，1661—1673 年每年约 37 艘。"海外诸国，惟日本最富强，而需中国百货尤多。"① 郑氏海商船载来的货品，有丝织品、鹿皮、茶壶、茶碗、白蜡、白砂糖、冰糖、药品、生丝、漆器等。除一部分商品供华侨和日本封建主自用外，大部分商品在市场上以交易形式流入日本社会。"所有的货品都供不应求，每一艘朱印船进港，都会有来自日本各地的大批经销商在这里等着接货、卸货。"② "大宗贸易品流通和投放市场所带来的巨大张力沿着大小不等的贩运渠道波及日本的各级市场体系。"③ 同时为了实现资源配置的最大化，日本的配套基建——货物仓储、商品运输及商路建设都形成了规模性发展。郑氏海商的对日贸易，在活跃日本国内市场、丰富民众生活的同时，极大带动了日本经济的发展。

（二）以郑成功为题材的文学戏剧创作和学术研究是中、日、荷等国友好交往的纽带

日本的郑成功文学方兴未艾，与中国大陆、中国台湾地区和荷兰等国的创作遥相呼应。日本以《国姓爷合战》为基础的文本研究、戏剧视角研究、比较文学研究、翻案剧研究热潮此起彼伏，④ 涌现出大量学者，积累了数量可观的研究成果。如坪内逍遥、小山内薰、久保荣、山本治夫、犬丸治、仓员正江等，学术研究也走向纵深化、国际化。郑成功文学研究不断更新视野、融入新的素材，实现了新的突破，如二战后郑成功文学走向更为宽广的"海洋视角"。郑成功国际化身份的特点，使郑成功文学也走向了国际化文学，不仅体裁多样，而且涉及地域广，如中国、日本、荷兰、西班牙、意大利等国皆有从事研究郑成功的学者，如今郑成功文学研究实现跨国交流和合作，各地史料互通有无，交流碰撞学术观点，共同推进了学术繁荣发展。

---

① 〔清〕郁永河：《郑氏逸事》，载郁永河：《裨海记游》，第 48 页。

② 安之忠、林锋：《郑芝龙：海商传奇》，当代世界出版社，2013 年，第 50 页。

③ 何宇：《十七至十九世纪前期中日砂糖贸易初探》，《明清论丛》（第十五辑），故宫出版社，2015 年，第 342 页。

④ 寇舒婷、〔日〕岛村辉：《日本"郑成功文学"的形成、流变及其研究态势》，《东疆学刊》2017 年第 3 期。

（三）日本郑成功文学的政治印记

日本文学史上以郑成功为题材的热潮出现过三次，即 18 世纪前期（以近松门左卫门"国姓爷三部曲"为代表）、19 世纪末中日甲午战争时期和 20 世纪三四十年代的第二次世界大战时期。可以看出，日本郑成功文学高潮和日本政府对外诉诸武力的政治诉求高度吻合。第一次是日本在内忧外患的背景下借郑成功击退西方殖民者荷兰而使台湾光复，塑造了"和藤内"这一国姓爷的角色，初步实现了郑成功国籍日本化，并在戏剧中使其成为中国历史的主宰者，体现了日本当时传统的"华夷观"改变，反映出当时日本所具有的强烈的国家主义和民族意识。第二次为实现对台湾的殖民统治正当化与合法化，借郑成功收复台湾，赋予郑成功"大和魂"，为同化台湾提供文学支撑。如依田学海的《国姓爷讨清记》（1894）、丸山正彦的《台湾开创郑成功》（1895）、鹿岛樱巷的《国姓爷后日物语》（1914）等，皆表达出中日甲午战争后日本统治台湾都是在完成郑成功的遗志，是正义之举。第三次则是借郑成功抗清、击荷等事迹，赋予郑成功亚洲解放者、东亚英雄的声誉，重构了以日本为中心的日、亚、欧关系，高唱以日本为主导的"大东亚共荣圈"，为其征服亚洲、称霸世界的既定政策服务。如樽井藤吉的《大东合邦论》（1893）、小寺谦吉的《大亚细亚主义》（1916）、西川满的《赤崁记》（1940），以及 1940 年的电影《国姓爷合战》等。

主题二：
郑成功的爱国主义精神

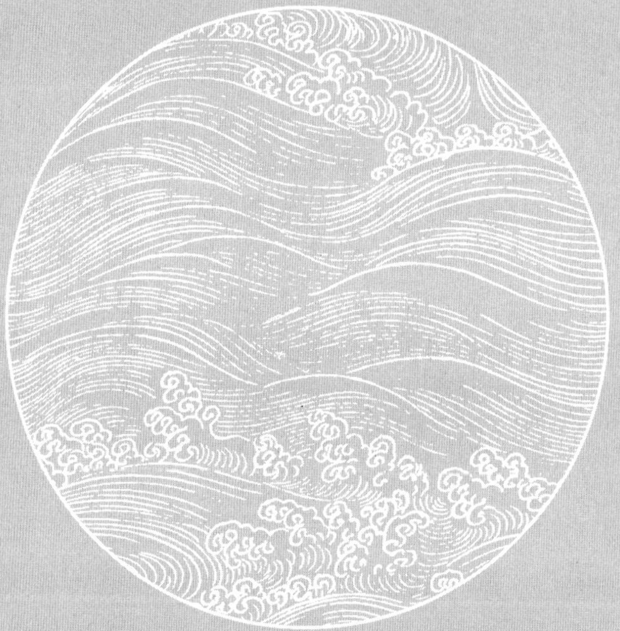

郑成功民族精神与气节的双向体现

⊙杨海中（河南省社会科学院研究员）

郑成功作为历史上的民族英雄，其最大功绩就在于驱逐了荷兰殖民者在宝岛台湾的军事占领，使台湾回到了祖国的怀抱。然就其坚持抗清而不接受招安和开发宝岛而言，也是其崇高民族精神与民族气节的集中体现。

一、根深蒂固的"攘夷"之识

郑成功的父亲郑芝龙[①]，福建南安人，发迹于日本平户，为明末清初东南沿海最著名的海商首领兼武装水师集团统帅，行迹遍于日本及东南亚，也是与有"开台王"之誉的颜思齐一起最早进入台湾地区的开发者。

郑成功为郑芝龙长子，本名森，字大木，1624年7月出生于日本长崎县，母亲为日本女子田川氏。郑成功7岁时回到福建南安郑氏故里，从此开始接受私塾"四书""五经"的教育。郑成功天资聪慧，15岁便考取为同安秀才，他在研读《春秋》诸经典的同时，亦喜读孙吴兵法。1644年李自成兵临北京，崇祯帝煤山自尽，五月，崇祯之堂弟朱由崧在南京称帝，改元弘光。郑成功得知时任礼

---

① 郑成功事迹主要见《清史稿·郑成功传》和连横《台湾通史·建国纪》，郑芝龙事迹主要见《清史列传》卷八十《逆臣列传·郑芝龙列传》等。

部尚书的大儒钱谦益在南都，便前往国子监投奔并拜其为师。钱谦益向其讲授儒家"大一统"思想及"华夷之辨"，并据其"森"名，为其起字"大木"。"大木"出自《孟子·梁惠王下》"为巨室则必使工师求大木"，蕴含"大木寄危厦"之意，即希望郑成功能成为国家栋梁之材，抗清复明。"华夷之辨"使郑成功对历史传统有了深刻的了解，认识到"尊王攘夷"是义不容辞的《春秋》大义。清人因行施"剃发令"而大肆屠杀汉人之残暴行径，更使他对异族入侵产生了刻骨铭心的痛恨：誓灭夷胡。令人可笑的是，次年清军兵临南京时，钱谦益等大臣却献城而降，成了可耻的"贰臣"。

弘光帝被清军杀害后，顺治二年（1645）闰六月，唐王朱聿键在福建即位，改元隆武。郑成功由其父带领晋谒时，隆武帝见其仪表堂堂，言及时政，依礼对答如流，很是赏识，遂赐其姓朱，赐名成功，诏命为御林军督都、仪同驸马督尉，并鼓励其父子为国效力。顺治三年（1646）三月，被困于延平（今福建南平）的隆武帝问诸臣未来发展之计，郑成功上"据险控扼、拣将进取、航船合攻、通洋裕国"①之条陈。该十六字方针，言简意赅，切中时弊，隆武帝大为赞赏，感叹得人之幸。遂封郑成功为忠孝伯，赐尚方宝剑，挂招讨大将军印，负责闽赣交界诸关防守工作。特殊之荣使郑成功深受鼓舞，更使他感到大明王朝才是华夏之正统，同时也大大激发了他"以华制夷"的反清决心和尽忠报国的热情。

二、反清复明的正义之役

颜思齐与郑芝龙开发台湾以后，曾仿照明制在台湾设官建置，创立了具有政府功能的割据政权。颜思齐去世后，面对日渐强大的郑芝龙军政当局和海峡难渡，明廷对郑芝龙采取了明智的招安之举。崇祯元年（1628），郑芝龙接受了朝廷招抚，被封为都督同知。

（一）大义凛然，拒绝降清

作为海商和海盗，郑芝龙颇有魄力和手段，可谓枭雄，但在政治上却目光短

---

①〔清〕江日昇：《台湾外记》卷五，齐鲁书社，2004年，第65页。以下该书引文只注卷数。

浅，急功近利，反复无常。郑氏父子朝见隆武帝不久，清军大举经略江南，军事形势急转直下。郑芝龙见势不妙，便暗中与降清后任招抚江南经略洪承畴和福建御史黄熙胤暗中勾结，在隆武帝御驾亲征的紧急关头，手握兵权的他不仅不予救援，反而无耻地充当内应。

郑芝龙为一人一家之私，决计拉郑成功一起降清，但却受到郑成功的坚决反对和抵制。郑成功认为，南方地势险要，人心向明，郑氏海商强大，兵饷充足，在此基础上"选将练兵，号召天下，进取不难矣"。郑芝龙却斥责他"稚子妄谈，不知天时时势"。郑成功又以清人毫无信义陈说利害："虎不可离山，鱼不可脱渊；离山则失其威，脱渊则登时困杀。吾父当三思而行。"利令智昏的郑芝龙对郑成功的意见根本不予考虑，在前往福州降清前，又写信催促郑成功成行。郑成功毫不客气地回复："从来父教子以忠，未闻教子以贰。今吾父不听儿言，后倘有不测，儿只有缟素而已。"① 失去民族尊严的郑芝龙对此规劝和警告全然不顾，甘愿认贼作父，对敌称臣。他在写给清廷的奏书中说："臣闻皇上入主中原，挥戈南下，夙怀归顺之心。惟山川阻隔，又得知大兵已到，臣即先撤各地驻兵，又晓谕各府、州积贮草秣，以迎大军。"② 郑芝龙在清廷驻守福州的征南大将军贝勒博洛许以"铸闽粤总督印以相待"后，迫不及待地前往受降。他在写给博洛的邀功降表中说，他已做好了降清内应的各项工作："既抽各关之兵，复回延平之卒，开省城以待大兵，登海舟而回南土。遍喻兴泉漳邑，疾备兵粮马刍。"③ 仙霞关、分水口为浙江通往福建的重要关隘，可谓一夫当关，万夫莫开。郑芝龙命驻守官兵全部撤退，为清军的长驱直入让道。撤兵迎敌之事，《隆武纪略》也有具体记载："芝龙与虏约：以退兵为信。如虏兵临仙霞关，则退莆城，临莆城则退建宁，临建宁则退延平，临延平则退水口，临水口则退福城，临福城则退入海。"④ 清军未费多

① 〔清〕江日昇：《台湾外记》卷二，齐鲁书社，2008年。
② 《闽省降员郑芝龙题本》，厦门大学台湾研究所、中国第一历史档案馆编辑部主编《郑成功满文档案史料选译》，福建人民出版社，1987年，第1页。
③ 〔清〕无名氏：《隆武纪略》，光绪十八年抄本，第79页。
④ 同上，第73页。

少周折，便顺利占领了福建。据《清实录》记载，顺治三年八月二十一日（1646年9月29日），因仙霞关失守，欲走汀州的隆武帝被追赶的清军射杀。隆武朝就此覆灭，郑芝龙负有不可推卸的责任。

郑芝龙虽然降清，但其部分精锐武装力量却反其道而行之，追随郑成功抗清，这也成了郑芝龙的心腹大患。郑芝龙以清人已许高官为由又写信要郑成功北上，再次遭到了郑成功的严词拒绝与痛斥。复信说："我家本起草莽，斜法聚众，朝廷不加诛，更赐爵命；至于今上，宠荣迭承，阖门封拜。以儿之不肖，赐国姓，掌玉牒，畀剑印，视若肺腑，即糜躯粉骨，岂足上报哉！今既不能匡君于难，致宗社堕地，何忍背恩求生，反颜他事乎？大人不顾大义，不念宗祠，投身虎口，事未可知。赵武、伍员之事，古人每图其大者。唯大人努力自爱，勿以成功为念。"[1]郑成功复明抗清思想基础牢固，反对其父降清，这是可以理解的，但痛斥郑芝龙"背恩求生""不顾大义，不念宗祠"，无异于责骂其为"不忠不孝""卖国求荣"的汉奸。由此可见郑成功在国家生死存亡之关头，民族立场是何等的鲜明与坚定。

（二）坚守正朔，讨夷抗清

郑成功从清军占领北京直至病逝，从未承认过满人建立的清王朝，而一直奉南明弘光为正统，即使后来永历被迫南走缅甸，仍以永历为旗帜。郑成功认为，郑芝龙的降清是夷狄乱华的结果，因而更加坚定了他反清复明的决心。

为抗清复明，郑成功在收复漳州、泉州、潮州，夺取厦门和金门之后，积极备战，并率义军进行了三次北伐。

顺治十四年（1657）七月第一次北伐，大军曾攻占了天台、太平、海门卫等多处闽浙沿海重镇，后因清军偷袭闽安镇和罗星塔等地，郑成功为防止发生不测而急忙回师。顺治十五年（1658）五月第二次北伐，六月克镇江，七月抵南京，由于遭遇夏季飓风，官兵及眷属包括郑成功嫔妃和三个儿子因舰船翻沉溺水死亡八千余人，郑军只好在匆忙中退返厦门。两次北伐虽未获大胜，却使东南沿海

---

① 〔清〕温睿临：《南疆逸史》卷五十四，中华书局，1959年，第12页。

百姓看到驱逐夷虏、复兴大明的一线希望，全军士气也受到了很大鼓舞。

顺治十六年（1659）五月，郑成功率大军从水路取定海经崇明直逼南京。六月初克瓜洲、镇江，六月二十六日兵临南京。在初步围城后，郑成功率众幕僚祭拜明陵，以示灭胡决心。其间，他十分兴奋，挥笔写下了《出师讨满夷自瓜州至金陵》："缟素临江誓灭胡，雄师十万气吞吴。试看天堑投鞭渡，不信中原不姓朱！"[①]

此时，36 岁的郑成功英姿勃发，志得意满，误认为南京指日可下，官兵中也产生了轻敌麻痹情绪。南京城中的两江总督郎廷佐除烧毁城墙外各种建筑物、内迁城郊百姓入城外，还派人向郑军诈称：南京已无力抵抗，但依清军之规，守城满 30 日以上而破者，可免守城将士死罪；若郑军能宽限时日，即开门受降。郑军受其所惑，且也知南京城墙高大，城防坚固，易守难攻，便未作攻城准备，战事由此拖延了下来。其间，郎廷佐在城内积粮秣，置武器，等待救援。当其得知援军将至，即乘北伐军庆贺郑成功生日而"饮酒卸甲"不备之机，分兵四路，以火炮配合，突袭郑军营寨。郑军仓皇迎战，不及半日，大军溃乱，损失大小船只五百余艘，人员千余，为避免更大牺牲，只好偃旗息鼓，匆忙撤退。

三、收复台湾的驱荷之举

西方殖民者对亚洲太平洋地区的侵略方式五花八门，有时用坚船利炮，有时用传教布道，1602 年在巴达维亚（今印度尼西亚雅加达）成立的荷兰东印度公司，则是名义上打着经商旗号而以武力占领为实的侵略者、刽子手和吸血鬼。荷兰人1622 年（天启二年）7 月入侵我国澎湖列岛，1624 年 9 月入侵台湾南部，武力杀害了数以千计的麻豆、塔加里扬、萧垅和虎尾垄部族的反抗者。强大的荷兰殖民者，于 1642 年（崇祯十五年）打败并赶走了盘踞在台湾北部的西班牙人，从此控制了台湾全境。

荷兰殖民者在横征暴敛、大肆掠夺台湾财富的同时，为征服士民，还惨无人

---

① 《延平郡王遗集》（台湾文献丛刊第 67 种），台湾银行经济研究室出版，1963 年，第 130 页。

道地实行种族灭绝政策，血腥屠杀无辜平民，手段之残忍、毒辣，令人不寒而栗。处于水深火热中的台湾同胞虽多次起义反抗，然最终仍逃不脱殖民者的铁蹄践踏与残暴蹂躏。

北伐失利后郑成功退居厦门与金门，此时清廷势力已控制了西南的云、桂及东南的闽、粤大部分地区。何去何从、如何建立新的抗清复明基地，郑成功于永历十五年（1661）正月召集各镇将领进行商讨，并提出东征台湾之议。他说：

> 天未厌乱，闰位犹在，使我南都之势，顿成瓦解之形。去年虽胜鞑虏（指战胜清安南将军达素所率追剿返厦之清军）一阵，伪朝未必遽肯悔战，则我之南北征驰，眷属未免劳顿。前年何廷斌所进台湾一图，田园万顷，沃野千里，饷税数十万。造船制器，吾民鳞集，所优为者。近为红夷占据，城中夷伙不上千人，攻之可唾手得者。我欲平克台湾，以为根本之地，安顿将领家眷，然后东征西讨，无内顾之忧，并可生聚教训也。[1]

由于事涉全局，郑氏集团高层内部意见不一。反对者认为，海峡难渡，红夷精于航海且舰坚炮猛，险多利少。如宣毅后镇吴豪就说："水路险恶，炮台坚利，纵有奇谋，亦无所用，不如勿取。"[2] 支持者则认为，征台为正义之举，且我军实力远胜于敌；再者，清军已准备围剿金、厦，若不入台，无异于坐以待毙。经过激烈争辩，意见仍不能统一。在郑军中甚有影响力的协理五军戎政杨朝栋此时站了起来，当众表示全力支持东征："倡言可行！"郑成功十分高兴，当场拍板：台湾乃我先人故土，岂容外邦侵占！"朝栋之言，可破千古疑惑。着礼官择日，令世子经监守各岛，台湾非吾亲征不可！"[3]

清顺治十八年三月二十三日（1661 年 4 月 21 日），郑成功率领官兵 25000 余人、大小舰船数百艘自金门出发，四月一日即收复了台湾鹿耳门，在数千欢迎群

---

① 〔清〕杨英撰，陈碧笙校注：《先王实录校注》，福建人民出版社，1981 年，第 243—244 页。

② 连横：《台湾通史》，华东师范大学出版社，2006 年，第 11 页。

③ 〔清〕江日昇：《台湾外记》卷五，齐鲁书社，2004 年。

众的帮助下迅速登陆禾寮港（今台南禾寮港街）。随后，按计划攻占了赤崁城（今台南市），夺取了普罗文查城堡（今台南市赤崁楼）、热兰遮（即台湾城，今台南市安平区）等军事要地。荷兰殖民者在强大的军事压力下，玩弄起"让利""谈判"等鬼蜮伎俩，皆被郑成功识破并予以严正拒绝。郑成功于五月三日宣告：台湾属于中国，荷兰人应立即归还！

郑成功大军入台以及果断快速收复之举，受到当地居民的欢迎和支持，"南北路土社闻风归附者接踵而至，各照例宴赐之，土社悉平怀服"，大军所到之处，"男妇壶浆，迎者塞道"[①]。

由于郑成功复台举措有力，不及一年，占领台湾 38 年之久的荷兰入侵者终于被驱逐，宝岛台湾重新回到了祖国的怀抱。面对收复台湾夙愿的实现，郑成功赋诗以贺："开辟荆榛逐荷夷，十年始克复先基。田横尚有三千客，茹苦间关不忍离。"[②] 该诗不仅表达了他喜不自胜、百感交集、激动不已之情，也再现了他对宝岛台湾的深情、开发决心和以此为基地反清复明、再造河山的坚定决心。

四、开发宝岛的正确之策

郑成功驱逐荷兰殖民者之后，为稳定大局，为士庶百姓带来福祉，立即着手台湾的政治建设与经济发展，其荦荦大者有以下数端。

（一）明郑政权建设

郑成功占领台湾后，年号仍奉永历为正统，定都台南，改赤崁为东都明京，改热兰遮为安平镇。全台湾设一府两县，府名承天，以杨朝栋为府尹；以祝敬为天兴县知县，统管北路；以庄之列为万年县知具，统管南路。[③]

（二）发展农业

明郑政权入台后经济上遇到的最突出也是最大困难是十数万大军、官员及眷

---

①〔清〕杨英撰，陈碧笙校注：《先王实录校注》，福建人民出版社，1981 年，第 252 页。

②郑成功：《复台》，《延平郡王遗集》（台湾文献丛刊第 67 种），台湾银行经济研究室出版，1963 年，第 128 页。

③连横：《台湾通史·建国纪》，华东师范大学出版社，2006 年，第 18 页。

属的吃饭问题，因而发展农业、生产粮食成了首要任务。为解决粮食生产劳动力不足的问题，郑成功决定实行"寓兵于农"的"屯田"制，"分遣诸将屯田"。他动员将士们说：

> 大凡治家治国，以食为先。苟家无食，虽亲如父子夫妇，亦难以和其家；苟国无食，虽有忠君爱国之士，亦难以治其国。今上托皇天垂庇，下赖诸君之力，得有此土。然计食之者众，作之者寡，倘饷一告匮，而师不食饱，其欲兴邦固国，恐亦难矣。故昨日身踏勘，揆审情形，细观土地，甚是膏腴。当效寓兵于农之法，庶可饷无匮、兵多粮足，然后静观衅隙而进取。①

他在发布的屯垦令中说："今台湾乃开创之地，虽僻处海滨，安敢忘战？暂尔散兵，留勇、侍卫二旅，以守安平、承天二处，其余诸镇，按镇分地，按地开荒。日以什一者瞭望，相连接应，轮流迭更，使无闲丁，亦无逸民。插竹为社，斩茅为屋。围生牛教之以犁，使野无旷土而军有余粮。……农隙则调以武事，有警则荷戈以战，无警则负耒以耕。寓兵于农之意如此。"②"于是，五军、果毅各镇赴曾文溪之北，前锋、后劲、左卫各镇，赴二层行溪之南，各择地屯兵，插竹为社，斩茅为屋，而养军无患。"③为防止军队屯田损害当地土著人利益，郑成功在永历十五年（1661）五月十八日颁布的"令谕"中提出了明确要求：

> 东都明京，开国立家，可为万世不拔基业。本藩已手辟草昧，与尔文武各官及各镇大小将领官兵家眷，聿来胥宇，总必创建田宅等项，以遗子孙计。但一劳永逸，当以己力经营，不准混侵土民及百姓现耕物业。兹将条款开列于后，咸使遵依。如有违越，法在必究。着户官刻板颁行。特谕。④

---

① 〔清〕江日昇：《台湾外记》卷五，齐鲁书社，2004 年。
② 〔清〕江日昇：《台湾外记》卷十一，齐鲁书社，2004 年。
③ 连横：《台湾通史·建国纪》，华东师范大学出版社，2006 年，第 19 页。
④ 〔清〕杨英撰，陈碧笙校注：《先王实录校注》，福建人民出版社，1981 年，第 252—254 页。

寓兵于农的屯田措施不仅解决了当时军队、官府与眷属的吃饭问题，也大大增加了台湾的可耕地。"在广大屯田官兵的努力下，台湾被开垦的土地面积日益增多。1624 年荷兰占领台湾时，全岛耕地面积仅一万公顷，但到了郑氏治台的1680 年，耕地面积已增加十八倍以上。"①明郑政权在台湾广开田亩的同时，还积极推行大陆先进的耕作技术，为土著农家送去耕牛和铁制农具如犁、镰、锄、耙等，不仅使他们减小了劳动强度，也大大提高了生产效率。

（三）海上贸易

海上贸易是郑氏家族的强项。明郑政权建立后，立即开始了海商活动，很快就恢复了台湾与日本、吕宋、交趾及东南亚各国的跨境贸易，同时革故鼎新，健全了较为严密的组织系统与管理制度。他们还利用海上的军事优势，对过往商船以其大小征收数额不等的"牌饷"（牌税），仅此一项，每年收入白银在 150 万两以上。康熙三十六年（1697），浙江仁和人郁永河借为福建火药局五品同知王仲千到台湾淡水采集硫黄之机，对台湾山川风物进行了考察，其在《海上纪略》中曾谈到明郑海商贸易。他说："成功以海外弹丸之地，养兵十万余，甲胄戈矢，罔不坚利；战舰以数千计；又交通内地，遍买人心，而财用不匮者，以有通洋之利也。"②由此可知郑成功海上贸易收入之广，数量之巨。郑成功开创海商经营的崭新局面，为明郑政权积累了丰硕的财富，不仅使台湾经济稳定上升，有力地保证了台湾及厦门、金门、澎湖各地政治、军事形势的稳定，也为其后清廷的海外贸易奠定了重要的基础。

（四）文化教育

荷兰殖民者在台湾实行军事统治的同时，还在全台进行奴化教育，强迫台湾民众讲荷语、用荷字、信荷教。明郑政权建立后，以"尊王攘夷"为旨，宣布台湾仍以明永历纪年为正，并明令废除一切殖民文化，恢复中华传统文化，受到台

---

① 管家琪：《少年郑成功·前言》，《少年郑成功》，浙江文艺出版社，2005 年，第 1 页。
② 〔清〕郁永河：《伪郑逸事》，《郑成功史料选编》，福建教育出版社，1982 年，第 300 页。

湾各阶层的欢迎与拥护。连横说："吾闻之故老，延平郡王入台后，辟土地，兴教养，存明朔，抗满人，精忠大义，震曜古今。及亡，民间建庙以祀。"[①]

郑成功在台湾大力推行中华传统文化，并结合当地原住民的文化使其有机融合，从而形成了独具特色、丰富多彩且蔚为大观的台湾新文化，使平埔等土著社会发生了较大变化。郁永河在《裨海纪游·北投硫穴记》中曾记述了他所见明郑政权治理后的乡村状况：四月初七日。"是日过大洲溪，历新港社、嘉溜（音葛辣）湾社、麻豆社。虽皆番居，然嘉木阴森，屋宇完洁，不减内地村落。余曰：'孰谓番人陋？人言宁足信乎？'顾君曰：'新港、嘉溜湾、欧王、麻豆，于伪郑时为四大社，令其子弟能就乡塾读书者，蠲其徭役，以渐化之。四社番亦知勤稼穑，务积蓄，比户殷富，又近郡治，习见城市居处礼让，故其俗于诸社为优。欧王近海，不当孔道，尤富庶，惜不得见。'"明郑政权还实行了正确的民族政策，鼓励汉人与土著通婚，鼓励土著人使用闽南方言等；在民间信仰和节令习俗上，各族人民共同敬奉妈祖等地方神祇，一同过春节、闹元宵、清明祭祖、端午赛舟等，每年中元、中秋、重阳、冬至时，举办各种有地方特色的习俗活动。中华传统文化的传播与弘扬，对台湾人心凝聚、民族团结、社会稳定、经济繁荣等起到了有力的推动作用。

此外，在幕僚们积极建议、支持及参与下，郑成功还在整修武备、完善法制、水利建设、山林保护以及招抚沿海居民移台垦殖等方面做了大量工作，也大大加强了台湾反清基地及城乡建设的步伐。

五、结束语

郑成功为发展台湾及复明抗清事业，殚心竭力，夙兴夜寐，宵衣旰食，昼夜操劳，可惜天不假年，收复台湾刚刚一年，即忧劳成疾，不幸撒手人寰，年仅39岁。然其在国家存亡之际，践行春秋大义之民族精神及其崇高气节，人民是永远不会忘记的（台湾至今还有70多座纪念庙祠），他不仅得到了广大人民的肯定

---

① 连横：《台湾通史》，华东师范大学出版社，2006年，第306页。

与赞扬，就连其终生反抗的清王朝，也认为其忠贞精神应予以旌表。

康熙三十八年（1699），郑成功之孙郑克塽上书请求将郑成功及郑经归葬福建祖茔。康熙皇帝下诏曰："朱成功系明室遗臣，非朕之乱臣贼子，敕遣官护送成功及子经两柩，归葬南安，置守冢，建祠祀之。"为表示对郑成功的敬重，还赐以挽联："四镇多贰心，两岛屯师，敢向东南争半壁；诸王无寸土，一隅抗志，方知海外有孤忠。"①同治十三年（1874），同治皇帝也同意沈葆桢等所奏郑成功"生而忠正"之说，并赞同追谥忠节，"于台郡敕建专祠"，以"励风俗、正人心"。②

与史可法、郑成功相比，洪承畴等失节降清，并为清军在江南、湖广等地征战中立下汗马功劳。但一百多年后，乾隆皇帝却下令将他们编入了《贰臣传》中。③乾隆四十一年（1776）十二月初，乾隆在修编《贰臣传》的诏书中说："我朝开创之初，明末诸臣望风归附，如洪承畴，以经略丧师，俘擒投顺，祖大寿以镇将惧祸，带城来投。……若而人者，皆以胜国（指明朝）臣僚，乃遭际时艰，不能为其主临危受命，辄复畏死偷生，觍颜降附，岂得复谓之完人！即或稍有片长足录，其瑕疵自不能掩。若既降复叛之李建泰、金声桓，及降附后潜肆诋毁之钱谦益辈，尤反侧佥邪，更不足比于人类矣。"又说："若以其身事两朝，概为削而不书，则其过迹转得以掩盖，又岂所以示传信乎？朕思此大节有亏之人，不能念其建有勋绩，谅于生前；亦不因其尚有后人，原于既死。今为准情酌理，自应于国史内另立贰臣传一门，将诸臣仕明及仕本朝名事迹，据实直书，使不能纤微隐饰，即所谓虽孝子慈孙百世不能改者。"他还明确强调，编修《贰臣传》之目的："此实朕大中至正之心，为万世臣子植纲常，即以示彰瘅。"④"大节有亏"且失"纲常"底线，其劣迹是不可以任何理由加以掩饰或辩解的。同样出于政治需要，乾

---

① 清军入关后，江北四镇淮安黄得功、扬州刘良佐、庐州高杰、泗州刘泽清各临阵自保，结果高、黄战死，二刘降清，时只有郑成功在南明覆灭后仍固守金、厦，入台驱荷，坚持抗清复明，忠贞可嘉。今厦门鼓浪屿日光岩景区内郑成功纪念馆有康熙挽联石刻展出。

② 连横：《台湾通史》，华东师范大学出版社，2006年，第29页。

③《贰臣传》分甲、乙两编，后附入《清史列传》为第78、79卷。

④《清实录》之《高宗实录》卷1022，中华书局，1986年影印本（第21册）。

隆皇帝却颂扬为明朝死节的史可法，认为他深明春秋大义，"为一代完人"①。乾隆四十八年（1783）十二月二十五日，乾隆皇帝又下诏编纂《逆臣传》，吴三桂、郑芝龙等 40 余人榜上有名。

历史上，国内民族矛盾上升并发生冲突时，不屈服于异族者如北宋之岳飞，南宋之文天祥，明末清初之史可法、郑成功等，在国家危亡之际奋起反抗，意志坚定，视死如归。他们的行为是否为正义之举，他们是否为民族英雄，其凛凛之民族气节、誓死反抗之精神是否应肯定和弘扬，前些年一些学人颇有訾议。然而，事情并不复杂，只需看一下康熙、乾隆等清帝对郑成功的旌褒，对贰臣的贬斥，也就十分清楚了。

---

① 《清实录》之《高宗实录》卷 996，中华书局，1986 年影印本（第 21 册）。

今余既来索，则地当归我
——郑成功爱国精神三论

⊙杨　光（河南人民出版社副总编辑）

在中华民族发展的历程中，涌现出了许多可敬可爱、可歌可泣的爱国英雄，在他们的身上集中体现了这样鲜明的特征：忠于国家、忠于朝廷。在国家危难之际，誓死捍卫自己的国家。爱护人民，为了人民的利益，不惜牺牲自己。面对外敌的入侵，不顾安危，勇敢面对，智勇双全，力战顽敌。在明末清初交替之际，就有这么一位英雄人物，至今想起他在反清复明的舞台上厮杀的场景、收复台湾时的壮举、治理台湾时的困苦与决心等，仍令人敬仰与怀念，他就是爱国英雄郑成功。

一、试看天堑投鞭渡，不信中原不姓朱
——一论郑成功在抗清复明中的爱国精神

郑成功（1624年8月28日—1662年6月23日），本名森，又名福松，字明俨，号大木。福建泉州南安人，祖籍河南固始。汉族，明末清初军事家、抗清名将、民族英雄。其父郑芝龙，其母田川氏。因蒙隆武帝赐明朝国姓"朱"，赐名"成功"，并封忠孝伯，世称"郑赐姓""郑国姓""国姓爷"，又因蒙永历帝封延平王，称"郑延平"。

郑成功生活在明清易代之际，有着反清复明的志向，特别看重明皇所赐自己

的"朱姓"，誓死忠于明朝。后查其他史料得知，郑成功在反清复明的道路上，表现出了国大于家、公大于私的家国情怀，为了大明江山，不惜牺牲自己的性命，其民族气节、民族大义在同其父的较量中凸显出来。为了明王朝的永存，他以大智大勇同清军拼杀在战场。在姓"明"姓"清"的追求中志向分明，体现出一定的爱国主义精神。

（一）反清复明，意志坚定，违背父愿，独自前行

郑芝龙，郑成功之父，抗荷英雄。在17世纪中国明朝海禁与世界海权勃兴的背景下，以民间之力建立水师，并于1633年在泉州金门岛的料罗湾海战中成功击败西方海上势力，重夺海上主导权，是大航海时代东亚海域举足轻重的人物。

郑芝龙以台湾为根据地，不仅建立了一支实力强大的私人海军，而且效仿明朝在台湾设官建置，形成了初具规模的割据政权。明政府无力剿灭郑芝龙便转而招安，1628年，郑芝龙受到明廷招抚，官至都督同知。不久清军入关，郑芝龙于1646年降清后被软禁北京；清廷以郑芝龙多次招降其子郑成功不成为由，遂于1655年将其投入狱中，1661年被杀。

郑芝龙也是明朝旧臣，起初在抗清复明中表现也很英勇，只是其心不稳，见明大势已去，于清军攻入江南不久就投降大清。据史书记载，郑芝龙从安平前往福州时曾经派人叫郑成功同行。郑成功拒不应命，回信说："从来父教子以忠，未闻教子以贰。今吾父不听儿言，后倘有不测，儿只有缟素而已。"郑成功在其叔父郑鸿逵支持下，带了一支数量不多的军队前往金门。郑芝龙背叛明朝以后，清军立即背信弃义地攻入其家乡安平镇，大肆抢劫淫掠，郑成功的母亲田川氏也被奸污，愤而自缢。郑成功闻讯，痛不欲生，更坚定了他武装抗清的信念。清兵肆掠而归后，他回到安平，料理了母亲的丧事。从此开始了他独当一面的长期抗清斗争。有则文献记载了这样一个故事：郑成功"携所着衣巾，焚于南安文庙，仰天唏嘘，曰：'昔为孺子，今为孤臣，谨谢儒服，惟先师昭鉴！'再拜而去。与所善陈辉、洪旭等九十余人，收兵南澳，得数千人"。郑成功焚烧掉自己儒生时的穿戴，换上戎装，以春秋时程婴、伍子胥为榜样，要雪国耻家恨。

（二）誓死抗清，智勇双全，一路拼杀，难挽颓势

郑成功在抗清的道路上勇敢以对，毫不畏惧。郑成功在其父降清之后，特别气愤，于是他就跪在孔庙前，烧掉自己的青衣，挂起"忠孝伯招讨大将军罪臣国姓"大旗，誓师反清，以此明抗清复明、血战到底之志。

郑成功在反清复明的道路上不畏风浪，奋勇抗争。战而败，败而战，一路厮杀，果敢决绝。他以厦门、金门两岛为抗清基地，北上攻打同安、泉州、福清等地。

郑成功为了能够一举夺胜，训练军队，纪律严明。郑成功的部将主要来自四个方面：一是跟随他起兵的少数将领，二是福建沿海应募而来的有志之士，三是跟随郑芝龙降清由粤返闽的将领，四是降清被派驻东南沿海的少数仍怀故国之思的将领自拔来归。郑成功对于这些不同出身的将领大体上能做到一视同仁，唯才是举。特别是在军事组织上作了精心的改编，防止将领拥兵自重、飞扬跋扈的局面出现。这是他吸取了弘光、隆武以来朝廷姑息养奸的教训而采取的有力措施。正是由于建立了极为严格的军事组织和纪律，郑成功才成为一位真正的统帅，而不是虚有其名的盟主。这些活动为他收复台湾奠定了军事基础。

郑成功在北伐途中历尽艰险。清顺治八年（1651）在盐州港遭遇的那场风暴有惊无险。郑军舰队于盐州港附近遭遇风暴，郑成功的主船险些解体、翻覆，几乎所有船上器具，包括鼎灶都一并丢失。据文献记载，当时船上甚至连食物都无法准备，郑成功本人也连饿两餐。直到隔天下午风雨渐歇，郑成功的主副座船才得以回到岸边与舰队会合。此乃郑成功本人于海上遭遇最大的一次凶险。

使郑成功受到沉重打击、暂停北伐的是江宁一役。清顺治十五年（1658），清军集中主力在云贵一带围剿南明永历政权，东南一带防守较为空虚。郑成功料想江宁防御薄弱，决定利用这一有利战机，全力进攻江宁，并于八月率船队由舟山北上。然而，郑成功的船队长期活动于福建海域，对浙江海域并不熟悉，再加上天有不测风云，船队航行至羊山（今浙江舟山大洋山岛）海域时，遭遇台风。从八月初九至十一日，狂风暴雨一直没有停歇。

面对陌生的海域和未能预料的台风，郑成功的船队一下子陷入了绝境。舰船

在巨大的风浪中不堪一击，有的直接葬身鱼腹，有的四散漂流，有的则在大陆海岸搁浅。郑军官兵和家眷伤亡惨重，仅溺水而死的就有8000余人，其中还有郑成功的妻妾和3个儿子。这次猛烈的台风阻止了郑成功北上的步伐。

经过重重磨难，历经几场大的战役后，顺治十六年（1659）郑成功同张煌言合兵17万，从海上再次北征，直取南京，收取瓜洲、镇江。同年在焦山设坛，祭祀天地，山河为表，誓死明志，写下了这首荡气回肠的《出师讨满夷自瓜洲至金陵》诗："缟素临江誓灭胡，雄师十万气吞吴。试看天堑投鞭渡，不信中原不姓朱。"

郑成功可谓一度由海路突袭、包围清江宁府（原明朝南京），但终被清军击退。在这次北伐中，郑成功尽管竭尽全力，最后还是没能成功，只好退回到他的根据地厦门、金门。

清代明是历史发展的必然结果，但在朝代更迭之际，总有一些忠臣誓死抗争，在危急关头表现出民族大义、英雄气节，这种爱国主义精神是值得弘扬与铭记的。郑成功虽然在抗清的道路上失败了，但他一路乘风破浪的斗志，收复明朝失地的决心，那份自信，在他那首《出师讨满夷自瓜洲至金陵》诗中表现得十分充分。其情其志抒发得淋漓尽致，其忠心天地可鉴，日月可证。

二、开辟荆榛逐荷夷，十年始克复先基
——二论郑成功在收复台湾时的爱国精神表现

郑成功的爱国精神一表现在忠于明朝，为收复失地，不畏艰难，不惜牺牲自己的生命。二表现在收复台湾的过程中。热爱自己的祖国，爱护自己的人民，台湾是我国领土不可分割的一部分，不容他人践踏。郑成功为了收复台湾表现得英勇顽强、大智大勇。在建设台湾时，不顾环境的恶劣，战胜各种困难，帮助当地人民发展政治、经济、文化等。

（一）为了收复台湾，不畏牺牲，勇敢面对强敌

台湾是我国领土不可分割的一部分，据《三国志》载，台湾和大陆建立联系是从公元230年，吴国君主孙权派遣将军卫温、诸葛直率水军1万到达当时被称

为"夷洲"的台湾，这是有确凿记载的中国大陆王朝第一次发现台湾，并与之建立联系。到了隋代，隋炀帝曾3次派人到台湾，"访察异俗"，"慰抚"当地居民。是时，大陆和台湾已有贸易往来。此后由唐至宋的600年间，大陆沿海人民，特别是福建泉州、漳州一带居民，为了躲避战乱兵祸，纷纷流入澎湖或迁至台湾，从事垦拓。至南宋时，澎湖划归福建泉州晋江县管辖，并派有军民屯戍。大陆和台湾之间在经济、政治、文化等方面的联系日渐频繁。

自1624年，荷兰殖民者入侵台湾，强占38年之久。在此期间台湾人民受尽了凌辱与欺负，没了家园，没了尊严，甚至性命难保。荷兰殖民者的斑斑劣迹，罄竹难书。

荷兰殖民者刚到东南沿海时就露出了其强盗般的本性，到福建沿岸抢劫、掳掠海上中国商船、俘获船上的中国人等，肆意妄为，行径恶劣。荷兰人在台湾站稳脚跟后变得更加残忍与血腥。1629年11月放火将目加溜湾部族大部分房屋烧毁，迫使麻豆部族和目加溜湾部族派人求和。1635年荷兰人趁麻豆部族遭受天花疫情之时杀人放火，使麻豆人无家可归，麻豆部族被迫和荷兰人签订协约，从此失去了人身自由，成了荷兰人的"良民"。1636年，荷兰人对琉球岛进行种族灭绝。该岛有土著1000多人，其中遭屠杀的超过400人，剩余的男子被分批送到巴达维亚为奴，女人和小孩被送到新港。

1637年10月，荷兰人率领300名士兵和1400名当地臣服的部族攻打虎尾垄部族，凭着枪炮，不费吹灰之力就打败了虎尾垄人，然后放火烧了2200座房屋及部族的稻子和黍。当晚，虎尾垄人返回村落，看到一切化为灰烬，男人、女人和小孩无不号啕大哭。

荷兰人在台湾大肆屠杀，手段十分残忍，为了彻底统治本土人，荷兰人还采取了种种奴化政策：对部族横征暴敛，血腥屠杀；还在学校推广荷兰语；让台湾人民放弃自身的信仰，迫使他们信仰基督教等。

台湾人民38年间生活在水深火热中。其间，台湾人民也不断进行反抗，最著名的就是郭怀一带领人民进攻赤崁一役，因无作战经验，很难对付装备精良的荷兰士兵。直到1661年4月，郑成功率大军从近海鹿耳门登陆，进入台湾。

郑成功收复台湾，最初还是为他及他的队伍巩固地盘考虑，他不能只盯着厦门、金门等有限地域，他要扩展自己的地盘，让他的随从及家眷有一个良好稳定的居所，于是他决定赶走荷兰人，收复台湾。

收复台湾谈何容易，顺治十八年（1661）三月二十四日，郑成功亲率 2.5 万名兵将，分乘百艘战船，从金门出发，向台湾进发。

面对郑成功的攻击，荷兰人负隅顽抗，他们把军队集中在台湾（今台湾东平地区）、赤崁（今台南）两座城堡，还在港口沉破船阻止郑成功船队登岸。硬攻肯定不行，郑成功只能靠计谋对付荷兰军队。经过观察，海水正处在涨潮时节，于是先将船队驶进鹿耳门内海，主力从禾寮港登陆，从侧背进攻赤崁城。

在赤崁城与荷兰守军交战时，郑成功及其队伍表现出了英勇无畏的气概。荷兰守军曾以一艘名为"赫克托"号的战舰攻击郑成功战舰，对此，郑成功集中兵力，以绝对的优势，用六十多艘战船将其团团围住，同时发炮，把"赫克托"号击沉。与此同时，又截断了台湾城的援军。赤崁的荷兰守军在水源被切断、外援无望的情况下，不得不向郑军投降。

面对占据台湾城的侵略者，郑成功用围堵的办法，在该城周围修筑土台，围困敌军 9 个月，使之疲困而又懈怠，然后才下令向台湾城发起强攻，最后一举攻克。至此，郑成功从荷兰侵略者手里收复了沦陷 38 年的台湾。

郑成功面对强敌没有退缩，而是勇敢面对，并用智慧战胜了强大的敌人。想想一年多的时光，披荆斩棘，艰苦异常，此时郑成功也难掩心中的激动，感慨万千，写下了这首《复台》诗："开辟荆榛逐荷夷，十年始克复先基。田横尚有三千客，茹苦间关不忍离。"首句言其征途艰难，"十年"言其"复先基"斗争艰巨而长久。这里，一指郑成功率军攻敌激战长达一年之久；二指自荷兰殖民者侵台数十年来，台湾人民不断反抗斗争。这两句诗既概括了复台艰巨的斗争历程，又抒发了诗人赶走荷夷、恢复台湾的豪情浩气。诗的三、四句借用典故，以田横自比，以示决心意志坚如磐石，表明了作者抗清复明的至死不渝之志和对台湾宝岛的一片深情。

（二）开发、建设台湾，含辛茹苦，成效显著

郑成功收复台湾后首先是建立政权，废除荷兰侵略者的一切殖民体制和机构，在台湾建立起与清朝相同的府县制度。其次是积极推行屯垦制度，寓兵于农，以解决缺粮问题。几年以后军队不但可以自给自足，而且还有余粮上缴政府。再次是鼓励大陆沿海居民到台湾开垦荒地，帮助高山族人民提高生产技术。最后郑成功利用台湾四面环海、对外贸易方便的有利条件，大力发展海外贸易。海外贸易的发展活跃了商品经济，也增加了郑成功的财政收入。这些贸易措施推动了台湾经济的发展。

除此之外，郑成功严以治军，下令不许骚扰高山族，不许侵占高山族的耕地。还大力提倡教育，在高山族居住区设乡塾，实行送子女入学者可减免赋税和徭役等有利于发展生产、团结和谐的政策。

从郑芝龙到郑成功，台湾得到不断开发，逐渐摆脱了落后状态，至今已成为祖国一座美丽富饶的岛屿。

郑成功收复台湾时的勇毅、智慧、战术，终将侵略者赶出台湾，郑成功建设台湾时的筹划、韬略、辛苦，使台湾各方面得以发展，真正以实际行动为台湾发展做出了突出贡献。其背后所体现出的爱国精神和民族情感，使郑成功无愧于中华民族的英雄这一赞誉。

三、烟树绿野秀，春风草路香
——三论郑成功对祖国山河的热爱

郑成功不但是一位著名的武将，文学才华也是了得。据史书记载，郑成功少时既爱习武又迷恋读书。他自幼聪明敏捷，8岁能通读"四书""五经"，10岁能写八股文，才思敏捷，辞藻华丽典雅，十一二岁，兼习《春秋左传》《孙吴兵法》，并能舞剑学射，15岁为廪生，21岁进入南京国子监太学。他气宇轩昂，才华横溢，获得其师钱谦益的称赞："此人英雄，非人所得比。"

尽管郑成功、钱谦益二人后来所选人生之道不同，但这些无关学问。在郑成功求学期间，彼此关系还是比较恰切的。从郑成功的两首诗中就能较好地体现出来。

其一《暮春三月至虞山谒受之师同游剑门》：

> 西山何其峻，巉岩暨穹苍。藤垂涧易涉，竹密径微凉。
> 烟树绿野秀，春风草路香。乔木倚高峰，流泉挂壁长。
> 涛声怡我情，松风吹我裳。静闻天籁发，忽风林禽翔。
> 夕阳在西岭，白云渡石梁。巇崿争突兀，青翠更苍茫。
> 兴尽方下山，归鸟宿池旁。

其二《越旬日复同孙爱兄游桃源涧》：

> 孟夏草木长，林泉多淑气。芳草欣道侧，百卉皆郁蔚。
> 乘兴快登临，好风袭我襟。濯足清流下，晴山转绿深。
> 不见樵父过，但闻牧童吟。寺远忽闻钟，杳然入林际。
> 声荡白云飞，谁能窥真谛。真谛不能窥，好景聊相娱。
> 相娱那几何，景逝曾斯须。胡不自结束，入洛索名姝。

上述两首诗写作时间相隔不长，一是暮春三月，一是孟夏时分，都是游历常熟后的见闻、感想。第一首是与其师钱谦益一起游常熟的剑门山时写的。诗中的"西山"指的就是剑门山，"受之"是钱谦益的字；第二首是与钱谦益的儿子钱孙爱一起游常熟著名的乌目山北麓的桃源洞的所见所思。乌目山因仲雍死后葬在这里，仲雍又称虞仲，后人为了纪念他，所以改为虞山。桃源洞内有一盘形大石，石上刻有清光绪年间稷山居士陶睿宣所书"桃源涧"三字。

历史上的常熟是一个"土壤膏沃，岁无水旱之灾"的江南福地，有"十里青山半入城"的美誉。这里有着太多的山水美景，吸引着郑成功在很短时间内两次来这里旅游。

景为情设，一切景语皆情语。从这两首古诗来看，此时郑成功心情是愉悦的，眼中的景物在他的笔下是那么美好，"烟树绿野秀，春风草路香。乔木倚高峰，流泉挂壁长"。一时陷于自我陶醉中，"涛声怡我情，松风吹我裳"。他的大好心情会不自觉感染到我们。

孟夏的景色与暮春有所不同，"孟夏草木长""百卉皆郁蔚"。郑成功自己也被眼前的美景所感染，兴致颇浓，"乘兴快登临，好风袭我襟。濯足清流下，晴山转绿深"。诗中不但有景还有侧面描写人的活动，静动结合。这里不过多对其诗进行详细评点，从这里透露出来的信息是郑成功对祖国大好河山的热爱，也正是他爱国的具体表现。若不是有抗清复明、收复台湾等更大的政治责任，或许郑成功会成为一代著名文人。

值此郑成功诞辰 360 周年，我们在这里召开缅怀纪念郑成功座谈会，意义重大。

其一，作为中原人，我们为有郑成功这样的英雄感到骄傲。《漳浦营里郑氏族谱》中明确记载，郑成功祖先于东晋永嘉年间，避中原战乱到闽，其后代定居南安。而从郑氏族谱来看，郑家是从荥阳郑氏在晋隋唐时逐步迁徙到福建的。

其二，弘扬郑成功爱国主义精神是时代所需。习近平总书记指出，爱国主义是中华民族精神的核心。爱国主义精神深深植根于中华民族心中，是中华民族的精神基因，维系着华夏大地上各个民族的团结统一，激励着一代又一代中华儿女为祖国发展繁荣而不懈奋斗。

在新的时代，弘扬爱国主义精神，必须把维护祖国统一和民族团结作为重要着力点和落脚点。坚决维护国家主权、安全和发展利益，旗帜鲜明地反对分裂国家的图谋，筑牢国家统一、民族团结、社会稳定的铜墙铁壁。

其三，深切缅怀纪念郑成功，赓续其爱国精神，为推进完成祖国统一，尽早让两岸人民的夙愿与期盼得以实现，为中华民族伟大复兴做出应有的贡献。

民族英雄郑成功的爱国主义精神研究

⊙郭　艳（河南省社会科学院副研究员）

郑成功（1624—1662），汉族，本名森，字明俨，号大木，福建南安石井人，祖籍河南固始，是伟大的民族英雄。父亲郑芝龙，母亲田川氏。郑成功出生于日本九州平户藩,7 岁被其父带回福建，在晋江安平镇（今安海镇）习读"四书"、"五经"、《孙子兵法》等经典。1645 年，郑成功得隆武帝赐明朝国姓"朱"，赐名"成功"，所以郑成功也被尊称为"国姓爷"。又因永历帝封其为延平王，又称"郑延平"。郑成功一生最大的功绩就是驱逐荷兰殖民者，收复台湾。郑成功的爱国主义思想历久弥新，激励着世世代代的中国人团结奋斗、自强不息。

一、郑成功的爱国事迹

爱国主义精神在不同的历史时期有着不同的具体内容。毛泽东说："爱国主义的具体内容看在什么样的历史条件之下来决定。"在古代，广大仁人志士的爱国主义精神与当代的爱国主义精神表现有所不同。郑成功的爱国主义精神首先是与忠君思想联系在一起的，具体表现为反清复明、驱逐外国侵略者、收复台湾。

（一）反清复明

1644 年，明朝灭亡。明朝灭亡之后，郑成功在东南沿海一直坚持与清军苦战，期待有朝一日匡复大明。1647 年，郑成功在小金门（今金门县烈屿乡）以"忠孝伯招讨大将军罪臣国姓"之名起兵抗清。最初跟随者不多，仅三百余人，"船械两缺，都旅单弱"，是当时比较弱小的一支海上反清武装。1647—1648年，郑成功出兵攻打海澄（今龙海市）、泉州、同安，不敌清军，败退。清顺治六年（1649）十月，郑成功挥兵南下，攻克了漳浦、云霄等地，夺取了达濠、霞美等寨；十一月，转至粤东揭阳一带活动，收服了潮阳及周边许多山寨。顺治七年（1650）六月，郑成功率军队进围潮州，夺取揭阳、普宁、惠来等县。八月，郑成功接收了郑彩、郑联大部分兵力，军队扩充至四万余人，逐渐强大起来，并且将厦门、金门作为根据地。顺治八年（1651），郑成功率部与清军在闽南小盈岭、海澄等地作战，取得了钱山战役、磁灶战役和小盈岭战役的胜利，收复了平和、漳浦、诏安、南靖等地。顺治九年（1652），郑成功大败清浙闽总督陈锦之师，取得江东桥战役的胜利。同年四月至十月，郑军围困漳州。顺治十年（1653），郑成功火攻清军金砺部，取得海澄战役的胜利。清军大败后，顺治两度敕封郑成功，郑成功均不接受。顺治十一年（1654），清廷又遣使往议，郑成功再次拒绝，坚持抗清。同年十一月，郑军先后收复漳州府城及南靖、漳浦、同安、南安、惠安、仙游诸县城，基本占领了闽南沿海地区，郑军兵力扩展至二三十万人。1657年至1658年，郑成功两次北伐，收复失地，取得了一定胜利，被称为"甲乙大捷"。顺治十六年（1659），郑军攻破瓜洲、镇江，包围南京，壮志满怀写下《出师讨满夷自瓜洲至金陵》一诗："缟素临江誓灭胡，雄师十万气吞吴。试看天堑投鞭渡，不信中原不姓朱。"[1]但郑成功误中奸计，最终大败。顺治十七年（1660），郑军在福建海门港（今龙海东）歼灭清军水师四万余人，取得厦门战役的胜利。但北伐南京失败后，郑成功元气大伤。

（二）驱逐荷兰殖民者

17世纪初，荷兰殖民者对中国东南沿海和台湾进行侵略。1624年，荷兰人占领台湾，并在台湾西南沿岸的大员岛上（今台南市安平区）建筑城堡，即后来的热兰遮城（今安平古堡）。之后，荷兰人又在台湾赤崁建立了一个名为"普罗汶蒂亚"的市镇。荷兰殖民者以热兰遮城和普罗民遮城（今赤崁楼）作为其在台湾

① 曾永义：《不登大雅的文学之母》，载《说俗文学》，台北联经出版社，1980年，第11页。

殖民统治的中心，对台湾居民进行残酷压迫。1660 年 3 月，前荷兰通事何斌向郑成功建议夺取台湾。1661 年 4 月，郑成功亲率 2.5 万名将士和数百艘战船，自金门料罗湾横渡台湾海峡，进攻台湾。郑军利用当地每月初一、十六两日大潮的潮汛规律由鹿耳门水道进入台江内海，在禾寮港登陆。随后郑成功的军队兵分两路：一路与荷兰军舰在台江海域展开海战，击沉荷军主舰"赫克托"号，重伤敌三艘军舰，取得制海权；一路在北线尾地区向荷军发起猛烈攻击，包围普罗民遮城。四月初五，普罗民遮城荷军投降。郑军随即由海、陆两面围困热兰遮城。热兰遮城是当时台湾最先进的城堡，非常坚固。郑军几次进攻未克，双方陷入僵局，郑军采取了"围城待降"的策略。1661 年 7 月，荷兰派遣 10 艘战舰、700 名士兵增援台湾，但遭遇风暴，被迫撤离战场。从此，荷军求援无望，缺粮少药，再加上疾病传染，仅存官兵 700 余名。终于在被围困长达 9 个月后，荷兰在台湾的长官揆一于 1662 年 2 月 1 日签字投降，至此中国人民收复了被荷兰殖民者侵占 38 年之久的宝岛台湾。

郑成功以一支孤军与西方的坚船利炮进行了艰苦卓绝的斗争，不仅维护了国家主权和领土完整，更成为将西方殖民者赶出亚洲殖民地的第一面旗帜，堪称中华民族的民族英雄。

（三）建设台湾

郑成功光复台湾之后，依靠本部军队和福建移民带来的大量人力、物力及资金，开发建设台湾。为了解决缺粮问题，郑成功非常重视农业生产，他认为："大凡治家治国，以食为先。苟家无食，虽亲如父子夫妇，亦难以和其家。苟国无食，虽有忠君爱国之士，亦难以治其国。"[1] 为此，他实施寓兵于农的政策，推行屯垦制度。郑成功对于寓兵于农政策有着深刻的认识："今台湾乃开创之地，虽僻处海滨，安敢忘战？暂尔散兵……留勇卫、侍卫二旅，以守安平镇、承天二处。其余诸镇，按镇分地，按地开垦，日以什一者了解，相连接应，轮流迭更。是无闲丁，亦无逸民。插竹为社，斩茅为屋。围生牛，教以为犁，使野无旷土，而军有

---

[1]〔清〕江日昇：《台湾外记》，转引自周宪文《台湾经济史》，第 164 页。

余粮。其火兵则无贴田，如正丁出伍，贴田补人可也。其乡仍曰'社'，不必易；其亩亦曰'甲'，以便耕。一甲三十一戈二尺五一寸，一戈东西南北四至，长一丈二尺五寸。今归版图，亦以此为则，照三年开垦，然后定其上、中、下则，以立赋税。但此三年内，收成者借十分之三，以供正用。农隙，则训以武事；有警，则荷戈之战；无警，则负耒以耕，寓兵于农之意如此。"[1] 几年之后军队不但可以自给自足，而且还有余粮上缴给政府。据史料记载，这一时期台湾的耕地面积大幅增加，垦田总量达 18453.86 甲[2]，比荷兰占领期间增加了两倍以上。他还积极鼓励大陆沿海居民到台湾定居，提高台湾的生产技术。郑成功依照明朝时期京、府、县、村四级行政机构设置，将台南市作为其行政中心，称之为东都明京，改赤崁楼为承天府，作为台湾的最高行政机构；府下设立天兴县、万年县等行政机构。(天兴县管辖北路，万年县管辖南路。)这是中国在台湾正式设立府县的开始。设吏、礼、户、兵、刑、工六官官制，并置六科都事和承宣、宾客诸司。郑成功自称"延平郡主"，以示"不忘明朝，不忘祖国"。

1662 年 6 月 23 日，郑成功病死，年仅 39 岁。虽然郑成功一生都在"反清复明"，但收复台湾，实为民族大义，因此康熙皇帝为泉州三邑南安郑氏祖坟题写挽联："四镇多二心，两岛屯师，敢向东南争半壁；诸王无寸土，一隅抗志，方知海外有孤忠。"对郑成功给予高度赞扬。

二、郑成功爱国主义精神的当代意蕴

爱国主义是中华民族精神的核心。在中华民族 5000 多年的历史长河中，爱国主义始终是激昂的主旋律，是中华民族生生不息的强大力量。习近平总书记指出："历史深刻表明，爱国主义自古以来就流淌在中华民族血脉之中，去不掉，打不破，灭不了，是中国人民和中华民族维护民族独立和民族尊严的强大精神动

---

① 〔清〕江日昇:《台湾外记》，转引自周宪文《台湾经济史》，第 165 页。另，林再复《台湾开发史》引文有异，为"暂尔散兵，非为安逸，初创之地，留勇卫、侍卫二旅……"(见《台湾开发史》，三民书局，1990 年，第 66—67 页)

② 参见林再复:《台湾开发史》，三民书局，1990 年，第 69 页。

力。"①中华民族的爱国主义精神一脉相承、从未间断。郑成功爱国主义精神虽然具有时代的局限性，但其精神内核在当代仍然具有重大的意义和价值。

（一）胸怀天下的家国情怀

中国人历来抱有家国情怀。郑成功的一生就是家国情怀的具体表现。郑成功7岁自日本回国后，父亲郑芝龙为其延师授业，接受儒学教育。崇祯十一年（1638），郑成功考中秀才，又经考试进入南安县二十位"廪膳生"之列。崇祯十七年（1644），进入南京国子监求学。弘光政权覆灭后，各地纷纷起兵抗清。郑成功在家国蒙遭巨变时，毅然决然地弃文从武，开始了军事生涯，成长为一位卓越的军事家。丘逢甲赞曰："由秀才封王，主持半壁旧河山，为天下读书人顿生颜色；驱外夷出境，开辟千秋新事业，愿中国有志者再鼓雄风。"郑成功为了抗清甚至不惜与自己的父亲决裂。郑成功的父亲郑芝龙（1604—1661），字曰甲，小字一官，号飞黄（或称飞虹），福建泉州南安县人。郑芝龙精通日语、荷兰语、西班牙语等多国语言，长期从事海外贸易。1646年，隆武政权灭亡，清军入闽后，郑芝龙自知不敌，于是投降清军。据《郑氏纪略》载，郑芝龙得博洛招降书，大喜，"召成功计事，成功泣谏曰：'父教子以忠，不闻以贰。且北朝何信之有！'芝龙曰：'丧乱之秋，一彼一此，谁能常之。若幼，恶识人事！'遂进降表"②。郑成功深受儒家仁、义、礼、智、信观念的影响，感念隆武帝的知遇之恩，"臣受国厚恩，义无反顾，以死捍陛下矣"③。从此，郑成功走上了一条与其父迥异的政治道路。郑成功正是由于胸怀天下，把"国家"放在"小家"之上，才会始终坚持"抗清复明"的政治信仰。

（二）争取民族独立的不屈精神

明朝末年，欧洲列强崛起。荷兰凭借强大的海军和金融体系迅速崛起，成为世界最强大的国家，其殖民地遍布亚、非、美三洲。到了17世纪中期，荷兰几乎垄断了海上通道，被称为"海上马车夫"。明末清初，荷兰入侵我国东南沿

---

① 习近平：《在庆祝中国共产主义青年团成立100周年大会上的讲话》，http://dangjian.people.com.cn/nl/2022/0511/c117092-32418944.html。

② 〔清〕星槎野叟：《郑氏纪略》，陈支平主编：《台湾文献汇刊》，厦门大学出版社，2003年，第308页。

③ 同上，第305页。

海地区。从崇祯十三年（1640）开始，荷兰在台湾台南建立统治中心，对岛内居民全面实行残酷统治，并建立了由热兰遮城堡（今台南安平古堡）、普罗文蒂亚城堡（今台南普罗文蒂堡）赤崁楼等城池及与之配套的港口、炮台、碉堡等一系列设施构成的军事防御系统。郑成功在坚持与清廷作战的情况下，克服人力、财力、物力极端缺乏的困难，不畏列强，勇悍主权，维护国家的统一。1656 年 6 月27 日，郑成功颁布了对大员（当时对台湾的称谓）的贸易禁令，其主要内容为：“闻此实情，本藩亦决定与大员断绝贸易往来，任何船只，甚至连片板皆不准赴大员。然而鉴于有中国人居住彼处，为避免损害其利益，且有众多大小船只如今尚在各处，未能及时得悉此令，为此，本藩准其在一百日以内来回航行。在此事件之后，禁止大小船只来往。百日期满后，本藩欲另发一道命令。在此劝告所有商民，包括业已到彼及尚未到彼之货船，在期限内尽速返回。”① 大员禁航令彰显了郑成功的海权意识。正是这种争取民族独立的信念使得郑成功在面对当时世界上最强大的荷兰海军时依然一往无前，毫无畏惧。荷兰战船是巨型战舰，造船工艺具有相当高的水平，同时荷兰战船武器精良。郑军由于多年与清军作战，在战舰和武器上与荷兰军队相比还是有不小差距的。根据荷兰方面的记载，在 1661年 5 月的台江海战中，郑军水师战船每艘仅配有大炮两门，远少于荷船。② 经过9 个月的长期围困，才迫使荷军投降。荷兰驻大员长官揆一曾致书信给郑成功，表示愿意开出 10 万两白银作为郑军退出台湾的筹码。郑成功复信中义正词严地指出：“台湾者，中国之土地也。久为贵国所据，今余既来索，则地当归我。”③ 显示出中国人争取民族独立的铮铮铁骨。

（三）追求富强的远大抱负

中国历代都很重视民食与财货在国家经济中的重要作用。《管子·形势解》

① 胡月涵：《十七世纪五十年代郑成功与荷兰东印度公司之间来往的函件》，《郑成功研究国际学术会议论文集》，江西人民出版社，1989 年，第 292—317 页。

② 厦门大学郑成功历史调查研究组编：《郑成功收复台湾史料选编》，福建人民出版社，1982 年，第143 页。

③ 连横：《台湾通史·开辟纪》，生活·读书·新知三联书店，2011 年。

曰:"主之所以为功者,富强也。故国富兵强,则诸侯服其政,邻敌畏其威。"[1] 郑成功在南明政权岌岌可危之际扛起抗清大旗,为了光复明朝,他屯兵备战、发展海外贸易。虽然光复明朝的大业没有实现,但他追求强大军力、发展贸易的目标却得以落实,成为驱荷复台的重要保障。郑成功注重海上作战能力的提升,建造巨舶、大舰。郑氏集团的造船厂遍布东南亚沿海地区。郑军水师中有大熕船、水艍船、犁缯船、沙船、乌龙船、铳船、快哨等大、中、小各式战船。"每船都装有火炮,航行性能和战斗性能较好,是郑氏集团水军的主力战船。"[2] 郑成功北伐南京时,船队规模发展到了最高峰,1657 年"拥战舰数千"[3],"十五日,二千三百泊焦山"[4]。郑成功严格训练军队,士兵海上作战的能力非常强,"舳舻陈列,进退有法,将士在惊涛骇浪中无异平地,跳踯上下,矫捷如飞"[5]。郑成功积极开展海外贸易,据史载:从 1650 年到 1662 年这 13 年间,有中国商船 649 艘到达日本贸易,而其中郑氏船只占有相当大的比例。"从 1647 年至 1662 年,入(长崎)港的中国船主要来自郑氏势力范围内的地区。比如 1650 年来港的 70 艘中,来自郑氏势力范围内的漳州、安海、福州有 59 艘,约占 80% 以上,而且几乎是年年如此。"[6] 海外贸易额年均约 250 万两白银,约占其总支出 400 万内的 62% 强。[7] 郑成功收复台湾后,积极建设台湾,发展农业经济,推行儒学,发展教育。汉文化逐渐成为台湾的主流文化。

三、传承弘扬郑成功爱国主义精神的路径

郑成功的爱国主义精神是中华民族精神的重要组成部分,现在已经凝练为祖

---

[1] 黎翔凤撰,梁运华整理:《管子校注》,中华书局,2004 年,第 1173 页。

[2] 张铁牛、高晓星:《中国古代海军史》,解放军出版社,2006 年,第 296 页。

[3] 《清世祖章皇帝实录》卷一二七,新文丰出版社股份有限公司,1978 年。

[4] 〔清〕计六奇:《明季南略》,中华书局,1984 年,第 486 页。

[5] 〔清〕郁永河:《裨海纪游》,大通书局,1987 年,第 49 页。

[6] 杨彦杰:《一六五〇至一六六二年郑成功海外贸易的贸易额和利润额估算》,《郑成功研究论文选续集》,福建人民出版社,1984 年,第 224 页。

[7] 同上。

国统一、民族复兴的中国文化符号。当前，我国正处在实现中华民族伟大复兴的关键时期，时代在发展，郑成功的爱国主义精神被赋予了新的时代内涵。今天，面对国际国内百年未有之大变局，更要大力弘扬郑成功的爱国主义精神，铸牢中华民族共同体意识。

1. 宣传郑成功的历史功绩，加强全民爱国主义教育。弘扬爱国主义精神，必须把爱国主义教育作为永恒主题。习近平总书记指出："要把爱国主义教育贯穿国民教育和精神文明建设全过程。要深化爱国主义教育研究和爱国主义精神阐释，不断丰富教育内容、创新教育载体、增强教育效果。"[①] 传承弘扬郑成功爱国主义精神，要利用各种媒体宣传郑成功驱逐荷兰殖民者、收复台湾艰苦卓绝的斗争实践，挖掘郑成功爱国御辱、开拓创新、忠贞爱民、坚忍不拔的精神，把爱国主义教育融入国民教育的全过程。

2. 弘扬郑成功文化，促进两岸交流合作。郑成功是两岸人民共同敬仰的民族英雄，在台湾被视为"开台圣王"，并建庙（如开台圣王庙、延平郡王祠）当作"守护神"来敬奉。郑成功不仅收复了台湾，还推动了中华传统文化在台湾的传播。360 年来郑成功深受台湾人民的崇敬，今天台湾建有 100 多座奉祀郑成功的大小庙宇，每年都进行春、秋祭祀。郑成功爱国主义精神是连接两岸同胞的精神纽带和激励两岸同胞团结一心的精神动力，应当充分发挥郑成功的感召力，加强两岸人民的融合，促进和平发展。

3. 传承郑成功的家国情怀，推动民族复兴的中国梦实现。郑成功的爱国主义精神浓缩了中华民族伟大复兴的精神力量。今天，中国特色社会主义进入了新时代，久经磨难的中华民族迎来了从站起来、富起来到强起来的伟大飞跃，迎来了中华民族伟大复兴的光明前景。新时代传承弘扬郑成功的爱国主义精神，应当厚植家国情怀，以复兴梦想作为行动指向。

---

①《凝聚起中华儿女团结奋斗的磅礴力量——习近平关于弘扬爱国主义精神重要论述综述》，http://news.cctv.com/2021/10/02/ARTI3I3UnINGHRPYgNAGiALA211002.shtml。

浅析郑成功收复台湾的历史背景

◎**魏淑民**（河南省社会科学院历史与考古研究所研究员）

◎**吕蒙元**（郑州大学历史学院研究生）

康熙元年（1662），占据台湾达 38 年之久的荷兰殖民者向郑成功递交了投降书，这标志着荷兰人在台湾的殖民统治宣告结束，宝岛台湾又回到了祖国的怀抱。而在 360 年后的今天，郑成功收复台湾这一壮举仍然具有重要意义。郑成功收复台湾以及之后对台湾的治理建设，使得台湾得到了有效管辖，这为日后清政府统一台湾并将其纳入中央政府的有效管治奠定了重要基础。可以说，郑成功复台使得台湾是中国的一部分这一事实迈入了实质性阶段，成为两岸关系史和中外关系史上的一件大事。

从后来者的眼光来看，作为对两岸关系乃至区域局势影响深远的重要因素，郑成功收复台湾绝不是孤立的事件，其带有深刻的历史烙印。基于此，本文拟从明代后期中外的交流与互动、荷兰人的东来及其殖民统治、明末清初抗清形势的剧变、郑氏集团的崛起与发展等四个方面，综合分析郑成功收复台湾的历史背景。

一、明代后期中外的交流与互动

15 世纪末到 16 世纪初新航路的开辟，对于西欧和世界来说，都是一个转折性的事件，它开启了西欧向世界扩张的历史阶段。葡萄牙、西班牙、英国、荷兰、法国等国家先后走上了海外扩张的道路，世界日益联结成一个整体。此时处于东亚国际体系核心的明代中国，虽然仍以天朝上国自居，并以朝贡体系来处理对外关系，但这并不能阻止中国融入世界的步伐，明代中后期的中国业已逐步步入世界舞台。

葡萄牙人作为西欧海外扩张的先驱，同样也是最早同明代中国交往的欧洲国家。早在明正德五年（1510），葡萄牙人就占领了印度西海岸的果阿，次年攻占了明王朝的朝贡国——位于马来半岛的满剌加（马六甲）。① 此后，葡萄牙人以此为前哨，开始尝试同中国接触。正德八年（1513），葡萄牙人若热·阿尔瓦雷斯到达中国广东珠江口，成为第一个到达中国的葡萄牙人，但由于明律不允许外国人登陆，因此其只能在海岸短暂停留，进行贸易后即行离去。②

正德十二年（1517），葡萄牙正式派遣使节前往中国，但由于双方国情迥异以及葡萄牙人的一些劣迹等影响，使得这次出使以失败而告终，明武宗直至去世也没召见葡使。③ 双方甚至还爆发了激烈的武装冲突，最终以葡萄牙人被逐而告终，中葡两国的官方外交联系也完全断绝，这种情况一直持续到16世纪50年代葡萄牙人入居澳门为止。④ 在这二十余年间，虽然官方的联系断绝，但葡萄牙的一些冒险家、商人和海盗，却经常在中国东南沿海从事走私贸易，甚至与沿海的中国走私商人及倭寇相互勾结，从而招致明朝官府的打击。而到16世纪50年代，这种情况发生了变化。葡萄牙人以海水打湿货物、希望借地晾晒为由，重金贿赂当地官员，从而在嘉靖三十六年（1557）入居澳门，并每年缴纳一定的地租。⑤ 至此，葡萄牙人"成功"将非法的走私贸易转化为合法的正常贸易。

而在新航路开辟中的另一个重要国家——西班牙，与中国接触的时间则要稍晚些。虽然受西班牙政府资助的麦哲伦早在正德十六年（1521）就抵达了菲律宾，

① 万明：《明代中葡两国的第一次正式交往》，《中国史研究》1997年第2期。

② 万明：《中葡早期关系史》，社会科学文献出版社，2001年，第24页。

③ 万明：《明代中葡两国的第一次正式交往》，《中国史研究》1997年第2期。

④ 黄庆华：《早期中葡关系与澳门开埠》，《史学集刊》1997年第4期。

⑤ 万明：《中葡早期关系史》，社会科学文献出版社，2001年，第77—87页。

但这仅是作为其环球航行中的一部分，直到嘉靖四十四年（1565），西班牙的扩张势力才抵达菲律宾，进而在隆庆五年（1571）进占马尼拉。① 而之后与中国的接触也随之发生。隆庆六年（1572），西属菲律宾当局通过民间的中国海商，打开了中国与西属菲律宾贸易的大门。万历二年（1574），一直被明政府围剿的海盗林凤突袭吕宋，这一事件则为官方交往提供了契机，西班牙试图借此将中西关系由民间贸易升格为官方交往。但由于国情不同，以及使团中充当翻译的中国海商窜改文书，再加上不久之后明政府对林凤的战事基本结束等，使得西属菲律宾当局于万历三年至四年（1575—1576）的两次遣使访华活动均无果而终。② 之后西班牙还尝试效仿葡萄牙，在中国沿海建立贸易点，不过最终也未能如愿。③ 中西建立官方外交关系的尝试因此落下帷幕。在此期间西班牙当局还提出了武力征服中国的计划，不过也由于种种原因而流产。④

虽然中西官方的交往活动并不顺利，但是以贸易为中心的民间交往却十分频繁。早在西班牙人东来之前，中国就已经与菲律宾建立起了贸易关系，同时在菲律宾也居住着不少华人。而在明代，菲律宾诸邦在朝贡体系中占有重要地位，除了官方的朝贡贸易之外，中菲的私人海上贸易也逐渐发展，尤其是在明中叶以来海禁松弛的情况下。隆庆元年（1567）的有限开关，则使得中菲的贸易往来获得了迅猛发展。⑤ 因此，在西班牙人东来后，虽然也曾有过排华活动，甚至针对华人的屠杀事件，但是由于"几乎所有航运到新大陆去的货物都是中国人带来的，几乎所有的商业活动及技术性手工工作都是由中国人从事的"⑥，从而使得西属菲

① 朱明：《近代早期西班牙帝国的殖民城市——以那不勒斯、利马、马尼拉为例》，《世界历史》2019年第2期。

② 李庆：《明万历初年中国与西属菲律宾首次交往考述》，《历史研究》2021年第3期。

③ ［英］崔瑞德、［美］牟复礼编：《剑桥中国明代史（1368—1644）》下卷，杨品泉等译，中国社会科学出版社，2006年，第324、331页。

④ 邹云保：《西班牙征服中国计划书的出笼及其破产》，《南洋问题研究》2001年第3期。

⑤ 李日强：《明代中菲贸易研究》，山东大学硕士学位论文，2007年。

⑥ ［英］崔瑞德、［美］牟复礼编：《剑桥中国明代史（1368—1644）》下卷，杨品泉等译，中国社会科学出版社，2006年，第330页。

律宾当局不得不依赖与中国的贸易关系，而同中国保持良好关系。

面对 16 世纪新航路开辟后的世界，虽然明王朝仍对海外贸易有诸多限制，但在实际上，中国已经不可避免地卷进了全球化潮流之中，尤其在明代中后期国家机器逐渐废弛的情况下，明王朝已没有足够力量去严格执行明初以来的海禁政策。隆庆元年，"福建巡抚都御史涂泽民请开海禁，准贩东西二洋"[1]，便是明廷对这一现状的有限承认。

中国与葡萄牙、西班牙的交往，使得中国以经济贸易为媒介与世界进行互动。中葡交往产生了"澳门—果阿—里斯本"和"澳门—长崎"这两条主要的贸易路线，而中西交往则产生了"月港、澳门—马尼拉—阿卡普尔科"这条贸易路线。马尼拉作为中转地，将中国的商品源源不断地输往墨西哥的阿卡普尔科，两者之间的线路即是著名的"马尼拉大帆船"航路。[2]上述跨海贸易线路将中国同日本、南亚、西欧、美洲等地联结起来，构成了一个横跨大洋的贸易网络。这个网络将中国的商品输往上述各地，又将各地的白银输入中国，从而推动了明代的白银货币化，而白银货币化的完成又对明代中国的历史走向产生了深远的影响，这使得中国传统社会在明代后期发生了以经济变动为中心的社会变迁。[3]总之，明代中后期的中外交流与互动将中国纳入了世界变迁的潮流之中，中外互动关系更加紧密，两者在不同程度上都受彼此的影响，也正是在这个双向互动过程中，西方殖民势力逐渐将中国作为扩张目标，郑成功复台于是在中外互动的大背景下发生了。

二、荷兰人的东来及其殖民统治

紧随着葡萄牙人、西班牙人的步伐，荷兰人也于 17 世纪初来到了东亚，并与中国进行了接触。《东西洋考》转引《广州通志》载：

① 〔明〕张燮：《东西洋考》卷七《饷税考》，明万历四十六年王起宗刊本。
② 樊树志：《晚明史：1573—1644 年》，复旦大学出版社，2003 年，第 21—54 页。
③ 万明主编：《晚明社会变迁：问题与研究》，商务印书馆，2005 年，第 241—246 页。

　　红毛鬼，不知何国。万历二十九年（1601）冬，大舶顿至濠镜。其人衣红，眉发连须皆赤；足踵及趾长尺二寸，壮大倍常。湾夷数诘问，辄译言不敢为寇，通贡而已。当道谓不宜开端。李榷使召其酋入见，游处会城一月始还。诸夷在湾者，寻其守之，不许登陆，始去。①

这里所谓的"红毛鬼"，便是东来的荷兰人。荷兰人此次来华的失败，除了明朝方面的原因，很大程度上是由于葡萄牙人，即"诸夷在湾者"的阻止。由于荷兰人到达东亚的时间比葡萄牙人晚了近一个世纪，比西班牙人也晚了几十年，因此，荷兰在东亚的贸易从一开始就面临着葡、西两国的竞争。但此次来华的失败也并没有使荷兰人放弃同中国进行贸易的尝试。

　　万历三十二年（1604），一支荷兰舰队抵达澎湖，同一些中国商人接触，并接受这些商人的建议，企图通过贿赂在福建的税使太监高寀来达到通商的目的，不过，由于地方官员的反对，荷兰人的通商尝试最终以失败告终。②此后荷兰又多次尝试对华通商，但直到天启四年（1624）占据台湾前，这一尝试均未获得成功。同时荷兰也试图以武力打开与中国通商的大门，其舰队在福建沿海地区大肆抢掠，还掠夺过往中国商船的财物。③荷兰也一直渴望在中国沿海建立贸易点，尤其是渴望攻占葡萄牙人占据下的澳门，一方面可以使其在与葡萄牙的贸易竞争中占据优势地位，另一方面也可以便利同中国的贸易往来。因此，荷兰曾多次试图攻打澳门，但在葡萄牙人与西班牙人的共同防御下，这一企图并未实现。④

　　由于进占澳门的计划受阻，荷兰人不得不将目光投向了远离中国近海的澎湖地区。"在荷兰人的认识中，中国附近的贸易点澳门最好，澎湖稍嫌'鸡肋'，大

①〔明〕张燮：《东西洋考》卷六《外纪考》，明万历四十六年王起宗刊本。
②〔清〕张廷玉等：《明史》卷三百二十五《外国六》，岳麓书社，1996年，第4833—4834页。
③姜卫东：《明代后期中国与荷兰关系研究》，山东大学硕士学位论文，2008年。
④徐鑫：《17世纪初荷兰人的东亚认识与入据台湾》，《河北学刊》2021年第6期。

员（当时对台湾的称谓）只是无法占领澳门、澎湖之后的备选项而已。"① 于是，天启二年（1622），荷兰人在进攻澳门失败后，撤往了澎湖地区。明朝地方官员在次年奏报：

> 闽自红夷入犯，就彭湖筑城，胁我互市。及中左所登岸，被我擒斩数十人，乃以讲和愚我，以回帆拆城缓我。今将一年所矣，非惟船不回，城不拆，且来者日多，擒我洋船六百余，人日给米，令搬石砌筑礼拜寺于城中。进足以攻，退足以守，俨然一敌国矣。②

可见，荷兰人在侵扰中国沿海失败后，在澎湖筑城以守，俨然将澎湖视作本国的势力范围。而明政府面对这种局面，除了通过谈判要求荷兰人撤出澎湖外，也积极调兵遣将，准备以武力驱逐荷兰人。天启三年（1623）明政府指示福建巡抚："红夷狡诈，为患方深。巡抚官着督率将吏，悉心防御，作速驱除。有不用命者，俱照军法处置。其奸徒倚势贻害地方，核实重处。一切安攘事务，俱听便宜行事。"③于是，在明政府的军事压力下，荷兰人被迫撤出澎湖，前往台湾。

天启四年，荷兰人撤出澎湖后，于台湾南部登陆，在此建立了热兰遮城，开始了其在台湾的殖民统治。而明政府对此并不是毫无反应，一些官员就指出两点潜在隐患，荷兰人"尚泊数船于东番，将有事于吕宋。夫吕宋，我之属国，今商民乘春水赴之者甚众，遭于洋必无幸矣，可虞者一。东番，倭寇之薮，今虽暂异于夷，久之啖夷利，势将复合。小则劫洋，大则要市，兹蔓难图，可虞者二"④。虽然强调了荷兰殖民台湾的长久危害，但是当时的明王朝深陷内忧外患之中，根本无力顾及台湾，这使得荷兰殖民台湾成了既成事实，直到郑成功收复台湾才得

---

① 徐鑫：《17 世纪初荷兰人的东亚认识与入据台湾》，《河北学刊》2021 年第 6 期。
② 〔明〕温体仁等：《明熹宗实录》卷三十七，"中央研究院"历史语言研究所，1962 年，第 1927 页。
③ 〔明〕温体仁等：《明熹宗实录》卷三十八，"中央研究院"历史语言研究所，1962 年，第 1943 页。
④ 〔明〕温体仁等：《明熹宗实录》卷五十八，"中央研究院"历史语言研究所，1962 年，第 2662—2663 页。

以改变。

　　荷兰人在入侵台湾后，又逐渐将西班牙的势力排挤出去，到了崇祯十五年（1642），西班牙在台湾的据点基本被拔除。①同时为了攫取利润，荷兰人除了以台湾为据点积极扩展贸易往来之外，还加紧掠夺台湾本土资源。如崇祯十年（1637），仅台湾的甘蔗种植园就生产了 30 万至 40 万斤的白糖。荷兰人将这些产品运到巴达维亚（今印度尼西亚雅加达），进而贩卖到欧洲各国和东南亚地区。②另外，荷兰人还对当地的高山族和汉族人民实行高压政策，征收名目繁多的苛捐杂税。如对当地人民征收人头税，要求居民年龄在 7 岁以上者，不分性别和出身，每月均要缴纳人头税。再如征收狩猎税，凡是入山狩猎者，均要按月纳税。③这些严酷的剥削也激起了当地高山族和汉族人民的反抗，虽然多被殖民者镇压，但并没有打垮台湾人民反侵略、反压迫的斗志，斗争热情日益高涨，这也成了后来郑成功复台的重要根基。④

三、明末清初抗清形势的剧变

　　明末清初的历史或者说南明史，可谓混乱纷杂。崇祯十七年（1644）李自成攻占北京，崇祯帝自杀，标志着明王朝全国统治崩溃的开始，南北各地先后出现多个政权势力。既有李自成、张献忠等农民起义军所建立的大顺、大西政权，也有南方先后建立的弘光、隆武、鲁监国、绍武、永历等南明朝廷，在北方则是逐渐向南发展的清政权。同时，各个政权尤其是南明，其内部势力也错综复杂。在北京陷落后，相当一部分南明地方势力名义上尊奉朝廷，实际上却割据一方，甚至在南明中央朝廷之中，各派系的斗争也异常激烈。而南下的清政权则打着"为

---

① 朱杰勤：《十七世纪中国人民反抗荷兰侵略的斗争——纪念郑成功收复台湾三百周年》，《历史研究》1962 年第 1 期。

② 姜卫东：《明代后期中国与荷兰关系研究》，山东大学硕士学位论文，2008 年。

③ 陈碧笙：《十七世纪上半期荷兰殖民者对台湾和东南沿海的侵略及其失败》，《厦门大学学报（社会科学版）》1962 年第 1 期。

④ 林蔚文：《浅析台湾高山族同胞支持郑成功复台的原因》，《福建论坛》1982 年第 3 期。

尔君父雪仇"的旗号，直趋入关。在此之后，清政权与抗清势力以及各抗清势力之间的战火不断，绵延数十载。在此过程中，两者势力互有消长，但总体上清势力逐渐占据上风。郑氏集团在郑芝龙降清后，长期于东南沿海地区作战，成为南明后期主要的抗清力量之一，并一度发动声势浩大的南京之役。

顺治十五年（1658），清军三路大军进兵西南，而东南的清军兵力相对薄弱，郑成功鉴于此时的形势，认为这是扩大东南抗清基地和自身势力的大好时机，决定率领主力乘船北上，直捣清王朝的江南重地江宁府。但是，此次出征却出师不利，船队在海上遭遇了风浪，海面上"不移时，即风起浪涌，迅雷电闪，雨大如注，昏黑，对面亦不相见，只闻呼死呼救、拆裂冲击悲惨之声"[1]。在这场突如其来的变故中，郑军损失不少，郑成功言道："今船只兵器损失，长江难进矣，须溜回舟山收拾，再作区处。"[2] 于是北征之事只好暂时作罢，郑军退回舟山重新整顿，为之后再次北征做准备。

在经过一段时间准备后，郑成功开始再次北征。顺治十六年（1659）四月，在准备妥当后，郑成功统率大军向南京进发。首先攻占了浙江重镇定海，随后从定海北上，经由吴淞口进入长江。此时的郑军，拥有三千多艘船舰、十余万兵力，并且携带大量进攻性火器，使得郑军在水战中占有巨大的优势，很快就瓦解了清军的江防工事，在六月中下旬已先后攻克了瓜洲、镇江，距南京仅有咫尺之遥。[3]但此时郑成功却没有乘胜追击，而是迅速向南京进发，之后又因为部分将领的反对而舍弃陆行，"我师远来，不习水土，兵多负重，值此炎暑酷热，难责兼程之行也。时因大雨，沟河难过，不果陆行，更议由水进发"[4]，改由水路逆流而上，前往南京。从郑军占领镇江，到七月九日到达南京城外，其间已经间隔了十余天。而到达南京之后，郑军依然没有立即攻城，而直到七月十二日才部署"围城"。而这所谓的"围城"，威力也十分有限，郑军既没有将全城团团围住，也没有堵

---

① 〔清〕杨英撰，陈碧笙校注：《先王实录校注》，福建人民出版社，1981年，第176—177页。

② 〔清〕杨英撰，陈碧笙校注：《先王实录校注》，福建人民出版社，1981年，第178页。

③ 顾诚：《南明史》，光明日报出版社，2011年，第672—673页。

④ 〔清〕杨英撰，陈碧笙校注：《先王实录校注》，福建人民出版社，1981年，第204页。

截通往南京城的要道，使得江南各地乃至西南的清军援兵不断开进南京城内。同时，城内的清军也没有一味地困守，守军除积极采取各种防御措施外，还多次进行了主动的军事行动，出城袭扰郑军。就在郑军延误战机的这段时间内，清军抓紧时间备战，调派援兵，并屯集各种战备物资，到了七月下旬，南京清军的兵力已经大为增强，战场形势开始出现逆转。七月二十三日清军开始发动总攻，击败郑军的前锋部队，二十四日双方进行决战，以郑军失败撤退而告终。[①]

郑成功北征南京之役最终以失败而告终，综观全局此时的抗清形势也不容乐观。在西南，顺治十四年（1657）孙可望降清后，将永历朝廷军事机密等情报以及"滇黔地图"献于清廷，并且还为清军提供了一批熟悉地形的向导。于是，顺治十五年（1658）年初，清廷派遣三路大军进攻西南抗清基地，年底贵州失守，次年初进占昆明，永历帝西逃，流亡缅甸。[②] 这宣告了西南的永历政权基本走向覆亡，抗清形势已经全面恶化。

而此时北征失败退回金、厦的郑成功虽然还拥有一定的军事实力，特别是拥有一支相当强大的海上力量，但郑军控制的沿海岛屿无法维持一支庞大军队的后勤供应，为了继续同清廷抗衡，郑成功将注意力转向了台湾。[③] 顺治十六年（1659）年底，郑成功就有复台行动："议遣前提督黄廷、户官郑泰督率援剿前镇、仁武镇往平台湾，安顿将领官兵家眷。"[④] 不过由于次年初清军进犯，不得不暂时推迟这次行动，待击退清军后，郑成功又开始加紧复台的准备工作。[⑤] 之后在召开的郑军诸将会议上，郑成功就直言：

自攻江南一败，清朝欺我孤军势穷，遂会南北舟师合攻。幸赖诸君之力，虽然已败，但恐终不相忘。故每夜徘徊筹画，知附近无可措足，惟台湾一地

---

① 安双成：《有关郑成功攻打南京的若干问题》，《历史档案》1988 年第 3 期。

② 顾诚：《南明史》，光明日报出版社，2011 年，第 638—659、694 页。

③ 顾诚：《南明史》，光明日报出版社，2011 年，第 738—739 页。

④〔清〕杨英撰，陈碧笙校注：《先王实录校注》，福建人民出版社，1981 年，第 223 页。

⑤ 吴承祖：《浅析郑成功收复台湾之历史背景》，《内蒙古农业大学学报（社会科学版）》2013 年第 5 期。

离此不远，暂取之，并可以连金、厦而抚诸岛。然后广通外国，训练士卒，进
则可战而恢复中兴，退则可守而无内顾之忧。①

可见，南京一役失败之后，由于清廷军事压力和抗清形势的危急，郑成功为了开
拓稳固的抗清基地并巩固郑氏集团的统治，转向了取台湾连金、厦的战略。在明
末清初抗清局势变动的背景下，郑成功走上了驱逐殖民者、收复台湾的道路。

四、郑氏集团的崛起与发展

由郑成功的父亲郑芝龙所创立的郑氏集团，在明代中后期民间海外贸易繁
荣的大背景下崛起，逐渐发展成为地方实力派，在明末清初的战火中割据东南
沿海。

郑芝龙，福建南安人，生于明万历三十二年（1604），早年曾到澳门，投奔
母舅黄程，黄程是位外贸商人，郑芝龙随他也参与了一些外贸活动。之后又前往
日本加入了李旦的海商贸易集团，并在李旦死后继承了其产业，郑氏集团开始初
具规模。此后郑芝龙长期从事葡萄牙人与日本之间的贸易活动，同葡萄牙人关系
良好。②而明政府严厉禁止对日贸易，因此郑芝龙的贸易活动实际上是非法的走
私贸易，郑芝龙也被明政府视为"海寇"。不过由于此时的明王朝内忧外患严重，
因此对于东南海防也有心无力。到了崇祯元年（1628），郑芝龙受明政府招抚，
被授以游击一职。③此后，郑芝龙借朝廷名义，严厉打击"海寇"，即原来与他
同行业的竞争对手，从而达到垄断东南海上贸易的目的。到崇祯八年（1635），
郑芝龙基本消灭了东南沿海的"海寇"，"海上从此太平，往来各国，皆飞黄（郑
芝龙号）旗号，沧海大洋，如内地矣"④。而在此过程中，郑芝龙同占据台湾的荷
兰殖民者之间的矛盾愈演愈烈。起初，在郑芝龙剿灭"海寇"的过程中，荷兰

①〔清〕江日昇撰：《台湾外记》，上海古籍出版社，1986年，第185页。
②夏蓓蓓：《郑芝龙：十七世纪的闽海巨商》，《学术月刊》2002年第4期。
③〔清〕计六奇：《明季北略》卷十一，中华书局，1984年，第186页。
④〔清〕计六奇：《明季北略》卷十一，中华书局，1984年，第188页。

人与之合作，从而与郑芝龙达成了贸易协定，并希望借由郑芝龙的关系在中国进行自由贸易。但是，由于种种原因，荷兰人的愿望并没有实现，于是，在多次交涉未果的情况下，荷兰人最终决定凭借武力来打开中国的贸易大门。崇祯六年（1633），荷兰开始对中国沿海发动进攻，并一度取得优势，但明军随之开始组织反击。十月，双方爆发料罗湾海战，以明军的胜利而告终。① 在此次海战中，郑芝龙表现出色，福建官员在向朝廷的奏报中称："芝龙果建奇功，焚其巨舰，俘其丑类，为海上数十年所未有。……夫功多则当捐其罪而论功，郑芝龙是也。"② 至此，郑芝龙领导下的郑氏集团一面为明政府效力，一面垄断东南海上贸易，获得了大发展，为日后割据一方奠定了雄厚的实力基础。

到了南明时期，在郑芝龙的授意下，其弟郑鸿逵拥立唐王，在福州建立了隆武政权。但是为了保存实力，郑芝龙在抗清事务上不甚积极，也从不把隆武帝放在眼里，甚至与清廷秘密联络，最后于顺治三年（1646）降清。但郑芝龙降清之后并没有得到实权，反而被带到北京软禁起来，成为清廷招降郑成功的工具。郑芝龙降清之后，郑成功和叔父郑鸿逵等人坚持抗清，他们转战闽粤沿海，并收拢郑氏旧部和抗清势力，在厦门、金门建立抗清基地。顺治八年（1651）郑鸿逵因私放清军马得功部而自愿放弃兵权隐居，使得郑成功统一了郑氏集团，并继承了郑芝龙的地位，成了郑氏集团的领导人。此后郑成功凭借水军优势，多次击败清军的进犯。此时在西南，原大西军出滇抗清，占领贵州全省，清廷为避免陷入西南、东南两线作战的局面，于是从顺治十年（1653）开始，对郑成功采取招抚政策，郑成功假意与清廷谈判，实际上趁和谈间的停战状态，抓紧时间巩固和扩充自身势力，这也为后来北征南京和收复台湾奠定了基础。③

纵观郑氏集团的发展史，其借由海洋与海上贸易而崛起，而后与清军作战，也是凭借着海（水）上力量而与清廷周旋。但是郑军虽善于海（水）战，却不擅

---

① 张程：《明末清初郑氏集团与荷兰交往活动研究（1625—1661）》，安徽大学硕士学位论文，2020 年。
② 中央研究院历史语言研究所编：《明清史料乙编》第七本，商务印书馆，1936 年，第 664 页。
③ 顾诚：《南明史》，光明日报出版社，2011 年，第 209—269、312—324、535—550 页。

长陆战，因此无法长期在东南沿海立足。在其他抗清力量相继被平定，清廷逐渐将主要力量对准郑氏后，郑成功也就必须考虑开辟新的抗清基地。而台湾孤悬海外，海洋是台湾天然的屏障，这对于郑军来说，正好能扬长避短，只有这样，才能徐图长久。

略论郑成功的忠贞爱国思想及其实践

⊙田　冰（河南省社会科学院历史与考古研究所研究员）

⊙张可佳（郑州大学研究生）

郑成功，世称"郑赐姓""郑国姓""国姓爷"，是中国历史上伟大的爱国者，杰出的民族英雄，其精神与事迹给后人留下了宝贵的精神财富，而且享誉海内外。欲追寻郑成功忠君爱国的思想，必得明晰其思想的产生、践行及评价等问题。笔者欲在前人研究的基础上略加整理，以为更好地缅怀爱国英雄郑成功、传承和弘扬其爱国精神略奉薄力。

一、萌发：郑成功的早年经历

郑成功生活的年代是西方殖民者加紧掠夺殖民地的时期。继葡萄牙人之后，荷兰人也将目光转向中国，并想打通到中国的通商之路。为此荷兰人做出了种种"不懈"努力，万历三十二年（1604），荷兰商队首领韦麻郎欲占领澎湖失败后，转战广东，与中国和葡萄牙发生了激烈冲突，最终被葡萄牙人击退；天启二年（1622），荷兰人雷约兹欲夺取澳门，被葡萄牙人击败后，到达并占领了澎湖岛，最终在明军的强势攻击下，投降并退出了澎湖湾。《难忘的东印度旅行记》中记载了荷兰人对中国人的罪恶行径，仅1622年10月18日至1623年10月期间，荷兰人劫掠焚毁福建沿海9个村庄，焚毁民船81艘，劫走19艘；沿海居民1000

多人被绑架折磨致死，幸存者也被押送到巴达维亚卖作 奴隶。① 以上仅是荷兰侵略东南沿海的片段，这成为危害沿海人民生命及财产安全的极大隐患。

郑成功的忠君爱国思想源自其父郑芝龙的言传身教，源自其家庭教育。郑芝龙（1604—1661），字氏皇，小字一官，出生于福建南安石井村。17 岁时，他前往香山澳（澳门）协助舅父黄程经营海外贸易。天启三年（1623），为押运货物浮海至日本，结识泉州大商人李旦并成为其义子。在日期间，郑芝龙迎娶了日本女子田川松，妻子于天启四年（1624）为其生下儿子郑成功。在此期间，郑芝龙与颜思齐等人结成武装集团，并担任集团首领，后在东南沿海一带劫掠，"芝龙连舟浮海，自龙井登岸，袭漳浦镇，杀守将。进泊金门、厦门。竖旗招兵，饥民及游手悉往投之。旬日间，众至数千"②。之后郑芝龙的势力不断得到扩充，"郑芝龙之初起也，不过数十船耳，至丙寅（天启六年）而有一百二十只，丁卯（天启七年）遂至七百，今（崇祯初年）并诸种贼计之，船且千矣"③。崇祯三年（1630），兵部上书崇祯帝请求招抚郑芝龙，授予其游击将军。由之，郑芝龙不仅以"合法"的身份剪灭李魁奇、刘香等其他海上力量，还给予了荷兰侵略者以痛击，"和兰酋郎必即哩歌最骁健，先后劫掠浙、闽海上，官军屡为所败。抚臣檄芝龙，舟至湄洲外洋，与和兰遇。夷船高大，官军技无所施，伤者甚众。芝龙退泊枫亭港口，募渔船贯水者五十人，以竹筒贮火药……焚夷船五艘，郎必即哩歌大惊，自是不敢入闽境"④。诚然，郑芝龙在对待荷兰侵略者的态度上有变化，⑤但就其抗击荷兰侵略者的英勇行为来说，有力地维护了明王朝的尊严，或在一定程度上为郑成功树立了榜样。此外，郑芝龙重视家族教育，在家谱中强调忠孝义理，加强了对

①〔荷兰〕威廉·庞德谷：《难忘的东印度旅行记》，厦门大学郑成功历史调查研究组编：《郑成功收复台湾史料选编》，福建人民出版社，1982 年，第 66—69 页。

②〔清〕孙尔准：《重纂福建通志》卷二六七《明外纪》，广陵书社，2018 年，第 5076 页。

③〔明〕董应举：《崇相集·议米禁》，《四库禁毁书丛刊》集部第 102 册，北京出版社，2000 年，第 200 页。

④〔清〕孙尔准：《重纂福建通志》卷二六七《明外纪》，广陵书社，2018 年，第 5078 页。

⑤陈碧笙：《郑芝龙的一生》，福建省郑成功研究学术讨论会学术组编：《郑成功研究论丛》，福建教育出版社，1984 年，第 157—160 页。

郑成功爱国思想教育的培养。崇祯十三年（1640），郑芝龙曾主持编修郑氏家谱，且为家谱亲自作序，"夫好事，有胜于忠孝者乎？忠孝之理，本之性植。亲生之，君成之，祖宗培养之，千百年炯现光气于宇宙之间，销歇不得，本在故也"①。虽然郑芝龙在明清鼎革之际，并未坚守初心，选择投降清朝，但其忠贞爱国的观念早已生根发芽。

郑成功早年学习儒家典籍，其匡扶天下的爱国精神早已根植于心。郑成功（1624—1662）本名森，又名福松，字明俨，号大木。郑成功出生于日本九州平户藩，直到父亲郑芝龙受明政府招安之后，才被接回泉州府安平（原福建省晋江市安平镇，现安海镇）居住读书，史载其聪颖，"延师肄业……读书颖敏"，读书与习武兼得，"性喜《春秋》，兼爱孙、吴。制艺之外，则舞剑驰射，楚楚章句，特余事耳。……于十一岁时，书斋课文，偶以小学'洒扫应对'为题，森后幅束股有……先生惊其用意新奇"。②崇祯十一年（1638），郑成功考中秀才，又成为南安县二十位"廪膳生"之一。顺治元年（1644），郑成功进入南京国子监深造，郑芝龙又请江浙名儒钱谦益做郑成功的老师。时值明朝山河飘零之际，郑成功以天下为己任的爱国热情也在此时得以激发，"知人善任，招携怀远，练武备，足粮贮，决壅蔽，扫门户"，这既是挽回残局的建言，同时也是其爱国的明证。顺治二年（1645）南京陷落后，明朝的文武百官和宗室南至杭州，而后朱聿键在南安伯郑芝龙、礼部尚书张肯堂等的拥立下于福建即位。隆武帝即位一个多月后，郑芝龙将郑成功引荐给隆武帝，隆武帝很赏识郑成功，赐其朱姓，并将其名"森"改为"成功"，此即"国姓爷"的来历。郑成功也很感激隆武帝的赏识，曾多次声明自己的立场，"成功见隆武愁坐，悲来填膺，跪奏曰：'陛下郁郁不乐，得毋以臣父有异志耶？臣受国厚恩，义无反顾，臣以死捍陛下矣。'"③"帝曰：'汝能从我

---

①厦门市郑成功纪念馆、厦门市郑成功研究会编：《郑成功族谱四种》，福建人民出版社，2006年，第41页。

②〔清〕江日昇：《台湾外记》卷一，福建人民出版社，1983年，第32—33页。

③〔清〕黄宗羲：《郑成功传》，转引自福建师范大学历史系郑成功史料编辑组编：《郑成功史料选编》，福建教育出版社，1982年，第47页。

乎?' 赐姓曰:'臣从陛下行, 亦何能为? 臣愿捐躯别图以报陛下。此头此血, 总之已许陛下矣。'"① 由此可见郑成功的忠孝爱国信念之虔诚。

总之, 从郑成功所处的时代背景来看, 此时正值明清交替之际, 国家与个人命运紧密相连, 正谓之"山河破碎风飘絮, 身世浮沉雨打萍"。且在郑氏家庭教育与早年学习儒家经典的影响下, 郑成功的忠贞爱国思想得以形成, 诗中所表达的壮志报国的热情可见一斑, "缟素临江誓灭胡, 雄师十万气吞吴。试看天堑投鞭渡, 不信中原不姓朱"②。

二、坚守: 投身反清事业

郑成功与其父因政治选择不同而分道扬镳, 在历史的分岔口毅然选择坚守初心。郑芝龙在甲申之变后, 其政治立场就已经摇摆不定, 对于隆武帝亦是阳奉阴违, 尤其是在福建陷落之后, 郑芝龙对隆武帝弃之不顾, 从北边全线撤兵, 并退保老家安平。郑芝龙对于时局分析后选择投降清朝, 并劝郑成功与其一起投降, 但遭到了郑成功的反对, "成功见龙不从, 牵其衣跪哭曰:'夫虎不可离山, 鱼不可脱渊; 离山则失其威, 脱渊则登时困杀。吾父当三思而行!'" 但郑芝龙一意孤行, 决意要带李业师、周继威等五百随从前往福州面见博洛, 随后又差人敦促成功与之同行, 而成功独上书曰: "从来父教子以忠, 未闻教子以贰。今吾父不听儿言, 后倘有不测, 儿只有缟素而已。"③ 郑芝龙读了郑成功的信之后, 斥责其狂妄无知, 并即刻启程去见博洛。芝龙投降后不久, 清军到达安海便大肆淫掠, 郑成功之母在清军此次的进攻中丧生。这增强了郑成功与清朝对立的决心, 郑成功从此走上了一条艰难的反清复明的道路, 并开启了属于自己的海上伟业。

郑成功的抗清事业根基起自统一的郑氏力量。顺治二年(1645), 郑成功在

---

① 〔清〕刘献廷:《广阳杂记》卷二, 商务印书馆, 1957 年, 第 34 页。

② 〔明末清初〕郑成功:《出师讨满夷自瓜洲至金陵》, 郑振铎《玄览堂丛书续集》第 120 册, 民国三十六年中央图书馆影印本。

③ 〔清〕江日昇:《台湾外记》卷二, 福建人民出版社, 1983 年, 第 76 页。

烈屿大会文武百官，以"罪臣郑成功勤王"的身份誓师起兵，"本藩乃明朝之臣子，缟素应然；实中兴之将佐，披肝无地。冀诸英杰共伸大义"①。时隆武帝殉难，郑芝龙北上后，福建抗清力量无所统属，各自为政。定国公郑鸿逵占据金门，建国公郑彩同弟定远侯郑联占据厦门，海坛、南日、南北二茭、舟山等岛，都由鲁王派遣的平夷侯周鹤芝、定西侯张名振等分别把守。其余诸岛，如铜山为南昌伯朱寿所据，南澳为忠勇侯陈霸所据。郑成功的势力局限于安平一带，只能在鼓浪屿、海澄、镇海卫出入训练士卒、整饬船只。②为壮大势力，郑成功曾前往南澳募兵，郑芝龙的旧部及明朝宗室的大小官员皆投奔郑成功，其力量随即壮大。郑成功开拓泉州、同安据点失败后，顺治七年（1650），在郑芝鹏、郑芝莞、施琅的建议下，决定夺取郑彩、郑联兄弟控制之下的厦门作为其抗清基地。郑成功命令甘辉、施琅、杜辉、洪政统领 500 士兵，于夜间刺杀郑联，至此不仅厦门全岛皆归郑成功所有，郑彩、郑联的部将陈俸、蓝衍等人也归顺于他，郑成功的势力大增。后来郑鸿逵自己的船全部交给郑成功，至此郑成功掌握了郑氏全部兵权，而金、厦两地一直也是郑成功坚强的抗清基地，"将师移于金门之后浦，操演阵法，整顿船只，以俟兴师"③。

走上反清复明道路的郑成功不顾生死，作战中注重对士兵进行爱国教育。郑成功南下勤王之后，开始扩大抗清基地，故而发动了海澄之战、钱山之战、小盈岭之战，攻克了漳浦、诏安、海澄等县。顺治十年（1653）清军向海澄发起攻击，面对清军强大的攻势，郑方士气低落，为此郑成功命廖达进前去各营鼓舞士兵斗志，"可往，遍传大小将领官兵，此城不守，尚图恢复？再迟早晚，本藩有计杀虏，令其片甲无回。如有不敢守者，即报名来，听其回去。本藩于此土生死以之，绝无抽回之理也"。郑成功认为守城关乎复兴大业，而自己早将生命置之度外了。他视死如归的爱国热情感染了众将士，甘提督慷慨激昂曰："人生自古谁无死，

① 〔清〕江日昇：《台湾外记》卷二，福建人民出版社，1983 年，第 80—81 页。

② 〔清〕江日昇：《台湾外记》卷三，福建人民出版社，1983 年，第 97—98 页。

③ 〔清〕江日昇：《台湾外记》卷三，福建人民出版社，1983 年，第 98 页。

留取丹心照汗青。此番竭力以守，倘有不测，亦死得其所。"①此次海澄之战最终取得胜利，不仅保住了海澄，也巩固了金、厦抗清基地。

郑成功自始至终恪守本心，践行忠贞爱国理念，拒绝与清军和谈，拥护南明政权。清廷鉴于郑成功势力不断扩张，意欲采用招降的方式将郑成功的兵力吸纳过来，前后多次派遣郑芝龙等劝降，但均被郑成功拒绝，"妄启干戈，袭破我中左，蹂躏我疆土，劫掠我士民，掳辱我妇女，掠我黄金九十余万、珠宝数百镒、米粟数十万斛；其余将士之财帛，百姓之钱谷，何可胜计？……我将士痛念国耻家亡，咸怒发指冠，是以有漳泉之师。陈锦之授首，杨名高等之屡败，固自出尔反尔之常"②。郑成功以清军行为残暴和个人家国情怀为由拒绝了清军的招降。但与之形成对比的是，郑成功很爽快地接受了永历帝的敕封，其敕书曰："克叙彝伦，首重君臣之义；有功世道，在严夷夏之防。盖天地之常经，实邦家之良翰。尔漳国公赐姓，忠献恺挚，壮略沉雄。方闽浙之飞尘，痛长江之鸣镝。登舟洒泣，联袍泽以同仇；啮臂盟心，谢辰昏于异域。而乃戈船浪泊，转战十年，腊表兴元，间行万里。绝燕山之伪疑，覆虎穴之名酋，作砥柱于东南，繁遗民以弁冕。弘勋有奕，苦节弥贞。惟移忠以作孝，斯为大孝；盖忘家而许国，乃克承家。铭具金石之诚，式重河山之誓，是用锡以册封为延平王。其矢志股肱，砥修矛戟，丕建犁庭之业，永承祚土之麻。尚敬之哉！"③永历帝的意图不仅在于表彰郑成功的忠贞和战功，更重要的是希望他能够率勤王之师，与李定国会师于广州，共同北伐，以图恢复。

顺治十四年（1657），郑成功以"地方频得频失""何时得望中兴"为由咨询诸将，并最终制定了北伐的战略。郑军军纪严明，所到之处，均强调不得骚扰百姓，"凡有骚扰有杀，并连罪无赦"④，故而顺利攻克了黄岩、台州、平阳等地。顺治十六年（1659），郑成功意图攻取江南，并为之做了最后的动员，"尔等众将，

———

① 〔清〕杨英撰，陈碧笙校注：《先王实录校注》，福建人民出版社，1981年，第55页。
② 〔清〕杨英撰，陈碧笙校注：《先王实录校注》，福建人民出版社，1981年，第63页。
③ 〔清〕杨英撰，陈碧笙校注：《先王实录校注》，福建人民出版社，1981年，第58页。
④ 〔清〕江日昇：《台湾外记》卷四，福建人民出版社，1983年，第135页。

各齐心协力，千载一时，得此便可号令天下英杰"。首先攻占镇江，江南随之发生震动，句容、仪真、浦口、太平、芜湖、当涂、繁昌等地相继归附。七月初，郑军来到南京城下，围城但不立即攻城，致使清军援兵赶到。两方激战之后，郑军损失惨重，沿江所克州县也全部丢失。郑军从南京撤出后，郑成功将队伍重新调整，最终放弃瓜洲、镇江，并从长江撤出。

总之，郑成功自与父亲因政治立场分道扬镳后，开创了属于自己的海上事业。经过接收郑彩、郑联、郑鸿逵等势力之后，统一了东南沿海，成为不容小觑的抗清力量。在此过程中，不断出兵攻打清军势力范围，以扩大自身的影响力。更为重要的是，他的政治立场自始至终并未偏移，以忠贞爱国为激励，劝励士卒，不顾生死；多次拒绝清军招降，接受南明永历帝的封敕。这些都是郑成功忠君爱国之心的体现，是其希冀克复中原、光复明朝的佐证。

三、转向：击退荷兰侵略者

北伐失败后，郑成功派遣蔡政等前往北京议和，但被清廷拒绝。与此同时，永历帝被迫出走缅甸，郑成功听后，悲愤作诗："天以艰危付吾俦，一心一德赋同仇。最怜忠孝两难尽，每忆庭闱涕泗流。（太师为满酋诱执，迫成功降，再三思量，终无两全之美，痛愤几不欲生。惟有血战，直渡黄龙痛饮，或可迎归终养耳，屈节污身不为也。）"[1]而此时的形势更为严峻，清军加紧了对郑成功的攻势。顺治十七年（1660）四月，清军集水陆满汉精锐兵分三路进攻厦门，欲一举剪灭郑军，但被郑成功亲自督战的郑军一举打败。郑军虽然取得了暂时胜利，但实力仅限于东南一隅，且清廷对郑军实施封锁策略，"迁同安之排头、海澄之方田沿海居民入十八堡及海澄内陆"[2]，抗清局势愈发严峻。他需要有更安全可靠的根据地以供郑军长期作战，东进台湾，转移根据地的事再次被提到日程上来。他考虑派遣前提督户官郑泰督率援剿前镇、仁武镇前往台湾，扫平障碍，安顿将领官兵家眷以做长久之计。

---

①〔明末清初〕郑成功、郑经：《延平二王遗集》（台湾文献丛刊第67种），台湾银行经济研究室，1963年，第129页。

②〔清〕魏源：《魏源全集》（第三册），岳麓书社，2011年，第333页。

此时的台湾被荷兰人所据，赋税繁重且与民争利，"日本幕府方严海禁，唯许荷人贸易，故商务独大。荷制史禄薄，不足用，各自为商，博私利，以与民争，而赋税又重"①。郑成功北伐失败后，荷兰殖民者依据形势判断郑成功不久后将会进攻台湾，便做了相应的准备，如囤积物资、切断与郑成功的来往、加紧修筑热兰遮城堡的防御工事等。此时台湾岛上出现了前所未有的恐怖氛围，荷兰当局不加限制地逮捕、恐吓那些他们认为了解郑成功情况的中国人。许多中国农民因此被迫迁移而流离失所，他们被逐出自己的村庄、土地，失去了牲畜和赖以生存的生活资料，稍有不从便会有生命危险。荷兰人又禁止当地百姓到海上捕鱼，正常的进出口贸易也遭到破坏。台湾人民盼望着早日结束荷兰人的奴役，恰逢何斌投奔郑成功，为之带来了情报，在此背景下郑成功制定了进军台湾的方案。

郑成功决定东渡台湾后，便加紧军事准备工作。顺治十八年（1661），郑成功带领 400 余艘战船满载 25000 余名将士向东进发，途经柑桔岛，顺利进入鹿耳门港。登陆之后，郑军切断了热兰遮与赤崁城之间的联系，并与荷军在海上展开激战。整个海战不到半个小时就结束了，郑军切断了海上交通，包围了赤崁城，并控制了赤崁城周围地区的农村，使荷军陷入孤立中。荷兰人并不甘心退出台湾，便派使者与郑成功展开和谈，但被郑成功拒绝，郑成功说："该岛一向是属于中国的。在中国人不需要时，可以允许荷兰人暂时借居；现在中国人需要这块土地，来自远方的荷兰人，自应把它归还原主，这是理所当然的事。"②和谈失败后，郑成功加紧围攻赤崁城，荷兰人最终动摇，司令官猫难实叮献出赤崁城投降并交出一切军用物资。郑军很快进入城内，城内的百姓与郑军欢庆胜利。新善、开感等里社的土番头目都来归顺，郑成功照例宴请，土社居民无不欢悦。③取得了赤崁

① 连横：《台湾通史》卷二十五《商务志》，人民出版社，2011 年，第 476 页。

② 引自厦门大学郑成功历史调查研究组编：《郑成功收复台湾史料选编》，福建人民出版社，1982 年，第 153 页。

③ "各近社土番头目，俱来迎附，如新善、开感等里，藩令厚宴，并赐正副土官袍冒〔帽〕靴带；由是南北路土社，闻风归附者接踵而至，各照例宴赐之。土社悉平，怀服。"杨英：《延平王户官杨英从征录》，厦门大学郑成功历史调查研究组编：《郑成功收复台湾史料选编》，福建人民出版社，1982 年，第 38 页。

城胜利后，郑成功遣猫难实叮去劝降荷兰在台行政长官揆一，但双方的意见并未达成一致，故而郑军便加紧了对热兰遮城的进攻和围困。此次攻城并不顺利，郑军方面付出了很大的代价，但由于荷兰方面援兵力量弱与城中缺衣少食、疫病严重，荷军最终选择投降。顺治十八年（1661）十二月十三日，双方在条约上签字，荷兰人正式投降。至此荷兰人从天启四年（1624）到顺治十八年（1661）一直占据台湾38年，至郑成功收复台湾，台湾终于回到了祖国的怀抱。郑成功也正是在此情境下，回想起自己的反清复明事业，心中的情绪难以克制，赋出了这样的诗句："开辟荆榛逐荷夷，十年始克复先基。田横尚有三千客，茹苦间关不忍离。"①郑成功以田横自比，所宣泄的是一腔热血，一片忠心，更是对随他东渡台湾将士们的由衷赞颂。

郑成功收复台湾后，并不是将之作为权宜之地，而是打算将之作为一个长期的抗清基地。郑成功收复台湾后，将官兵眷属迁移台湾，且对台湾进行了一系列的开发，设置官僚机构并建立行政建制，颁布法律，推广农业开垦技术等，"成功既有台湾，与所占金、厦二岛相掎角。又礼处士陈永华为谋主。辟屯垦，修战械，制法律，定职官，兴学校，起池馆，以待故明宗室遗老之来归者"②。台湾在郑氏的经营下呈现出一片欣欣向荣的景象，"亲历其地，备见野沃土膏，物产利溥，耕桑并耦，鱼盐滋生，满山皆属茂树，遍处俱植修竹。硫磺、水藤、糖蔗、鹿皮，以及一切日用之需，无所不有。向之所少者布帛耳，兹则木棉盛出，经织不乏。且舟帆四达，丝缕踵至，饬禁虽严，终难杜绝，实肥饶之区，险阻之域"③。康熙元年（1662）五月郑成功偶感风寒，自觉劳累，便命人取出冠带并拿出《太祖祖训》，毕恭毕敬地向《太祖祖训》行礼。都督洪秉诚将调制好的药进呈给郑成功，郑成功将其扔在地上，叹息曰："自国家飘零以来，枕戈泣血十有六年。今日屏迹遐荒，遽捐人世，忠孝两亏，死不瞑目！天乎，天乎！何使孤臣至于此

① 厦门大学郑成功历史调查研究组编：《郑成功收复台湾史料选编》，福建人民出版社，1982年，第1页。

② 〔清〕魏源：《魏源全集》（第三册），岳麓书社，2011年，第336页。

③ 〔清〕施琅：《靖海纪事·恭陈台湾弃留疏》，福建人民出版社，1983年，第121页。

极也!"① 郑成功顿足扶肩，大声疾呼后双手覆面而死。

总之，郑成功自北伐失败后，为争取长久的抗清基地，故而将目光转向台湾。此时的台湾处于荷兰的奴役下，为争取收复台湾，郑军与荷军展开了激烈的战斗，并最终赢得了战争的胜利。至此被荷兰占领 38 年之久的台湾最终回归祖国的怀抱。郑成功所带领的军队赶走了荷兰侵略者后，紧接着带领众将士及原住民进行了开发台湾的工作，为台湾岛的发展掀开了华美的新篇章。

四、余论

忠贞爱国的品质贯穿着郑成功的人生历程，从其年少时的家庭教育与儒学经典中汲取养分；至成年后坚守初心，毅然选择走上"反清复明"的道路，与父亲分道扬镳；自进攻南京失败后，决定击败荷兰侵略者，夺取台湾以作为其新的抗清基地。郑成功抗清复明之路并非坦途，在经历了十余年的斗争后，最终以失败告终。历来时人多有称赞郑成功忠贞爱国的品质，清人江日昇对之评价为："以忠义自誓，严治军旅，推心置腹，临事身先。计策已决，赏罚无私，仇亲兼用。噫！亦可谓人杰哉！"② 康熙帝曾专门为其撰写挽联："四镇多贰心，两岛屯师，敢向东南争半壁；诸王无寸土，一隅抗志，方知海外有孤忠。"③ 刘铭传也有挽联曰："赐国姓，家破君亡，永矢孤忠，创基业在山穷水尽；复父书，词严义正，千秋大节，享俎豆于舜日尧天。"④ 丘逢甲对之评价曰："由秀才封王，主持半壁旧河山，为天下读书人顿生颜色；驱外夷出境，开辟千秋新事业，愿中国有志者再鼓雄风。"⑤ 以上仅摘取部分评价，实际上有关郑成功忠贞爱国的评价还有很多，概不能枚举。而笔者所谓郑成功的转向，仅是指其斗争对象的转变，其忠贞爱国的精神内

---

① 厦门大学郑成功历史调查研究组编：《郑成功收复台湾史料选编》，福建人民出版社，1982 年，第 49 页。

② 〔清〕江日昇：《台湾外志》卷十二，上海古籍出版社，1986 年，第 206 页。

③ 白寿彝：《中国通史·中古时代清时期（下）》，上海人民出版社，2013 年，第 284 页。

④ 毛佩琦：《郑成功评传——忠臣逆子》，广西教育出版社，1995 年，第 276 页。

⑤ 毛佩琦：《郑成功评传——忠臣逆子》，广西教育出版社，1995 年，第 276 页。

核却贯穿他的一生，并未有所偏离。祖国统一大业是时代发展的潮流，势不可当，而时代之下的每一位中华儿女对此都应该怀报金瓯无缺的目标并为之做出不懈的努力。

郑成功的家国情怀及其历史影响

⊙孔　伟（新乡学院人文学院副教授）

　　目前学术界关于郑成功的研究论著成果丰硕，普及读物和学术专著约有300部，影响比较大的有40余部，大致可以分为三大类：一是学术专著，如《郑成功史迹调查》[1]《郑成功评传——逆子忠臣》[2]《郑成功》[3]《统一方略：郑成功收复台湾、康熙统一台湾启示录》[4]《郑成功历史研究》[5]《郑成功信仰研究》[6]《民族英雄郑成功》[7]等；二是论文集，如《郑成功研究》[8]《郑成功研究论文集》[9]《郑成功研究论文选》[10]《郑成功研究论文选续集》[11]《台湾郑成功研究论文选》[12]《长共海

[1] 厦门大学郑成功历史调查研究组：《郑成功史迹调查》，福建人民出版社，1962年。

[2] 毛佩琦：《郑成功评传——逆子忠臣》，广西教育出版社，1995年。

[3] ［日］宫崎繁吉：《郑成功》，黄庆法译，甘肃人民出版社，2016年。

[4] 左振宇：《统一方略：郑成功收复台湾、康熙统一台湾启示录》，军事谊文出版社，2003年。

[5] 陈碧笙：《郑成功历史研究》，九州出版社，2000年。

[6] 高致华：《郑成功信仰研究》，黄山书社，2006年。

[7] 陈国强：《民族英雄郑成功》，厦门大学出版社，1994年。

[8] 方友义主编：《郑成功研究》，厦门大学出版社，1994年。

[9] 厦门大学历史系编：《郑成功研究论文集》，上海人民出版社，1965年。

[10] 厦门大学历史系编：《郑成功研究论文选》，福建人民出版社，1982年。

[11] 福建省郑成功研究学术讨论会学术组编：《郑成功研究论文选续集》，福建人民出版社，1984年。

[12] 福建省郑成功研究学术讨论会学术组编：《台湾郑成功研究论文选》，福建人民出版社，1982年。

涛论延平——纪念郑成功驱荷复台三百四十周年学术研讨会论文集》①《郑成功研究论丛》②《东亚文化与郑成功》③《郑成功与明郑在台湾》④《郑成功研究文集》⑤《郑成功与祖国统一》⑥《郑成功丛谈》⑦等；三是资料汇编，如《郑成功史料选编》⑧《族谱中的郑成功史料》⑨《郑成功档案史料选辑》⑩《郑成功满文档案史料选译》⑪《郑成功收复台湾史料选编》⑫《郑成功族谱四种》⑬。学术论文大约 2400 篇，主要集中在郑成功抗清复明、驱荷复台及历史贡献方面，但对郑成功家国情怀的研究较少涉及。笔者拟在前人研究的基础上以政治与伦理的交锋为视角，主要从五个方面来深入探析郑成功家国情怀及其历史影响。

一、郑成功与家国情怀的概念界定

郑成功是福建南安石井人，明天启四年（1624）七月十四日生于日本平户市千里滨。父郑芝龙，母日本长崎平户市田川氏女，7 岁时自日本回安平求学，11 岁时，"延师肄业，取名森，字大木。读书颖敏，但每夜必首翘东，咨嗟太息而望其母。森之诸季父兄弟辈，数窘之。独叔父郑鸿逵甚器重焉。逵字圣仪，别

① 杨国桢主编：《长共海涛论延平——纪念郑成功驱荷复台三百四十周年学术研讨会论文集》，上海古籍出版社，2003 年。

② 福建省郑成功研究学术讨论会学术组编：《郑成功研究论丛》，福建教育出版社，1984 年。

③ 泉州郑成功研究会编：《东亚文化与郑成功》，厦门大学出版社，2016 年。

④ 邓孔昭编：《郑成功与明郑在台湾》，厦门大学出版社，2013 年。

⑤ 洪本地主编：《郑成功研究文集》，厦门大学出版社，2012 年。

⑥ 宋国桢主编：《郑成功与祖国统一》，河南人民出版社，1997 年。

⑦ 张宗洽：《郑成功丛谈》，厦门大学出版社，1993 年。

⑧ 福建师范大学历史系郑成功史料选编组：《郑成功史料选编》，福建教育出版社，1982 年。

⑨ 郑炳山主编：《族谱中的郑成功史料》，泉州市新闻出版局泉新出（2009）内书第 02 号，2008 年。

⑩ 厦门大学台湾研究所、中国第一历史档案馆编辑部编：《郑成功档案史料选辑》，福建人民出版社，1985 年。

⑪ 厦门大学台湾研究所、中国第一历史档案馆编辑部主编，中国第一历史档案馆满文部选译：《郑成功满文档案史料选译》，福建人民出版社，1987 年。

⑫ 厦门大学郑成功历史调查研究组编：《郑成功收复台湾史料选编》，福建人民出版社，1982 年。

⑬ 张宗洽点校，厦门市郑成功研究会编：《郑成功族谱四种》，福建人民出版社，2006 年。

号羽公，庚戌进士，每摩其顶曰：'此吾家千里驹也。'有相士见之曰'郎君英物，骨格非常'，对芝龙称贺。芝龙谢曰：'余武夫也，此儿倘能博一科目，为门第增光，则幸甚矣。'相者曰：'实济世雄才，非止科甲中人。'性喜《春秋》，兼爱孙、吴，制艺之外，则舞剑驰射，章句特余事耳。事其继母颜氏最孝。于十一岁时，书斋课文，偶以小学'洒扫应对'为题，森后幅束服，有'汤武之征诛，一洒扫也；尧舜之揖让，一进退应对也'。先生惊其用意新奇"[1]；"初月如弓未上弦，分明挂在碧霄边。时人莫道蛾眉小，三五团圆照满天"[2]。郑成功文武兼修，修学储能，既苦读经史兵法，又习练剑术骑射，崇尚春秋大义，喜爱孙吴兵法韬略，经过日积月累、勤学苦练，逐渐成为一个文武兼备、品学兼优的青年才俊。15岁考中南安县秀才，21岁入南京国子监，拜名儒钱谦益为师。此后，郑成功因抗清复明和收复台湾而名垂青史。然而在历史记载与文化传播的过程中，郑成功以多种历史文化形象出现在明末清初的历史舞台上，总的趋势却朝着两极化发展，即神圣化和妖魔化。他既是堪比岳飞、诸葛亮的"隆武忠臣"，又是清军眼中残忍嗜杀的"海贼逆臣"；他既是流芳百世的"民族英雄"，又是父亲眼中"忤逆不孝的逆子"。

何为家国情怀？"从字面理解，家，居也；国，邦也；情怀是指情感，即认同感和归属感等。"[3]笔者认为，家国情怀就是指个体对家和国的高度认同感、归属感、责任感和使命感。传统社会是家国同构的，政治与伦理的交锋与王权主义相伴而生，"中国历史的要害在政治，政治的核心是权力，权力的属性是专制，专制主义的幽灵弥漫于几千年文明史的一切领域。从官场到社会，从政治到经济，从制度到文化，从思想到精神，直到人们最隐秘的心灵领域，无一不被专制权力所控制"[4]。因为皇权独大，"天下独占，势位独一，地位独尊，权力独操，决事

---

① 〔清〕江日昇：《台湾外记》卷二，齐鲁书社，2004年，第36页。

② 周振甫主编：《全唐诗》第14册，黄山书社，1999年，第5716页。

③ 关强、张莉：《中小学生核心素养发展的实践探索》，辽宁大学出版社，2019年，第143页。

④ 李振宏：《跳出社会形态思维，从国家政体角度看秦至清社会性质》，见李振宏主编：《朱绍侯九十华诞纪念文集》，河南大学出版社，2015年，第20页。

独断"①，龙眼无恩，所以在政治斗争中只有刀光剑影，没有儿女私情，在军事斗争中只有你死我活，没有卿卿我我。"政治权力支配着社会生活的一切方面，支配着社会的资源、资料和财富，支配着农、工、商业和文化、教育、科学、技术，支配着一切社会成员的得失荣辱甚至生死……从物到人，从躯体到灵魂，都程度不同地听凭政治权力的驱使。"②自古忠孝不能两全，当"忠"（国家利益）与"孝"（家族利益）发生矛盾冲突时，当"政治"和"伦理"的矛盾纠葛无法调和时，个体究竟该如何抉择就成了一个无法逃避的难题，舍家为国便是逆子忠臣，舍国为家即为孝子奸臣，众生造众业，皆有一机抽，大丈夫难免妻不贤子不孝，这是因为政治利益得失对家庭伦理观念的戕害是十分严重且无法逃避的，因此对家国关系的处理是一个人政治智慧的集中体现。"有明三百年政局之跌宕起伏，探其因而溯其源，无不以皇权的走向为指归。"③郑成功一生都活在政治与伦理的纠葛与交锋之中，他的家国情怀和生死抉择造就了其名垂青史的千古伟业。郑成功的一生的大部分时间都活在政治权力与家庭伦理的交锋和纠葛之中，郑成功的家国情怀主要体现在其对家国关系的处理上。

二、对君主"忠君爱国，一心为主"

中国传统社会所强调的爱国是与忠君紧密联系在一起的，指向政权与族权相结合的"家国"，这在"朕即国家""家国同构"的时代是必然的，因为君主是国家的象征。"溥天之下，莫非王土；率土之滨，莫非王臣"，忠君就是爱国，爱国必须忠君，"学成文武艺，货与帝王家""天下之本在国，国之本在家，家之本在身"④，"中国的政教俱以伦常为本，所以政治与家族的关系密切无比，为政者以政治的力量来提倡伦常，奖励孝节"⑤，传统社会提倡孝悌的目的就是要将家庭

---

① 刘泽华主编：《中国传统政治哲学与社会整合》，中国社会科学出版社，2000年，第159页。

② 刘泽华、汪茂和、王兰仲：《专制权力与中国社会》，吉林文史出版社，1988年，第258页。

③ 李渡：《明代皇权政治研究》，中国社会科学出版社，2004年，第1页。

④ 罗云锋：《孟子广义》，上海三联书店，2020年，第198页。

⑤ 瞿同祖：《中国法律与中国社会》，中华书局，2007年，第93页。

中的"孝"推广到对国家的"忠"，也就是对皇帝及其专制政权的"忠"。"君子之事亲孝，故忠可移于君；事兄悌，故顺可移于长；居家理，故治可移于官。"①明代统治者有意利用宗法家族制度和儒家正统学说来搭建"权力的文化网络"，君父同伦，家国同构，"君臣关系的忠，完全是父子关系的'孝'的放大体，因为君主专制制度完全是父权为中心的大家族制度的发达体"②。忠孝之间的巧妙结合，使国、家相通。家族中的家长与国家中的皇帝是同构的，皇帝"上为皇天子，下为黎庶父母"③，皇帝是君父，是全天下子民的大家长，地方官是地方上的"父母官"，"就像皇帝通常被尊为全国的君父一样，皇帝的每一个官吏也都在他所管辖的地区内被看作是这父权的代表"④。基层士兵是"子弟兵"，明代国家通过血缘或拟血缘的组织来控制民众，促使个体为父尽孝，为君尽忠，以孝持家，进而以忠治国，"资父事君，忠孝道一"，移孝作忠，求忠臣于孝子之门，孝也由家庭伦理扩大为社会伦理，"家国一体的观念和家族主义的观念深深地渗透在中国社会的伦理关系和道德体系中，对民众行为方式和国家政治制度产生了至为深刻的影响"⑤。当"家"与"国"二者只能选择其一时，郑芝龙和郑成功的家国伦理观就有着本质的区别。1645 年，郑芝龙在福建拥立隆武帝，独掌大权，挟隆武帝以令自重。隆武帝一直为郑氏家族集团所架空，郑氏家族傲慢无上，指鹿为马，颐指气使，卖官鬻爵，大肆搜刮百姓，横毒凶暴，比起弘光朝的马士英有过之而无不及。他们在败走江南的时候，依然大肆抢掠，以至于当时造成这种现象："受害者延颈待清兵，谣曰'清兵如蟹，曷迟其来！'"⑥隆武帝虽然是一位较有作为的英明之主，但仅凭其个人的力量不足以改变整个局势。隆武帝第一次见到郑森，奇其貌，叹赏说："素闻郑家有匹千里驹，果然名不虚传。"其后，殿前问答，郑

---

① 〔汉〕戴圣著，贾德永译注：《礼记孝经译注》，北京联合出版公司，2015 年，第 294 页。

② 杨琥编：《中国近代思想家文库（李大钊卷）》，中国人民大学出版社，2014 年，第 307 页。

③ 《两汉文观止》编委会：《两汉文观止》，学林出版社，2015 年，第 129 页。

④ 《马克思恩格斯选集》（第二卷），人民出版社，1972 年，第 2 页。

⑤ 王长金：《传统家训思想通论》，吉林人民出版社，2006 年，第 105 页。

⑥ 〔清〕计六奇：《明季南略》卷七《郑芝龙议助饷》，中华书局，1984 年，第 311 页。

森对答如流。隆武帝抚其背，慨叹说："恨无一女配卿。卿当尽忠吾家，毋相忘也。"① 陈碧笙先生认为，"这在唐王的思想动机中，可能出自一片真正的爱护之情，可能是笼络郑家父子的手段，也可能两者兼而有之。但在涉世尚浅、心地纯洁的成功看来，不能不引为生平第一知己，从而感激涕零，肝脑涂地，誓以身报了。在尔后君与父之间矛盾日益尖锐的过程中，成功自始就站在唐王方面，力反其父之所为"②。郑成功是郑氏家族集团里唯一的忠臣，"赐姓少时，思文帝绝爱之。其父芝龙怀逆谋，赐姓屡谏以尊朝廷、恢复中原，遭其父之怒骂。后芝龙、鸿逵皆提兵出关，思文诏赐姓谋。赐姓劝思文出关，思文曰：'芝龙、鸿逵，朕将谁依？'赐姓曰：'臣父、臣叔，皆怀不测。陛下宜自为计。'与帝相持痛哭。帝曰：'汝能从我行乎？'赐姓曰：'臣从陛下行亦何能为。臣愿捐躯别图以报陛下。此头此血，总之已许陛下矣！'"③ 隆武帝经常私下召见郑成功，君臣共谋国是，商讨战策，并向郑成功问计，因为从郑成功的身上隆武帝看到了他与众不同的性格与才情，④ "成功心不满父所为，一日乘间跪奏唐王曰：'陛下郁郁不乐，得毋以臣父有异志耶？君父一也。臣虽弱，愿以死捍社稷，誓不辜陛下恩！'"⑤ 隆武帝从郑成功身上仿佛看到了重振皇权的希望，于是封郑成功为御营中军都督，仪同驸马。"时招抚江南者，内院洪承畴，招抚福建者，御史黄熙胤，皆晋江人，与芝龙同里，通声问。一日，成功见隆武愁坐，悲来填膺，跪奏曰：'陛下郁郁不乐，得毋以

① 连横：《台湾通史》，商务印书馆，2017 年，第 24 页。

② 陈碧笙：《郑成功历史研究》，九州出版社，2000 年，第 280 页。

③〔清〕刘献廷：《广阳杂记》，中华书局，1957 年，第 57 页。

④ 中国历史博物馆珍藏一幅《延平王与王忠孝对弈图》，上有王忠孝行楷题跋《百字赞》："俨乎其神，若有思。蔼乎其容，若可即。盖其气吞湖海，胸藏甲兵。自为秀才，便以天下为己责。而况遭时艰危，能不奋然一击！睹公雄姿，直欲一蹴而抵黄龙府，又何有于半壁，无忘于淝水之捷足快人心。偶托赌壁以自适。公之推算，早在胸中，是岂寻常所能测识？"见郑文伟主编：《惠安文化丛书·地方掌故》，福建人民出版社，2003 年，第 319 页。

⑤〔清〕沈冰壶：《重麟玉册·郑成功传》，陈支平主编：《台湾文献汇刊》第一辑第一册，厦门大学出版社、九州出版社，2004 年，第 231 页。

臣父有异志耶? 臣受国厚恩, 义无反顾, 以死捍陛下矣!"① 为了使隆武帝免受欺凌, 郑成功在延平向隆武帝"条陈据险控扼、拣将进取、航船合攻、通洋裕国"②, 后人称之为"延平条陈", 被隆武帝叹为奇策, 封郑成功为忠孝伯, 赐尚方宝剑, 挂"招讨大将军"印。在延平设军事指挥部、水师训练基地, 巡守北闽三府(闽浙赣毗邻)边关。此外隆武帝还赐予郑成功便宜行事之权, "命国姓成功亲到漳、泉精募兵将, 立助恢复"③, 并在兵、饷、器三事上予以大力支持, 隆武帝谕郑成功曰: "兵、饷、器三事, 今日已有手敕, 确记卿父子。兹览卿奏, 言言硕划, 朕读之感动。其总理中兴恢御兵饷器中。统惟卿父子是赖。银关防准造, 即以此为文。造完颁赐, 以便行事。"④ 隆武帝对郑成功有知遇之恩, 对他寄予厚望。士为知己者死, 郑成功一辈子都对其感恩戴德, 鞠躬尽瘁, 死而后已。隆武帝被博洛杀害后, 郑成功为给隆武帝报仇不惜与父决裂, "芝龙既行, 郑彩、郑鸿逵、郑成功皆率所部入海, 成功树旗曰: '杀父报国'"⑤。由此可见郑成功"忠君爱国, 一心为主"的高贵品格和一片精诚爱国之心。这是对儒家思想中"食君之禄, 当报君恩""滴水之恩, 当涌泉相报""得恩不报非君子, 忘恩负义小尔曹"等学说的继承与发扬。郑成功是受儒家学说熏陶出来的士人, 儒学教育的核心在于强调个体适应整体的水平和程度, 从而把教育当作了个体抑制自己的自由意志而归于忠君爱国、尊敬师长等一系列伦理责任的训练过程, 修身、齐家、治国、平天下和公德、私德、达德作为一种普遍的文化心理积淀于各个阶层中每一个个体的心理, "人生于天地之间, 各有责任。知责任者, 大丈夫之始也; 行责任者, 大丈夫之

① 〔清〕星槎野叟:《郑氏纪略》, 陈支平主编:《台湾文献汇刊》第一辑第一册, 厦门大学出版社、九州出版社, 2004 年, 第 305 页。

② 〔清〕江日昇:《台湾外记》卷二, 福建人民出版社, 1983 年, 第 68 页。

③ 中国历史研究社编:《虎口余生记·思文本纪》, 上海书店据神州国光社 1951 年版复印, 1982 年, 第 277 页。

④ 中国历史研究社编:《虎口余生记·思文本纪》, 上海书店据神州国光社 1951 年版复印, 1982 年, 第 245 页。

⑤ 〔清〕三余氏:《南明野史》卷中《绍宗皇帝纪》, 上海商务印书馆, 1935 年, 第 26 页。

终也"①。在传统社会里，士作为四民之首，既是统治者极力笼络的对象，也是其他阶层仰望的楷模。在皇权专制社会中，士人的出路以事君食禄为正途，科举得第，入仕为官，出将入相，宦海遨游，兼济天下以及立功、立德、立言实现人生"三不朽"是每一个士人共同追求的目标。明代统治者正是利用了士人们的积极向上、功名利禄、荣华富贵、金玉满堂、封妻荫子、光耀门楣的种种心理而开以利禄之途，并以此来诱使他们为现实的政权服务，从而使士人队伍与国家政权之间实现了奇妙的结合并取得了合作型博弈。郑成功正是儒家思想的践行者，是士人的杰出代表，是忠君爱国的典范。

三、对父亲"移孝作忠，誓不降清"

郑芝龙小名一官，字飞黄。崇祯间以军功授前军都督，收刘香，改袭锦衣卫副千户……弘光封南安伯，隆武封平西侯，后进太师、平国公。降清封同安侯。先娶陈氏，继娶日本翁氏一品夫人。②郑芝龙因受到了博洛的利诱而丧失理性，实施不抵抗政策，于是博洛兵不血刃占领福建，导致了隆武帝被杀害。郑芝龙以为自己的所作所为会受到清军的优待，自己依然可以我行我素、称王称霸，于是在接到博洛的书信后准备上降书顺表，郑成功劝道："吾父总握重权，未可轻为转念。以儿细度，闽粤之地，不比北方得任意驰驱。若凭高恃险，设伏以御，虽有百万，恐一旦亦难飞过。收拾人心，以固其本；大开海道，兴贩各港，以足其饷。然后选将练兵，号召天下，进取不难矣。"③郑芝龙却说："稚子妄谈，不知天时时势。夫以天堑之隔，四镇雄兵且不能据敌，何况偏安一隅。倘画虎不成，岂不类狗乎？"郑成功曰："吾父所见者大概，未曾细料机宜。天时地利，有不同耳。清朝兵马虽盛，亦不能长驱而进。我朝委系无人，文臣弄权，一旦冰裂瓦解，酿成煤山之惨。故得其天时，排闼直人，剪除凶丑，以承大统。迨至南都，非长江失恃，细察其故，君实非戡乱之君，臣义多庸碌之臣，遂使天下英雄饮恨，天

---

① 梁启超：《为学与做人》，古吴轩出版社，2016 年，第 54 页。
② 福建师范大学历史系郑成功史料编辑组编：《郑成功史料选编》，福建教育出版社，1982 年，第 20 页。
③〔清〕江日昇：《台湾外记》卷三，福建人民出版社，1983 年，第 90 页。

堑难凭也。吾父若藉其崎岖，扼其险要，则地利尚存，人心可收也。"①郑成功分析完地理形势，又分析利害关系，见其父不从，牵其衣跪哭曰："夫虎不可离山，鱼不可脱渊；离山则失其威，脱渊则登时困杀。吾父当三思而后行。"②郑芝龙也不改初衷，还是打算投降清军，并率军直奔清营。看见父亲如此执迷不悟，郑成功毫无办法，只能跟父亲分道扬镳。在留下了一封"从来父教子以忠，未闻教子以贰。今吾父不听儿言，倘有不测之祸，儿只有缟素而已"③的信后，正式与其父决裂。顺治十一年（1654）八月，面对清廷和其父的威逼利诱，郑成功在致其父的信中说："大抵清朝外以礼貌待吾父，内实以奇货视吾父。今此番之敕书，与诏使之举动，明明欲借父以胁子。一胁则无所不胁，而儿岂可胁之人哉？且吾父往见贝勒之时，已入彀中。其得全至今者，亦大幸也。万一吾父不幸，天也。命也。儿只有缟素复仇，以结忠孝之局耳。"④顺治十三年（1656），清廷囚禁郑芝龙并派谢表为特使前去诱降郑成功，谢表企图以情动之，他说："太师受禁，无非为藩主不肯剃发耳！今天下已定，徒劳无益。父子天性，焉可弃绝？若早投诚一日，则太师早得一日之安。"成功喝曰："尔辈但知保身，当知误国为大？天下事安能逆料，滇南、川、贵、楚、越、荆、襄之地，豪杰辈出，皆怀恢复之心，尔辈小人，焉敢鼓唇舌而谈天数？若不急退，当枭尔首。"之后，又写信对郑芝龙说："嗟嗟！曾不思往见贝勒之时，许多好言，竟尔不听，自投虎口，毋怪乎其有今日也。吾父祸福存亡，儿料之熟矣。见其待投诚之人有始无终，天下共晓。先以礼貌，后遂鱼肉，总是'挟'之一字，儿岂可挟之人哉？固已言之于先，而决之于早矣。今又以不入耳之谈，再相劝勉，前言已尽，回之何益？但谢表日夜跪哭，谓无可以回复为忧，不得不因前言而详明之。盖自古治天下，惟德可以服人。……儿志已坚，而言尤实，毋烦再报，乞赦不孝之罪。"⑤面对为国尽忠和为

① 〔清〕江日昇：《台湾外记》卷三，福建人民出版社，1983年，第90—91页
② 〔清〕江日昇：《台湾外记》卷三，福建人民出版社，1983年，第90—91页。
③ 〔清〕江日昇：《台湾外记》卷三，福建人民出版社，1983年，第76页。
④ 〔清〕杨英撰，陈碧笙校注：《先王实录校注》，福建人民出版社，1981年，第85页。
⑤ 〔清〕杨英撰，陈碧笙校注：《先王实录校注》，福建人民出版社，1981年，第91页。

父尽孝的两难选择，郑成功毅然决然地舍家为国，移孝作忠。忠孝关系在传统社会不仅是一个简单的社会或家庭伦理问题，而且和国家存亡密切相关。从理论上来说，忠与孝是和谐的，孝是忠的基础，国家往往求忠臣于孝子之门。在"家国同构"的观念下，忠孝一体，国由家组成，家是国的缩小，国是家的放大，家以父为权威，国以君为权威，在家孝顺父母尊长，就为奉国尽忠、效命君主打下了思想和行为基础，是为"移孝于忠"。但面临实际问题时，忠孝并不总是和谐的，往往不能兼得，甚至会发生尖锐冲突。一旦事君与侍父不可兼得，集臣、子为一身者将面临两难抉择，即所谓"忠孝不能两全"。郑成功与郑芝龙的关系就处在此情此景之下。郑成功面对国仇家恨，面对威逼利诱，决定大义灭亲，舍家为国，毅然决然地移孝作忠，背父报国。自古忠孝不能两全，"孝"是家庭道德的主纲，是个体事亲之道，是个体对待父母和家庭长辈的道德准则与规范；孝是个体事父的行为准则，是维系家庭的感情纽带，是治理家族的核心理念，是控制族众的有力武器。孝要求父完全支配子，子无条件地服从父，孝可以维护父家长的绝对权威，使父家长对子孙的支配权合理化、合情化、合法化。而"忠"是政治道德的主纲，是臣工事君之道，是个体对待君主和国家民族的道德关系的准则。忠是个体事君的行为准则，是维系君臣的感情纽带，是治理天下的核心理念，是控制民众的有力武器。忠要求君完全支配臣，臣无条件地服从君，忠可以维护君主的绝对权威，使君主对臣子的支配权合理化、合情化、合法化。"人之爱其子孙也，何所不至哉！爱之深，故虑焉而周；虑之周，故语焉而详。详于口者，听过而忘，又不如详于书者，足以垂世而行远，此《家训》所为作也。"①明代国家利用孝道控制个体，以孝的名义湮灭个体的独立人格，以孝的名义来戕灭个体个性和感性欲望，最终个体因丧失自我意识而成为君父的附庸。"郑成功能冲破封建礼教的传统束缚，为国为民而大义灭亲，始终坚定地和广大人民一道高举抗清大旗，这种爱国热忱、凛然气节和斗争精神，是远远高出同时代的大多数南明官像的。拯救国家和人民使其免受满洲贵族民族高压政策的蹂躏，这是郑成功抗清斗争性

① 王利器：《颜氏家训集解》（增补本），中华书局，1993年，第627页。

质的主要方面。"①"乱世人情总成灰"，在政治与伦理的纠葛之中，郑成功移孝作忠，虽有满腹苦衷，然亦可显示出其超越常人的理性与血性，成功者都是含泪奔跑的人，心灵的磨炼无法取巧，吃亏要趁早，唯有经历剥皮抽筋的痛苦才能获得脱胎换骨的人生。郑成功面对其父的威逼利诱没有选择"愚孝"，而是崇尚和信奉"君之视臣如手足，则臣视君如腹心；君之视臣如犬马，则臣视君如国人；君之视臣如土芥，则臣视君如寇仇"②和"君不正，臣投外国；父不慈，子必参商"③的古训。既然君可以不正，那么臣也可以不忠，所以臣投外国；既然父可以不正，那么子亦可以不孝，所以儿子各奔他乡。以此观照，郑成功"移孝作忠，誓不降清"的抉择亦有其历史正当性。

四、为母亲"剖腹涤身，黄金铸像"

田川松是郑成功的母亲，由于是翁翊皇的继女，所以史称"翁太妃"。顺治三年（1646），清军自仙霞关进入福建，杀害了隆武帝、皇后，并在安平烧杀淫掠。"（顺治四年七月）省城（福州）民饥，四出逃窜，法虽严不能禁。初食粥，次食面麸糠窍，继而食菜子、蕉头、浮萍，所见皆鸠形鹄面。有四五丨家之街巷，无一人行者，有门庭整丽，器具精好，入门而十余堆白骨委地者，比屋皆然，死尸弃地，片时割尽，窃抱小孩，瞬息就烹，甚至自食其子，亲割其夫者。凡死亡十之八九。米虽小斗，价六钱。"④清军暴戾残忍、奸淫掳掠、嗜杀成性、残民害理、杀人如麻的举动，只会激化基层民众的仇恨和敌意。"丁亥夏秋之交，山中海上有义旗之举。……时浪子勇夫，稍能拳棒者，一知即拿枭首，无因而死者亦多。张督郎视民如草芥，周院视民如寇仇。城中片言不敢妄语，寸步不敢妄行。"⑤

① 林春玲编著：《培育大学生社会主义核心价值观本土实例探微》，上海财经大学出版社，2017年，第53页。

② 缪天绶选注，周淑萍、党怀兴校订：《孟子》，商务印书馆，2019年，第82页。

③ 许仲琳：《封神演义》（注释本），崇文书局，2015年，第181页。

④ 福建师范大学历史系郑成功史料编辑组编：《郑成功史料选编》，福建教育出版社，1982年，第61页。

⑤ 福建师范大学历史系郑成功史料编辑组编：《郑成功史料选编》，福建教育出版社，1982年，第58—59页。

在这场灾难中，郑成功母翁氏未能幸免于难，惨遭玷污，愤而自杀[1]，"韩岱奉贝勒世子命，统满汉骑步突至安平，郑芝豹、芝鹏等惧兵威，不敢战，敛其众，挈家资、子女于巨舰，弃城出泊外海。成功生母倭妇翁氏手持剑，不肯去，强之再四，亦不行。大兵至，翁氏毅然拔剑剖肚而死。"[2]。辱母之仇不共戴天，"成功闻报，擗踊号哭，缟素飞师前来。而韩岱见船只塞海，亦不敢守，弃之回泉。功殓其母，收整城池，与芝豹、芝鹏等守之"[3]。郑成功与众盟誓说："本藩乃明朝之臣子，缟素应然，实中兴之将佐，披肝无地！冀诸英杰，共伸大义。"[4]"芝龙既降，其家以为可免暴掠，遂不设备。北兵至安海，大肆淫掠，成功母亦被淫，自缢死。成功大恨，用夷法剖其母腹，出肠涤秽，重纳之以殓。发丧后，遂起兵。"[5]郑成功用日本的方法剖开母亲的腹部，去除肠秽之后安葬，同时熔化黄金为母铸像以示哀悼之情，后来黄金铸像被清军抢掠后熔化，更加加深了郑成功对清军的仇恨。当代很多学者都以为郑成功一生矢志抗清，和母亲遭清之害有很大的关系。郑成功身负国仇家恨，欲解心头恨，拔剑斩仇人，所以为母复仇，为君复仇，成为郑成功坚持不懈的原动力，同时也影响了其以后的抉择与道路。"成功虽遇主列爵，实未尝一日与兵权，意气状貌，犹儒士也。既力谏不听，又痛母死非命，悲歌慷慨谋起师，携所着儒巾襕衫赴文庙焚之，四拜先师曰：'昔为孺子，今作孤臣，向背弃留，各有作用，谨谢儒服，唯先师鉴之。'高揖而出。祸旗纠旅，声泪并俱。与所善陈辉、张进、施琅、陈霸、施显、洪旭等愿从者九十余人，乘二巨舰，断缆行，收兵南澳，得数千人。文移称'忠孝伯招讨大将军罪臣国姓'，

　　①另域外文献记载说田川松并非"受辱自杀"，而是不畏强暴，在与清固山韩岱进行搏斗的过程中被杀而亡。如日本文献记载："芝龙降满去，不复备子虞。然固山兵俄逼安平，众不能支，皆溃去，浮海上避之。满兵掠家财、夺妇女。成功母有姿色……满将固山爱之，欲携回。母肃然改容曰：'妾安南伯飞虹将军妻，何为北虏狗豚之耦（偶）乎，贼将勿淫话。'出怀中匕首将刺之。固山怒，拔剑直贯腹。母不少动，骂固山而死。"见守山正彝：《平藩语录·郑氏兵话》卷一。此为一说，录之存疑。

　　②〔清〕江日昇：《台湾外记》卷三，福建人民出版社，1983年，第82页。

　　③〔清〕江日昇：《台湾外记》卷三，福建人民出版社，1983年，第82页。

　　④〔清〕江日昇：《台湾外记》卷三，福建人民出版社，1983年，第80—81页。

　　⑤〔清〕钱乘镫：《所知录》卷上，上海古籍出版社，1987年，第254页。

时年二十有三也。"① 可以说其母田川松的死是郑成功弃文从武的直接原因，郑成功只有从儒生转变为战士，只有自己领兵作战，统率千军万马才能与清军野战争锋，歼灭敌人，才能将为母报仇雪恨的心愿化为现实，否则就只能忍气吞声，坐以待毙。可以说为母复仇是郑成功舍家为国，弃文从武，抗清复明，驱荷复台的不竭动力。

五、对妻子"初嫌后敬，临终欲杀"

传统社会是家国同构的，并以家为基本社会组织单位，所以夫妻关系是家庭关系的核心之一。传统社会是以家为最小的政治单元，在一个家庭中，妇女扮演着非常重要的角色，她不仅担负着养育孩子的责任，而且还充当着辅助丈夫的角色。女子教化关系着小家庭的兴废存亡，关系着全社会民风民俗的养成。换句话说，女教的成功与否与政治教化的得失休戚相关："女德之所关大矣，与男教并盖天下……镜之往古，兴废存亡，天下国家罔不有兹"②；"为女妇者，诚触于古今之训，家习户诵，则风俗自然淳朴，彝伦自然敦厚，齐家范俗"③。母亲是孩子的第一任老师，对女子实行教化，实际上就是为全天下无数个家庭实施控制，让他们从日常生活入手，孝敬公婆，帮助丈夫，抚育子女。推动摇篮的手就是推动世界的手，占全国一半以上的女子教化关系到国家的兴亡、民族的未来，一辈好媳妇，十辈好儿孙，丈夫一生的幸福，孩子早年的幸福，公婆晚年的幸福，皆系于其手，女子是矫世励俗的后备军。郑成功的妻子名叫董友，她是董飏先的女儿，她和郑成功的结合属于父母之命，媒妁之言。据《郑氏家谱》记载，董友是18岁嫁到郑家，19岁生下郑成功的长子郑经。除了正妻董友外，郑成功还娶了九房侧室，侧室共生了九个儿子。董友和郑成功属于包办婚姻，起初关系不甚和睦。

---

① 〔清〕星槎野叟：《郑氏纪略》，陈支平主编：《台湾文献汇刊》第一辑第一册，厦门大学出版社、九州出版社，2004年，第308—309页。

② 顾明远主编：《中国教育大百科全书（第4卷）》，黄治征《书七诫后》，上海教育出版社，2012年，第2405页。

③ 嶙峋编：《闽海吟》，《章圣太〈后女训〉序》，华龄出版社，2012年，第164页。

郑成功认为董友不会处理大家庭成员之间的关系，对董友颇有微词，"董颇不答于成功"①。董友默默努力提升自己，以自己的奉献博得郑成功的垂爱。她治家有方，孝顺翁姑，友待叔侄，任劳任怨，贤淑贞惠，逐渐成为郑成功的贤内助。后来因为董友在"郑芝莞事件"②中"独怀神主以奔，珠玉宝货悉弃不顾"③的杰出表现，使郑成功对其刮目相看，从此对其敬爱有加。"夫人董氏勤俭恭谨，日率姬妾婢妇纺绩，并制甲胄诸物，以佐军用。王之治戎，有功必赏，万金不吝。而家中妇女，不令少怠，故长幼皆敬命。永历八年，王赴广南，次平海卫。清军猝入厦门，郑芝莞无设备，师惊而溃。董夫人独怀神主以奔，珠玉宝货悉弃不顾，王以此贤之。每与军事，多所匡辅。"④夫妻同心，其利断金；同心之言，其臭如兰。郑成功得以安心在外征伐，其妻董友功不可没。然而伴随着"郑经私通乳母生子案"的发生，董友险些被郑成功差人斩首。"成功既治家严格，长子经居岛颇耽声色，狎老女，与乳妪通，生子。成功闻之，大怒；令黄昱、洪有鼎至岛，谕郑泰监杀经及经母董，以教儿不谨也。诸部大惊，又知成功病革。或乱命，谋保全。谓经，君子也，不可拒父；推泰，泰于成功为兄行，谓兄可拒弟，克期举事。值全斌自南澳回，亦奉成功旨，诸部诱执之。洪旭密招台湾亲信戴（捷）为援。"⑤由于驻守厦门的诸将不执行郑成功的命令才使董友幸免于难。平心而论，郑成功对董友的处置过于严厉，私通乳母罪在郑经，董友最多负有管教不严之罪；董友虽有罪，但罪不至死，郑成功的过激行为实在是匪夷所思，有失为夫之道。

六、对儿子"疏于管教，不教而诛"

郑经是郑成功的长子，董友所生，由于郑成功常年征战在外，无法顾及子女

①〔明末清初〕黄宗羲：《郑成功传》，《台湾文献史料丛刊》第114册，台湾大通书局，1987年，第44页。

②〔清〕江日昇：《台湾外记》卷三，福建人民出版社，1983年，第96—97页。

③连横：《台湾通史》下册，卷三十五，商务印书馆，2017年，第761页。

④连横：《台湾通史》下册，卷三十五，商务印书馆，2017年，第761—762页。

⑤〔明末清初〕黄宗羲：《郑成功传》，《台湾文献史料丛刊》第114册，台湾大通书局，1987年，第30页。

的教育，董友为了让郑成功安心征讨，她开始尽职尽责地教育郑经，"其母董氏家规严肃"①。由于董友恨铁不成钢，往往对郑经求全责备，致使郑经从小就缺乏安全感，情郁于中而无法发之于外，内心难免孤独寂寥，心理上逐渐出现心理缺陷和人格障碍，"幼好渔色，多近中年妇女，民妇多为诸帝乳母者，经皆通焉"②。郑经19岁时娶原兵部尚书唐显悦的孙女，唐氏虽端庄静正，但是与郑经关系并不和睦。郑经与四弟的乳母陈氏私通生子并谎称是侍妾所生，郑成功被蒙蔽不加责罚反而加以赏赐和奖励。唐显悦为自己的孙女打抱不平，写信给郑成功大加责难，信中有"三父八母，乳母亦居其一；令郎狎而生子，不闻饬责，反加赏赏，此治家不正，安能治国乎?"③传统社会最讲究伦理关系和等级秩序，郑经的所作所为不但离经叛道而且骇人听闻。郑成功熟读儒家经典，深明私德公德与达德的关系，"古之欲明明德于天下者，先治其国。欲治其国者，先齐其家。欲齐其家者，先修其身。欲修其身者，先正其心。欲正其心者，先诚其意。欲诚其意者，先致其知。致知在格物。物格而后知至，知至而后意诚，意诚而后心正，心正而后身修，身修而后家齐，家齐而后国治，国治而后天下平"④。"修身、齐家、治国、平天下"是郑成功一生的理想追求并身体力行之，真正做到了知行合一。不想荒诞不经的事竟然出在自己儿子郑经身上，对于一生爱惜自己名誉的郑成功来说无异于五雷轰顶，所以郑成功忍无可忍，怒发冲冠，血灌瞳仁，于是"遣官至思明州杀其子经及其妻董氏，不果。成功治家严肃。世子经居思明州，与乳媪通，生子。成功闻之大怒，命黄昱至岛，谕郑泰监杀世子经及经母夫人董氏，以教子不严也。诸部大惊，忠振伯洪旭不肯用命"⑤。郑成功能管住千军万马，但没管住自己离经叛道的儿子，没管住自己的一时之怒。冲动是魔鬼，而情绪激动是为将为主帅的大忌，他熟读《孙子兵法》，因一时之怒昏了头脑，竟然忘记了"非利不动，

---

① 〔清〕江日昇：《台湾外记》卷五，福建人民出版社，1983年，第164页。

② 〔清〕郁永河：《裨海纪游》，《台湾文献史料丛刊》第44册，台湾大通书局，1987年，第52页。

③ 〔清〕江日昇：《台湾外记》卷五，福建人民出版社，1983年，第172页。

④ 黄士毅编，徐时仪、杨艳汇校：《朱子语类汇校》，上海古籍出版社，2014年，第404页。

⑤ 〔清〕夏琳：《闽海纪要》，福建人民出版社，2008年，第62页。

非得不用，非危不战"的道理。"主不可以怒而兴师，将不可以愠而致战。合于利而动，不合于利而止。怒可以复喜，愠可以复悦，亡国不可以复存，死者不可以复生。故明君慎之，良将警之，此安国全军之道也。"① 眼界决定境界，格局决定结局，思路决定出路，郑成功的过激行为引发了郑氏集团内部的矛盾，从而引发了郑经与郑袭的夺位之争。公元 1662 年农历六月，"明赏勋司蔡政奉潮王冠袍至思明州，请世子经发丧嗣位。成功之弟世袭护理大将军印，以经得罪于父，阴谋自立。蔡政抗声，折以大义；乃奉成功所遗冠袍赴厦门，请经发丧嗣位，文移称'嗣封世子'。以周全斌为五军都督、陈永华为谘议参军、冯锡范为侍卫"②，郑成功"既殂，黄昭奉成功弟世袭为护理，谋嗣位；世子经乃偕陈永华、周全斌、冯锡范率兵东渡。十月，世子至"③。郑成功常年征战在外，对儿子疏于管教，当儿子犯错误时不是勤加教导使其改过自新，而是直接下令杀之，"不教而诛，则刑繁而邪不胜；教而不诛，则奸民不惩；诛而不赏，则亲属之民不劝；诛赏而不类，则下疑俗险而百姓不一"④。教育百姓和教育儿子是一样的道理，不教而诛，是为残暴。儒家伦理讲究先养后教，先教后惩，教育第一次，警告第二次，惩戒第三次。郑成功平时因事务繁忙对儿子疏于管教，当儿子犯错误后又不教而诛，实在有失为父之道。郑成功在临终之际传令欲杀妻灭子以解心头之恨，家庭不和睦导致了郑氏集团内部力量之间的相互残杀，人心涣散。

总之，马克思主义的基本原理要求站在历史进步的立场去评价历史事物，并把所研究的问题放到一定的历史范围之内去研究，评述任何一个历史人物都应该知人必先论世，不能脱离他所属的阶级和其所处的时代背景。"郑成功的时代，就处在这一个内外形势交织下所出现的各种矛盾的焦点。中国人民与地主阶级的矛盾，中国各族人民与满族统治阶级之间的矛盾，中国人民与西方殖民者的矛盾，这三种矛盾，同时并存，而又随着形势的发展，日在变化中。由于福建沿海

---

① 孙武，赵国华注说：《孙子兵法》，河南大学出版社，2008 年，第 139 页。
② 〔清〕夏琳：《闽海纪要》，福建人民出版社，2008 年，第 62 页。
③ 〔清〕夏琳：《闽海纪要》，福建人民出版社，2008 年，第 64 页。
④ 〔战国〕荀况，〔唐〕杨倞注，耿芸标校：《荀子》，上海古籍出版社，2014 年，第 117 页。

地区是西方殖民者向东发展的中心，又系南明诸王的一个根据地，这一特殊的情况，使得郑成功在这时代的浪潮中，成为地主阶级的抗战派，又代表着东南沿海新兴的海上贸易商的利益，担负起一个不平凡的抗清驱荷的使命，反映出中国人民反抗一切压迫者和侵略者的要求。特别在收复台湾的斗争中，不仅保障了民族的独立，免于遭受外来资本主义势力的侵略。"① 在政治与伦理的交锋之中郑成功始终坚持正义，以大无畏的精神充分发挥自己的理性，舍家为国，浩然正气，其大义灭亲、誓不降清、忠君为国的家国情怀和英雄业绩光耀千古，其人格魅力和思想境界在中国历史文化的舞台上一直都熠熠生辉，临终前对妻子和儿子的处置虽有过激之处，但仍不减其英雄本色。正像傅衣凌先生所说："郑成功能冲决封建礼教的传统，大义灭亲，和全国人民一道高举反清的大旗，这比起同时代地主阶级投降派，如洪承畴、吴三桂等媚敌求荣者不知远胜多少，所以郑成功是值得人民歌颂的地主阶级抗战派的领袖人物。……郑成功的抗清，从海上起义到江南战役的一系列活动，都应该说是一种反压迫的正义斗争，符合于广大人民的利益。"②

---

① 傅衣凌：《关于郑成功的评价》，载厦门大学历史系编《郑成功研究论文选》，福建人民出版社，1982 年，第 234 页。

② 傅衣凌：《关于郑成功的评价》，载厦门大学历史系编《郑成功研究论文选》，福建人民出版社，1982 年，第 236 页。

郑成功精神的价值与当代意义

⊙李　龙（河南省社会科学院历史与考古研究所副研究员）

郑成功是明末清初著名的爱国人士、民族英雄，数百年来为我国人民所称颂。蔡元培曾高度评价郑成功："叱咤天风镇海涛，指挥若定阵云高。虫沙猿鹤有时尽，正气氤氤不可淘。"郑成功身上凝聚了中华优秀传统文化的精华，具有家国精神、抗争精神、开拓精神和开放精神。1997 年，习近平同志在纪念郑成功收复台湾 335 周年大会上指出："我们要继承爱国主义传统，弘扬郑成功精神。"①党的十九大报告明确提出，要积极传承和弘扬伟大的中华文化，坚定文化自信，不断创新和发展社会主义先进文化。传承弘扬郑成功精神，对当代海峡两岸关系、祖国统一和台湾的建设依旧具有借鉴意义。

一、郑成功的家国精神

郑成功作为官宦子弟，受到数千年儒家文化的熏陶和郑氏家族文化的影响，忠孝融入了血液中、骨子里。当时是清军入关烧杀抢夺，明王朝处于风雨飘摇中。郑成功与其父郑芝龙在福建拥立明唐王朱聿键为帝，进行反清复明的斗争。在这一过程中，忠孝在郑成功身上得到了充分的体现。其后海商出身的郑芝龙

---

① 王伟明：《海峡沧波架飞虹——亲历泉台交流漫记》，海峡之声网，2019 年 6 月 4 日。

出于精致的利己主义立场，投降清廷，遭到了郑成功坚决反对。郑成功的世界观虽然因为时代限制而有局限性，但亦表现出了在家国大是大非面前的正气凛然。郑成功在给父亲的信中表示："从来父教子以忠，未闻教子以贰。今吾父不听儿言，后倘有不测，儿只有缟素而已。"①郑成功与父分道扬镳，移孝作忠"不知有父，久矣"。郑芝龙的结局，也说明了"家是最小国，国是千万家，无国则无家"的道理。正如习近平在 2019 年春节团拜会上所说："没有国家繁荣发展，就没有家庭幸福美满。同样，没有千千万万家庭幸福美满，就没有国家繁荣发展。"②

郑成功忠于明朝，成为忠于明室的"不贰之臣"，一个为明朝最后一个皇帝而战，反对满族入侵的领袖。③其家国精神，表层为忠君，实则忠国爱民。郑成功在福州抗清的斗争，深受百姓欢迎。郑成功要求部下严禁焚烧淫掠，不准擅动民间一草一木。其军队纪律严明，禁止宰杀耕牛，对百姓秋毫无犯，深受百姓拥护。为了纪念郑成功抗清斗争的功绩，当时福州闽江口人民保留了大量郑成功活动过的历史遗迹，闽安镇至今保留有郑成功用过的马槽，郑成功停舟之处，命名为"郑舟进"，并沿用至今。

二、郑成功的抗争精神

郑成功最大的历史功绩是不畏惧西方列强，收复台湾，维护了国家统一，也是我国首次面对西方列强取得的重大胜利。郑成功受到中华文化熏陶与历史时局的变化，造就了他的历史成就。郑成功从小受到良好的教育，深受岳飞、文天祥等古代英雄人物英烈事迹的影响，培养了强烈的爱国情怀和民族气节。特别是在鸿儒钱谦益教导下，郑成功一身浩然正气，深悟国家民族大义，不畏强权。郑成功叔父郑鸿逵公开炫耀说："此吾家千里驹也。"钱谦益称其文章"声调清越，不

---

① 〔清〕江日昇：《台湾外记》卷二，福建人民出版社，1982 年。

② 习近平：《在 2019 年春节团拜会上的讲话》，人民网，2019 年 2 月 3 日。

③ 潘健：《从反清"乱臣"到海外"孤忠"——清代郑成功形象的政治形塑》，《宝鸡文理学院学报（社会科学版）》2014 年第 4 期。

染俗气。少年得此，诚天才也"。郑成功早期所受教育，培育了其强烈的爱国之心，为收复台湾奠定了文化品格。

台湾自古属我国领土，三国时期孙吴政权已经对台湾实施了有效管辖。元世祖至元十八年（1281）在澎湖设置巡检司，管辖澎湖、台湾群岛，隶属福建泉州府，明末荷兰趁机侵占台湾。郑成功所处的时代，国内正是明王朝摇摇欲坠，抗争没有内援。国际上正是西方殖民主义者荷兰、西班牙等侵占我国东南海疆，海权危机重重。在国内民族、阶级矛盾重重，国际斗争极端复杂尖锐的情况下，郑成功毫无畏惧领导反抗荷兰殖民者的斗争，在财力、人力、物力极端困难的境况下，积极寻求拓展机遇，始终保持旺盛的斗志，展示了中华文化的进取精神和闽南文化爱拼敢赢的气质。①郑成功成为我国最早反对西方列强的先驱，"本藩矢志恢复，切念中兴……故冒波涛，欲辟不服之区，暂寄军旅，养晦待时，非为贪恋海外，苟延安乐"②。他向荷兰总督揆一发出谕降书，义正词严地指出："台湾者，中国之土地也，久为贵国所踞，今余既来索，则地当归我，珍珠不急之物，悉听而归。"③郑成功从厦门亲率2.5万名将士，携刀执矛，以冷兵器攻击步枪大炮装备起来的荷兰军队，硬生生将船坚炮利的荷兰军队打得落花流水，总督揆一签字投降，台湾回归祖国怀抱。郑成功开创了用武力击败西方的重大军事胜利。其后，郑成功在台湾设立府县，标志着中原王朝正式在台湾设立管理机构。对此康熙帝对郑成功有极高的评价："四镇多贰心，两岛屯师，敢向东南争半壁；诸王无寸土，一隅抗志，方知海外有孤忠。"这既是统治者抚慰人心的手段，也是客观上对郑成功历史功绩的认可。

三、郑成功的开拓精神

郑成功收复台湾之前，台湾虽然自然条件优越，适合农业生产，但人口和劳动力严重不足，经济模式单一。原住民高山族尚处于原始社会末期，过着渔

---

① 林华东：《闽南文化的精神和基本内涵》，《光明日报·理论版（史学）》2009年11月17日。

② 〔清〕江日昇：《台湾外记》卷六，福建人民出版社，1982年。

③ 〔清〕唐景崧等：《台湾通志》，大通书局，1962年。

猎和刀耕火种的生活。荷兰人的殖民统治并没有给台湾带来多大的改观。郑成功收复台湾，对台湾进行了大的开发建设，对台湾经济、社会、文化的发展具有开拓之功。《台湾小志》所载："成功既据全台……务屯垦，修战械，制法律，定职官，兴学校，起池馆，待故明宗室遗老之来归者……"[①]郑成功造福台湾，遗泽后世。

郑成功入主台湾，福建尤其是闽南地区大量居民跟随入台。据有关家谱记载，主要有郑、冯、马、杨、刘、陈、董、曾、施等姓氏，其中20%是来自粤、赣、闽的客家人。福建、广东等地的居民大多是来自中原地区的移民后裔，不少是"河洛郎"。闽、粤移民随郑成功入台，为台湾经济的发展带来了充沛的劳动力。郑成功进入台湾后，台湾汉族人口迅速增长为20多万，台湾逐渐演变为以闽南人为主体的社会。郑成功入台带来了大陆先进的文化和生产技术，促进了台湾经济社会的快速发展。闽南文化取代原住民文化成为主流文化，闽南的方言、民俗、民间信仰、戏曲艺术乃至家族制度全盘植入台湾。郑成功在台湾的开拓，为闽南文化在台湾的传播开辟了广阔的道路，奠定了闽台法缘、文缘、神缘和血缘的根基，加深了闽台血肉联系，促进了中华文化在宝岛的传承，彰显了台湾与大陆两岸一体的历史渊源。

郑成功入台，加速了台湾的开发进程。为解决人口膨胀带来的生存问题，郑成功制定了一系列经济发展政策，而影响最深的是农垦措施。郑成功仿效曹魏的"屯田制度"，推行"寓兵于田"，采用军垦、官垦和民垦三种形式，分遣诸将屯田，并鼓励招募大陆沿海居民入台开垦。[②]在推行开垦荒田的同时，郑成功将荷兰占领时期的"王田"改为"官田"，采取切实措施保护开垦者切身利益，促进农业生产发展，很快台湾农垦从北到南发展起来。郑成功惠及台湾最深者是农田水利。在此之前，高山族的原始耕作生活，台湾农耕几无农田水利。郑成功不仅重视农垦，且意识到水利设施对农耕的重要性，大力倡导和支持参加垦殖的文武

---

① 〔清〕龚柴：《台湾小志》，《台湾文献史料丛刊》第2辑，大通书局，1984年。

② 〔清〕薛志亮等：《续修台湾县志》卷一《地理志·山川》，上海古籍出版社，1999年。

官员及庶民百姓兴修水利，且身体力行，修建了草潭、白衣潭以及公爷陂，推动了台湾农田水利的发展。郑成功还大力提升高山族的农耕技术，教授汉族先进的犁耕方法，发给耕牛与木犁，使高山族"聚教群习"，实施了较为平等的民族政策，对台湾农业生产发展做出了重大的开拓性贡献。

四、郑成功的开放精神

郑成功家族在福建沿海，对海洋生产与海洋贸易的益处知之甚深。郑成功超越时代，提出"通洋裕国"政策，在明清"闭关锁国"的背景下，可谓我国最早具有开放战略眼光人士，对外开放第一人。

郑成功父亲郑芝龙曾组织庞大的海商船队，从小受其熏陶，郑成功极具海洋战略眼光。在南明政权危机四伏的关键时刻，郑成功提出"据险控扼，拣将进取，航船合攻，通洋裕国"的策略，并提出以漳州、厦门为基地，以南方海洋为突破商路，达到"通洋裕国"的目的。郑成功的"延平条陈"规划，实际上与宋元乃至明早期的海上丝绸之路一脉相承。郑成功在父亲郑芝龙降清之后，励精图治，很快将四分五裂、群龙无首的郑氏海上贸易帝国进行重新整合，在东南沿海形成了一支新的商业力量，建立起完善的"海上商业—军事集团"，逐渐成了东南亚具有垄断地位的国际贸易商。郑成功采用开放政策，鼓励陆海贸易，有效沟通了内地和沿海商贸往来，丝绸、瓷器、茶叶与交易国贸易频繁。郑成功的船队远达马来西亚、印度尼西亚、柬埔寨、泰国、越南、日本、菲律宾，贸易额占当时对外贸易的60%以上，不分国家大小，有效开通了中国—东南亚—日本—中国的三角贸易航线，促进了各地经济文化交流。"凡中国各货，海外人皆仰资郑氏，于是通洋之利，唯郑氏独操之，财用益饶。"①民间商贸因郑成功的开放政策而得到了极大发展，厦门在对外贸易中，成为海内外贸易品集散地，"四方货物辐辏，骎骎乎可比一大都会矣"。海上商业与军事集团良好互动，庞大的利润与强大的武装力量之间形成相辅相成的关系，为郑成功日后

---

① 〔清〕郁永河：《伪郑逸事》，《郑成功史料选编》，福建教育出版社，1982年。

收复台湾之战打下了坚实的基础。

五、郑成功精神文化的当代价值

习近平总书记指出："世世代代的中华儿女培育和发展了独具特色、博大精深的中华文化，为中华民族克服困难、生生不息提供了强大精神支撑。"[1] 郑成功精神是中华优秀传统文化的典型代表，凝聚了中华文化生生不息的文化基因，是中华文化的标识符号之一，在当代社会具有极其珍贵的价值与意义。

郑成功精神传承了中华文化爱国主义情怀。中华文化爱国基因源远流长，岳飞、文天祥视死如归、壮怀激烈，杜甫、白居易、范仲淹关注民生疾苦、忧国忧民，都是中华民族千百年来的真实家国情怀。郑成功受中华传统文化熏陶，在山河破碎、国家风雨飘摇的危急关头，坚持抗清斗争，强烈的爱国情怀和民族气节值得我们传承弘扬。郑成功精神夯实了我们坚定文化自信的底蕴。郑成功收复台湾，抵御了以荷兰为代表的西方列强的侵略行径，改变了西方国家以为中国不堪一击的片面形象，体现了不畏强权的勇气和胆略。我们当前面对以美国为首的西方霸权企图干扰祖国统一大业，遏制中华民族伟大复兴的斗争时，从郑成功精神中获得更加坚定的文化自信，中华民族一定能够挫败一切"纸老虎"的不轨图谋，实现伟大的民族复兴。郑成功精神中，呈现了中华文化的"根"与"魂"。中华民族之所以屹立于世界民族之林，在于其不断地开拓进取文化之根。"天行健，君子以自强不息"，昭示了中华民族最宝贵的进取意识，始终影响着中国人的心理和品格，促进民族的生存、繁衍和发展。郑成功在抗清遭受挫折的危急时刻，没有颓废，而是在开拓进取中化危为机。收复台湾，郑成功达到了抗清事业的新境界。在开发台湾过程中，郑成功以民为本，传承了中华文化之"魂"。中华文化"民本"思想从孔子到"二程"到朱熹一脉相承。郑成功严格遵从礼法规范、爱民如子，为民鞠躬尽瘁形象深入闽台地区民众心中。"人民就是江山，江山就是人民。"至今在台湾与闽南遍布"延平郡王祠""延平郡王庙"，以纪念郑

---

[1] 习近平：《坚定文化自信建设社会主义文化强国》，《求是》2019 年第 12 期。

成功。郑成功精神凝聚了中华文化的开放基因。中华文化的繁荣发展，在于自古至今的开放交流。"各美其美，美人之美，美美与共"，中华文化才有了汉唐气象。郑成功的海洋意识，开放战略，凝聚了中华文化智慧，给东南沿海带来了短暂的商贸繁荣，对我们当代的改革开放依旧具有借鉴意义。

我们纪念郑成功，要赋予时代内涵。深入挖掘和阐发郑成功精神文化中蕴含的中华优秀传统文化的时代价值，将之提炼为中华优秀传统文化的精神标识，转化为中华民族最基本的文化基因，使之与当代文化相适应、与现代社会相协调，这样才能更好地传承和弘扬其精神。

郑成功收复台湾的现实意义

⊙杨世利（河南省社会科学院历史与考古研究所副研究员）

2022 年是民族英雄郑成功收复台湾 360 周年，目前又正值台湾当局制造两岸紧张局势、中央《台湾问题与新时代中国统一事业》白皮书发表之际，所以现在召开研讨会来纪念郑成功收复台湾的丰功伟绩，可谓正当其时、很有意义。今天我们回顾郑成功收复台湾的那段历史，可以得到很多启示。比如，要维护国家的统一就必须有强大的国防，不能自废武功放弃军事斗争；要保持国家的富强，必须坚持改革开放，不能实行闭关锁国政策；等等。但维护祖国统一最深层次的因素无疑还是文化，正如习近平总书记所指出的："两岸同胞一家亲，根植于我们共同的血脉和精神，扎根于我们共同的历史和文化"，"台湾同胞保持着强烈的中华民族意识和牢固的中华文化情感，打心眼里认同自己属中华民族。这是与生俱来、浑然天成的，是不可磨灭的"。[1] 郑成功收复台湾、丌发台湾的伟大壮举是中华民族共同体发展壮大过程中的重要一环，是中华民族意识和中华文化情感中共同的记忆和符号。

---

[1] 习近平：《习近平谈治国理政》第一卷，外文出版社，2014 年，第 237 页。

一、郑成功收复台湾是维护祖国统一的伟大壮举

台湾自古以来就是中国的领土，正如国台办、国新办发表的《台湾问题与新时代中国统一事业》白皮书所指出的："实现祖国完全统一，是中华民族的历史和文化所决定的，也是中华民族伟大复兴的时和势所决定的。"根据考古材料，台湾与大陆在文化上自古即存在着深厚的联系。三国时期就有文献史料记载海峡两岸交流的情况。宋、元以后中国即开始在澎湖、台湾设立机构，实施有效行政管辖。台湾地区除了原住民，大部分居民都是不同时期从福建等地移民过去的，而福建的很多居民又是从中原地区移民过去的，豫、闽、台三省在血脉、文化等方面存在着一脉相承的渊源关系。历史上中原地区向福建大规模的移民大概有六次：第一次是西晋末年中原汉人随晋室南渡，一部分汉人进入闽粤之地；第二次是唐朝初年陈政、陈元光父子率兵南下平叛，中原将士及家属移民闽越之地；第三次是安史之乱爆发后，中原百姓为避战乱，南下入闽；第四次是唐末五代时期，光州固始人王潮、王审邽、王审知兄弟加入起义军南下入闽；第五次是两宋之交靖康、建炎年间，中原百姓避乱南下入闽；第六次是宋元之交中原百姓南迁入闽。①中原移民入闽带来了先进的中原文化，促进了当地经济社会的发展。中原移民到福建，福建移民到台湾，正因为豫、闽、台的这种渊源关系，所以许多福建人、台湾人认同中原文化，把"光州固始"作为自己的故乡，很多台湾人称自己为"河洛郎"，称祖根地为"唐山"。正如习近平总书记指出："两岸同胞同属中华民族，都传承中华文化"，"大家同根同源、同文同宗，心之相系、情之相融，本是血脉相连的一家人"。②郑成功收复台湾、开发台湾的壮举要放到中华民族、中华文化不断发展壮大这一过程中，才能认识到其伟大而深远的意义。

郑成功收复台湾、开发台湾的壮举具有特殊的意义。从国际背景看，当时西

---

① 刘翔南：《豫闽台姓氏源流概述》，载于张新斌等主编《固始与闽台渊源关系研究》，人民出版社，2009年。

② 习近平：《习近平谈治国理政》第一卷，外文出版社，2014年，第237页。

方已经进入大航海时代，资本主义开始侵略扩张，落后民族面临被侵略、被殖民的危险。正是在这种大环境下，荷兰殖民者于 1624 年侵占了我国的宝岛台湾，当时正值我国明朝末年。明朝政府本身就奉行严格的海禁政策，对台湾岛并不十分重视，况且到了王朝末年，农民起义与东北满族兴起成了明政府的心腹之患，更加顾及不到台湾的安危。在这种情况下，如果不是郑成功驱逐荷兰殖民者、收复台湾，那么台湾就有可能被长期侵占，这种不利状况对祖国统一无疑是一个严重的威胁。1662 年，郑成功收复台湾后，在台湾设置一府两县，大大加强了对台湾的实际控制。清朝初年，施琅率军攻下台湾，台湾与大陆重归统一，后台湾在清朝发展为中国的一个省。施琅本身是郑成功的部下，后来因为二人产生矛盾，施琅离开郑成功投靠清朝。二人在政治上虽然一个认同南明，一个认同清朝，但二人都认识到了台湾对中国的重要性。郑成功从荷兰侵略者手中收复了台湾，施琅说服清朝统治者攻下台湾，实现了祖国的统一。他们虽然个人之间有恩怨，但都能把民族大义放到个人恩怨之上，二人接续奋斗实现了祖国统一，都是民族英雄。

郑成功收复台湾与开发台湾是统一的，收复台湾是为了开发台湾、发展台湾，把台湾建设成为人民幸福生活的美丽家园，让台湾真正成为祖国的宝岛。郑成功开发台湾最重要的贡献当数移民，即从福建等地大规模移民到台湾。开发宝岛，需要有大量的人力资源，移民是增加台湾人口的最直接、最有效措施。郑成功收复台湾以前，虽然也有从福建移民入台的活动，但自发的移民数量毕竟是有限的。郑成功收复台湾及之后开发台湾，是历史上第一次有组织的、大规模的从大陆移民入台活动。1661 年，郑成功首次东征，入台将士就有 3 万余人。之后，郑氏政权数次动员、带领沿海居民东渡入台，总数高达十几万人。郑氏治台时期，台湾总人口已近 20 万人，其中多数是从福建移民过去的。[①]移民是文化传播的有效载体，从此以后，以中原汉文化为核心的中华文化成为台湾地区的主流文化，台湾与大陆的联系更加紧密了。

---

① 陈梧桐：《郑成功复台与汉文化在台湾的传播》，《江西社会科学》2009 年第 8 期。

郑成功开发台湾的具体措施有以下几点：在政治上，仿照内地的政治体制，设立承天府和天兴、万年两县，任命官员实行有效行政治理，厉行法治，惩治贪官污吏。经济上，没收荷兰殖民者侵占的土地，租给农民耕种。在军队中实行屯田制，让入台将士平时耕田、战时打仗。把大陆先进的农耕技术带进台湾，大大促进了台湾经济的发展。在文化教育方面，建学校，立孔庙，倡导儒家思想。以儒家思想为核心的伦理道德、思想观念逐步成为台湾的主流价值观，增强了台湾民众对中华民族、中华文化的认同。在民间信仰、社会习俗方面，随着佛教、道教、妈祖信仰等传入台湾，福建地区的时令节日、风俗习惯也在台湾得到广泛传播，台湾地区的社会文化水平逐步赶上了大陆。

总之，郑成功收复台湾、开发台湾的壮举，不仅使祖国的领土得到了统一，而且使台湾在经济、政治、社会、文化等各方面都有了显著发展，使台湾的文明程度大大提高，也使台湾与大陆的联系更加紧密了。台湾人民感念郑成功的贡献，尊称郑成功为"开台圣王"，在各地建立祠庙纪念他的丰功伟绩。

二、爱国主义思想是郑成功收复台湾的精神动力

郑成功收复台湾、开发台湾的伟大贡献无人能够否定，但郑成功为什么能做出这么大的贡献？其背后的动机是什么？支撑郑成功收复台湾的理想信念又是什么？在这些问题上，学界存在一些不同认识，值得大家进一步探讨。

郑成功一生做了两件大事：一是抗清复明、谋求"中兴"，二是收复台湾、开发台湾。抗清复明最终失败了，而收复台湾使郑成功名垂青史。虽然郑成功的历史功绩在于收复台湾，但也不必刻意回避郑成功抗清的历史，更不能把二者割裂开来。学界有观点把郑成功抗清与收复台湾割裂开来，认为"我们论述郑成功的英雄业绩，不能把抗清斗争与收复台湾相提并论，更不能因抗清活动时间长而认为抗清更重要。正如傅衣凌教授所指出：'郑成功抗清和收复台湾、驱逐荷兰殖民者的功绩比较起来，毕竟是第二位的，是以我们不同意过分夸大郑成功的抗清作用。至于用正统观念来歌颂郑成功的抗清，更是不可取的。'我们认为只有收复台湾驱逐外国侵略者，客观上维护了祖国统一，这才是郑成功英雄业绩的光

辉表现"①。抗清与收复台湾是郑成功一人所为，二者必有内在联系，重新检讨这个问题对于我们传承、弘扬中华优秀传统文化，有着方法论的意义。

探讨抗清复明与收复台湾的关系问题，需要从郑成功的出身和经历中去考察。郑成功出生于日本，7岁回到家乡福建，从小接受儒家思想教育，中过秀才，又到南京国子监读书，被南明隆武帝赐国姓朱，受封忠孝伯。郑成功受儒家文化教育，又深受南明政府的恩典，有强烈的忠君报国思想，南明政权也非常信任他、倚重他。忠君思想是郑成功抗清的精神动力，同样也是郑成功收复台湾的精神动力。抗清复明与收复台湾两件大事统一于忠君思想。抗清复明对今人来说已经没有什么意义了，但不能因此就否定忠君思想在历史上曾经具有的价值。如果否定历史上的忠君思想，那么郑成功收复台湾就成为不可理解的行为了。这里涉及亡国与亡天下之辨，顾炎武在《日知录》中有言："有亡国，有亡天下，亡国与亡天下奚辨？曰：易姓改号谓之亡国，仁义充塞而至于率兽食人，人将相食，谓之亡天下"，"保国者，其君其臣、肉食者谋之，保天下者，匹夫之贱，与有责焉耳矣！"南明政权亡了是亡国，如果中华文明亡了，那就是亡天下。顾炎武在这里强调的是普通人对文明传承的责任，但反过来看，普通人尚且有责任，那"其君其臣"、"肉食者"、受过高等教育的君子们岂不是更有责任？郑成功抗清是要解决南明政权的"亡国"问题，收复台湾、开发台湾，维护祖国的统一，把中华文明传播到台湾去，那是事关中华文明兴亡的大问题。抗清是忠君思想的表现，收复台湾既是忠君的表现，又是维护中华民族共同体统一的爱国主义思想的表现。儒家讲的修身、齐家、治国、平天下，本身就是一以贯之的，是统一的，治国是平天下的基础。一个人私德不修，在家不孝，在朝不忠，却能够有平天下的志向和壮举，那绝对是空中楼阁，是不现实的。

中华优秀传统文化有一个发展过程，历史上的传统文化都有历史的、阶级的局限性，这是毋庸讳言的。但不能对历史人物的行为和思想作机械的切割，而是要以发展的眼光看问题，要具体问题具体分析。具体到郑成功收复台湾问题上，

① 陈国强：《论郑成功收复台湾》，《云南社会科学》1989年第1期。

可以看出来，郑成功的爱国主义思想就依托在对南明政权的忠诚上。因为中华民族当时还没有发展到完全自觉的程度，还不具备建立人民政权的条件，中国人民还不得不生活在一家一姓的封建统治之下，在这个时候只有封建政权中的先进分子、英雄人物才有条件带领中国人民维护中华民族的根本利益。这个先进分子、英雄人物在当时只能是具有忠君思想的郑成功。如果否定了忠君思想，那又该用什么思想、什么旗帜把中国人民团结起来、凝聚起来呢？所以在当时，忠君思想与爱国主义是完全融合在一起的。现在我们当然不用再提倡过时的忠君思想了，但也不可简单地否定郑成功的忠君思想。

三、大力弘扬爱国主义精神，促进祖国早日统一

今天我们纪念郑成功收复台湾，就是要弘扬爱国主义精神，促进祖国早日统一。文化是一个国家、一个民族的灵魂，是维系国家统一和民族团结的精神纽带。中华民族历史悠久，曾创造了灿烂的文明，也曾饱经沧桑，数次遭受侵略，数次分裂，但最终总能化险为夷，重新统一起来、强盛起来，表现出了强大的生命力，其根本的原因在于我们有源远流长、博大精深的传统文化。习近平总书记指出："弘扬爱国主义精神，必须尊重和传承中华民族历史和文化。对祖国悠久历史、深厚文化的理解和接受，是人们爱国主义情感培育和发展的重要条件。中华优秀传统文化是中华民族的精神命脉。要努力从中华民族世世代代形成和积累的优秀传统文化中汲取营养和智慧，延续文化基因，萃取思想精华，展现精神魅力。要以时代精神激活中华优秀传统文化的生命力，推进中华优秀传统文化创造性转化和创新性发展，把传承和弘扬中华优秀传统文化同培育和践行社会主义核心价值观统一起来，引导人们树立和坚持正确的历史观、民族观、国家观、文化观，不断增强中华民族的归属感、认同感、尊严感、荣誉感。"[1]爱国主义精神需要文化的滋养。

---

① 习近平：《在十八届中央政治局第二十九次集体学习时的讲话》，https://www.xuexi.cn/lgpage/detail/index.html? id=11392277611767420901&item_id=11392277611767420901。

爱国主义是中华民族的精神根基。中华文明绵延五千多年没有中断，靠的就是爱国主义精神的维系。中华民族自古便有天下为公、协和万邦、修身齐家治国平天下的理念，致力于建设一个大同的世界、均平的社会，做到人人各尽其性、各得其分，每个人都得到发展，实现自己的人生价值。中国传统文化有"民贵君轻"的民本思想，有"天视自我民视、天听自我民听"的理念，强调以天下为己任的担当精神，忧民之所忧、乐民之所乐的情怀，认识到"水能载舟亦能覆舟"的道理，认为政府必须施行"仁政"才能保障国家的长治久安。孟子指出，天下的基础是国，国的基础是家，家的基础是个人。个人必须加强学习、提高修养，修身的目的是治国平天下，治国平天下的目标是天下平、国治，也就是实现国家和社会的平等、公平、正义。在中华文明传统中，个人的福祉与国家的均平总体上是统一的，所以无论是士人阶层还是普通百姓，都拥护体现大同、均平精神的王道政治。每当中华文明受到入侵时，人民会奋起抵抗。传统社会中士大夫是天下的主人，所以爱国主义思想总是由他们表达出来。范仲淹的"先天下之忧而忧，后天下之乐而乐"，辛弃疾的"八百里分麾下炙，五十弦翻塞外声，沙场秋点兵"，陆游的"王师北定中原日，家祭无忘告乃翁""夜阑卧听风吹雨，铁马冰河入梦来"，文天祥的"人生自古谁无死? 留取丹心照汗青"，顾炎武的"天下兴亡，匹夫有责"，林则徐的"苟利国家生死以，岂因祸福避趋之"以及岳飞的《满江红》、文天祥的《正气歌》，这种炽热的爱国主义情感，抒发了人民的心声，具有超越历史的永恒艺术魅力。

弘扬爱国主义精神要有中国特色哲学社会科学的学理支撑。落后就要挨打，贫穷就要挨饿，失语就要挨骂。祖国统一离不开舆论的宣传引导作用，而国际舆论场上西强我弱的格局还没有得到根本扭转。挨骂问题不能仅仅依靠宣传部门、新闻媒体来解决，舆论层面的话语权是浅层话语权，学术层面的话语权是深层话语权，要取得国际舆论场上斗争的胜利，归根结底要有学术、学理上的支撑。中华优秀传统文化是中国特色哲学社会科学发展弥足珍贵的资源。习近平总书记指出："绵延几千年的中华文化，是中国特色哲学社会科学成长发展的深厚基础"，"中华文明延续着我们国家和民族的精神血脉，既需要薪火相传、代代守护，也需要与时俱进、推陈出新"，"要围绕我国和世界发展面临的重大问题，着力提出能够体现中国立场、中国智慧、中国价值的理念、主张、方案"。① 要解决中国的问题，包括祖国统一问题，还得回归我们自己的学术传统。比如，中国学术坚持以问题为导向，注重经世致用；中国学术讲究知行合一，强调做人与做学问相统一；等等。此外，学者要树立为人民做学问的理想，尊重人民主体地位，聚焦人民实践创造，自觉把个人学术追求同国家和民族发展紧密联系在一起。这实际上就是对张载"为生民立命""为万世开太平"的担当意识、民本思想的传承与弘扬。

弘扬爱国主义精神要重视发挥历史学的作用。中华民族是一个历史悠久的民族，同时又是一个重视历史传承的民族，留下了浩如烟海的史学典籍。重视总结历史经验，重视历史文化传承是我们这个民族的优点，我们伟大的民族精神存在于历史文化中，传承弘扬优秀传统文化离不开史学研究。习近平总书记十分重视史学的作用，在《致中国社会科学院中国历史研究院成立的贺信》中，总书记指出："历史是一面镜子，鉴古知今，学史明智。重视历史、研究历史、借鉴历史是中华民族 5000 多年文明史的一个优良传统。当代中国是历史中国的延续和发展。新时代坚持和发展中国特色社会主义，更加需要系统研究中国历史和文化，更加需要深刻把握人类发展历史规律，在对历史的深入思考中汲取智慧、走向未来。"② 在《致第二十二届国际历史科学大会的贺信》中，习近平总书记指出："历史研究是一切社会科学的基础，承担着'究天人之际，通古今之变'的使命"，"中国有着 5000 多年连续发展的文明史，观察历史的中国是观察当代的中国的一个重要角度。不了解中国历史和文化，尤其是不了解近代以来的中国历史和文化，就很难全面把握当代中国的社会状况，很难全面把握当代中国人民的抱负和梦想，很难全面把握中国人民选择的发展道路。中国人民正在为实现中华民族伟大复兴的中国梦而奋斗，需要从历史中汲取智慧，需要

---

① 习近平：《在哲学社会科学工作座谈会上的讲话》，人民出版社，2016 年，第 16—17 页。

② 习近平：《致中国社会科学院中国历史研究院成立的贺信》，https://www.12371.cn/2019/01/03/ARTI1546498298308684.shtml。

博采各国文明之长"。① 弘扬民族精神、实现祖国完全统一和民族伟大复兴离不开历史学的支撑作用。

两岸同胞同根同源、同文同种，中华文化是联系两岸同胞心灵的纽带。两岸同胞要共同传承中华优秀传统文化，弘扬伟大的民族精神。中华民族自古就有反对分裂、维护统一的伟大传统，只要两岸同胞团结起来，坚持一个中国原则和"九二共识"，坚持"和平统一、一国两制"的基本方针，反对"台独"分裂，推动两岸关系和平发展，祖国完全统一的历史任务就一定能够实现！

---

① 习近平：《致第二十二届国际历史科学大会的贺信》，http：//politics.people.com.cn/n/2015/0824/c1024-27504166.html。

论明末清初郑芝龙和郑成功的历史抉择

⊙郭树伟（河南省社会科学院文学所副研究员）

郑芝龙作为明代末期的海商代表，无论其拥立南明的隆武政权，还是选择投降清政权，都是服务于其海商利益的选择。郑芝龙更多的是从经济利益出发，而郑成功不论是经略沿海地区还是收复台湾，则是既有文化的选择，更有利益的选择。郑成功全盘接受郑芝龙的政治遗产和经济网络组织，郑成功的抗清事业和收复台湾的事业实质上是郑芝龙事业的继续。从郑芝龙、郑成功父子的历史抉择来看，台湾的发展前途在祖国大陆，台湾是祖国不可分割的组成部分。

一、郑芝龙拥立南明政权或是投降清政权的抉择均是从海商利益出发

《清史列传·郑芝龙传》载："郑芝龙，福建南安人。明末，入海寇颜思齐党为盗；后受抚。累官总兵。"郑芝龙（1604—1661），青年时代前往澳门谋求发展，后前往日本，担任过荷兰人的翻译，因继承李旦的事业而起家。常年来往于澳门、台湾以及日本等地，以贸易致富，横行海上。崇祯元年（1628）七月为熊文灿招抚，官至总兵。顺治二年（1645），拥立唐王朱聿键于福州，封平国公，顺治三年（1646）率部降清。

郑芝龙是明末闽粤沿海海商海盗集团的首领，受抚后担任福建总兵之职。他借助明政府的名号和力量，垄断了东南沿海的贸易。明亡后，明的残余势力先后

在南京和福州建立福王、唐王政权。郑芝龙遂翊赞唐王，即隆武帝，统管当时全闽兵马，以至权倾朝野。但他拥立唐王并非为了抗清复明，而是为了保住自己海上贸易的特权。他们垄断了福建的海上贸易，田园遍布台湾及福建沿海一带，建立唐王政权，无疑就保住了自己在闽的军政与经济利益，并且还能有所扩展。郑芝龙清醒地看到，明朝统治机器已经失灵，通过武力胁迫，自己完全有可能跻身于统治阶层。他曾踌躇满志地说："世无君子，天下皆可货取耳。"郑芝龙洞悉这一切，决心凭恃武力进行"挟抚"，以改变自己的非法地位。为了求抚于明朝，郑芝龙在对沿海人民的态度上采取了与其他"海寇"截然不同的做法，由此可见郑芝龙的用心良苦。《明季南略》等书就记载他"秉政以来，增置庄仓五百余所"。隆武深知郑氏兄弟地位之重要，所以对他们恩宠有加。郑氏势力在隆武朝可谓登峰造极，故当时有"政归郑氏"之说。在南方建立的亡明残余势力，其中福建籍官僚占相当大的比重，大学士 11 人，有 7 人是福建人。他们拥立唐王，除了保国的意义外，多少含有保家的意识，而对于郑氏兄弟来说，保家的成分则是主要的。

南明隆武时，郑芝龙和黄道周二人因朝宴争位而使矛盾激化，身为首辅的黄道周自请行边抗清，兵败殉国，主管军务的郑芝龙不给一兵一饷，不久降清，最终亦被杀。黄道周与郑芝龙的关系既体现了双方文化性格的差异，更凸显了明季文武之争及士大夫阶层与海商阶层的利益冲突。而双方的矛盾直接影响了南明抗清事业的发展与隆武朝的兴亡。对郑芝龙来说，保存实力比北伐恢复明朝更重要。他的核心利益与隆武帝大相径庭，如顾诚所言："他以迎立隆武作为定策勋臣第一，借隆武朝廷的名义巩固自己在福建等地区唯我独尊的地位，带有很大的割据色彩。"郑芝龙的基本原则就是：确保个人利益、待善价而沽，这是坚持尊王攘夷、一心精忠报国的黄道周所无法理解的。

郑芝龙既然在隆武朝权势如此之大，又何以投降清廷？他显然认真思考过这个问题。郑芝龙起自海商海盗，没有受过儒家传统教育，头脑中根本没有忠君报国的意识，其处世哲学就是急功近利、唯利是图，观其一生行事即可知。故有论者指出，郑芝龙"不论是对明清王朝也好，对荷兰殖民者也好，都是尽可能加以利用控制，为海商资本的根本利益服务"。黄宗羲则认为郑芝龙"以盗贼之智，习海岛无君之俗"，本就没有鞠躬尽瘁的忠君思想。而黄道周生平"严冷方刚，不谐流俗"，恪守忠孝大义，坚持儒家传统的义利观念，严君子小人之别，更不允许有个人私利加于国家利益之上，这样的文化性格自然与郑芝龙势不能两立。

郑芝龙最终选择投降清朝，原因有多方面：南明政权内部倾轧，昏暗腐朽，面对新兴的满洲贵族势力的激烈进攻，毫无还手之力；郑芝龙海盗出身，身份地位较低，不为士林所接纳；清统治者的诱降；等等。但最根本原因在于郑芝龙目光短浅，只重眼前利益，不具战略眼光。其中商人逐利的本性，对他降清起了促进作用。但根本原因，还在于郑芝龙看透了南明朝廷上下倾轧、腐朽的本质，找不到为之奋斗的理想和希望，没有"愚忠"明室，负隅顽抗，而是顺势而为，向清政府投降。郑芝龙之所以降清，一是郑芝龙海商唯利是图的本性所决定，二是隆武朝败亡命运之必然。

综上可知，郑芝龙之所以要投明降清，既是他所处的特定社会历史大潮冲击的结果，更是他曾先为商后为盗再为官的个人经历，以及在此基础上形成的既无封建正统忠君思想，又无因清朝统治而产生的民族压迫感，只有个人的生存与发展利益高于一切的人生价值观的必然产物。在此观念驱使下，在当时的社会大潮下，郑芝龙的所作所为，就显得合人意、应天运了。

二、郑芝龙的海商遗产和军事组织为郑成功收复台湾打下了物质基础

郑芝龙是明末有名的海盗兼海商，他以盗促商，以商求抚，以抚灭盗，从海盗转为南明重要官员，继而以明末官员身份与东来殖民侵略的荷兰人周旋，或战或和，成为中国东南沿海名副其实的海商集团的首领。郑芝龙拥立唐王，扩充了自己的力量，同时也为后来郑成功的抗清事业打了基础。

郑成功受过严格的儒家传统教育，忠君报国思想根深蒂固，又受知于唐王，母遭清兵迫害而死，国恨家仇，使他走上了一条与其父截然相反的道路——起兵海上，坚持抗清斗争十几年。郑成功得知其父欲降，力谏。不听，乃走金门，"上书其父曰：我家本起草莽，执法聚众，朝廷不加诛，更赐爵命，至于今上，宠荣迭承，阖门封拜。以儿之不肖，赐国姓，掌玉牒，畀剑印，视若肺腑，即糜躯粉骨，岂足上报哉？今既不能匡君于难致宗社堕地，何忍背恩求生，反颜他事乎？大人不顾大义，不念宗祠，投身虎口，事未可知"。郑成功起兵时纠集的部将，大多原是郑芝龙部下所不愿降清者。募兵筹饷备械所用家资，亦是郑芝龙多年所积蓄。这一点当然不能算是郑芝龙的功劳，因此称之为"客观上的副产品"。由此可见，郑成功完全继承郑芝龙的军事遗产、政治遗产和经济遗产，郑成功抗清多有文化属性的规定性，而郑芝龙投降清朝更多的是海商的利益算计。

郑芝龙在江浙一带的经营已经具有相当的规模，为后来郑成功收复台湾打下了物质基础、积累了军事斗争经验。当他打算降清时，其弟郑鸿逵规劝道："兄位极人臣，带兵数十万，船舶蔽海，粮积如山，以此号召天下，何所不可？"由此足见其兵力之强盛。郑芝龙降清被挟北上后，其所部均为郑成功及郑芝龙兄弟和部将们各自统带入海，完整地保存了下来。郑成功最初在南澳举义，自称招讨大将军，首先被他归并的是占据厦门、金门的郑联、郑彩兄弟，"并联军，兵势日盛，海寇皆属焉，凡兵有四万余"。自此，郑成功作为 支反清的政治力量已初具规模。

郑芝龙在江浙澎湖台海和荷兰人的斗争留下宝贵的军事斗争经验。郑成功派员朝觐永历帝时，其兵力已十分强盛。"永历随宣杨廷世、刘九皋入见，问成功兵船钱粮。二人对以'艟舻千艘，战将数百员，雄兵二十余万'。"这支劲旅的骨干均为郑芝龙的旧部，他们曾在海上与荷兰殖民者多次交战，富有与荷兰人作战的经验。由此不难看出，若没有郑芝龙留下的强大军力及金门、厦门老根据地，郑成功的跨海东征是很难实现的。郑芝龙武装集团代表了海上贸易商阶层，在这点上，郑成功承袭了父志。郑成功为保护海商利益，驱逐荷兰殖民者，是其决策收复台湾的诸种原因之一。郑芝龙被挟北上后，海上形势虽然有些变化，但郑氏家族的海外贸易活动依然十分活跃，郑氏垄断海外贸易的局面依然如故。郑成功经济命脉的海外贸易，却时常遭到盘踞于台湾的荷兰殖民者的骚扰破坏。由于郑成功的海上武装力量忙于同清军作战，荷兰人在我海域的海盗行径复为猖獗。

郑芝龙投降被挟以及郑成功母亲被杀，国仇家恨，促使郑成功毅然起兵反清。而郑成功在海外强大的实力，也使清廷对郑芝龙优待有加。先将其编入汉军正黄旗，再转镶红旗，赐三等子爵，再晋封同安伯。清王朝虽然软禁了郑芝龙，但是并没有破坏郑芝龙的贸易网络，郑成功很快继承了郑芝龙的贸易网络与军事体系，继续与清王朝对抗。由于南方广大地区仍然没有被平定，郑氏集团又拥有强大的武装，清王朝暂时绕开了福建，郑成功则趁此机会壮大了自己。作为郑芝龙的弟弟，郑鸿逵最终没有追随其兄降清，而是选择退守金门。众所周知，郑成功更是在忠孝不能两全的情况下，舍孝而取忠，抗清复台，成就一番事业。郑芝龙其弟、其子以实际行动否定了郑芝龙的选择，而肯定了黄道周所追求的价值和意义。

郑芝龙的海上商业活动随着他的降清被挟北上而中止，但其影响力是深远的。郑芝龙降清后，"郑彩、郑鸿逵、郑成功皆率所部入海"。郑成功汇集了一支浩浩荡荡的大军，在沿海与清军周旋了十几年，又于1662年驱逐荷兰侵略者，收复了祖国领土台湾。应当看到郑成功之所以能够完成这一伟业，是与当年郑芝龙的海上商业活动密不可分的，郑芝龙的政治遗产和军事经验为郑成功收复台湾留下了物质基础和军事斗争经验。

三、明末清初郑芝龙、郑成功父子是台湾地区的开拓者

郑芝龙是第一个站在台湾岛，带着蔚蓝梦想眺望远东国际海域的弄潮儿，也是从海洋视野观察中国大陆的海权先驱者。郑芝龙的海权思想被郑成功承袭，并于1646年提炼为向隆武皇帝条陈的十六个字："据险控扼，拣将进取，航船合攻，通洋裕国。"郑成功的"十六字战略"将中国海权战略提升到一个新的历史高度。明末清初之际，由郑芝龙和郑成功父子主导的郑氏海商集团既是海上贸易集团，又是维护海域权益的武装集团，它打破了当时全球第一家跨国公司荷兰东印度公司的势力范围，控制和垄断了东西大洋的海上贸易，通商的范围曾到达东南亚甚至到达欧洲。

郑芝龙的台湾开拓者形象是非常明显的。郑芝龙到达台湾后，认识到了台湾的重要性，台湾"其地在琉球西，有鸡笼山、淡水洋。东北至日本，水道顺风七十更可达。其鸡笼城与明之福州对峙，至福州港口，五更可达。自台湾港至澎湖屿，四更可达。自澎湖屿至金门，七更可达"。当时，"明人以其在澎湖屿东北，故名北港，又名东番，更称台湾"。被郑芝龙送到台湾的移民，最初就是在台湾北港进行开发的。郑成功在《复台》诗中写道："开辟荆榛逐荷夷，十年始克复先基。"其中"先基"，指父亲郑芝龙曾屯兵积粮于此，后被荷兰殖民者所侵占。可见，郑芝龙对台湾的开拓性贡献。郑芝龙自明天启四年（1624）率船队从日本转移到台湾驻扎，就安置大批人员至台，以台湾为发展基地、贸易中心。明崇祯年初，又获福建巡抚熊文灿批准，出动船队载闽南、粤东灾民数万人移台垦荒，对促进台湾的发展起到重大作用。后来，其子郑成功驱荷复台，更是大力发展了台湾的生产力，对台湾的开发做出了贡献。

郑芝龙还同进犯沿海的荷兰殖民者进行坚决斗争。荷兰殖民者对于海上贸易商是持敌对态度的，他们曾与明政府勾结，以摧残海商海上贸易的发展。各股海上武装集团都与荷兰殖民者发生过冲突。天启二年（1622）荷兰人占据澎湖后，便不断地骚扰沿海，"挟市犯顺，闽海一片地，几无宁日"。荷兰人在海上劫掠华商，"自天启二年发难以来，洋贩不通，海运梗塞，在吕宋港口迎击华商，大肆劫掠，舶主苦之"。这对于新兴的海上商业资本，是一个极大的威胁因素。郑芝龙在归并其他海上武装集团的过程中逐渐壮大了势力，足以与荷兰人匹敌。郑成功对荷兰总督揆一的使者说："该岛一向是属于中国的，在中国人不需要它时，可以允许荷兰人暂时借居，现在中国人需要这块土地，来自远方的荷兰客人，自应把它归还原主，这是理所当然的事。"荷兰的殖民者也说，"台湾土地不属于日本人，而是属于中国皇帝"。这都说明，在荷兰人侵台之前，中国人早已开发台湾了。而李旦、郑芝龙不过是其中的代表。后来，由于郑芝龙一心想扩展闽、粤、浙的私人势力离台，才使荷兰殖民者逐步侵吞台湾，建立殖民统治。1652年，台湾发生郭怀一领导的起义，沉重打击了荷兰侵略者。直至1662年，郑成功才彻底驱逐荷兰，胜利收复台湾。

郑芝龙认为，台湾的发展前途在祖国大陆，台湾是祖国不可分割的组成部分。郑芝龙从降明到降清，其实是他这一路线的实现。他认为与清朝对抗是没有出路的，只有与其合作才能保持权利，并向海洋发展。郑芝龙的"投降"清朝的事件则表明他对台湾离不开大陆的深刻认识。在当时的东亚海域，郑芝龙的发展越来越受到荷兰人的压力，二者隔海对峙，迟早要再次一决雌雄。从这一角度去看郑芝龙降清，我们可以理解为：他想依靠清朝的势力向海洋发展。在与隆武帝合作失利后，郑芝龙利用军队中对隆武帝不满的情绪，将其引向降清的道路。他压倒了内部反清的势力，并使其中大部分人相信：只有降清才有出路。在这一形势下，他最终完成了降清的部署。在中国，郑芝龙的海盗背景以及投降清朝的历史，与郑成功反清复明、收复台湾的壮举形成鲜明对比，致使郑芝龙经常被作为与郑成功相对的反面形象出现。其实，二者之间有其内在的继承性和统一性。

对郑芝龙而言，他个人的悲剧也不仅仅是个人的，也是中国海洋势力的悲剧。如果仅从个人立场来看郑芝龙降清，我们可以说他是一个叛徒。但从各阶层的动向来看郑芝龙，我们应当承认，郑芝龙是中国海洋势力的代表。中国海商作为一个新兴的阶层，他们对明朝有斗争与妥协。在荷兰殖民者的压力下，这一批人最终选择了依靠大陆向明朝妥协而与荷兰人抗争的道路。在明末十几年内，这一策略是成功的。郑芝龙背靠大陆，控制了台湾海峡的航线，从而与占据台湾的荷兰人对抗。清初，郑芝龙降清，其实也是想承袭历史上依靠大陆有效的策略，与没有海上利益的清朝协调，力争得其支持，从而可以全力对抗荷兰人，在东亚海上争霸。倘若他的联清策略得以实行，他在海上对付西方殖民主义者的竞争，会有更多的有利之处。这就说明，台湾离开大陆是没有发展前途的。因此，他向清廷靠拢，不是个人的好恶，而是深谋远虑的行为，就海商的长远利益而言，他的策略也许更有利于海商的发展。对海洋势力来说，郑芝龙降清失败，表明清朝并未理解和接纳东南的海上力量。

郑氏海商集团只有走与明朝联合的道路才能获得发展，郑成功正是这一策略的实践者。在郑成功驰骋东南沿海的近二十年内，中国海商建立了一支强大的武装，从而达到了将荷兰人驱逐而称霸东亚海洋的目的。可是，海上势力的发展，从根本上离不开大陆的支持。在经过数十年的战争之后，清廷逐渐理解了东南的海洋势力。在康熙皇帝亲政后，清廷对海洋势力采取了以招抚为主、打击为辅的策略。自从三藩之乱后，清朝也逐步调整了海洋政策，从最严厉的海禁走向允许对外贸易，并在招降台湾之后开放口岸，使外贸合法化。在这一背景下，东南的海洋势力与清廷最终相互协调。历史在走了一段弯路之后，终于回到它发展的固有的轨道上，郑芝龙所思考的台湾发展前途在大陆的理念才得以实现。

四、结语

16、17 世纪是西太平洋贸易网络的形成期，此时的中西方处于同一条跑线上，中方甚至占有领先的主导地位，从这一点来说，郑芝龙的成功曾经可能是民族新生的契机。历史给了中国一个很好的机会，这个机会也曾一度被把握住，但最终还是失去了。中国民间海商为了保护自己的贸易利益，形成了以郑芝龙为首的武装海商集团。衰落的明朝暂时与郑芝龙的合作使这个集团得以不断发展壮大，成为台湾海峡地区的贸易领导者。从郑芝龙、郑成功父子的历史抉择来看，台湾的发展前途在祖国大陆，台湾是祖国不可分割的组成部分。郑芝龙个人的命运是中国海商命运的缩影，由于得不到来自中央政权的支持，中国海商在与西方海洋竞争的过程中失败了，成为一个只有商品出口而没有海上力量的国家，并最终为此付出了沉重代价。

郑成功爱国主义精神的丰富内涵和时代价值

◎陈东辉（河南省社会科学院研究员）

　　爱国主义是中华民族精神的核心。习近平总书记明确指出，爱国主义是"凝心聚力的兴国之魂、强国之魂"。中华文明之所以绵延五千年从未中断，一个重要因素是爱国主义精神的有力支撑。从先秦两汉到魏晋隋唐，再到两宋明清，乃至今天，中华民族的历史上不乏爱国主义的动人故事。郑成功是践行和弘扬爱国主义精神的典范。当今时代，我们前所未有地靠近世界舞台中心，正在朝着实现民族复兴的伟大目标前进，尤其需要大力弘扬郑成功爱国主义精神。

一、爱国主义是中华民族精神的核心

　　爱国主义是中华民族精神的核心，贯穿中华民族精神的各个方面，是中华民族具有强大凝聚力的精神内核。列宁指出："爱国主义就是千百年来固定下来的对自己祖国的一种最深厚的感情。"中华民族在千百年来的发展进程中形成了爱国主义的优良传统，中华民族的历史就是一部爱国主义发展史。费孝通认为，中华民族作为一个自觉的民族实体，是近百年来中国在和西方列强对抗中出现的，但作为一个自在的民族实体则是在几千年的历史过程中形成的。在中华民族的形成过程中，有民族的融合，有政权的更替，有王朝的兴衰。站在新的历史起点回望过去，我们可以清晰地看到，每场历史大剧中都上演着一幕幕爱国主义的赞歌或悲歌。可以说，中国历代仁人志士，素来对国家和民族满怀归属感、认同感、尊严感、荣誉感，他们以报效国家为己任，以为国赴难为荣光，他们的身上闪耀着爱国主义的光芒。

早在殷商时期，比干为国为民以死进谏，展示了强烈的爱国情怀。据《史记》载，帝纣"慢于鬼神。大聚乐戏于沙丘，以酒为池，悬肉为林，使男女裸相逐其间，为长夜之饮。百姓怨望而诸侯有畔者，于是纣乃重刑辟，有炮烙之法"。比干认为"主过不谏非忠也，畏死不言非勇也，即谏不从且死，忠之至也"。他冒着灭族的危险，连续三天进宫抨击纣王的过错，被商纣王剖腹取心。后人有诗曰："谏君不听盍亡身，岂忍求生却害仁。不向天庭剖心死，安知心异世间人。"

"身既死兮神以灵，魂魄毅兮为鬼雄"的屈原，非常热爱自己的家乡和国家，当他看到楚国统治者治国无能，腐化堕落，国力日渐衰微时，非常着急。于是，他多次劝谏楚王，希望楚王励精图治，革新自强。由于当时楚国政治生态非常昏暗，"腥臊并御，芳不得薄"。屈原反而因奸臣的陷害和攻击被赶出都城，流放远方。公元前 278 年，秦国将领白起攻破郢都，楚顷襄王带领众臣狼狈逃窜。屈原忧国忧民，在极度苦闷、完全绝望中自沉汨罗江以报国报民。

习近平总书记指出，"爱国主义自古以来就流淌在中华民族血脉之中，去不掉，打不破，灭不了，是中国人民和中华民族维护民族独立和民族尊严的强大精神动力，只要高举爱国主义的伟大旗帜，中国人民和中华民族就能在改造中国、改造世界的拼搏中迸发出排山倒海的历史伟力"。在中华民族的历史上，像比干、屈原这样爱国的忠贞之士还有很多很多。"匈奴不灭，无以家为也"，是先国后家的爱国情怀；"愿得此身长报国，何须生入玉门关"，是以死报国的铮铮誓言；"男儿何不带吴钩，收取关山五十州"，是为国分忧的担当意识；"苟利国家生死以，岂因祸福避趋之"，是为国牺牲的奉献精神；"只解沙场为国死，何须马革裹尸还"，是甘赴国难的责任自觉。所以说，自古以来，爱国主义就浸润在中华民族的骨子里，流淌在中华民族的血脉中，是民族精神的内核。

二、郑成功爱国主义精神的丰富内涵

郑成功是世界郑氏之光，是家喻户晓的民族英雄，是伟大的爱国主义者。郑成功生于明王朝晚期，他的家族是福建最有权势的家族，"一门声势，显赫东南"。青年时期的郑成功曾在南京国子监读书，深受中华优秀传统文化中爱国主义精神的影响。他生活的时代，南明小朝廷政治腐败，武官怕死，文官爱财，郑成功经常流露出匡时救世的志向。他用短暂的一生诠释了爱国主义的深刻内涵，可以将他的爱国主义精神概括为：不畏强暴的斗争精神、驱逐荷夷的民族气节、恢复故土的爱国情怀、通洋裕国的海洋意识。

一是不畏强暴的斗争精神。爱国，一个重要方面就是捍卫国家利益。这就需要敢于斗争、善于斗争的斗争精神。郑成功爱国主义精神，最重要的一点表现为不畏强暴的斗争精神。在南京被清军攻陷前夕，郑成功投笔从戎，毅然决然地加入抗击清军的队伍中。1646年，郑成功的父亲郑芝龙看到南明小朝廷风雨飘摇，在权衡利弊之后，准备叛明降清。郑成功得知消息后，拉着父亲的衣襟苦苦劝谏。他指责父亲的这种举动是"不顾大义，不念宗嗣"。在大是大非面前，郑成功以国家和民族利益为重，断然与父亲决裂。他和志同道合的战友募兵抗清，开始了独立的轰轰烈烈的战斗生涯。他的这种斗争精神在同荷兰殖民者的战斗中得到充分展现。

二是驱逐荷夷的民族气节。爱国，就要保护国民不被外来侵略者随意欺压。郑成功爱国主义精神的一个重要方面就是驱逐荷兰侵略者，彰显了报国爱民的民族气节。荷兰是位于欧洲西北部的一个小国。由于航海方面的优势，荷兰有"海上马车夫"之称。1602年，荷兰东印度公司成立，荷兰开始了对东方有组织、有计划地进行探索与贸易。1624年8月，荷兰人进入台湾，开始其在台湾的殖民统治。在占领台湾期间，荷兰人在位于今台南市附近修建了热兰遮城和普罗民遮城作为殖民中心。他们奴役当地居民，抢占土地，横征暴敛，掠夺台湾的米、糖等物产。荷兰殖民者的暴政激起了台湾人民的反抗。1652年，郭怀一领导了最大规模的一次武装起义，但最终失败了。为了维护民族利益，郑成功带领部队同荷兰人进行殊死战斗，最终把荷兰人驱逐出台湾。

三是恢复故土的爱国情怀。领土是国家的构成要素。爱国，最重要的一个方面就是维护国家的领土完整。恢复故土、收复台湾，是郑成功爱国主义精神的集中体现。郑成功的部队早期在厦门沿海一带活动，那里基础较好，很多人不愿意进行远征。为了说服部下收复台湾，郑成功告诉部下，台湾"田园万顷，沃野千里，饷税数十万，造船制器，吾民鳞集，所优为者。近为红夷占据，城中夷伙不上千人，攻之可唾手得者"。他还坚定地说："我欲平克台湾，以为根本之地，安顿将领家眷，然后东征西讨，无内顾之忧，并可生聚教训也。"经过充分的思想准备和军事准备，郑成功派水师把整个台湾给围了起来。300多天的时间里，任何补给物资都进入不了台湾。荷兰殖民者陷入孤立无援、物资匮乏的境地。1662年，郑成功击败荷兰东印度公司在台湾的驻军，荷兰殖民者投降，沦陷38年的中国神圣领土台湾终于回到祖国怀抱。

四是通洋裕国的海权意识。爱国，就要使国家富强起来，让老百姓过上好日子。郑成功活动的地方地处沿海，他很早就有"通洋裕国"的海权意识。海权，是由美国海军战略家马汉提出的。他认为，海权不仅是指用于控制海洋的海上军事力量，也指海上的非军事力量，包括平时的海上贸易和航运，甚至可以说，海权"涉及了使一个民族依靠海洋或利用海洋强大起来的所有事情"。1646年，郑成功曾向南明王朝提出"据险控扼，拣将进取，航船合攻，通洋裕国"的策略。后来，他坚持"通洋裕国、以商养战"，最终取得驱荷复台、经略台湾的伟大胜利。清朝人郁永河评价说："成功以海外弹丸之地，养兵十万余，甲胄戈矢罔不坚利，战舰以数千计，又交通内地，遍买人心，而财用不匮者，以有通洋之利也。"

三、郑成功爱国主义精神的时代价值

爱国主义是我们民族精神的核心，是中国人民和中华民族同心同德、自强不息的精神纽带。面对国家和民族生死存亡，全体中华儿女同仇敌忾、众志成城，奏响了气吞山河的爱国主义壮歌。爱国主义是激励中国人民维护民族独立和民族尊严、在历史洪流中奋勇向前的强大精神动力，是驱动中华民族这艘航船乘风破浪、奋勇前行的强劲引擎，是引领中国人民和中华民族迸发排山倒海的历史伟力、战胜前进道路上一切艰难险阻的壮丽旗帜。当前，我们正面临着世界百年未有之大变局，特别需要挖掘郑成功爱国主义精神的时代价值，并将其发扬光大。

（一）郑成功爱国主义精神是发扬斗争精神的生动教材

《新时代爱国主义教育实施纲要》指出："要发扬斗争精神，增强斗争本领，引导人们充分认识伟大斗争的长期性、复杂性、艰巨性，敢于直面风险挑战，以坚忍不拔的意志和无私无畏的勇气战胜前进道路上的一切艰难险阻，在进行伟大斗争中更好弘扬爱国主义精神。"当下的世界并不太平。从国内看，我国经济发展面临需求收缩、供给冲击、预期转弱三重压力。从国际看，经济全球化遭遇逆流，保护主义、单边主义上升，世界经济低迷，国际贸易和投资大幅萎缩，国际经济、科技、文化、安全、政治等格局都在发生深刻调整。处境越困难，越需要斗争。马克思指出，如果斗争只是在有极顺利的成功机会的条件下才着手进行，那么创造世界历史未免就太容易了。如何增强斗争本领，进行有效斗争，我们可以从郑成功爱国主义的实践中学习很多有益经验。可以说，郑成功爱国主义精神就是发扬斗争精神的教科书。

（二）郑成功爱国主义精神是维护祖国统一的强劲引擎

维护祖国统一和领土完整是每一个中国人义不容辞的义务和责任。解决台湾问题、实现祖国完全统一，是全体中华儿女的共同愿望，是实现中华民族伟大复兴的必然要求。台湾自古属于中国。公元 230 年，三国时期吴人沈莹所著《临海水土志》留下了关于台湾最早的记述。郑成功收复台湾，向世人昭示了坚决维护祖国统一的爱国主义精神。新的时代条件下，我们面对的是血浓于水的同胞，而不是外来殖民者。两岸同胞，同宗同族、同文同种、血脉相连、命运与共。实现两岸和平统一，是两岸人民的共同愿望。所以我们确定了"和平统一、一国两制"的基本方针。这既体现了海纳百川、有容乃大的中华智慧，也是实现国家统一的最佳方式。当前，实现中华民族伟大复兴进入了不可逆转的历史进程，这是中国统一大业新的历史方位。重温郑成功收复台湾的历史伟业，品味郑成功爱国主义精神，能够为我们实现和平统一提供强劲动力引擎，坚定我们实现和平统一的信心决心。

（三）郑成功爱国主义精神是唤醒民族意识的历史良药

民族意识，是指一个民族的共同心理素质，是各民族在形成和发展过程中凝结起来的表现在民族文化特点上的心理状态。强烈的民族意识、高度的民族自觉和坚定的民族自信是中华民族走向自强之路、实现伟大复兴的根基。郑成功驱逐荷兰殖民者，是一个民族对另一个民族的战争，能够增强中华民族的自豪感和向心力。对中华民族而言，这既是一场军事上的胜利，更是一场文化上和心理上的胜利。由于新技术革命，交通和通信空前便利，地球成为一个村子。国与国之间，民族与民族之间来往频繁，一些人身上出现民族意识淡薄的现象。这是一个值得警惕的现象。民族意识和民族的价值观念紧密相连。从这个意义上说，作为民族价值观念外现的民族意识就是一个民族的胎记。失去了民族意识，这个民族就会迷失在历史长河的雾霭里。重温郑成功驱逐荷夷的激动人心的历史，能够唤醒大家的民族意识，增强呵护民族文化、民族精神和民族利益的思想自觉和行动自觉。

（四）郑成功爱国主义精神是增强海权意识的有益借鉴

郑成功既是收复台湾的民族英雄，也是“通洋裕国”的海洋英雄。郑成功所领导的郑氏海商集团是当时东亚海域上最活跃的力量。郑成功以郑泰为户官，掌管诸洋贸易，东、西二洋“船舶数万”。《台湾外记》中说，郑成功“舳舻千艘，战将数百员，雄兵二十余万”，“粮饷虽就地设处，向有吕宋、日本、暹罗、咬𠺕吧、东京、交趾等国洋船可以充继”。郑成功以通商赚取的钱财强化水师建设，他的水师非常强大。郑成功的舰队在欧洲列强崛起的大航海时代，击败了世界级海上强权荷兰舰队，称霸东南亚海域，形成了“军事—商业复合体”。郑成功通过“通洋裕国”策略将制海权牢牢掌控在自己手中。据彭孙贻《靖海志》记载，当时出现了“通贩洋货，内客外商，皆用郑氏旗号，无儆无虞”的局面。党的十九大报告中提出，坚持陆海统筹，加快建设海洋强国。郑成功“通洋裕国”的海权意识，对于我们建设海洋强国具有重要的借鉴价值和启发意义。

四、郑成功爱国主义精神的弘扬路径

习近平总书记强调，“要把爱国主义教育贯穿国民教育和精神文明建设全过程。要深化爱国主义教育研究和爱国主义精神阐释，不断丰富教育内容、创新教育载体、增强教育效果”。郑成功爱国主义精神是中华民族的宝贵精神财富，要立足实际探索弘扬和传承郑成功爱国主义精神的有效路径。

（一）搭建弘扬郑成功爱国主义精神载体平台

一是理论研究交流平台。成立郑成功研究专家库，发挥理论工作平台的优势，加强对郑成功爱国实际和爱国主义精神的研究，推出一批有价值有分量的研究成果。定期召开郑成功学术研讨会，传播郑成功爱国主义精神。二是爱国主义教育平台。在郑成功战斗过的地方，建立郑成功爱国主义精神教育基地，免费向公众开放。三是郑文化研究院平台。郑文化研究院凝聚了大量的热爱郑氏文化、对郑成功有着深厚感情的郑氏族人。要充分发挥郑文化研究院的作用，使其成为弘扬郑成功爱国主义精神的不可或缺的重要力量。

（二）推出郑成功爱国主义精神系列文化产品

一是郑成功爱国主义事迹文字图画产品。根据快节奏时代读者的阅读习惯，组织专家学者编辑出版《郑成功收复台湾》《郑成功通洋裕国》等系列口袋书，推动郑成功爱国主义事迹广泛传播。二是郑成功爱国主义精神网络产品。遵循大数据时代传播规律，顺应融媒体时代受众需求，开发郑成功爱国主义精神数字产品。利用光影技术开发短视频、动漫等系列产品，通过抖音、快手等渠道进行传播。三是郑成功爱国主义教育实物产品。比如，宣传郑成功爱国主义精神的书包、茶杯、雕塑等。这些产品既有实用价值，又有教育意义，能够让人们在日常生活中反复接受爱国主义教育。

（三）打造郑成功爱国主义精神精品文旅线路

一是郑成功早期活动地的文旅线路。厦门是郑成功战斗和生活过的地方，要有效利用鼓浪屿郑成功雕像、皓月园郑成功纪念园等现有文旅资源，把同郑成功相关的旅游线路打造成为到厦门的游客必看的文旅品牌。二是郑成功经略台湾线路。郑成功被台湾民众奉为"守护神"，鹿耳门、安平古堡、延平郡王祠、郑氏家庙等与郑成功相关的文物遗迹遍布岛内。要把这些地方有效利用起来，形成体悟郑成功爱国主义精神的文旅线路。三是郑成功祖根地线路。荥阳是郑姓的祖根地，郑成功被誉为"荥阳之光"。在这里建有郑成功纪念馆，要挖掘荥阳的文旅资源，打造郑成功爱国主义精神旅游线。

主题三：
郑成功与郑氏家族综合研究

疆开毗舍，派衍荥阳

——郑成功家族与中原地区的渊源关系

⊙李　乔（河南省社会科学院历史与考古研究所研究员）

　　民族英雄郑成功驱逐荷兰殖民者，收复并开发台湾，为日后台湾的繁荣奠定
了坚实基础。为缅怀郑成功的丰功伟绩，台湾民众将其尊为"开台圣王"，为其
建庙立祠，供奉祭祀。位于台南中西区的郑氏家庙，是台湾第一座主祀郑成功的
庙宇，庙中楹联"昭烈显宗坊，疆开毗舍；格诚兴祖庙，派衍荥阳"，不仅歌颂
了郑成功恢复开发建设台湾的巨大功绩，还道出了郑成功家族与中原地区的渊源
关系。

　　联中"毗舍"即毗舍耶，亦作"毗舍那""毗舍邪"，是宋代以来文献对台
湾岛或附近岛屿的称谓。《宋史·流求国传》载："流求国在泉州之东，有海岛
曰彭湖，烟火相望……旁有毗舍邪国。"① 清人著作中大都主张此处指台湾岛，
如《台湾小志》："《宋史》载，澎湖东有毗舍邪国，即台湾岛也。"②《台湾郑氏
始末》载："台湾悬大海中，北界彰化之鸡笼城（在县极北海中），南界凤山之
砂马矶（县东南二百三十里），纵轮近三千里；东背山，西面澎湖（岛，在台
湾县西五十里海中，台湾废城在今县西南）。旧称澎湖之东为毗舍邪国，或曰

---

① 〔元〕脱脱等：《宋史》卷四百九十一《外国·流求国》，中华书局，1977 年，第 14127 页。
② 〔清〕龚柴：《台湾小志》，载台湾银行经济研究室编《台湾舆地汇钞》，台湾银行经济研究室，
1965 年，第 95 页。

毗舍那国；袓果睢于，习镖弩。宋淳熙间，尝有酋众肆掠泉之水澳（寨，即永宁卫）、围头（镇，在晋江县南一百里）等处。明嘉靖间，都督俞大猷尝迫海寇林道乾于澎湖。道乾穷入台，不乐其土，恣杀番众，以血膏艇，弃之占城。而台地之辟，实自郑芝龙父子。"[1] "疆开毗舍"是在称颂郑成功收复并建设台湾的巨大功绩。

一、荥阳衍派

联中的"荥阳"即荥阳郡，为魏晋隋唐时期行政区划单位之一，始建于三国魏正始三年（242），时割河南郡巩县自阙以东置郡，治所在今郑州市惠济区古荥镇，时领荥阳县、京县、密县、苑陵县、卷县、阳武县、中牟县、开封县等8县，不久废。西晋泰始二年（266）复分河南郡，复置荥阳郡，治所、领县如故，辖境相当于今郑州、荥阳、新密、新郑、中牟、原阳等市、县和开封市祥符区部分地区。北魏太和十七年（493），郡治迁至大索城（今荥阳市）。之后辖县屡有变化。东魏辖荥阳县、成皋县、京县、密县、卷县等5县。北齐改名成皋郡。隋大业三年（607）改郑州为荥阳郡，治所在管城（今郑州管城区），领管城县、汜水县、荥泽县、原武县、阳武县、圃田县、浚仪县、酸枣县、新郑县、荥阳县、开封县等11县，辖境相当于今郑州、新郑、荥阳、中牟、原阳、延津等市县及开封市祥符区。唐武德二年（619），荥阳郡废。唐天宝元年（742），改郑州为荥阳郡，仍治管城，领管城县、荥阳县、荥泽县、原武县、阳武县、新郑县、中牟县等7县，辖境相当于今郑州、新郑、荥阳、原阳、中牟等市、县。唐至德三年（758），复改荥阳郡为郑州。

魏晋隋唐时期，在荥阳郡这块土地上孕育出了包括郑、潘、毛、阳、牟、郏等多个姓氏望族，其中尤以荥阳郑氏为显。荥阳郑氏的崛起是从西汉大司农郑当时开始的，至东汉末年，郑浑及郑袤、郑默父子官位显赫，名重当时，郑氏成功跻身于世家大族的行列。自此以后，荥阳郑氏"本枝硕茂，跗萼重晖，冠

---

[1] 〔清〕沈云：《台湾郑氏始末》卷一，沈垚注，台湾银行经济研究室，1958年，第1页。

冕相仍，风流继及"①。北魏时，荥阳郑氏与范阳卢氏、清河崔氏、太原王氏并称为四大族，享有无上的特权，史载孝文帝"雅重门族，以范阳卢敏、清河崔宗伯、荥阳郑羲、太原王琼四姓，衣冠所推，咸纳其女以充后宫"②。唐朝，荥阳郑氏发展达到鼎盛。据统计，仅在唐代荥阳郑氏就有9位宰相、6位状元、8位驸马、22位进士、32位朝官，可谓是簪缨满门，时有"上殿半朝郑，下殿满床笏"的说法。③

荥阳郑氏仕宦显赫，名人辈出，荥阳也因此成为郑氏最为重要的郡望。《广韵》曰："郑，姓，荥阳、彭城、安陆、寿春、东阳五望。本自周宣王封母弟友于郑，及韩灭郑，子孙以国为氏，今之望多荥阳。"④唐代林宝《元和姓纂》首列荥阳郡望："荥阳开封：当时六代孙稺汉末自陈徙河南开封，晋置荥阳郡，开封隶焉，遂为郡人。稺生兴，兴生众，后汉大司农；曾孙熙，生秦、浑。浑，魏少府，生崇，晋荆州刺史；曾孙略，前赵侍中，生豁、楚。楚生温，燕太子詹事，生三子：晔、恬、兰。晔，号北祖，恬，号中祖，兰，号南祖。晔七子，白麟、小白、叔夜、洞林、归藏、连山、幼麟，因号七房郑氏。"⑤明代王世贞《宛委余编》曰："郑五望，荥阳为贵。"⑥廖用贤《尚友录》："郑，荥阳，征音。周厉王少子友封郑为郑桓公，今华州郑县是也。至幽公为韩所灭，子孙播迁于陈、宋，以国为氏。"⑦陈士元《姓觿》引《千家姓》云：郑，"荥阳族"。⑧凌迪知《万姓统谱》："郑，荥阳，征音。周厉王少子友封郑为郑桓公，今华州郑县是也，至幽公为韩所灭，子孙播于陈、宋，以国为氏。"⑨

① 赵超辑：《汉魏南北朝墓志汇编》，天津古籍出版社，1992年，第130页。
② 〔宋〕司马光：《资治通鉴》卷一四〇《齐纪六·明帝建武二年》，中华书局，1956年，第4393页。
③ 荥阳市志总编辑室编：《荥阳市志》，新华出版社，1996年，第140页。
④ 〔宋〕陈彭年等：《广韵》卷四《四十五映》，文渊阁《四库全书》本。
⑤ 〔唐〕林宝：《元和姓纂附四校记》，岑仲勉校记，郁贤皓、陶敏整理，中华书局，1994年，第1347页。
⑥ 〔明〕王世贞：《弇州四部稿》卷一六七《说部·宛委余编十二》，文渊阁《四库全书》本。
⑦ 〔明〕廖用贤辑：《尚友录》卷十九，齐鲁书社，1995年《四库全书存目丛书》影印明天启刻本。
⑧ 〔明〕陈士元：《姓觿》卷八《二十散》，《四库全书存目丛书》影印明万历自刻归云别集本。
⑨ 〔明〕凌迪知：《万姓统谱》卷一〇七《二十四散》，文渊阁《四库全书》本。

　　魏晋隋唐时期，荥阳郑氏的辉煌成为郑氏族人的骄傲，他们以作为荥阳郑氏后人而自豪，纷纷称自己为荥阳郑氏人，在自家的厅堂之上悬挂有"荥阳堂"的匾额，每逢年节喜庆之日，还在门前悬挂有"荥阳堂"字样的大红灯笼。编修族谱时，也往往将荥阳冠于谱名之前，王大良先生对国内外收藏的郑氏家谱统计显示，谱名带有"荥阳"一词的有明代编修的《荥阳郑氏宗谱》《荥阳郑氏统宗谱》，浙江兰溪《兰江荥阳郑氏宗谱》；清代编修的有福建上杭《荥阳堂郑氏族谱》，浙江浦阳《荥阳郑氏宗谱》、汤溪《荥阳郑氏宗谱》；民国编修的有浙江泰顺《荥阳郑氏宗谱》、兰溪《兰江荥阳郑氏宗谱》《后郑荥阳郑氏宗谱》，广东潮阳《荥阳郑氏家谱》，以及在明清及民国编修但地区不明的《荥阳郑氏统宗谱》《荥阳郑氏宗谱》《荥阳郑氏族谱》等，它们的所在地都非原来的荥阳郡内，但却无一例外地使用了"荥阳"这一具有专指性的名词。①

　　所修祠堂也以荥阳堂为名，匾额、堂联包含"荥阳"字样。在福建省郑姓族人的祠堂里就有很多荥阳元素，如，安溪县金谷紫帽兜郑氏宗祠楹联有："荥阳衍派家声远，紫帽宗支世泽长""址紫帽膺丁财贵，源荥阳汇戬瑞宁"等；金谷镇金山村、金东村郑氏宗祠冠佩堂联的有："冠裳济济，远绍荥阳祖绪；佩玉将将，丕振夹漈高风"。西坪赤水当格郑氏宗祠有"荥阳衍派"题匾，楹联有"太上三公，通德流芳辉万载；师官一品，荥阳世泽耀千秋"②。南安县水头邦吟郑氏六甲二房宗祠的匾额题"荥阳衍派"，大门石勒对联："荥阳衍派家声远，通德流芳世泽长"③。东山县东英村东郑郑姓宗祠灯号为"郑府荥阳"。东凌村郑姓宗祠堂联："莆田开枝，水木享荥阳而盛；礼乔衍派，春秋庆追远永思"④。诏安县荥阳先春祖祠对联："莆田开枝，水木享荥阳而盛；礼乔衍派，秋庆追远而思"⑤。

　　"荥阳堂"作为郑氏家族的徽号已经被广大郑氏族人所认可，凡是有郑姓人

① 王大良：《郑姓人的认同现象与中华民族凝聚力》，http：//www.zhengshi.org/view/449.html。

② 凌文斌主编：《安溪姓氏志》，方志出版社，2006年，第250—251页。

③ 南安市地方志编纂委员会编，许永贤、刘安居主编：《南安姓氏志》，第207页。

④ 林殿阁主编：《漳州姓氏》（下册），中国文史出版社，2007年，第1714页。

⑤ 林殿阁主编：《漳州姓氏》（下册），中国文史出版社，2007年，第1723页。

聚居的地方，名为"荥阳堂"的祠堂便随处可见，"荥阳衍派""荥阳世泽""荥阳家声"的匾额，以及含有"荥阳"字样的堂联比比皆是，"天下郑姓出荥阳""荥阳郑氏遍天下"已经深入人心。除台南郑氏家庙楹联的"荥阳衍派"外，南安石井西亭郑成功祠内的"荥阳家里"都表明郑成功家族为荥阳郑氏之后。

二、荥阳入闽

1994 年于厦门市鸿山出土的《皇明钦赐祭葬太师彦千郑公暨弟太傅涛千公墓志铭》道出了郑成功家族与荥阳郑氏的渊源关系。碑文称："……公姓郑，派分荥阳，从宋始祖丞相端愍公居泉之武荣邑，家称诗礼，代绍箕裘，彬彬盛矣。越至我明，影国将军乐斋公始卜筑而地于石井之西云，再传而为荣禄大夫西州公。"①此碑由墓主郑广英（彦千）之子郑忠国、郑佐国作于清顺治七年（1650）。据《石井本宗族谱·井江郑氏历代人物》记载，郑广英，号彦千，为郑芝鹏长子。郑芝鹏与郑成功之父郑芝龙同为井江郑氏十一世孙，"西亭郑芝龙，小名一官，字曰甲，号飞黄，崇祯间，以军功授前军都督……西亭郑芝鹏，讳鸣都，字曰都，号舜臣，一号里万，一号砺园。钦授太师昭明侯"②。碑文没有明确郑成功家族就是由荥阳郑氏直接移居闽地，也没有说出迁入闽地的时间，漳州漳浦郑氏新修《郑氏院前族谱》认为郑成功家族是由漳州迁入的，入闽始祖为郑昭，是跟随西晋永嘉时期"八姓入闽"迁入的。③

"八姓入闽"发生在西晋末年。西晋怀帝永嘉五年（311）三月，匈奴刘汉的兵马先在石勒的率领下，于河南苦县宁平城（今河南鹿邑县西南），大败晋军，围杀晋大臣、宗室、将士 10 余万人；继而六月间，刘曜率军攻陷洛阳城，俘获晋怀帝，纵兵焚掠，杀太子及诸大臣，士民死者 3 万余人。愍帝建兴四年（316），匈奴军又破长安，愍帝出降，西晋亡。这就是引发中古诸多变动的"永嘉之乱"。

① 何丙仲、吴鹤立：《厦门墓志铭汇粹》，厦门大学出版社，2011 年，第 123 页。
② 台湾银行经济研究室编：《郑氏关系文书》附录《石井本宗族谱》，台湾银行经济研究室，1960 年，第 23 页。
③ 郑忠聪总编：《荥阳郑氏漳州谱》（初稿），2004 年，第 677—678 页。

永嘉之乱后，北方少数民族进入中原地区，汉人政权遭到驱逐，"中州士女避乱江左者十六七"，有大批中原汉人拥入闽地，由此引发了所谓的"八姓入闽"事件。入闽八姓中包括有荥阳郑氏，乾隆《福州府志》引宋人路振《九国志》曰："晋永嘉二年（308），中州板荡，衣冠始入闽者八族，林、陈、黄、郑、詹、邱、何、胡是也。以中原多事，畏难怀居，无复北向，故六朝间仕宦名迹，鲜有闻者。"①《直斋书录解题》卷八引林谞《闽中记》曰："永嘉之乱，中原仕族林、黄、陈、郑四姓先入闽。"②唐代文学家欧阳詹在为晋江郑季实撰写墓志铭时说："公讳晚，字季实，其先宅荥阳。永嘉之迁，远祖自江上更徙于闽，今为清源晋江人。"③《三修永春夹漈郑氏族谱》亦称该族系永嘉之乱中原八大姓入闽之一族，开闽始祖郑昭，原籍河南荥阳。入闽时初居侯官，后分居莆田、泉州等地。④

《郑氏院前族谱》称，郑桓公后裔第四十一世孙，荥阳人郑昭为西晋龙骧将军，入闽避乱后授任建安（今福州）郡守，世居闽地，被尊为郑氏入闽始祖。唐时，郑昭十七世孙郑露、郑庄、郑淑三堂兄弟学识广博，厌仕弃官卜居莆田湖山（也称南山）讲学，时称南湖三先生。至南宋绍兴年间郑露十世孙郑伯可携妻子徙居漳州南郊文山山北，育有三子：长子献成，号如海，守祖山北，繁衍文册派；次子均贤，号如田，开基古县，繁衍鄱山派；三子显图，号如山，开基翠林，繁衍罗山派。此后播迁漳郡各地及泉郡南安石井等地。⑤对于漳州郑氏与石井郑氏之间的关系，还有不同声音，但郑成功家族与荥阳郑氏具有一脉相承的关系是没有疑问的。

三、固始入闽

关于石井郑氏家族的来源，《石井本宗族谱》等文献明确说明郑成功家族是

① 〔清〕《福州府志》卷七五《外纪一》，清乾隆十九年（1754）刻本。
② 〔宋〕陈振孙：《直斋书录解题》卷八《地理类》，上海古籍出版社，1987年，第257页。
③ 〔唐〕欧阳詹：《欧阳行周文集》卷四《有唐君子郑公墓志铭》，文渊阁《四库全书》本。
④ 庄为玑、郑山玉：《泉州谱牒华侨史料与研究》，中国华侨出版社，1998年，第376页。
⑤ 郑忠聪总编：《荥阳郑氏漳州谱》（初稿），2004年，第677—678页。

唐代光启年间由光州固始入闽的。崇祯十三年（1640）郑芝龙所作《本宗族谱序》亦曰："我郑自唐光启间入闽，或于三山、于莆、于漳、于潮，是不一处；独我五郎公隐石兴，二三懿亲，若许、若伍者，茑［萝］相附，意味投合，遂于杨子山下石井家焉。今武荣山邱垅具在，则隐石公之所自来也。"① 同年郑芝鸾在《石井本宗族谱》序中说："吾郑著汉唐表表，兹弗具述；述其光启间，十姓从王缘（注：王绪）光州固始入闽，于是有郑焉。如祭酒阆中公，德行煌煌宋册。嗣而分派，有居莆、居武荣。旋就武荣迁于杨子山下居者，吾祖五郎公隐石也。"② 郑芝龙之曾孙郑克塽所撰《郑氏附葬祖父墓志》云："王父讳成功，字明俨，号大木，姓郑氏。先世自光州固始县入闽，由莆居漳、居粤之潮。至始祖隐石公，乃移居于泉之南安县杨子山下石井乡，遂世为南安人。"③ 嘉庆六年（1801），郑名山《石井名贤序》载："我郑自唐光启间入闽，或居于莆、于潮、于漳，是不一处；独我五郎公与二三懿亲若许、若伍者，茑萝相符、意味投合，遂于杨子山下石井家焉。今武荣山邱垅具在，隐石公之所自来也。"④

郑成功家族于唐末五代由光州固始入闽的说法是符合历史事实的。唐末中原混乱，光州固始人王潮、王审知兄弟跟随王绪军队渡江南下，转战江西、广东等地后进入福建。后来王潮代替王绪成为军中主帅。景福二年（893），攻破福州，王氏因而占领了闽岭五州之地。唐廷任命王潮为福建观察使，王审知为副使。王潮去世后，王审知继任。唐末，以福州为威武军，任王审知为节度使，累迁同中书门下平章事，封琅琊郡王。唐亡，后梁太祖朱温封王审知为闽王，升福州为大都督府，其国即为后世所称之闽国。王审知在位29年，推行保境息民政策，轻

① 台湾银行经济研究室编：《郑氏关系文书》附录《石井本宗族谱》，台湾银行经济研究室，1960年，第23页。

② 台湾银行经济研究室编：《郑氏关系文书》附录《石井本宗族谱》，台湾银行经济研究室，1960年，第25—26页。

③ 台湾银行经济研究室编：《台湾关系文献集零》，《郑氏附葬祖父墓志》，台湾银行经济研究室，1972年，第27页。

④ 台湾银行经济研究室编：《郑氏关系文书》附录《石井本宗族谱》，台湾银行经济研究室，1960年，第30页。

徭薄赋，奖励工商，鼓励垦荒，三年之内，人民衣食无虞；召集流亡，中原避乱人士相从入闽，拓垦山林，兴修水利，一时闽中大治。他还十分重视发展海外贸易，在福州设置榷货务，由随王氏入闽的光州固始人张睦任之，张睦"招蛮夷商贾，敛不加暴，国用日以富饶"①。在福建泉州，王审知的侄儿王延彬继其父王审邽为泉州刺史 17 年，"每发蛮舶，无失坠者，人称'招宝侍郎'"②。《旧五代史》称："审知起自陇亩，以至富贵，每以节俭自处，选任良吏，省刑惜费，轻徭薄敛，与民休息，三十年间，一境晏然。"③

与闽地"污莱尽辟，鸡犬相闻，时和年丰，家给人足"④，"千家灯火读书夜，万里桑麻商旅途"⑤的升平景象相比，中原则是战乱不断。为了躲避战乱，福州及闽东一带便成了不少中原人徙居的首选目标，闽地人口得以迅速增长。⑥在移居闽地的中原人口中，固始籍人口数量是相当大的。其来源有三：一是追随王潮、王审知兄弟入闽的官兵。王审知是在固始籍乡人的支持下，从王绪手中夺取兵权的，因此入闽官兵中固始籍当不在少数，《十国春秋》《福建通志》等史籍记载的固始籍将领有张睦、詹敦仁、邹勇夫、邹馨、邓光布等。二是入闽官兵后人。王审知兄弟重乡情，据有闽地之后，固始籍官兵均得到了较好安置，纷纷在当地娶妻生子，固始籍闽人数量又有所增加。三是投亲靠友的固始籍乡人。与中原战事纷扰不同，闽地社会安定、富裕，因此，入闽固始籍官兵远在固始老家的亲朋好友、左邻右舍不远万里拥向闽地，使得福建固始籍汉人进一步增加。其间到底有多少固始人移居福建已很难考证，但通过史志、族谱等资料中固始入闽姓氏的梳理，还是能对当时固始人入闽的情况有个大概了解。《泉州谱牒华侨史料与研究》所收"其先来自光州固始"的 54 部族谱中，有 40 部明确记载是"唐末自固始入

① 〔清〕谢道承、刘敬与：《福建通志》卷三《名宦传·张睦传》，乾隆二年刊本。

② 〔清〕吴任臣：《十国春秋》卷九四《王延彬传》，徐敏霞、周莹点校，中华书局，1983 年，第 1363 页。

③ 〔宋〕薛居正等：《旧五代史》卷一三四《王审知传》，中华书局，1976 年，第 1792 页。

④ 〔唐〕于竞：《琅琊王德政碑》，载《全唐文》卷八四一，中华书局，1983 年，第 8847 页。

⑤ 〔清〕里人何求：《闽都别记》上，福建人民出版社，2012 年，第 44 页。

⑥ 〔宋〕乐史撰：《太平寰宇记》卷一〇〇—卷一〇二，中华书局，2007 年，第 1990—2044 页。

闽"，或"随王潮入闽""随王审知入闽"，共有王、彭、柯、许、郑、周、吕、谢、康、尤、苏、曾、涂、吴、蔡、卢、黄、龚、洪、刘、余、李、戴、施、董、庄、孙等27姓。[1] 由此，也形成了"闽人称祖皆曰自光州固始来"的"闽祖光州"的现象。

综合有关文献记载，唐末五代时期由固始移居闽地人中有不少郑氏族人。《景定建康志》载："郑侠，字介夫，其先光州固始人。四世祖佰，唐末随王氏入闽，遂为福清人。"[2] 宋代范祖禹在《宝文阁待制郑公（闳中）墓志铭》中写道："公字闳中，其先光州固始人。唐末高祖为王潮所虏入闽，遂死之。子孙家福州，今为侯官人。"[3] 宋代杨时《枢密郑公（毅）墓志铭》载："公讳毅，字致刚，姓郑氏，其先光州固始人，唐僖宗时避乱，从王潮入闽，居建城南乡之龙池，故今为建州人。"[4] 宋代袁燮《李太淑人郑氏行状》载："太淑人讳和悟，福州闽县人也，其先家于光之固始，五季末徙焉。"[5] 明代郑岳《明封承郎户部主事长乐郑君（明允）墓志铭》亦载："郑本姬姓，五季初有讳摄者，自光州入闽，居长乐。长乐之有郑始此。"[6] 民国《永春县志》载："郑凝远，字可远，唐司空畋之第三子，广明之乱自光州固始从王潮兄弟南迁住泉州，光启二年统成南安之桃林场，后告老退居姜莲龟山坪上，因家焉，今东门郑氏其后也。"[7]《永春鹏翔郑氏族谱》记载，今永春城关东门桃东村郑氏，入闽始祖郑可远因中州战乱，避地光州固始，于唐末随王潮入闽，统成桃林场（即今永春县），后肇居姜莲龟山坪上。传至四世有郑懋，为宋真宗潮阳军都巡检使，告老后卜居今县城东门一带，因地在大鹏山之阳，又取原祖居"坪上"之谐音，故称鹏翔郑氏。[8]

---

① 庄为玑、郑山玉：《泉州谱牒华侨史料与研究》（下），中国华侨出版社，1998年。

② 〔宋〕周应合：《景定建康志》卷四八《直臣·郑侠传》，清嘉庆六年（1801）金陵孙忠愍祠刻本。

③ 〔宋〕范祖禹：《范太史集》卷四三《宝文阁待制郑公（闳中）墓志铭》，文渊阁《四库全书》本。

④ 〔宋〕杨时：《龟山集》卷三七《枢密郑公（毅）墓志铭》，文渊阁《四库全书》本。

⑤ 〔宋〕袁燮：《絜斋集》卷一六《李太淑人郑氏行状》，文渊阁《四库全书》本。

⑥ 〔明〕郑岳：《山斋文集》卷一八《明封承德郎户部主事长乐郑君（明允）墓志铭》，文渊阁《四库全书》本。

⑦ 《永春县志》卷二七《流寓传》，1930年，中华书局铅印本。

⑧ 庄为玑、郑山玉：《泉州谱牒华侨史料与研究》，中国华侨出版社，1998年，第102页。

　　迁居福建的郑氏后人不忘祖地固始，除在家谱中记述先祖入闽的事实外，还在家族祠堂里体现"固始"元素，如云霄县莆美镇高塘村郑氏宗祠联"固始溯源，自是衣冠济济；高塘分派，企看瓜瓞绵绵"[1]，安溪县西坪镇赤水村当格郑氏宗祠联"源溯光州固始瞻北斗，流芳奕世梅菊傲山前"[2]，都说明其先祖来自光州固始。

　　从中原移居闽地的郑氏族人，经过一千多年的发展，如今已经繁衍至广东、台湾、海南，并漂洋过海远徙泰国、马来西亚、菲律宾、印度尼西亚、新加坡，甚至欧洲、美洲、大洋洲等地。在闽台及东南亚地区，郑氏还是当地人口最多的姓氏之一，因有"陈林半天下，黄郑排满街"之说。

　　通过上述梳理可以看出，郑成功先祖无论是西晋末年"八姓入闽"时移居福建，还是随闽国开创者、固始人王审知兄弟入闽，其家族都和中原地区有着密切的渊源关系。因此可以说，郑成功家族根在中原。

---

① 林殿阁主编：《漳州姓氏》（下册），中国文史出版社，2007年，第1721页。
② 安溪县地方志编纂委员会编：《安溪姓氏志》，方志出版社，2006年，第251页。

郑成功收复台湾与中国海权意识的觉醒

⊙陈建魁（河南省社会科学院历史与考古研究所副研究员）

郑成功（1624 年 8 月 28 日—1662 年 6 月 23 日），名森，幼名福松。原为南明政权的大将军，因蒙南明政权赐明朝国姓朱，赐名成功，世称"国姓爷"，又因蒙南明政权封延平王，称"郑延平"。尊称"延平郡王""开台尊王""开台圣王"等。1645 年清军攻入江南之时，其父郑芝龙降清，郑成功遂率领父亲旧部在中国东南沿海抗清，成为南明后期主要抗清军事力量之一，凭借海战优势固守海岛厦门、金门，并在 1661 年率军横渡台湾海峡，翌年击败荷兰东印度公司在台湾大员（今台湾台南市境内）的驻军，收复了台湾，开启了郑氏在台湾的统治，并大力发展生产，但不久即病死。郑成功死后，台湾民间陆续建立庙宇祭祀。郑成功一生的海洋活动，恰值西方的资本主义萌发期，致海权意识萌生并得到初步发展。

一、郑成功海权意识的产生

公元 13 世纪中叶，蒙古帝国打通欧亚大陆，加速了欧亚大陆的文明交流交往进程。在这一进程中，欧洲的许多旅行家历尽千辛万苦来到中国，把他们在中国的见闻写进各种旅行故事，带给欧洲社会巨大震动。其中以马可·波罗影响最大，他的《马可·波罗游记》在同时代旅行游记中最负盛名。《马可·波罗游记》

对当时身处中世纪晚期贫困混乱中的欧洲人来讲，极大地拓宽了欧洲人的世界观念，丰富了欧洲人的地理知识，而且激起了欧洲人对东方财富的向往，对欧洲的航海事业起到了巨大的推动作用，催生了近代的地理大发现。有学者言："世界广大，有过大旅行时代的水天辽阔，人们就不可能忍受家乡边远封闭、沉闷贫瘠的生活；没有马可·波罗那一代人对中国的渴望与中国之旅，就没有哥伦布、达·伽马发现新大陆新航线的壮举，现代西方扩张与全球文明的历史也无从开始。"[1]

1567 年，朱载垕即位，改元"隆庆"，批准时任福建巡抚涂泽民上奏，"开海禁，准贩东西二洋"[2]。至此，延续了 200 年的海禁政策被废止，中国的海商们可以合法地从事海上贸易了，史称"隆庆开关"。隆庆开关后，在灵活多样海外贸易的竞争下，官方的朝贡贸易体系名存实亡，海上私人贸易大为兴盛。有学者估算，从 1567 年到 1643 年，从马尼拉输入中国的白银达 7500 万两。[3]

17 世纪前后，近代文明在欧洲孕育，拉开了以航海贸易和在世界各地经营殖民地为特征的世界性经济交流的帷幕，葡萄牙人、西班牙人、荷兰人、英国人先后控占海洋霸权，为自己进入现代国家捞到了原始资本，确立了此后几个世纪在世界上的强势地位。时中国正值明末清初的改朝换代之际，西方殖民主义东进印度洋与太平洋，也无意中把活跃于东南沿海的海商、海盗们拉了进来。卷进这场海上角逐的海商集团有王直、林立、吴平、林道乾、林凤、郑芝龙、刘香等。这些中国海商或海盗，不同程度地融入了世界近代殖民主义的潮流当中，参与了近代世界政治经济体系形成的最初过程。

有学者曾说过："凡一学说之产生，必有其思想之渊源，时代之影响，及个性之发挥。"郑成功海权思想之产生，跟成长的家庭息息相关，同时，其思想之渊源还与中国悠久的海洋文化及明代福建的实学思潮不无关联。

中国古代的造船事业十分先进。三国时东吴的海船高大精美。嘉禾三年

① 周宁：《天朝遥远——西方的中国形象研究》，北京大学出版社，2006 年，第 43 页。

② 〔明〕张燮：《东西洋考》卷 7《饷税考》，中华书局，2000 年。

③ 庄国土：《16—18 世纪白银流入中国数量估算》，《中国钱币》1995 年第 3 期。

（234），东吴遣使者谢宏、中书陈恂拜句骊王宫为单于，其海船回程时载马80匹，犹称为"小船"。据记载，东吴造的战船，最大的上下五层，可载3000名士兵。孙权乘坐的"飞云""盖海"等大船更是雄伟壮观。在海上的普通大船也要长20丈，高出水平面二三丈，载六七百人，装万斛。

明代，郑和七下西洋，所率战舰数千只。据统计，在郑和大航海期间，全国共造大小海船近4000艘，船厂遍及全国各地；永乐年间，明朝海军拥有3800艘舰只，其中包括1350艘巡逻船，南京新江口有400艘大型主力舰。因此英国著名历史学家李约瑟断言："在1420年前后，中国海军也许超过历史上任何时期的其他亚洲国家，甚至可能超过同时代的任何欧洲国家，乃至超过所有欧洲国家海军的总和。"有专家依据南京静海寺残碑拓片所记，结合明永乐十八年《天妃经》卷首郑和船队插图等材料考证，郑和宝船可复原为长19丈、宽4.4丈、排水量约1100吨的船舶。还有专家认为这仅是中小型宝船。据《明史·郑和传》记载，郑和出使过的城市和国家共有36个：占城、爪哇、真腊、旧港、暹罗、古里、满刺加、勃泥、苏门答刺、阿鲁、柯枝、大葛兰、小葛兰、西洋琐里、苏禄、加异勒、阿丹、南巫里、甘巴里、兰山、彭亨、急兰丹、忽鲁谟斯、溜山、孙刺、木骨都束、麻林地、刺撒、祖法儿、竹步、慢八撒、天方、黎代、那孤儿、沙里湾尼（今印度半岛南端）、不刺哇（今索马里境内），部分专家、学者认为郑和还到过澳大利亚、美洲和新西兰、南极等地。

郑和下西洋，打通了南洋航道，建立了马六甲航运中转站，极大拓展了明朝的海外贸易。郑和率领当时世界一流的超级强大舰队，不仅有下西洋的海权实践活动，而且还有相关海权的论述："欲国家富强，不可置海洋于不顾。财富取之于海，危险亦来自海上……一旦他国之君夺得南洋，华夏危矣。我国船队战无不胜，可用之扩大经商，制服异域，使其不敢觊觎南洋也。"[1]这里论及了海上军事力量和海上贸易的重要性，由此可窥郑和之海权思想。令人遗憾的是，郑和的船队到了好望角，却未驶入大西洋，错失了世界地理大发现历史上一个很好的机会。

---

① ［法］弗朗索瓦·德勃雷诺：《海外华人·序》，赵喜鹏译，新华出版社，1998年，第3页。

郑成功出生并成长于福建，而"福建传统儒学中存在注重个人修养和注重社会事功两种不同的倾向"①。朱熹创立的闽学，注重个人修养。而盛行于明末清初注重社会事功的经世实学，以浙东学派为代表，是以崇实、通经致用为特征的学术思潮。经世实学倡导经世致用，讲求经世致用的功利。在明末清初社会危机和民族矛盾十分尖锐的情况下，在福建以郑成功为首的明遗民抗清复台，兴起了注重社会事功的经世实学。

黄道周是有明一代大儒，福建漳浦人，在明朝末年提倡经世实学最为有名。

郑成功 7 岁开始在南安家乡学习儒学，15 岁进入县学，21 岁以贡生到南京入太学，深受浙东学派经世实学传统的影响。清顺治三年（1646），郑成功跪哭苦谏欲降清的父亲郑芝龙，未为所听，遂与父决裂，起兵抗清。郑成功把传统儒学忠、孝、节、义思想同民族气节与爱国精神结合起来，移孝作忠，坚决抗清，并驱逐荷夷，收复台湾，成为爱国主义的民族精神的代表。清朝统一台湾后，为巩固统治，大力复兴朱子学，压制经世实学，经康熙皇帝大力提倡，闽学迅速复兴，成为儒学主流，经世实学被埋没。

二、郑成功的海权实践

郑成功之父郑芝龙是福建泉州府南安石井乡人，其从事海洋营生首先是入伙东南海商李旦、颜思齐集团，并在李、颜死后成为首领。当时英国和荷兰先后在 1600 年和 1602 年成立了东印度公司，并在 1622 年组成联合舰队，远征东方，是年，荷兰侵占了台湾。

郑芝龙海上集团与明朝官方多方周旋，后接受招安，发展成为东南沿海最大的军事商业势力，并和以台湾为据点的荷兰殖民势力发生摩擦，以至兵戎相见。

郑氏集团所建立的庞大商业贸易网络"五商十行"，分为山、海两路。其中山路五商总部设在杭州。1633 年，荷兰人为垄断海上贸易，对南澳、厦门等地进

---

① 陈名实：《传统经世实学对福建海洋文化的影响——从郑成功收复台湾到船政文化的兴起》，《福建省首届海洋文化学术研讨会论文集》，2007 年。

行了一系列骚扰，以迫使郑氏集团断绝同葡萄牙和西班牙人的贸易，后在料罗湾与郑芝龙指挥的舰队发生激战，郑氏一方的庞大舰队有战船 150 艘，荷兰一方则与海盗刘香组成了 59 艘战船的联合舰队。

郑氏舰队以火攻，焚烧并击沉荷兰主力舰 9 艘中的 4 艘，俘获 1 艘，并全军覆没刘香部。此战之后，郑氏商业军事集团控制了当地海权及海上贸易："海舶不得郑氏令旗，不能往来。每一舶例入三千金，岁入千万计，芝龙以此富敌国。自筑城于安平，宫室纵横数里，海舶直通卧内，可泊船，径达海。其守城兵饷自给，不取于官。旗帜鲜明，戈甲坚利。凡贼遁入海者，檄付芝龙，取之若寄；故八闽以郑氏为长城。"[1] 时人记载："我朝严禁通洋，片板不得入海，而商贾垄断，厚赂守口官兵，潜通郑氏以达厦门，然后通贩各国。凡中国各货，海外人皆仰资郑氏。于是，通洋之利，惟郑氏独操之，财用益饶。"[2]

清军入关后，郑氏集团与盘踞台湾的荷兰人之间冲突趋于激烈。郑芝龙降清后，郑成功自顺治三年（1646）海上起兵，以金门、厦门两岛为中心，以漳、泉为两翼，建立了稳固的海上根据地。发展军队至十多万人，与清廷展开十余年的斗争。并因"器械未备，粮饷不足"，制订了"以通洋之利养军"的方略，大力发展海外贸易，以发展经济，筹措饷银。顺治十二九年（1655）二月，在其父亲开拓海洋贸易的基础上，建立起一个以厦门为中心，东到日本，南及东南亚的庞大贸易网络，进行内陆与远洋通商。《台湾省通志》记载："当时在长崎之中国贸易船，须向郑氏缴纳一定铜银，然后发给船牌，倘不能取得船牌，则无法输出中国货物。"是年，郑成功下令对台禁运，两年后荷兰人屈服，荷兰总督揆一"遣通事何廷斌至思明启藩，年愿纳贡，和港通商，并陈外国宝物"[3]。

1661 年 3 月，郑成功亲自率将士 2 万多人，乘战船数百艘，横渡海峡，东征台湾，经过 9 个多月艰苦战斗，终于在次年 2 月击败船坚炮利的荷兰殖民者，一举收复台湾。台湾重回祖国版图。1662 年 6 月 23 日，郑成功在收复台湾几个月

---

① 〔清〕三余氏：《南明野史》，台湾大通书局，1987 年版。

② 〔清〕郁永河：《裨海纪游·伪郑逸事》，申报馆丛书本。

③ 〔清〕杨英撰，陈碧笙校注：《先王实录》，福建人民出版社，1981 年，第 153 页。

后猝然离世，郑氏海商集团亦由盛而衰。

郑成功在收复台湾之后，曾作了一首题为《复台》的七绝："开辟荆榛逐荷夷，十年始克复先基。田横尚有三千客，茹苦间关不忍离。"描述了他面向海洋，加强根据地建设的决心。

三、郑成功的海权思想

郑成功作为中国海商集团的代表，顺应了明朝海上贸易发展的趋势。明朝航海的发展，随之而来的技术革新和对外经贸的发展及郑成功本人的海权实践，致使郑成功的海权思想有了较大发展。他继承了明朝官方海上贸易和民间私人贸易的集体智慧，继承和发展了郑和海权思想。

对于海权，郑成功有专门论述。顺治三年（1646）三月，隆武帝为匡复大计，就当时的困局征询良策，年仅 23 岁的郑成功献上妙计条陈，其中之 16 字"据险控扼，拣将进取，航船合攻，通洋裕国"[1]，集中地反映了郑成功的海权思想，这就是著名的"延平条陈"。隆武帝大为惊奇，封忠孝伯，赐尚方宝剑，便宜行事，挂招讨大将军印。

"延平条陈"看起来是针对一时一地的困局，实则是郑成功此后立国举兵之大战略，属于海洋性思维，体现出的是一个海洋国家的战略思维，本质上是通过大力发展海外贸易作为经济基础，以海外贸易之利来发展军事力量，并进而再用强大的海上军事力量来保护贸易，维护海权，富国强兵。这与西方海洋国家的战略原则完全一致，有别于中国内陆农耕国家的传统思维模式，与历代中原王朝统治者"重陆轻海""固守农桑之本"的内陆农耕观念大不相同，这种海洋性文化的思维方式，不仅顺应了明代东南沿海地区商业经济迅猛发展的要求，而且也契合了大航海时代世界各国发展的大势，体现出郑成功高度的海洋意识和鲜明的海权战略思想。

郑成功建立的"商业—军事复合体"的海上政权，控制了东、西二洋的制海

---

[1]〔清〕江日昇撰，吴德铎标校：《台湾外记》，上海古籍出版社，1986 年，第 83 页。

权和贸易权，与强大的清军周旋达 20 多年。对此，清人郁永和有深刻论述："成功海外弹丸之地，养兵十万余，甲胄戈矢罔不坚利，战舰数千计，又交通内地，遍买人心，而财用不匮者，以有通洋之利也。"[1]

郑成功海权思想的基本内容，主要有以下四点。

（一）高度的海权意识和高超的海权战略思想

郑成功一生大部分时间都与海洋打交道，耳濡目染，累积了丰富的对海洋的熟稔和体认。他能在 23 岁提出"延平条陈"，说明他对海权有过深刻的思考，后又经大量的海权实践，用他的海权思想为指引收复了台湾，产生出高度的海权意识和高超的海权战略思想。郑成功主张"以海权争天下"，可谓是中国历史上的第一人。他以"通洋裕国"为国策，主张把台湾海峡和马六甲海峡控制在中国人手里，这种伟大的海权战略为历代王朝统治者所不及。有学者言："以郑成功父子为代表的福建以及东南沿海海商的某些发展趋向，以及由他们引发的海洋发展意识，显然很有希望成为在中国内部冲破农耕社会旧体制的一种新的社会发展方向的代表。"[2]

（二）大力发展对外海上贸易，富国强兵

郑成功在"延平条陈"中提出的"通洋裕国、以商养战"的思想和实践，自始至终没有改变过。"通洋裕国"的核心是通过发展海外贸易来发展经济，富国强兵，以对抗列强。不同的是，欧洲列强靠的是杀戮和掠夺，郑成功靠的是经济贸易，这种海权思想比之西方更加平和，更具可持续性，是对郑和下西洋的继承和发展。"通洋裕国"思想创立的"海洋—商业"体系充满生机和活力，从根本上有别于中国传统的生产方式，也更加安全和独立，展示出一种活泼、开放、互利的时代新气息。

（三）建设强大的郑氏海军以为安身立命之本

郑氏集团横行海上数十年，依靠海上贸易，独操通洋之利，历练出了先进

---

[1]〔清〕郁永河：《伪郑逸事》，福建人民出版社，1982 年，第 300 页。

[2] 陈支平：《郑成功海商集团兴衰的历史反思》，《第九届明史国际学术研讨会暨傅衣凌教授诞辰九十周年纪念论文集》，厦门大学出版社，2003 年，第 80 页。

的海权军事战略和战术，并以之为指导思想，不断扩充海上军事力量，建立了一支强大的海军，从而称霸海上。倪乐雄认为，"郑氏水师是中国古代唯一的西方意义上的海军"①。郑成功亦言："我师所致力者，全赖水师。"② 郑成功通过专门采购或收购的办法，到各地取材，甚至从暹罗进口，到 1656 年，郑成功造战舰 3000 余艘，而且注重造高大坚致的"大船""巨舶"。清军看见郑氏水师的巨舰，只能望洋哀叹："视大艘如望高山，如此形状，安望其对垒破敌，决胜于江海之上?"③

（四）敢于"亮剑"的精神

郑成功身上具备的勇于进取的精神，与航海时代西方人的冒险精神、海盗精神如出一辙。郑氏海商集团，在王朝统治者的眼中与"海盗"无异，郑氏海商集团先后与大明王朝、清王朝逐鹿中原，又与荷兰殖民者对阵海上，无不体现了郑成功身上的"抗争精神"。面对着强大的清朝军队和荷兰殖民者，他毫不畏惧，敢于"亮剑"，通过 9 个多月艰苦卓绝的战斗，收复了台湾，也捍卫了国家的海权和主权，这种敢想敢拼的开拓精神与改革开放的精神有着某种程度的一致性，是我们民族和当今时代非常稀缺的精神资源和财富。

综上，郑成功是我国历史上最杰出的民族英雄之一，他在清初高举反清义旗，誓师海上，通过强大的海军力量，将流离本土 38 年之久的宝岛台湾从荷兰殖民者手中夺回，使其重归华夏版图。这种不畏强暴、不怕艰辛的抗争精神和保家卫国的光辉业绩，为我们进行推动祖国统一的大业提供了巨大的精神力量。

---

① 倪乐雄：《文明转型与中国海权》，文汇出版社，2011 年，第 76 页。

② 〔清〕杨英撰，陈碧笙校注：《先王实录校注》，福建人民出版社，1981 年，第 237 页。

③ 厦门大学、中国第一历史档案馆：《郑成功档案史料选辑》，福建人民出版社，1985 年，第 128 页。

大航海时代下郑成功的经世思想与海权实践

⊙李孟舜（河南省社会科学院文学所副研究员）

　　郑成功出身海商世家，7 岁开始接受正统儒学教育，深受《春秋》影响，一生秉持君臣大义，坚守"夷夏大防"。郑成功尚实干、轻空谈的经世思想是其海权实践的思想根基。郑成功的海权思想以"延平条陈"为标志，在隆武时期（1645—1646）初步形成，并在永历时期通过与清廷招抚周旋、收复台湾等实践不断完善。关于郑成功的海权实践已有一些成果，有学者认为郑氏海商集团具有"商业—军事复合体"的社会属性，郑成功以及郑氏集团所建立的东亚贸易体系，参与了近代世界政治经济体系形成的最初过程。16 世纪以来，葡萄牙、西班牙、荷兰、英国乃至当今美国在世界上占据优势，皆以海权为基础。在大航海时代来临之前，中国传统社会的经济发展一直领先于西方，但明王朝实施"片板不许入海"的严厉海禁政策，朝贡体系的固化使得海外贸易发展较为缓慢，中国在大航海时代失去了争夺海洋霸权的机会。但从全球史的视角来看，郑成功的海权实践始终处于国际化的环境中，有力说明了海洋文明在中国的发展繁荣，郑成功的出现是大航海时代中国历史舞台上转瞬即逝的璀璨星光，是 17 世纪中叶维护国家海权的典型代表。

一、大航海时代的机遇与挑战

（一）郑成功海权思想的时代背景

四大文明都是以河流为基础的伟大文明，而海权是在早期文明的边缘而不是中心发展起来的。[①]因为从陆地上获得的发展机会有限，由此发展出了海洋贸易网络。中国大陆海岸线长达 18000 多公里，但儒家"重农抑商"的传统思想在封建社会历代统治中占据主导。受限于重农抑商的传统思想与海洋航行技术的发展，海洋资源的开发利用相对较晚。经济全球化经历了漫长的历史过程，"世界处于洲际层次上的相互依存的网络状态"[②]，这种联系通过资本、商品、信息、观念、人员、军队以及与生态环境相关的物质的流动及其产生的影响而实现。15 世纪地理大发现后开始出现质变，以后不断加速，成为势不可当的历史潮流，形成了真正意义上的经济全球化。[③]

郑成功之所以能成为 17 世纪中期最负盛名的军事家和民族英雄，其所成长的时代背景是重要因素。所谓的大航海时代，指 15 世纪末到 17 世纪，欧洲人通过远洋航行，发展新的贸易路线及发现新大陆和新地区的过程，这个过程也被称作地理大发现。科技史学家认为人类历史上有三次重大飞跃，大航海是可以与人类走出非洲具有同等价值的重大进步。在大航海时代之前，人类的秩序可以说是各自分别发展的区域秩序，各区域彼此之间的联系程度受制于航海技术和船舶的限制，尤其是东亚地区跟其他地区的隔绝性更强。但从大航海时代开始，远洋贸易逐渐发展繁荣，人类秩序从区域间的联结进化为全球性的联结，最终奠定了今天全球性的国际秩序。

---

①［英］安德鲁·兰伯特著，龚昊译：《海洋与权力：一部新文明史》，湖南文艺出版社，2021 年，第 49 页。

②［美］罗伯特·基欧汉、［美］约瑟夫·奈：《全球化：来龙去脉》，《国外社会科学文摘》2000 年第 10 期。

③李伯重：《火枪与账簿：早期经济全球化时代的中国与东亚世界》，生活·读书·新知三联书店，2017 年，第 30 页。

（二）郑成功海权思想的家族因素

郑氏家族史一直是学界关注的重要课题，郑氏海商集团的形成发展是 17 世纪中国参与早期经济全球化的缩影，也是理解郑成功海权思想的关键背景。关于郑成功的父亲郑芝龙，李伯重先生在《火枪与账簿：早期经济全球化时代的中国与东亚世界》中用"国际化"来形容他是非常贴切的。根据 2002 年福建发现的崇祯年间修撰的《石井本宗族谱》抄本记载，郑芝龙是福建泉州府南安石井乡人，年轻时到过马尼拉，后来在与葡萄牙人打交道中接受了天主教的洗礼，取教名贾斯帕，另名尼古拉，因此外国人称他尼古拉·一官（Nicholas Iquan）。"一官"来自闽南话，即排名第一的孩子，后面就是"二官""三官"。

郑芝龙的"国际化"主要与其早年经历复杂和海上贸易的活动范围广有关。郑芝龙的养父李旦就是以日本平户为基地，操控整个中国东南沿海走私贸易的中国海商首领。李旦早年曾在菲律宾长期停留，因此通晓西班牙语和葡萄牙语。郑芝龙不仅会闽南话、广府话和官话，而且也会葡萄牙语、卢西塔尼亚语（一种犹太商人使用的犹太—葡萄牙语）和日语。此外，他也曾在荷兰东印度公司做过"通事"（翻译），懂一些荷兰语。此外，当时大批明帝国的在逃人犯、走私海商长期停留于日本平户。郑芝龙发迹于日本平户藩，娶平户藩家臣田川翁昱皇之女田川松为妻。郑芝龙集团的活动范围极广，在"东西二洋"盛极一时。福州以南的兴化、惠安、晋江、同安、海澄、东山、诏安一带，都是他的舰船活动地区，郑氏商船队的航行范围，南至澳门、暹罗，北至山东，东至日本、菲律宾。①

郑芝龙生逢乱世，先以海盗身份受明招抚，又以明国公身份而降清，"喜为两端"，名节有污而为后世诟病。郑芝龙的海盗与贰臣形象，与郑成功的民族英雄形象形成了鲜明对比，但细致分析，不难发现郑芝龙作为郑氏集团成熟阶段的代表性人物，包括早期对台湾的开发和抗击荷兰殖民者等行动，都为郑成功留下了值得继承的政治遗产。

---

① 樊树志：《晚明史：1573—1644 年（上）》，复旦大学出版社，2015 年，第 57 页。

（三）海上贸易竞争的客观因素

西方世界的海上贸易、走私及劫掠都有较长历史，从《荷马史诗》中的奥德修斯，到以海盗文化立国的"维京人"。16—17世纪，西班牙、葡萄牙、荷兰、英国等国发展海上贸易的过程，其实更类似于一种获得了国家批准的掠夺性远征。"全球经济共同体的扩展只不过是各民族之间相互斗争的另一种形式，这种形式并没有使各民族为捍卫自己的文化斗争变得更容易，而恰恰使得这种斗争变得更困难，因为这种全球经济共同体在本民族内部唤起当前物质利益与民族未来的冲突，并使既得利益者与本民族的敌人联手而反对民族的未来。"[1]

郑成功将海外通商作为解决抗清筹饷的重要财源。清人郁永和曾指出："我朝严禁通洋，片板不得入海，而商贾垄断，厚赂守口官兵，潜通郑氏……于是通洋之利，惟郑氏独操之，财用益饶。"[2]1635年，日本的江户幕府规定将长崎作为对外贸易的唯一港口，并只许中国和荷兰商船前往贸易。1644—1662年间，由福建起航的船只约占赴长崎的中国商船的70%。其中，大部分又由郑成功直接经营。[3]郑成功每年对日贸易总额，约达白银216万两；其利润额，每年约有白银141万两。[4]

在参与海上贸易的竞争中，舰船设备和武器装备必不可少。中国在参与17世纪的海外贸易中之所以无法取得较大优势，除了政策等原因，还有一个重要因素就是制造技术已经落于人后。1574年福建海盗林凤远征菲律宾攻打马尼拉时，伤亡200人，而西班牙方面仅死亡2人，火器装备与西方的差距是导致战败的主要原因。1633年，郑芝龙与荷兰人在料罗湾的作战中虽然取得了胜利，但多是依靠灵活战术和小船火攻，同样暴露了舰船和武器装备制造上的不足。由于和西方夹板船作战多年，郑成功深知战船的质量和数量对海战的重要性，注重建造巨舶、大舰，而且高大坚致。郑成功北伐南京时，船队规模发展到了最高峰。1657

① ［德］马克斯·韦伯著，甘阳、李强译：《民族国家与经济政策》，生活·读书·新知三联书店，1997年，第92页。

② ［清］郁永河：《裨海纪游·郑氏逸事》，《台湾文献丛刊》，第44种，第48页。

③ 魏能涛：《明清时期中日长崎商船贸易》，《中国史研究》1986年第2期。

④ 杨彦杰：《1650—1662年郑成功海外贸易的贸易额和利润额估算》，《福建论坛》1982年第4期。

年，"亲拥战舰数千"，郑氏集团的造船厂遍布东南沿海，甚至暹罗。[1]

二、从孺子到孤臣：郑成功的思想根基

（一）传统的儒学教育

根据《郑成功传》记载，崇祯三年（1630）"成功归自日本平户"[2]；崇祯十一年（1638），15 岁"入南京太学，补弟子员"。郑成功 7 岁前随母亲翁氏（田川氏）生活在日本，崇祯三年，郑芝龙派人把他接回福建安平，给他取名森，字明俨。厦门鼓浪屿郑成功纪念馆《郑氏附葬祖父墓志》记载"先世由光州固始县入闽"。郑成功收复台湾后，将内府之门命名为"桔柣门"。《左传·庄公二十八年》："子元以车六百乘代郑，入于桔柣之门。"晋杜预注："桔柣，郑远郊之门也。"楚军入郑桔柣门，故以桔柣代郑地。"永历十五年，延平郡王克台湾，就荷兰城以居，改建内府，台人谓之王城。别辟一门曰桔柣，以春秋郑国有此门也。"[3] 此举似有追溯故地郑国之意，也再次证明了其对《春秋》的熟稔。

关于郑成功是否曾在南京太学就读，学界对此看法不一。笔者认同陈寅恪先生的观点，"盖弘光立于南都，郑氏遣兵入卫。此时成功执贽于牧斋之门，极为可能。《行朝录》为黄宗羲所著，梨洲与牧斋关系密切，其言自是可信"[4]。钱谦益为郑成功取号曰"大木"，源自《孟子·梁惠王》："为巨室，则必使工师求大木。"崇祯十一年五月通过考试后，郑成功成为泉州府南安县学的一名生员。[5]"郑成功为诸生时，每自南安来惠（安），主若濠濮斋，论文赋诗，风雨连床，不稍间也。"崇祯十五年（1642），郑森 18 岁，曾往省会福州参加乡试。"少服儒冠，长遭国恤，

① 赵雅丹：《郑成功水师与荷兰海军装备、作战方式差异之探析：以台江之战为例》，《军事历史研究》2010 年第 2 期。

② 《郑成功传》，台湾文献丛刊第 67 种，台湾银行经济研究室，1963 年，第 120 页。

③ 连横：《台湾通史·城池志》，商务印书馆，2010 年。

④ 陈寅恪：《陈寅恪文集》（全九册），上海古籍出版社，2020 年，第 1810 页。

⑤ 他少年时读书的朋友有惠安县生员张若、晋江县人杨于两。杨于两是郑成功岳父董飏先的表侄，刘献廷曾听杨于两亲口说过"于两与赐姓（成功）幼同笔研"。

感时仗节，移孝作忠。"① 就是指的这段经历。

明末王学已走入末路，"讲学之风，已为极敝，高谈性命，直入禅障，束书不观，其稍平者，则为学究，皆无根之徒"。面对王学的衰落，顾宪成、高攀龙等人创建的东林书院声誉日隆："上自名公卿，下迨布衣，莫不虚己悚神，执经以听，东南讲学之盛遂甲天下。"② 高攀龙多围绕如何做学问做人展开，多为正心、诚意、修身、齐家、治国、平天下的儒家训条的具体阐述。明末东林运动"代表传统儒家价值观念与现实恶劣政治势力斗争的一个典型"③，可以说，重整道德，坚守儒家传统价值观是东林运动的重要内涵，这一点对于青少年时期在福州和南京等地求学的郑成功也有一定影响。

青少年时期的郑成功"性喜春秋，兼爱孙吴。制艺之外，则舞剑驰射；楚楚章句，特余事耳"。 他参加乡试，论文赋诗，像诸多世家子弟一样接受着传统的儒家教育。在郑成功的青少年时期（1630—1645），正是郑芝龙事业的上升期，1628 年，郑芝龙受到明福建巡抚熊文灿招抚，诏授海防游击，任"五虎游击将军"。1633 年在泉州金门岛的料罗湾海战中击退荷兰东印度公司与刘香舰队，取得"料罗湾大捷"。史载："凡海舶不得郑氏令旗者，不能来往。每舶例入三千金，岁入千万计，以此富敌国，自筑城安平镇。"后郑芝龙讨伐刘香于虎门，官至都督同知。崇祯十七年（1644），南明弘光皇帝册封郑芝龙为南安伯、福建总镇，负责福建全省的抗清军务。

郑成功受教于钱谦益，与其长子孙爱也多有往还。对于郑成功青年时期的诗作，钱谦益有"声调清越"的赞赏，如《越旬日复同孙爱兄游桃源涧》有"声荡白云飞，谁能窥真谛？真谛不能窥，好景聊相娱。相娱能几何，景逝会斯须。胡不自结束，入洛索名姝"④ 等句。时任户科给事中的瞿式耜评"瞻瞩极高"。少年时期的郑成功，有才情有抱负，海商世家的出身，也会沾染一些骄奢之气。如果

① 《福建台湾请建明延平王祠折》。

② 康熙《东林书院志》卷上《沿革》。

③ 林丽月：《明末东林派的几个政治观念》，《台湾师范大学历史学报》1983 年第 11 期。

④ 《郑成功传》，《台湾文献丛刊》，第 67 种，台湾银行经济研究室，1963 年，第 128 页。

没有青年时期的锤炼与挫折，很难想象郑成功会成长为一代名将、民族英雄。

（二）坚守"君臣大义"

"君臣"是古代士大夫的传统议题，在郑成功身上体现的是符合儒家伦理纲常的君臣关系，即忠君爱国。郑成功对"君臣大义"的坚守表现在，一是"移孝作忠"，在郑氏家族多数成员降清的情况下，仍坚持抗清复国；二是孤持正朔，奉南明政权为正朔。

"移孝作忠"始于孔子以"亲亲"率"尊尊"，经过曾子学派的发展，到《孝经》被正式提了出来。《广扬名章》说："君子之事亲孝，故忠可移于君；事兄悌，故顺可移于长；居家理，故治可移于官。是以行成于内，而名立于后世矣。"① 在个体实践层面，"移孝作忠"需要突破"家"的范畴而及于"国"与"天下"。

当郑芝龙决定降清时，郑成功劝之，"夫虎不可离山，鱼不可脱渊；离山则失其威，脱渊则登时困杀"②。郑芝龙无论是被明朝招安，还是最后降清，本质上都是为扩张自己在东南沿海的海外贸易积累政治资本。郑芝龙在与明清政权的协调中，在政治上表现出一定的投机色彩。曹履泰《靖海纪略》说他"假仁假义，所到地方，但令'报水'（'报水'是指其勒索富民以助饷），而未尝杀人，有彻贫者，且以钱米与之，其行事更为可虑耳"。《明熹宗实录》还记载说："遇诸生则馈以赆，遇贫民则给钱。"而在隆武帝被困于金华时，"郑芝龙间使约款于大清，尽撤施福等守关将军还安平。手敕遣中使邀之曰：'卿稍迟，朕与卿同行。'芝龙不顾。"③ 忠君爱国的理念并不符合郑芝龙对现实利益的考量，如何利用政治资本为自己换取更大的官位与权力，进而攫取最大的商业利益，才是他的首要考虑。④ 郑成功所面对的"忠孝难两全"的困境，其实也是自古以来"孝"与"忠"、"家"与"国"之间伦理定位的内在矛盾。

在郑成功青年时期，还有一个重要人物的作用不应被忽视。隆武帝朱聿键与

---

① 姜广辉：《中国经学思想史》（第二卷），中国社会科学出版社，2003年，第92页。

② 〔清〕江日昇：《台湾外记》卷之二，福建人民出版社，1983年，第75页。

③ 〔清〕邵廷采等：《东南纪事》（外十二种），北京古籍出版社，1999年，第180页。

④ 顾诚：《顾诚明史系列：南明史》，北京日报出版社，2022年，第276页。

郑成功虽然相处时间不长，但隆武帝对这个权臣之子确有知遇之恩。从顺治三年（1646）正月起，郑成功一直亲履戎行，参与了许多军事指挥活动。面对官兵与义兵争粮之危，郑成功奉谕声援郑彩"速发锐兵二千"①，同年"领兵出大定关"②，三月"出分水关，以复江省"，兵事锤炼了他各方面的能力，尤其是领兵作战的军事能力，也为他后来独树一帜，持续十数年领导东南沿海声势浩大的抗清活动奠定了基础。

郑成功选择了与父亲完全不同的人生道路，隆武年间的经历与思索也影响了此后"孤持正朔"的选择。据《明季南略》记载："隆武尚未有子嗣，郑芝龙乃令子郑森入侍；隆武赐国姓，改名成功。隆武每意有所向，成功辄先得之，以告芝龙；由是，廷臣无敢异同者，宰相半出门下。"这个说法，固然有其道理，但如果郑成功事事听命于父亲，则无法解释郑氏父子不同的人生选择。"成功见隆武愁坐，悲来填膺；跪奏曰：'陛下郁郁不乐，得毋以臣父有异志耶？臣受国厚恩，义无反顾，臣以死捍陛下矣。'"郑成功虽"遇主列爵，但未尝一日与兵枋，意气状貌，犹儒书也。既力谏不从，又痛母死非命，乃悲歌慷慨谋起师。携所著儒巾、襕衫，赴文庙焚之。四拜先师，仰天曰：'昔为孺子，今为孤臣。向背去留，各有作用。谨谢儒服，唯先师昭鉴之。'"③收复台湾后，郑成功"制法律，定职官，兴学校，起池馆，待故明宗室遗老之来归者"④。

（三）明辨"夷夏之防"

郑氏家族以郑芝龙为首，家族长辈降清者过半。"家门为难"对于郑成功来讲，是极大的隐痛。顺治十一年（1654），福建巡抚张学圣、巡道黄澍、福建右路总兵马得功趁郑成功亲率主力南下广东支援郑鸿逵之际，偷袭厦门，郑成功所失甚巨，几乎为郑成功全部家资、郑芝龙一生所蓄，计有"黄金九十余万，珠宝

① 〔明末清初〕边大绶等：《虎口余生记》（外十一种），北京古籍出版社，1999年，第201页。
② 〔明末清初〕边大绶等：《虎口余生记》（外十一种），北京古籍出版社，1999年，第209页。
③ 《郑成功传》，《台湾文献丛刊》，第67种，台湾银行经济研究室，1963年，第5页。
④ 〔清〕徐鼒撰，王崇武点校：《小腆纪年附考》，中华书局，1957年，第772页。

数百镒，米粟数十万斛……"①将士财帛、百姓钱谷更是不计其数。面对巨大损失，郑成功说："渡虏来者澄济叔，渡虏去者定国叔。弃城与虏者芝莞功叔，家门为难，与虏何干？"面对父祖等家族亲属被清廷控制的局面，可谓悲愤至极。

郑成功为坚守"夷夏之防"与父亲决裂的过程是异常艰难的，这在今天的人们可能是无法体会和理解的。但从史料记载来看，郑芝龙降清后，数次写给郑成功的劝降信和郑成功的回信中，仍然能够体会到作为一个孤臣，也是一个长子的两难抉择。郑成功的智慧是显而易见的，他与清廷斡旋良久，在谈判桌上"虚与委蛇"，不断为自己争取最大的利益，却从不相信谈判能解决问题。

面对郑芝龙的数次劝降，郑成功"从治命不从乱命"，"儿初识字，辄佩服《春秋》之义"。对于清廷出尔反尔的举动，郑成功提醒父亲"前后之言，自相刺谬"，"始谓一到省便可还家，既又谓一入京便可出镇。今已数年矣，王爵且勿论，出镇且勿论。即欲一过故里亦不可得。彼言岂可信乎？"这既是说与父亲的，也是对清廷的痛斥。对于郑氏家族世代经营的闽粤之地，郑成功认为"夫沿海地方，我所固有者也。东西洋饷，我所自生自殖者也。进战退守，绰绰余裕。其肯以坐享者反而受制于人乎？"郑成功对闽粤之地的打算，认为其属于清朝"必不可守之地"。欲行春秋大义，却需面对"父命及清谕"，"犹且两难"②。与之相对，对待孤忠亮节、矢志抗清的明遗臣遗民，郑成功礼敬有加，"礼待避地遗臣王忠孝、卢若腾、沈佺期、辜朝荐、徐孚远、纪许国等。此数人，郑之上客也，成功不敢与讲均礼；军国大事，悉以谘之"。

三、郑成功海权实践的现代性

海权产生的根源是由海上贸易开启的国家经济利益冲突。国家为了自身经济、政治利益的实现，运用海上力量（主要是海军）去控制海洋，称之为海权。而海权保护商业，增加了国力，充盈的国力又进一步加强了海权，形成良性循环。③

---

① 〔清〕杨英撰，陈碧笙校注：《先王实录校注》，福建人民出版社，1981年，第31页。

② 〔清〕杨英撰，陈碧笙校注：《先王实录校注》，福建人民出版社，1981年，第62—63页。

③ 张炜：《大国之道：船舰与海权》，北京大学出版社，2011年，第36页。

唐宋时期，海上贸易逐渐兴起，朝廷开始设置"市舶司"。宋高宗赵构就得意地说："市舶之利最厚，若措置合宜，所得动以百万计，岂不胜取之于民?"[①] 可见当时的海上贸易所带来的利润，于国家财政的意义已经不容小觑了。明代海上贸易则出于维护宗藩秩序的政治需要，"今贡舶与市舶一事也，凡外夷贡者，皆设市舶司以领之，许带他物，官设牙行，与民贸易，谓之互市，是有贡舶即有互市，非入贡即不许其互市矣"[②]。顺治三年（1646），郑成功在"延平条陈"中提出："据险控扼，拣将进取，航船合攻，通洋裕国。"[③] "延平条陈"是郑成功海权思想的标志。

（一）"以商养军"：海上贸易支撑军事优势

自从英国和荷兰在 1600 年和 1602 年分别成立了各自的东印度公司之后，殖民扩张的步伐逐渐加快，尤其是在东南亚地区。海洋贸易使得深度参与其中的英国、荷兰等国开始以一种真正的全球视角来思考问题。西方资本主义各国正是在参与海洋贸易的过程中，在与其他的东印度公司争夺海洋航线、海外贸易据点、垄断贸易资源的时候，萌生出现代国家、民族的概念。

荷兰在大航海时代的崛起，伴随着西班牙与葡萄牙海上势力的此消彼长，荷兰人在进行海外贸易的过程中形成了民族认同，并发展成为独立的国家。作为"海上马车夫"的荷兰，一直在寻觅适合海外贸易的中转站，对此《东西洋考·红毛番》有生动的描述："佛朗机据吕宋而市香山，和兰心慕之。因驾巨舰横行爪哇、大泥之间，筑土库，为屯聚处所。"[④] 荷兰占领台湾的目的在于：一是以台湾为据点，破坏西班牙、葡萄牙两国贸易路线；二是以此为据点作为商贸的中转站。

郑氏集团作为东南沿海最大的"商业—军事复合体"，内连大陆，外接东西洋，建立了庞大的商业贸易网络。郑芝龙接受明朝招抚后，他所控制的海上力量进一步扩大，并吞了其他海商集团，以厦门港为基地，自行派船出海贸易。其他

① 〔清〕徐松辑：《宋会要辑稿·职官四四》，上海古籍出版社，2014 年。
② 〔元〕马端临：《文献通考·卷三十一·市籴考》，吉林出版集团，2005 年。
③ 〔清〕江日昇：《台湾外纪》卷之二，福建人民出版社，1983 年，第 68 页。
④ 〔明〕张燮撰，谢方点校：《东西洋考》，中华书局，2000 年，第 127 页。

前往外国贸易的商船，也要得到他的许可。"郑氏家族独有南海之利，商船出入诸国者，得芝龙符令乃行。"郑成功长期的抗清活动所依赖之财源以及军饷，多来自商业贸易所得，"成功起兵，以为居守护官。有心计，善理财，集资百余万"①。同时，由于对制海权的垄断，"凡中国各货，海外皆仰资郑氏。于是通洋之利，惟郑氏独操之，财用益饶"②。

在跟随隆武帝的抗清活动中，闽饷和粤饷等军饷始终成为困扰隆武帝的要害。无论是募兵，还是招抚，均少不了军饷的保障。面对臣下三天两头的"请饷"，隆武帝感慨"东南只此幅员，民生止此膏血。不难于调兵，难于措饷"③。在军事上，隆武帝屡次催郑芝龙出师，但"每云饷乏，终无一兵出关（指仙霞关）也"。隆武帝命郑鸿逵率师出浙东，命郑彩为副元帅出江西，可是，"既出关，不行，未几称饷绝而还"④。这一点对郑成功也有影响。在苦苦支撑期间，郑成功为了补充兵员和筹措粮饷，也会运用一些不择手段的措施。他在闽东一带征饷，甚至"三年并收"，给百姓造成了沉重的负担。⑤

郑氏军费多来自"东西二洋船本利息"，并仁、义、礼、智、信海路五商和金、木、水、火、土山路五商各行出入银两。据叛郑的黄梧所言："成功山、海两路各设五大商，行财射利，党羽多至五六十人。泉州之曾定老、伍乞娘、龚孙观、龚妹娘等为五商领袖。"⑥1654 年，荷兰向郑成功纳贡，"年输银五千两，箭杯十万支，硫磺千担，遂许通商"⑦。根据学者杭行的计算，1650—1662 年是郑氏集团盈利的巅峰年代，郑氏集团每年从西洋销往中国的货物大概有 172.5 万两，

---

① 〔清〕夏琳：《闽海纪要》卷之一，福建人民出版社，2008 年，第 45 页。

② 〔清〕郁永河：《裨海纪游·郑氏逸事》，《台湾文献丛刊》，第 44 种，台湾银行经济研究室，1963 年，第 48 页。

③ 〔明末清初〕边大绶等：《虎口余生记》（外十一种），北京古籍出版社，1999 年，第 253 页。

④ 〔清〕杨陆荣：《三藩纪事本末》卷一，中华书局，1985 年，第 7 页。

⑤ 陈支平：《清郑力量的逆转与康熙统一台湾》，李细珠《台湾历史研究》（第 1 辑），社会科学文献出版社，2013 年，第 70 页。

⑥ 〔清〕许世昌：《敬陈灭贼五策事》，《明清史料己编》第六本，第 575—582 页。转引自《厦门简史》编委会著《厦门简史》，社会科学文献出版社，2021 年，第 215 页。

⑦ 〔清〕杨英撰，陈碧笙校注：《先王实录校注》，福建人民出版社，1981 年，第 153 页。

利润约为 35.7 万两，对中国台湾、日本和马尼拉的销售量则达到 407.5 万两，两项相加，总收入约为 580 万两，利润 187 万两。这还不是他的全部收入。作为对比，当时荷兰东印度公司的全球收入大概不到郑氏集团的四分之三，毛利则大概比郑氏集团多一成。[①] 因此，郑成功的抗清斗争之所以能长期持续，几次被清兵偷袭劫掠，哪怕损失惨重也能很快恢复元气，重要原因就是"以商养军"。

（二）海战实力支撑制海权的实现

首先需要明确的是，郑成功的军队绝不是孤悬海外的"孤勇者"。郑成功强大的军事实力，雄厚的经济因素只是其中的重要方面，但不是全部原因，他在政治体制上也进行了一定程度甚至是"僭越"的革新。1655 年 2 月，郑成功在中左所"议设六官并司务，及察言、承宣、审理等官，分隶庶事，令各官会举而行"[②]，置吏、户、礼、兵、刑、工等六官，分理军政事务，此举实质上就是仿效明朝设置了"六部"。3 月，郑成功改中左所为思明州。前设六官，后改驻所名，很大程度上说明了郑成功权衡了当时的发展局势，决定延缓北上与李定国、孙可望会师的步伐，继续坚守闽粤，以海防为主。

在郑成功的军事生涯中，尤以海战功绩卓著。顺治十二（1655），清郑亲王世子济度率满洲精锐及汉军约 3 万人到福州，分三支水师进攻思明、白沙、金门、浯洲等地。来势汹汹的清军不过三年就尽数为郑成功所灭。郑成功在给郑芝龙的回信中说："一弄兵于白沙，而船兵覆没，两弄兵于铜山，而全军歼之。闽安镇为福省之门户，遽尔遂破。罗源一战，阿格商、巴都、柯如良等尽行丧命。"[③]

清军在南京一役取胜后，便决定乘胜进攻厦门、金门，厦门海战遂爆发。顺治十七年（1660），清安南将军达素率满汉铁骑万余人，以及浙江、南直隶、广东三省水师汇集厦门。海战与陆战环境不同，气候不同。起初清军乘风顺流蔽江

---

①XingHang, *Conflict and Commerce in Maritime East Asia：The Zheng Family and the Shaping of the Modern World，c.1620–1720*, Cambridge University Press，2016.

②〔清〕杨英撰，陈碧笙校注：《先王实录校注》，福建人民出版社，1981 年，第 111 页。

③〔清〕杨英撰，陈碧笙校注：《先王实录校注》，福建人民出版社，1981 年，第 144—145 页。

而下，以数船攻一船，用铁链钉住，炮矢齐发，郑军接连损失了大将陈尧策和周瑞。战至中午，"南风乍发，海潮渐长"，风向和海潮都转利于郑军，于是郑成功下令起锚反攻，并"亲驾小哨，躬督官兵，直冲过船"。郑军水师趁势冲杀，连夺清军 13 艘大船。海面作战，以郑军大胜而结束。①

相关记载中，郑成功遇险冷静果断，同时又能体恤下属，与之同甘共苦，故颇受爱戴。郑成功在战事胶着之时，多身先士卒，"亲督戎旗"。郑成功治军严明，对于客观原因导致的失败，能细查明纠，但对畏战等主观因素导致的丧师之罪，从不宽宥。但是，郑成功并非完人，史家对他评价"忘大德而不赦小过"，也间接造成了施琅、黄梧反面事仇的结果。

郑芝龙降清之初，郑成功军队最初只有 90 余人，在南澳招兵，也仅得数百人。其后，在叔父郑鸿逵支持下，才拥兵数千。郑成功收复台湾时能集结数万军队，"以海外弹丸地，养兵十数万；甲胄戈矢，罔不坚利，战舰以数千计"。不能不说，郑成功卓越的军事才能和丰富的海战经验也是其能够实现海上贸易垄断的重要保障。

（三）"开辟荆榛逐荷夷"的主权宣告

早在荷兰殖民者侵占台湾之前，大陆移民便已在颜思齐与郑芝龙的领导下大规模开发经营台湾。北伐南京失利后，郑成功收复台湾的主要目的在于以台湾作为军事基地，争取海权优势来保障自身在政治与军事上的安全。更重要的是，明清双方在军事和政治上的形势已经发生很大的变化。永历朝廷一蹶不振，"迁界令"下达后，东南沿海无法支持其庞大的军队后勤供应。郑成功叹曰："使吾徇诸将意，不自断东征，得一块土，英雄无用武之地矣。沿海幅员上下数万里，尽委而弃之，使田庐丘墟、坟墓无主，寡妇孤儿望哭天末，惟吾之故。以今当移我残民，开辟东土，养精蓄锐，闭境息兵，待天下之清未晚也。"②

郑成功收复台湾的举动在当时承受着巨大的反对声浪，许多人不理解收复

---

① 《厦门简史》编委会：《厦门简史》，社会科学文献出版社，2021 年，第 218 页。
② 〔清〕徐鼒撰，王崇武点校：《小腆纪年附考》，中华书局，1957 年，第 772 页。

一个"海中荒岛"意义何在。多数闽籍将领留恋乡土，尤其是放弃"思明州"是很多南明阵营人士无法接受的。更何况郑成功明言："我欲平克台湾，以为根本之地。安顿将领家眷，然后东征西讨，无内顾之忧，并可生聚教训也。"①浙江抗清武装领袖张煌言就多次劝说他终止这一计划，称"夫思明者，根柢也；台湾者，枝叶也。无思明，是无根柢矣，安能有枝叶乎？""区区台湾，何预于神州赤县？而暴师半载，使壮士涂肝脑于火轮，宿将碎肢体于沙礴，生既非智，死亦非忠。"②经历了厦门遭袭、黄梧海澄叛变的教训，郑成功看中的就是台湾作为海岛"无内顾之忧"的优势，以及能够为抗清大军长期提供给养，最终还是力排众议，毅然将收复台湾的志向付诸实践。

1661年4月，郑成功率部25000余人，分乘400艘战舰东征台湾。1662年1月，经过漫长的围困之后，郑成功率先攻取了热兰遮附近高地之上的乌勒列支堡，随后再居高临下炮击热兰遮城。荷兰总督揆一最终于1662年2月1日签署投降协议。荷兰东印度公司以交出所有城堡、武器换取剩余的荷兰东印度公司的雇员及家属安全离开。收复台湾后，郑成功意气风发，赋诗一首：

> 开辟荆榛逐荷夷，
> 十年始克复先基。
> 田横尚有三千客，
> 茹苦间关不忍离。③

结　语

在《剑花室外集·延平王祠古梅歌》中，连横将郑成功与诸葛亮、岳武穆相提并论。歌云："我闻诸葛庙前古柏柯如铜，坚贞不拔回天工。又闻岳王坟上古

---

① 〔清〕杨英撰，陈碧笙校注：《先王实录校注》，福建人民出版社，1981年，第244页。
② 〔清〕张煌言：《张苍水集》，第一编"顺治十八年辛丑，《上延平王书》"。
③ 《延平二王遗集》，《台湾文献丛刊》第67种，台湾银行经济研究室，1963年，第127页。

桧高摩空，万枝南向表臣衷。我谓古木无知，何得人推崇，千古见者犹思二人之精忠。诸葛存汉岳驱戎，续其武者唯我延平真英雄。"[1] 郑成功无疑是 17 世纪中国历史中一个闪光的存在。他是最坚守的孤臣，却无一丝遗民气。他是最悲哀的儿子，多次与清廷虚与委蛇，以保全老父性命。他敢于跳出传统的视野看向那个急速变化的世界，用强硬的姿态与雄厚的实力让西方强权对其俯首纳贡。他是维护中国海权的民族英雄，也是以"国姓爷"（Koxinga）之名活在日本、荷兰、西班牙、菲律宾等各种海外文献中的传奇人物。郑成功的海权实践是早期经济全球化和现代化进程的中国代表，他的经历本身就是"世界上既不存在定于一尊的现代化模式，也不存在放之四海而皆准的现代化标准"的最好证明。

---

① 连横：《剑花室诗集·延平王祠古梅歌》，《台湾文献丛刊》，第 94 种，台湾银行经济研究室，1963 年，第 31 页。

简论郑成功的诗文书写与文化价值

⊙高小慧（郑州大学文学院副教授）

引　言

郑氏家族政治势力于郑芝龙拥立隆武政权始，历郑成功、郑经至郑克塽四世，是南明时期反清复明的重要力量和旗帜。郑成功承续家族使命，奉朱明为正朔，积极投身抗清斗争，是为旧朝忠臣遗老；又兵逐荷兰，收复宝岛，开化台湾，是为民族英雄。郑成功除了是一位卓越的军事将领，也颇具诗歌造诣和文学功底，其本人诗文作品虽传世不多，但皆英气磅礴，情感洋溢，家国情怀与政治理想展露无遗，衍发爱国热潮。郑成功的历史功勋与精神思想遗留给后世丰富的文化遗产。

纵览国内郑成功研究的历史全景，在史料发现与整理的基础上，涉猎范围极广，研究议题多样，主要侧重于郑成功军事、政治、经济、文化、郑氏家族以及郑成功与台湾关系等方面。然少见对郑成功诗文书写及其延伸的文化影响的整体研究。本文试图以郑成功诗歌创作中反映出来的遗民忠义精神和爱国情操为切入点，从文化书写的角度，运用文史哲相结合的方法，解析明清易代之际郑成功价值观念与心态特征的成因和表现，从而更深刻地理解郑成功事迹和文化影响。

一、郑成功诗文书写中精神与思想内涵

郑成功是明郑时期的重要诗人，颇事吟咏。据传，成功幼时，私塾先生偶以"洒扫应对"为题，即写下奇句"汤武之征诛，一洒扫也；尧舜之揖让，一进退也"，寥寥数语，惊为天人。① 弱冠之年，又拜大儒钱谦益为师，从徐孚远等几社君子游学；掌权郑氏后，吸附大批遗民文人，诗文益发励进。瞿式耜评价其"瞻属极高，他年必成伟器"，郑成功的文学素养可见一斑。

然明清之际，战争频繁，出版印刷技术落后，限制了文人作品流传，郑成功也不例外。《玄览堂丛书续集》中影印的《延平二王遗集》收录郑成功五古三首、七绝五首，还有一些散见于其他史料。"诗者，志之所之也，在心为志，发言为诗，情动于中而形于言。"诚然，"诗言志"，解读郑成功本人诗文创作有助于帮助我们了解郑成功的精神和思想，进而挖掘其文化意义。

（一）寄情山水，感悟生命

崇祯十七年（1644），郑成功前往南京国子监求学，拜鸿儒钱谦益门下。闲时曾往常熟虞山拜访恩师，并邀请友人同游景色，有感而赋《春三月至虞谒牧斋师同孙爱世兄游剑门》和《越旬日复同孙爱兄游桃源涧》三首：

春三月至虞谒牧斋师同孙爱世兄游剑门②

西山何其峻，巉岩暨穹苍。藤垂涧易陟，竹密径微凉。烟树绿野秀，春风草路香。乔木倚高峰，流泉挂壁长。仰看山岑碧，俯首菜花黄。涛声怡我情，松风吹我裳。静闻天籁发，忽见林禽翔。夕阳在西岭，白云渡石梁。巉崿争突屼，青翠更苍茫。兴尽方下山，归鸟宿池傍。

① 陈耕：《纵横闽南》，海峡文艺出版社，2017年，第83页。
② 〔清〕郑成功、郑经：《延平二王遗集》，郑振铎《玄览堂丛书》，第120册，1947年，国立中央图书馆影印本。

越旬日复同孙爱兄游桃源涧①

闲来涉林趣，信步渡古原。松柏夹道茂，绿叶方繁繁。入林深几许，瞻盼无尘喧。清气荡胸臆，心旷山无言。行行过草庐，瞻仰古人园。直上除荆棘，攀援上桃源。桃源何秀突，风清庶草蕃。仰见浮云驰，俯视危石蹲。拭石寻旧迹，隐隐古迹存。借问何朝题，宋元遣须论。长啸激流泉，层烟断屐痕。退迤欣一览，锦绣罗江村。黄鸟飞以鸣，天净树温温。远色夕以丽，落日艳危墩。顾盼何所之，洒然灭尘痕。归来忘所历，明日上柴门。

孟夏草木长，林泉多淑气。芳草欣道侧，百卉皆郁蔚。乘兴快登临，好风袭我襟。濯足清流下，晴山绿转深。不见樵父过，但闻牧童吟。寺远忽闻钟，杳然入林际。声荡白云飞，谁能觅真谛？真谛不能窥，好景聊相娱。相娱能几何？景逝曾斯须。胡不自结束，入洛索名姝。

这三首诗是诗人早年记游之作，畅叙了与良师益友共游山水、寄情自然的乐趣，写景如入画图，诗境高远。牧斋（钱谦益）师评："声调清越，不染俗氛，少年得此，诚天才也。"② 剑门一景一观皆鬼斧神工，一草一木充满灵性，"涛声移我情，松风吹我裳"，人景共情，趣味无穷，使得诗人不由得沉浸山水田园之乐游。据方志记载，桃源涧两边曾夹种桃树，花开时节，其景颇似武陵桃花源，故名。③ 想必由此缘故，郑成功游玩之时，仿佛与陶潜感同身受，如梦如幻，再遇桃花源。好风袭怀，清流濯足，足见诗人心性之高古。所谓道法自然，诗人从山水美景中领悟到了人生的真谛，"此中有真意，欲辨已忘言"。如果说陶渊明是隐士，代表着隐逸逍遥的道家出世理想，郑成功就是典型的心恋魏阙、治国平天下

①〔清〕郑成功、郑经：《延平二王遗集》，郑振铎《玄览堂丛书》，第120册，1947年，国立中央图书馆影印本。

②〔清〕郑成功、郑经：《延平二王遗集》，郑振铎《玄览堂丛书》，第120册，1947年，国立中央图书馆影印本。

③陶玉霖：《虞山》，古吴轩出版社，2001年，第123页。

的儒家入世理想。世外桃源也好，自然意趣也罢，逃避解决不了问题，唯有回归现实，上下求索。

这三首早期游景之作除流露出诗人对祖国大好山河的喜爱之情外，也充分地展现了少年郑成功浩荡的胸襟、远大的志向和追求真谛的理想。

（二）赋诗写志，忠于明室

时代巨变，家国遭难，郑成功有感于此，心态发生变化，从不识愁滋味的少年成长为封狼居胥的将军。隐下伤痛，积极回应，为恢复明室上下求索，这在其诗作中有所反映：

《出师讨满夷自瓜州至金陵》："缟素临江誓灭胡，雄师十万气吞吴。试看天堑投鞭渡，不信中原不姓朱。"①此诗写于顺治十六年（1659）七月，时郑成功率军北征，一路势如破竹，途经焦山，十万大军素服缟衣，祭祀明朝先帝。衣冠似雪，悲恸百里，情景庄严肃穆，表达了决心驱除清朝、匡复故国的雄心壮志。又借前秦苻坚"投鞭渡"的典故，彰显他军旅众多，力量强大，"不信中原不姓朱"。又如江州桥一役大胜，郑成功扬眉吐气，站在桥头赋《龙海桥头观江潮》："神州鼎沸横胡虏，禽兽衣冠痛伪朝。十万健儿天讨至，雄心激似大江潮。"②轻蔑甚至是歧视地称呼清政权为"满夷""胡虏""禽兽衣冠""伪朝"，明确清朝入主中原是蛮夷入侵，是无法与汉民族相抗衡的。这些诗篇，气势磅礴，情感丰富，表现了郑成功于国破家亡、颠沛流离之际豁达乐观的生存态度和抗清复明的豪情壮志。

《晨起登山踏看远近形势》："旭日东升万壑明，高林秋爽气纵横。千峰无语闲云过，瀑布湍飞系我情。"③这是一首写景诗，亦是郑成功千万行军生活的一处缩影。秋日早晨，登上了高山，察看远近地形。不意旭日、云彩、高山、瀑布、沟壑、密林等映入眼帘，万千景象无不吸引着他。大自然的美好景观令其深受感

① 〔清〕郑成功、郑经：《延平二王遗集》，郑振铎：《玄览堂丛书》，第120册，1947年，国立中央图书馆影印本。

② 南平市诗词楹联学会编：《大武夷千家诗联选》，华文出版社，2009年，第124页。

③ 〔清〕郑成功、郑经：《延平二王遗集》，郑振铎：《玄览堂丛书》，第120册，1947年，国立中央图书馆影印本。

染，心驰神往，从而意气风发，信心百倍。表现了诗人对祖国大好河山的热爱和军旅间歇的豁达闲适之情。《台湾诗乘》卷一连横载有诗曰："黄叶古祠里，秋风寒殿开。沉沉松柏老，瞑瞑鸟飞回。碑碣空埋地，庭阶尽杂苔。此地到人少，尘世转堪哀。"是为登岘石山，乃北征之时，师次京口所作。① 时郑成功登临岘石山，祀祖宗，飨士卒，无限感慨。归途中见一古祠，触景生情，由古及今，不胜惆怅，赋诗写志。郑成功后期的诗作，与其年少时游学帝都的作品，尽管都有一种自然主义的倾向，但后者出于英气豪发的天童烂漫，前者则出于历经世变、性为法忍的老童归真，同样是抒发切心掣情的魂灵归属，但年少时之"秋日好"与更事后之"好秋日"，已别然不同矣。其间，亦可隐见其文化理解的渐进和文化实践。②

（三）民族气节，爱国情操

郑成功毕生戎马倥偬，为抗清复明大业鞠躬尽瘁，为反击侵略孤注一掷。虽其传世诗篇不多，但忠君爱国之情、民族气节之志，溢于言表，读之令人胆豪气壮。

顺治十八年（1661），"陈吏部逃难南来，始闻今上幸缅甸，不胜悲愤，成功僻在一隅，不及救，抱罪千古矣"③。又清廷以杀父为威胁，迫使郑成功投降。忠孝节义是儒家伦理规范，是君子应该具备的品德，奈何自古忠孝难全。郑成功陷此两难境地，诗云：

闻道吾皇赋式微，哀哀二子首阳薇。频年海岛无消息，四顾苍茫泪自挥。
天以艰危付吾俦，一心一德赋同仇。最怜忠孝两难尽，每忆庭闱涕泗流。

一题两诗，其一分别表示对"君"对"父"的态度。郑成功奉永历正朔，

① 连横：《台湾诗乘》，《台湾文献丛刊》，第64种，1963年。

② 高致华、张永宏：《屈原与郑成功文学贡献异同的哲学省思》，《2011年楚辞学国际学术讨论会暨中国屈原学会第十四届年会论文集》，2011年，第408页。

③〔清〕郑成功、郑经：《延平二王遗集》，郑振铎：《玄览堂丛书》，第120册，1947年，国立中央图书馆影印本。

坚定忠诚明朝，但听闻王逃缅甸，却未能速定大计，出师勤王。盖成功衡量了客观形势，滇缅道路阻梗，且瞿式耜、何腾蛟两督师都已殉命，军无大将，实在鞭长莫及。①由此可知，郑成功的忠诚非为一人一姓效劳，而是超越隘狭思想，顾全大局，是为家国大义。其二乃为诗人明志之辞，父亲性命成为清廷迫降的筹码，一边是遗民忠义，一边是孝悌伦常，"再四思量，终无两全之美。痛愤几不欲生，惟有血战，直渡黄龙痛饮，或可迎归终养耳，屈节污身不为也"②。这可以说是血泪凝成的抉择啊。然先有国后有家，宁把孝顺父母之心转为效忠君主，亦坚决不肯屈节侍敌。此前，郑芝龙投降清廷之时，成功劝说无果，便与之割断情谊，表明正义立场。

郑成功克复台湾，弘扬了抗击外强侵略、维护国家统一的爱国精神，是民族英雄。"开辟荆榛逐荷夷，十年始克复先基。田横尚有三千客，茹苦间关不忍离。"③《复台》首两句既概括了复台艰难而长久的斗争历程，也抒发了诗人恢复台湾的坚定决心和不畏强暴的坚毅勇气。三、四句借用"田横"这一典故，赞扬部下精诚团结、同心同力，以示郑家军坚贞不二、忠于旧朝的"遗民"气节。全诗充满收复祖国领土的壮志豪情和民族自信，体现了中国人民一贯反对外来侵略、维护祖国统一和领土完整的斗争精神。

二、郑成功的价值观念与心态特征

文学源于现实，郑成功的诗歌创作与文学思想源自他丰富的现实经历。明清易代，不仅是一家一姓的政权交替，更是少数民族入主中原。郑成功是明室遗臣，是士族代表，身份立场和儒学浸染使得他仇视清廷，誓死守节。受此价值观念与心态特征影响，郑成功诗文作品中充斥着对反清复明的渴望、对民族

---

① 福建省图书馆编：《萨兆寅文存》，鹭江出版社，2012 年，第 361 页。

② 〔清〕郑成功、郑经：《延平二王遗集》，郑振铎：《玄览堂丛书》，第 120 册，1947 年，国立中央图书馆影印本。

③ 〔清〕郑成功、郑经：《延平二王遗集》，郑振铎：《玄览堂丛书》，第 120 册，1947 年，国立中央图书馆影印本。

气节的坚守。

（一）明清易代的身份抉择

自古易代之际，新旧王朝的更替会引发一系列典型问题，表现在士人身上就是生存境遇和心态产生剧烈震荡，并在文学艺术上留下极为明显的痕迹。

明朝末年，农民起义风卷而起，女真政权虎视眈眈，最终明王朝覆灭，满族入主中原。值得注意的是，明清接力并不是一般意义上的朝代更替，而是满族进入中原。一系列巨大又迅猛的变动，强烈地震撼了士人的心灵，使士人心态异常复杂，被迫成长。国破家亡、文明沦陷的苦痛尚未完成消化，何去何从又是摆在士人面前必须回答的大问题。这种选择不但是政治选择，更是道义抉择。面临变局，明清易代之际的士人大致做出了以下三种选择：第一类成为明朝的"贰臣"，如钱谦益；第二类自杀殉国，用自己的生命来表达对君主的忠诚，如陈子龙；第三类则是拒绝新朝招降，用忠义气节来表达故国之思，如顾炎武。①郑成功幼习儒学，深谙忠孝节义之礼，加之深受皇恩，感兴亡之责，耻于失节，毅然决然选择成为"明遗民"，并积极地为反清复明事业奋斗终身，鞠躬尽瘁，死而后已。他掌控的明郑政权作为南明时期的一股重要的政治和军事力量，是明遗民抗清的一面旗帜，也是不愿仕清者的依附对象。

坚定成为旧朝遗民，致力复明，这种抉择潜移默化地影响着郑成功的精神面貌，渗透于其创作心态。故郑成功多通过吟诗唱和抒发复兴明室的坚定志向和遗民主义爱国之情。

（二）儒家思想的浸染

郑成功自幼习儒，熟读四书五经，儒学功底扎实；成年后游学南京，入国子监，师钱谦益，确立经世致用的王道思想。郑成功接受过正统的儒学教育，思想上深受儒家正统思想的影响，严"华夷之辨"，守君臣之义，移孝作忠，坚决抗清，驱逐荷兰，收复台湾，践行并书写儒家思想。②

① 丛扬：《明清之际的遗民心态》，辽宁师范大学硕士论文，2009年，第4页。

② 王胜勇：《郑成功的儒学思想及其影响》，《中国民族博览》2017年第2期。

其一，忠孝节义观念。"君使臣以礼，臣事君以忠"是儒家确立的君臣关系原则。顺治二年（1645），郑芝龙于福州拥立唐王朱聿键称帝，郑氏家族政治势力已见端倪。郑芝龙引其子郑森拜见隆武帝，帝悦，赐国姓"朱"，改名成功，自是，朝廷内外称之"国姓爷"。朱明皇室对郑成功本人及郑氏家族有知遇之恩，郑成功报以事君以忠，守君臣之义。终其一生，郑成功奉朱明为正朔，受其封爵，以藩臣自守，在东南沿海牵制清军力量，以待复兴明室，充分显示了其对明朝皇帝的忠心和尊奉。更可贵的是郑成功虽为藩臣，却从来没有考虑过偏安一隅，分裂国家，还在自身危亡之际，出兵驱逐荷兰侵略者，收复领土，捍卫祖国利益，反映了其坚决的爱国情操、坚定的民族气节，更为后期中华民族抵抗外来侵略奠定基础。

其二，华夷之辨。在儒学思想中，以文明礼仪为标准，符合华夏礼仪即为夏，否则谓蛮夷。《左传》："裔不谋夏，夷不乱华。"孔子强调夷狄有别，防蛮夷，卫华夏，乃为"春秋大义"，后经过孟子等发展而成为儒家思想体系乃至中国人文传统中的一个重要组成部分。这一观念表现为维护华夏文明先进性的厚重情感，客观上促成凝重执着的民族凝聚力和向心力，顽强地抵抗异族侵略。在封建社会，唯有汉族政权建立的国家才能代表正统的中华民族，少数民族入主中原之际，就会涌现出许多汉民族英雄，拨乱反正。郑成功作为汉文化下形成的传统文人，自然遵奉华夷大防，仇视入主中原的少数民族政权，渴望恢复汉室正统。

三、历史传承中郑成功的文化影响

郑成功于明清易代之际，主动承担起时代所赋予的历史使命，以积极的态度扛起家族大旗，为旧朝尽忠，为国家贡献。这种态度不仅反映在其反清、抗荷、治台等显赫的历史事功之中，亦反映在其诗文创作及相关文学书写之中，历史事件经文学沉淀造就爱国英雄不朽之身。"郑成功"这一名词逐渐超越历史人物局限，浓缩为中国文化符号，在历史传承中对后世产生不可替代的文化影响。

（一）孕育"郑成功文学"母题与文化现象

郑成功对后世的文学贡献，除了自身诗文创作中独特的历史感与生命感，更大程度在于其因历史功绩而被后人所歌颂的爱国主义英雄形象。自 1661 年以来，每遇特殊时期，在时代使命的驱使下，郑成功被不断"复活"，成为后人心灵书写的对象，衍发爱国文学浪潮。随着以郑成功为题材或与之相关的文学作品不断涌现，中国、日本等地区形成"国姓爷文学"或"郑成功文学"。相关研究中，朱双一详细论述了郑成功诗文作品中表现出的强烈的"遗民忠义精神"、民族精神和爱国主义精神，并延伸论述在日本占据台湾期间，各地作家以歌咏郑成功为爱国形式的诗文创作，进一步凸显出郑成功之文化影响力。[①]

　　因为政治立场问题，郑成功文学书写与研究在清时期趋于死寂。郑亦邹的《白鹭藏书·郑成功传》（1706）是当时为数不多的也是目前已知最早的专门以郑成功命名的郑成功传记。然甲午中日战争中清廷惨败，北洋海军全军覆没，屈辱性条约唤醒了国人心中尘封已久的海洋记忆。1903 年，一篇署名匪石的文章《中国爱国者郑成功传》以革命视角为郑成功正名，称其为"吾中国之英雄也"。同年，柳亚子亦作《郑成功传》，为种族革命张本。晚清时期，政府腐败，民族屈辱，革命运动风起云涌，"郑成功文学"母题归纳成为鼓吹现代国家意识、海权意识及为种族存亡而流血战斗的思想资源。[②]抗战期间，郑成功因其抵抗外强侵略的特定历史功绩与反抗日本帝国主义侵略、实现国家主权独立和中华民族伟大复兴的时代使命相契合，被书写成为宣扬国威、忠于朝廷的御侮名将形象，以树立国民自信，鼓舞民族战斗。1931 年，杨英记述的关于郑成功抗清与开辟台湾的历史事迹，整理出版，定名为《明郑成功实录》。王钟麒编著的《郑成功》尤其对郑成功驱逐荷夷、经营台湾的历史事实着墨甚多，突出郑成功抵御外侮的英勇事迹，强调其为民族国家所做出的贡献，将其塑造为一个维护民族国家利益的大英雄形象。之后一段时间，郑成功几乎成了台湾的象征与符号。流传于民间的郑成功传说与故事，以真实事件为核心，经百姓口耳相传，增删润改，使得历史人物因而神奇化、神格化。《郑成功的传说》中有一篇《"国姓井"的传说》，说

---

　　① 朱双一：《文学视野中的郑成功——"遗民忠义精神"及其在日据时代台湾的传衍》，《台湾研究》2002 年第 3 期。

　　② 杨伟忠：《清代以来郑成功研究综论》，《闽台文化研究》2021 年第 2 期。

郑成功利用蚂蚁惯在淡水地爬行叠窝的科学知识，为百姓挖出清泉水解灾，后一传十十传百，郑成功成了东海神鲸转世，他亲自以玉带环沙，挥镐动土，惊动龙王，忙献淡水。[①]蚂蚁征兆，神仙支持，透露了郑成功在民众心目中上升为"神"的崇高地位。

除了郑成功的爱国精神、海权思想、民间信仰、后人研究等精神文化遗产内涵，郑成功留下的遗迹及人们为纪念郑成功所建立的祠堂、宗庙、纪念馆等物质文化也是"郑成功文学"母题的重要书写方向。"郑成功文学"是由这位伟大的民族英雄而产生的特有的文化现象，是弘扬中华优秀传统文化，开发海洋，抵御强权侵略者，推动祖国统一，实现民族复兴的精神表征。

（二）民族主义爱国精神的载体

郑成功一生高举抗清旗帜，忠君爱国，矢志不渝，收复台湾，拒绝自立，维护祖国统一，在历史长卷上留下了浓墨重彩的一笔。其形象多样且光辉，然民族英雄，无疑是郑成功最主要的文化标签。

首先，郑成功是反清复明的英雄人物。郑成功是明末清初著名的抗清将领，从顺治三年（1646）避走金门、誓师反清起，拒绝清廷敕封，坚决抵抗，挥军北征，直逼南京，失利后退踞厦门，转战他地，与清军战斗至死方休。就连驱逐荷兰、收复台湾也是为获取反攻根据地，为抗清复明大业筹划。所谓"我欲平克台湾，以为根本之地，安顿将领家眷，然后东征西讨，无内顾之忧，并可生聚教训也"[②]。在中国，郑成功是与岳飞、文天祥、戚继光等相提并论的英雄人物，为国人所敬仰。其忠义精神是维系民族感情的精神组带。

其次，郑成功是不畏强暴、反抗殖民侵略的民族英雄。郑成功一生只干了两件事，一是抗清复明，二就是赶走了荷兰殖民者，将台湾重新纳入中国版图。郑成功勇于挑战当时最大的海上霸权国，敌我力量悬殊，但通过浴血奋战打赢了一场几乎不可能胜利的仗，维护中国海权和领土完整。这是中华民族反侵略斗争的

---

① 南安县文化局征集、李冬青等整理：《郑成功的传说》，福建人民出版社，1982年，第38—43页。
② 〔清〕杨英撰，陈碧笙校注：《先王实录校注》，福建人民出版社，1981年，第243—244页。

典型胜利，是树立中国形象的光辉时刻。郑成功所发扬光大的不畏强暴、抵御外族侵略的精神和勇气，不断鼓舞着中华民族摆脱殖民统治，走向独立自决，提升民族自豪感与民族自尊心。

最后，郑成功也是海洋英雄。他所代表的郑氏海商集团是17世纪东亚海域最为活跃的力量，在东南海域经营商业网络，训练军事力量，纵横捭阖。不仅获取了丰厚的海外贸易利润，而且打败了西方海上军事力量，维护了海洋权益。郑成功提出的"通洋裕国""航船合攻"等具有高瞻远瞩的海洋观念，中国的海权意识，这些对今天的我们建设海洋强国这个伟大目标有着很大的启示。[1]

民族英雄郑成功，是中华民族的精神纽带，是我们文化自信的根基，是国家文化软实力的重要组成部分，在华夏民族中有着不可估量的认同感和价值。郑成功受到如此推崇是源于其历史事迹和诗文书写中流露出来的民族主义爱国精神，"郑成功"是精神载体，是心灵书写对象。

（三）历史人物的神格化信仰

《清史稿·郑成功传》载："成功自江南败还，知进取不易；桂王入缅甸，声援绝，势日蹙，乃规取台湾。台湾，福建海中岛，荷兰红毛人居之。……成功使谓之曰：'土地我故有，当还我；珍宝恣尔载归。'围七阅月，红毛存者仅百数十，城下，皆遣归国。成功乃号台湾为东都，示将迎桂王狩焉。以陈永华为谋主，制法律，定职官，兴学校。"[2]郑成功驱逐了侵占我国领土长达38年之久的荷兰殖民者，使宝岛重归祖国版图；之后致力开化蛮地，推行屯田，发展教育，繁荣经济，促进汉族和高山族同胞团结统一，共同建设美丽富饶的宝岛台湾。

郑成功是台湾的开发者与建设者，对台意义重大，民间百姓对其心怀感激，同时也希望能够持续获得其庇护佑助。遂自发供奉香火，尊郑成功为"开台圣王"，并为其建庙祭祀，致使英雄崇拜在台湾萌芽为带有传奇色彩的民间信仰。光绪元年（1875），沈葆桢联合其他大臣上《请建明延平王祠折》，建议淡化政

---

① 宋云鹤：《郑成功海洋观研究》，宁波大学硕士论文，2020年，第1页。
② 〔清〕赵尔巽等纂：《清史稿》卷二百二十三，中华书局，2020年，第1322页。

敌隔阂，肯定郑成功开台之功，并为其正名建祠，使奉祀合法。意在树立忠义典范，鼓舞台湾民众。光绪元年三月动工，秋八月完工，官方建立的"延平王祠"竣工。至此，在台湾，郑成功相关祭祀活动受官方认同，得以公开化，受官方和民间共同祭祀。郑成功信仰在台湾汉人社会中逐渐超越乡土情感和地域观念，成为全台性的共同信仰，并因地区而异，发展出相关之祭祀或信仰文化圈。①

台湾民间最初的郑成功信仰乃是为敬佩郑成功忠节、纪念其收复并开发台湾的历史功绩，后来在民间文学传播和官方政治介入下，超越普通英雄崇拜，蒙上传奇化色彩，人格神化。应信者所求，不断赋予其保护海上安全、文曲下凡、助力战争、治理水患、解答人生疑惑等使命，成了无所不应的神明。高致华称郑成功升格为"神明"，且官方和民间祀奉香火不断，实为汉人思维之伦常所趋，即过程符合由"人鬼"转化为"神明"（土神）之"义行""灵异""封爵"三大要件。②民间流行的有关郑成功的故事或传说，经口耳相传和艺术加工，虚实相生，历史人物神格化，推动庶民对其信仰更笃。

结　语

"青山依旧在，几度夕阳红"，历史的长河滚滚向前，无论是一位人物、一种精神，抑或是一个时代，沧海桑田，终将落为文本文献，而那一段文字将是我们打开尘封记忆的闸门。通过解读郑成功的诗文书写，我们看到了早年寄情山水、感悟生命的恬淡闲适；看到了亡国后抗清复明、忠于君主的坚定志向；看到了忠诚国家和人民、坚守民族气节的爱国情操，有助于我们深入了解郑成功的精神和思想，进一步揭开民族英雄的神秘面纱。然"颂其诗，读其书，不知其人，可乎？是以论其世也"。知人论世，是我们进行文本解读惯用的方法和态度，即要想了解一个人的文学思想，首先需要了解这个人的时代背景和生平经历。郑成功生活在明末清初的动荡时期，是接受过儒家正统教育的传统士人，受儒家忠义思想和

① 高致华：《郑成功信仰研究》，厦门大学博士论文，2004年，第304页。

② 高致华：《文化传承中的文学贡献：谈郑成功的信仰文化及其文学价值》，《闽台文化研究》2014年第3期。

华夷大防观念影响，选择成为明室遗臣，誓死抗清，坚守气节。值得注意的是，郑成功驱逐荷兰侵略者、收复台湾的行为超出一家一姓狭隘种族，上升到了忠诚国家、维护民族利益的高度。郑成功的历史功绩和精神思想让其被冠上"民族英雄""爱国诗人"等桂冠，成为民族气节、爱国情操的符号载体。为表达相似情感，文人以郑成功为心灵书写对象，创作了大量相关题材的作品，归纳构建"郑成功文学"母题。特别是在中国台湾地区，为感念他的丰功伟绩，继续寻求庇护，民众自发祭奠，从英雄崇拜逐渐变成神明祈佑，郑成功完成了历史人物神格化的蜕变，形成民间信仰文化。总之，郑成功为海峡两岸留下了丰富的文化遗产，在台湾形势日益复杂和两岸人民渴望和平统一祖国的期盼下，传承郑成功精神思想和文化意义，对理解中国古典文化，获得民族认同，增进两岸感情，早日实现一家亲具有重要的时代意义。

近三十年郑经诗歌研究综述

⊙钟彦飞（河南财经政法大学文化传播学院讲师）

⊙杨　亮（河南大学文学院教授）

郑经（1642—1681），又名锦，字式天，号贤之，石井人。郑成功长子。明永历十五年（1661），郑成功东征台湾，郑经受命留守厦门、金门。翌年五月，郑成功在台湾病逝，提督马信及诸镇将领密谋拥立成功弟郑袭世袭延平郡王爵，继招讨将军职，仍奉永历正朔。三藩叛乱起，他与耿精忠相结，往攻厦门、泉州，因清军平定二藩，事无成，后病死。

郑经早年曾跟随郑成功征伐，在内地活动，多有所游历，占据台湾期间，在治政之暇，与其父郑成功一样，雅好笔耕，有诗篇赖《延平二王遗集》以流传。1994年，在日本内阁文库发现一部永历二十八年（清康熙十三年，1674年）刊刻的八卷本《东壁楼集》，经香港学者朱鸿林考证，作者"潜苑主人"应即郑经，收录各体诗共480篇，大大增加了其存世诗歌数量，不啻明郑诗歌研究界的一大轰动新闻。学界旋即依据相关文献，展开了一系列研究工作，形成了涉及文献考订、诗史互证、文学分析等多方面的丰富成果，但仍有一些需要解决的问题存在。故本文以近三十年郑经诗歌研究为主题，对其相关论著及观点进行汇总梳理，以期继续推动明郑诗歌及文献的未来研究进程。

一、文献考订方面

（一）《延平二王遗集》所收郑经诗歌文献讨论与整理

在日藏《东壁楼集》发现之前，郑经诗歌流传主要以《延平二王遗集》为线索，此书长期以抄本存在，1947 年以中央图书馆所藏收入《玄览堂丛书续集》影印出版，成为通行本。《延平二王遗集》中与郑经有关的诗歌为题名"元之"者12首：《痛孝陵沦陷》（1首）、《满酋使来有不登岸不易服之说愤而赋之》（1首）、《三月八日宴群公于东阁道及崇弘两朝事不胜痛恨温周马阮败坏天下以致今日胡祸蹈天而莫能遏也爰制数章志乱离之由云尔》（2首）、《与群公分地赋诗得京口》（1首）、《读张公煌言满洲宫词足征其杂糅之实李御史来东都又道数事乃续之》（4首）、《效行行重行行》（1首）、《效迢迢牵牛星》（1首）、《效涉江采芙蓉》（1首）。

1959 年，台湾《文史荟刊》第一辑刊发杨家骆《延平二王遗集系年考》一文，考证此抄本约录于"雍正七年或稍后"，抄录并作跋者"海东夫子"应为吕留良之弟吕毅中，并为 12 首诗歌作系年，认为"第十至十二首效古诗，不及时事，疑为早岁习诗之作"，其余 9 首均作具体编年，认为最早作于永历十三年（1659），最晚为永历三十四年（1680），时间跨度从郑经 17 岁至 39 岁。后陈汉光编《台湾诗录》注释年代与杨氏基本相同。1994 年，朱鸿林《郑经的诗集和诗歌》一文在探讨新发现《东壁楼集》的同时，则对《延平二王遗集》所收郑经诗提出疑问，认为此 12 首诗中，至少前 9 首"都不大可能是郑经所作的"，甚至后 3 首也未必是郑经所作，并逐一从相关角度予以论证。主要观点为：1. 此 12 首诗歌全未见于《东壁楼集》；2. 后 3 首仿五言古诗与《东壁楼集》所收相比，风格水平较高，未必是早岁习作；3. 考察史料，郑经从无随军北伐经历，而且诗中所咏地名于史无证，当是借用；4. 郑经据台期间内忧外患，应无暇与诸遗老宴会；5. 诗中自称"寡人嗣位"，不符合郑经一贯身份。最后提出假想，造成此种误题原因可能是抄录者"急抄一通"而出错，并推测部分诗歌或许是鲁王朱以海所作。朱鸿林文章首次对《延平二王遗集》郑经诗歌提出真伪问题，此后针对性讨论者逐渐增加。2010 年台湾师范大学黄腾德硕士论文《郑经诗歌研究：以〈东壁楼集〉

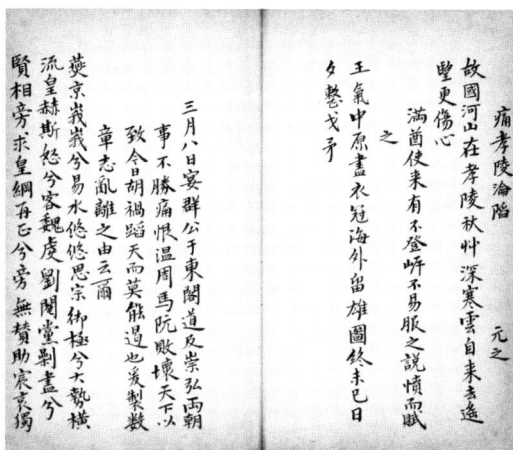

清抄本《延平二王遗集》题名"元之"的郑经诗歌书影

为探讨重点》有专节讨论此问题，态度比较审慎，认为其中至少 6 首不应该排除是郑经所作，并提出题名"元之"的 12 首诗可以分开讨论的观点。而后 2018 年翟勇《误读与漠视——〈延平二王遗集〉中"元之"考辨》一文，更据"元之"二字广加讨论，认为作者"应该是明郑政权的精神象征宁靖王朱由桂"，则是又立新说了。据笔者看来，朱文所言多是从史实侧面推论及诗歌水平主观判定而言，并未坐实，诗后五通论文确属郑经，正为一体，抄录和题名方式与郑成功诗歌相同，如果《延平二王遗集》中题名"大木"的 8 首认定为郑成功所作，那么题名"元之"的 12 首诗如无其他作者所为之确凿证据，也应当认定为郑经所作，并可与题名《延平二王遗集》及跋文所言"今嗣王诗亦在"相对应。当然，这也是在质疑孤证不立的前提下认可原题名的推论，我们也期待有更新的义献能够被发现，最终厘清这一问题。

以《玄览堂丛书·续集》影印本为基础，《延平二王遗集》又有多种影印整理本存世，所知有 1960 年台湾银行经济研究室《台湾文献丛刊》第 67 种《郑成功传》附录排印本、1962 年台湾世界书局影印本、1971 年台湾省文献委员会《台湾诗录》排印本、2004 年台湾远流出版公司《全台诗》排印本、2012 年上海辞书出版社《泉州文库》校点本《延平二王遗集 外二种》等。

（二）《东壁楼集》的文献讨论与整理

《东壁楼集》八卷本现藏日本公文书馆内阁文库，1890 年出版的《内阁文库图书目录》著录为"明版八卷，明朱由榔撰，一六八七五"，至今网络版内阁文库作者仍署名为"朱由榔"，标明为"永历二十八年（1674）刊本"。而朱由榔在康熙元年（1662）即在昆明被吴国贵绞死，明显不符，故京都大学人文研究所、美国普林斯顿大学葛思德图书馆等的影印本谨慎署名为"潜苑主人"。直到 1994年，朱鸿林撰写《郑经的诗集和诗歌》，重点考察了《东壁楼集》一书，方将作者问题考察清楚。朱文依据书前序文内容、所署时间、钤印及诗歌所涉人物史实，考证"潜苑主人"当为郑成功之子郑经，成为开先河的不刊之论，无疑也为学界提供了一部讨论郑氏家族的重量级文献，《东壁楼集》也从此被明郑研究学者所重视。

关于《东壁楼集》的刊刻地点，朱鸿林推测应该在康熙十三年（1674），郑经趁三藩之乱时与耿精忠结盟，出海西进，占领泉州时"命官镌刻"。而 2007年台湾出版史专家杨永智在其《明清时期台南出版史》一书中则提出不同观点，认为在前线战场刊刻一部精美且成规模的书籍需要数月之久，应该在郑氏政权的核心大后方"东宁"（即今台南市），并把此书当作清初台南刊刻史重要例子，在其所著《木版年画》"台湾木版年画"中即言郑经"指派偏安内阁当中的'户官'辖下的泉籍刻工们雕版印行个人诗集《东壁楼集》，成为当时在台官方出版别集的先声"。故 2009 年台湾东吴大学阮筱琪硕士论文《郑经〈东壁楼集〉研究》（2012年台湾花木兰出版社出版）中谨慎提出"此集极可能是于商业较盛且人文荟萃的泉州刊刻印行"。2010 年台湾师范大学黄腾德硕士论文《郑经诗歌研究：以〈东壁楼集〉为探讨重点》（2013 年台湾花木兰出版社出版）专节讨论了《东壁楼集》的出版，结合史实，综合评判了各种观点，认为郑经占领泉州约有一年四个月时间，时空条件允许刊刻于泉州，"也是郑经西征事业意气风发，更不排除有政治宣传的用意"，也可慰藉其在台十年的"西方美人之思"，最为中肯得当。

此外，朱鸿林一文还用相关文献着重讨论了文集涉及的"潜苑"和"东壁楼"两个关键词，寻查其位置所在，认为与序文所言"西方美人之思""东南半

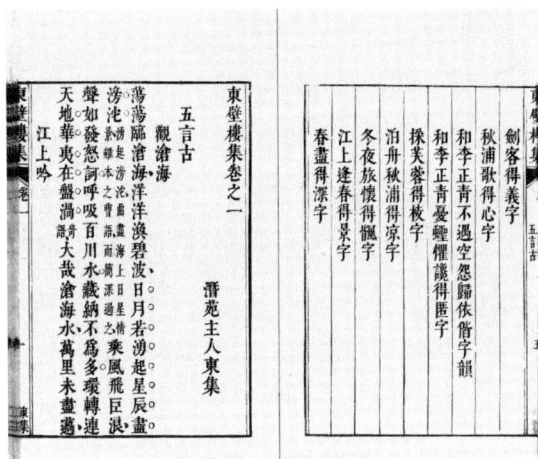

南明永历二十八年（1674）刻本郑经《东壁楼集》书影

壁"以及郑经儒雅形象和隐逸精神心理有关，对于研究郑经个人经历和心态有着一定启发意义。2020年，胡传志《西方美人之思——郑经〈东壁楼集〉思明之志发覆》一文则不认可朱文所言郑经未到过内陆，《东壁楼集》诗歌皆为郑经居台十年期间所创作的观点，认为诗中所言"铜陵""秋浦""长江"当是实指，郑经应该在"郑成功大规模北伐之前，参加了小规模隐秘的抗清活动，到过长江沿线"，实际也是以推论为主。

《东壁楼集》被认定为郑经所作之后，旋即得到广泛传播，影印整理本也随之出现。目前所知有2004年台湾远流出版公司《全台诗》排印本（删去序文）、2011年台湾龙文出版社《台湾先贤诗文集汇刊》第八辑影印本、2012年上海辞书出版社《泉州文库》何丙仲校点本《延平二王遗集外二种》、2013年台湾"国立文学馆"《郑经集》龚显宗选注本、2017年福建教育出版社《台湾古籍丛编》第二辑于莉莉校点本。总体呈现后出转精的趋势，使学界利用《东壁楼集》越发便利。

二、诗史互证方面

《东壁楼集》发现之前，因《延平二王遗集》提供内容有限，郑经及郑氏家族的研究基本依赖史部文献及笔记记载，仅有杨家骆《延平二王遗集系年考》专文考察了诗歌与史实间的关系，而较粗略。

1994 年，朱鸿林《郑经的诗集和诗歌》在介绍文献概况的同时，也看到了《东壁楼集》所载诗歌是"探解这时间内郑经本人身心行事和与他有关的事物的唯一直接而可靠的资料""这些累积十年的诗歌，整体上确从多方面反映了郑经这个人物的家庭身世、生活嗜好、学问交游、心情意志、对于时人时事的观感等等"，并进行了尝试性解读。如朱文认为郑经自序所言"西方美人之思"应有实指，不可能是永历帝朱由榔，进而索隐出"它能指的便只有清朝原封的平西王"即吴三桂，并从集中相关诗歌和史实进行了论证，认为"西方美人之思"寄托了郑经"居东不忘恢复之意"，"是恢复明室的象征和代号"。这一观点具有启发性，但是否确指吴三桂实有可商榷之处。朱文还从诗歌上探讨了郑经复明的决心和居台的政治困境，认为其具有鲜明的反清复明意志，而由于现实斗争的失败，又充满了苦闷，这对推动郑经个人心态行迹的研究提供了有力佐证。此外，朱文还根据《东壁楼集》所见人物和事件考证了郑经的交游和婚姻性情等，具体考察出了所涉人物有陈永华、李茂春、柯良，并提出其中屡次提及的"康甫"应该是郑经的亲家冯锡范，这些基本得到了学界认可。因郑经一生为人诟病的就是其复杂的私生活问题，所以朱文还进一步探讨了郑经的家庭婚姻，根据诗歌得出郑经长期处于"国仇未报、舆情冷漠而又家庭不睦、知心无人的境况"，因此造成了他"外表放旷退隐而心里愁闷难派的寻幽远俗和花酒吟赏的行径"，给重新认识和定位郑经提供了新视角。

朱鸿林的文史互证考察方式和观点得到了学界的呼应，相关问题也讨论渐多。如 2002 年龚显宗连续发表《初论〈东壁楼集〉》《从〈东壁楼集〉看郑经与台湾》《郑经撰〈东壁楼集〉考》三篇文章，认为郑经"忠于明室"不可能认可吴三桂，进而主张"西方美人之思绝非吴三桂"，可能是桂王或者心目中的贤王，并从史实角度探讨了诗歌所涉及的相关明郑和台湾史实，首次关注考察了《东壁楼集》中涉及的台湾意象，认为《东壁楼集》是"明郑时代的生动画卷"。2005 年，朱双一《"郑经是台独分子"说质疑——以〈东壁楼集〉为佐证》，也从诗歌所体现的史实及情感，认为郑经是一位继承其父遗志和"遗民忠义精神"，始终奉明正朔、矢志抗清复土的忠臣义士，有力反驳了"台独分子"的伪证言论。2008年，张鸿恺《从〈东壁楼集〉及〈延平二王遗集〉看郑经其人及明郑王朝》，基本是对朱鸿林文章的细节再次进行了全面深入探讨，又考察了其中所涉及的台湾当地的民俗节庆，认为"《东壁楼集》除了真实地记录郑经之人格与性情，也反映出台湾在明郑前期的各种风貌"。2009年和2010年，阮筱琪和黄腾德的硕士论文《郑经〈东壁楼集〉研究》《郑经诗歌研究：以〈东壁楼集〉为探讨重点》也分别根据《东壁楼集》探讨了人物交游、居台困境及家庭关系。2020年，郑道聪、郑采芩《探讨台南市美术馆二馆周边史事——从〈东壁楼集〉谈起》一文，以诗歌所涉及景物意象为线索，古今互证，提出"东壁楼"应该位于当时东宁"明朝宗室及郑氏族人聚居之地"，即今台南市美术馆二馆周边，为考索郑经史实增添了新的佐证。2021年，翟勇《从〈东壁楼集〉再看郑经形象》以《东壁楼集》为出发点，提出郑经既有家国志向，又囿于现实状况，生性懒散，所以从诗歌中体现出一个"多余人"的形象，也属于以诗证史，而文学色彩更浓。

总体而言，围绕郑经《东壁楼集》诗歌而进行的史实考证涉及了多方面，但仍有些论题至今无法确定，如朱文所提及的"康市"为冯锡范说、柯仪宾为柯良说（龚显宗认为是柯鼎开，邓孔昭则认为是柯平）、郑经诗歌涉及的地点是真实游历还是仅为意象借用、具体诗歌能否按照编年连贯起来等问题，为我们进一步研究奠定基础的同时，也提供了新的方向。

三、文学分析方面

《东壁楼集》八卷，包含五言古诗（88首）、七言古诗（60首）、五言律诗（104首）、七言律诗（89首）、五言排律（41首）、七言排律（21首）、五言绝句（24首）、七言绝句（53首），计各体诗歌480首。如果再加入有争议的《延平二王遗集》所收12首，则有492首，实可谓大观，使本身存世诗文就有限的明郑时期诗歌大增数量，也为从文学层面探讨郑经诗歌内容提供了丰富的文本。

较早致力于从文学角度评判郑经诗歌的学者是龚显宗，除上述他在2002年发表的三篇论文均涉及这一方面外，又有2004年《郑经与台湾海洋文学》、2005

年《论郑经在台湾文学史上的地位》以及 2013 年他所选注的《郑经集》"导言"，均有相关讨论，堪称郑经文学研究的先行者。主要内容有：（一）诗歌意象上，龚氏指出《东壁楼集》480 首诗歌与水相关者占了一半，这是郑经"生于海，长于海，居于海"的自然体现，这也使郑经诗歌具有了广义的海洋文学意义，是台湾海洋文学的鼻祖，值得关注。（二）审美内涵上，提出郑经诗歌具有"淡而有味"的风格，与王维、孟浩然有同趣，部分诗歌又有晋人山水诗风味。（三）主题思想上，郑经诸多描写台湾本地风俗人情诗歌，具有现实主义精神，体现了他悯时爱国的情怀。（四）艺术技巧上，郑经诗歌有着鲜明的拟古色彩，喜借用古乐府旧题、袭用前人成句、运用双声叠韵叠字修辞技巧、使用古字僻字等，体现了郑经的复古主义倾向。龚显宗的郑经诗歌文学研究基本奠定了后来者的研究方向，如 2006 年江林信《天光云影共徘徊——论郑经〈东壁楼集〉写景诗中的光影书写》、林庆扬《论郑经〈东壁楼集〉的慕隐诗境》，即分别从诗歌意象和艺术风格上进行了相关探讨。

2009 年，王伟勇《郑经〈东壁楼集〉借鉴唐诗析论》一文从郑经拟古特点入手，详细讨论了郑经借鉴唐诗的方式，在内容上"有诗题之借鉴、诗句之借鉴、内容之借鉴"，在具体操作上有"截取、熔铸、增损、化用、袭用"。借鉴对象主要有杜甫、李白、王维，认为与明代复古派主张相呼应，并对郑经拟古诗歌进行了三类优劣评价，较为中肯，进一步将郑经诗歌研究推向细致化层面。2009年也有两部《郑经〈东壁楼集〉研究》硕士论文问世，其中台湾中山大学陈凌佳的论文即完全从文学角度进行探讨，对《东壁楼集》进行了体裁、写作特色分析，勾勒出《东壁楼集》中体现郑经形象是集"孤臣、仁者、君子、隐士"于一身，并将郑经定位为台湾海洋文学鼻祖、17 世纪台湾乡土文学代表，足以立名于台湾文学史。阮筱琪的论文也用大半篇幅从"题材内容""写作技巧"两方面详细分析了郑经诗歌，也认为郑经诗歌在"台湾文学的意义价值方面均居空前地位，足以为明郑台湾文学的代表"。阮筱琪还发表了《论郑经〈东壁楼集〉中的孤独感》一文，从用词频率和孤独心境上探讨了郑经的诗歌形象。2010 年，黄腾德的硕士论文《郑经诗歌研究：以〈东壁楼集〉为探讨重点》也用两章内容分析了

《东壁楼集》所呈现的郑经居台情志和诗歌艺术特色，而且首次关注了《东壁楼集》中的评点特征，也指出了郑经诗歌体裁单调的问题，最后定位《东壁楼集》为台湾文学郑氏时期的重要代表作品，在文学史上有着重要价值和地位。2017年，林津羽《离散、帝国与嗣王：论郑经〈东壁楼集〉的文化意蕴》一文则从文化学角度研究了《东壁楼集》中所体现的郑经身份困境和独特书写方式，认为《东壁楼集》具有遗民性和地域性双重属性，是历史的特殊产物。2020年，邓孔昭《卢若腾、王忠孝、沈光文、郑经等人对明郑时期台湾文学发展的贡献》一文，从五个方面探讨了郑经《东壁楼集》，认为"郑经的《东壁楼集》不仅诗的数量多，而且具有很高的艺术水准，是当时流传下来的最重要的文学著作"。2020年，胡传志《西方美人之思——郑经〈东壁楼集〉思明之志发覆》一文对郑经诗歌拟古特征提出新说，认为"主要出于他的个人爱好"，具体分析之后指出郑经可能学习了明末流行的钟惺《唐诗归》一书，将之带到台湾，"以其中一些诗句为题，对台湾早期诗歌的发展，起到了积极的示范和引领作用。不足之处在于，这类以前人诗句为题的诗歌，难免重复前人已道之景，导致不够新警"，具有新意。同时，胡文又针对众多学者关注诗歌中的台湾地域性特征，指出"《东壁楼集》的大多数诗歌缺少应有的台湾地域特色"，鲜见本土风情，更多的具有传统士大夫情怀，对故园山川、旧国及中华民族悠久的文化传统充满怀念，说明郑经一直扎根于中华传统文化之中。文章视野开阔，跳脱地域局限性，尤为深刻，也为之后研究郑经诗歌提供了更广阔的维度和更高的文化思维定位。

综上，近三十年来，围绕郑经现存诗歌，学界从文献考订、文史互证、文学分析等层面进行了多角度分析，成果丰硕，大大丰富了明郑文学的研究内容。可以看到，在文献考订方面，整体越发趋于具体化，整理水平也逐步提高，遗留问题也随之越发细致精准，可供开拓的空间较小，有待后来者进一步发掘；在文史互证方面，由于郑经诗歌创作的隐晦性和大众性色彩较明显，导致印证文献不足相呼应，因此研究范围和深度并未有实质性突破，推测性结论也不可避免存在；文学分析方面，我们则看到对于郑经诗歌的探讨涉及了传统文学讨论的各个内容，并逐渐脱离了地域文学研究视野，放在整个文学史中进行研究，这是值得肯定的。我们也可以由这些论著观点的发展看到未来可开拓的研究方向，那就是文化意义层面，应该将郑经诗歌置于中华民族共同体框架内，探讨其所反映的积极向上的时代精神和人文情怀，进一步总结提升其学理意义和当下价值，与凝聚民族意识、建设文化自信的时代使命相呼应。

《海上见闻录》所见郑成功

⊙陈习刚（河南省社会科学院历史与考古研究所副研究员）

郑成功，明末清初人，生于明天启四年（1624），卒于清康熙元年（1662）。郑成功之事，文献多有记载。如《赐姓始末》[①]《海上见闻录》[②]《先王实录》[③]《小腆纪年》[④]《台湾外记》[⑤]《闽海纪要》[⑥]等。其中《海上见闻录》为明末清初同安人阮旻锡（1627—1712）所撰，记述了自 1644 年南明弘光皇帝朱由崧继位至 1683 年郑克塽率众降清的 39 年历史。顺治十二年（1655），阮旻锡被聘入储贤馆，成为郑成功的幕僚，正式加入郑氏家族势力。《海上见闻录》是作者据亲历亲闻对郑氏政权、郑成功家族的兴衰历程的记载，是研究郑氏家族兴亡的第一手资料，也是研究郑氏家族势力兴盛者郑成功的珍贵资料之一。本文以其为中心，对郑成功奉明抗清之后的生平事迹略做考察，不当之处，祈请方家批评指正。

---

① 〔明末清初〕黄宗羲：《赐姓始末》，厦门大学郑成功历史调查研究组编：《郑成功收复台湾史料选编》（增订本），福建人民出版社，1982 年，第 34 页。

② 〔明末清初〕阮旻锡撰，厦门郑成功纪念馆校：《海上见闻录定本》，福建人民出版社，1982 年。

③ 〔清〕杨英撰，陈碧笙校注：《先王实录校注》，福建人民出版社，1981 年。

④ 〔清〕徐鼒撰，王崇武校点：《小腆纪年附考》，中华书局，1957 年。

⑤ 〔清〕江日昇：《台湾外记》，福建人民出版社，1983 年。

⑥ 〔清〕夏琳撰，林大志校注：《闽海纪要》，福建人民出版社，2008 年。

一、奉明抗清

反对父亲归清。顺治三年（1646）九月，"清兵至泉州。芝龙退保安平镇。贝勒令泉绅郭必昌招之。芝龙以洪、黄之信未通，未敢迎师。贝勒与之书，略曰：'吾所以重将军者，以将军能立唐藩也。且两粤未平，今铸闽粤总督印以相待。'芝龙得书大喜。赐姓力谏不听"①。芝龙即郑芝龙，赐姓父亲。赐姓即郑成功。清朝以官位相诱，郑芝龙决定归顺。"力谏"，显然，郑成功是很不赞同父亲的归降。顺治二年（1645）八月，南明平国公、福建总兵郑芝龙已经为降清做准备："先是，平国已密遣人通内院洪承畴、御史黄熙胤；至是，又微闻监国钱塘信息，乃称缺饷，檄守将施天福回，而闽兵无粮，逃散不守矣。"②洪承畴为降清主将，为清平江南主帅。施天福为郑芝龙部将。为降清，郑芝龙一是暗中通款洪承畴，二是召回部将施天福，致使闽兵逃散。

自身拒绝归清。顺治三年十一月，芝龙"至福州见贝勒，置酒甚欢。夜半挟之北去，从者皆不得见。至京，封同安侯"；顺治四年，"初，芝龙撤兵，密谕赐姓，欲与俱往见贝勒，赐姓不从，定国阴令逸去，至是率所部入海"③。定国即定国公郑鸿逵。家人劝降和朝廷招安，郑成功均拒绝。顺治十年（1653）六月，"同安侯在京，遣家人李德称，有诏封赐姓海澄公，劝其息兵就抚"；顺治十一年（1654）二月，"同安侯复遣李德同郑、贾二使赍海澄公印来招抚。赐姓至平安镇宴侍，辞以未有地方安插兵众，不受敕"；顺治十一年九月，"京中遣内院学士叶成格、理事官阿山同赐姓弟内侍下（音虾）渡舍、荫舍，赍四府安插兵众敕至。十九日，李德、周继武先到厦门。赐姓知先削发后受诏，只令周继武持启往请。二十四日，叶、阿二使到泉"；顺治十一年十月，"赐姓发渡舍回泉复二使，约到安平镇相面，言先受诏而后剃发。十七日，二使到，赐姓设供帐于报恩寺。二使只就布棚安供诏敕，赐姓不肯受敕。二十日，二使回泉州。二十九日，二使促渡

---

① 〔明末清初〕阮旻锡：《海上见闻录定本》卷一，第5页。
② 〔明末清初〕阮旻锡：《海上见闻录定本》卷一，第4页。
③ 〔明末清初〕阮旻锡：《海上见闻录定本》卷一，第5页。

舍、荫舍等并颜夫人回京复命。抚事不成,遂置同安侯于高墙,戚澄济伯于宁古塔"①。同安侯即郑成功之父郑芝龙,澄济伯即郑芝豹。朝廷与父亲、兄弟协同劝降,郑成功最终还是拒绝归顺,"赐姓不肯受敕","抚事不成,遂置同安侯于高墙、戚澄济伯于宁古塔"。

举义响应抗清。郑成功率部入海后,就开始谋划抗清事宜。《海上见闻录》卷一载:顺治四年(1647),"时赐姓谋举义,而兵将战舰百无一备,往南澳招募。闻永历即位粤西,遥奉年号,自称'招讨大将军罪臣',有众三百人,于厦门之鼓浪屿训练,委黄恺于安平镇措饷,识者知其可与有为,平国旧将咸归心焉。八月,以洪政、陈辉为左右先锋,杨才、张进为亲丁镇,郭泰、余宽为左右镇,林习山为楼船镇。进兵攻海澄,扎祖山头,数日,援兵至,洪政中流矢,与监军杨期演俱死之,遂退兵"②。永历即南明桂王朱由榔年号,于顺治三年即位于肇庆府,次年改元永历。郑成功招兵买马,组建训练军队,奉南明正朔,攻城略地,开展抗清斗争。

南下勤王。顺治七年(1650)十一月,"赐姓至潮阳,提塘黄文自行在来,报称:有旨诏赐姓入援。清平南王尚可喜、靖南王耿继茂率满骑数万来攻复广州,西宁土望我师南下会剿甚切。闰十一月,传令各镇官兵在船听令,南下勤王。时陈斌与施琅相抗不睦,率兵而逃……十二月,赐姓抵揭阳,与定国公商议。赐姓欲南下,定国回厦门"。顺治八年(1651)正月,"赐姓至南澳……随令将左先锋印并兵将委副将苏茂管辖";二月,"至白沙湖,飓风大作……至大星所,杀退惠州援兵,攻其城,下之"。③顺治十一年十月,"遣辅明侯林察、闽安侯周瑞、戎旗镇王秀奇、左先锋苏茂统陆师,率五镇营官兵、战船百余艘,南下勤王,差效用官林云璿奉勤王表诣行在,并持书知会西宁王"④。

① 〔明末清初〕阮旻锡:《海上见闻录定本》卷一,第21—22页。
② 〔明末清初〕阮旻锡:《海上见闻录定本》卷一,第7页。
③ 〔明末清初〕阮旻锡:《海上见闻录定本》卷一,第12—13页。
④ 〔明末清初〕阮旻锡:《海上见闻录定本》卷一,第22页。

二、奖惩分明

奖励投奔、尽职之人。顺治六年（1649），"清镇守漳浦副将王起俸密赴军门纳款，谋泄，弃家由龟镇至铜山投见，赐姓授都督同知，挂统练军门印，令管北标将"；同年十一月，"海阳旧将陈斌来归，授后劲镇"①。顺治八年十二月，"旧将陈尧策前投清，同清将协守漳浦，至是献地纳降，以为护军前镇，照旧镇守。以参军林其昌知县事"②。这是重用王起等投奔之将。又如，顺治八年十二月，"海澄守将郝文兴密约纳降"，顺治九年（1654）正月初二日，"赐姓督师至海澄港，潮水大涨，直至中权关下，郝文兴开城率将士出降，授前锋镇，挂印。以参军黄维璟知县事"③。顺治八年十一月，"清提督杨名高自福州率步骑来漳应援，赐姓逆之于小盈岭，大破之，追至马厝港，名高仅以身免。骑兵营杨祖为首功，挂印，升营为镇"④。顺治六年十月，"赐姓舟进云霄港……进军攻城，中军姚国泰拒守。城破，国泰身被重伤，获之，令医治，送军前收用"⑤。对敌方将领姚国泰在破城俘获后，不是杀掉，而是治伤收用。

对俘虏收用的同时，郑成功对归降之人很器重。顺治六年十一月，"赐姓遂移兵入揭阳会定国公，并带张礼往见。定国公沉之水，赐姓甚悔之"⑥。张礼是潮阳土豪，郑成功攻破潮阳后，张礼归降。郑成功带张礼去见定国公郑鸿逵，说明对张礼很器重，但他没有料到定国公暗中溺杀了张礼，为此很后悔。

有奖有惩，功罪赏罚。顺治八年二月，"闽抚张学圣同提督马得功集同安县十八保刘五店各处民兵及船攻厦门。郑芝鹏怯懦，私自载辎重下船，禁城中居民不许搬移。得功数十骑下船，飘至五通，遂登岸，无有御之者。守高崎水师阮引不战而逃，城中百姓号声动地。赐姓董夫人仓皇抱木主至海边，不得船，

① 〔明末清初〕阮旻锡：《海上见闻录定本》卷一，第9—10页。

② 〔明末清初〕阮旻锡：《海上见闻录定本》卷一，第16页。

③ 〔明末清初〕阮旻锡：《海上见闻录定本》卷一，第16页。

④ 〔明末清初〕阮旻锡：《海上见闻录定本》卷一，第16页。

⑤ 〔明末清初〕阮旻锡：《海上见闻录定本》卷一，第9页。

⑥ 〔明末清初〕阮旻锡：《海上见闻录定本》卷一，第10页。

厦门港居民林礼乐于水中负登小舟，至芝鹏大船坐矣。其夜，乱兵焚毁店舍，火光竟天"；三月初一日，"施琅率陈壎、郑文星百余人登厦门港与战，败之，得功几为所及。于是得功求过海，张抚院差人至安平，挟平国太夫人，嘱定国以船载马得功三百余骑及余兵尽回。先是，定国公差都督郑德、翼将周全斌等到大星所，报称马得功陷岛，请赐姓回师。赐姓于四月初一日到浯屿，得功已渡海二日矣。赐姓大怒，不许诸亲与定国相见。定国移屯白沙。初十日，赐姓驻厦门港，议失守功罪：先赏施琅花红银二百两，陈壎银一百两，斩郑芝鹏、阮引等以徇，何德捆责，蓝登免罪。军士皆踊跃欢呼，锐气百倍，以家在岛上，遭虏抢掠，得泄其愤故耳"①。郑芝鹏、阮引等不战而逃，致使厦门失守，人口遭抢掠，店舍遭焚毁，因此被斩杀；定国公因放还攻破厦门的马得功三百余骑及余兵，则"不许诸亲与定国相见"；施琅、陈壎等登厦门港击败马得功军，受到奖赏。顺治九年正月，遣各镇攻长泰县，"（总督院部）陈锦安营于牛蹄山，相去五里。（三月）十三日，亲来冲营。赐姓率诸将迎击之；陈锦大败，弃营盘而走，全军俱覆，失衣甲、马匹、辎重不可胜计。遂奔回，扎营于同安城外，为其家丁库成栋所刺，来归，赐姓赏其功，以其杀主，阴令杀之"②。库成栋杀援军总督部院陈锦，赏其功；因以下杀主，又"阴令杀之"。顺治十三年（1656）六月，"至思明州。赐姓议揭阳丧师罪，斩左先锋苏茂，杜辉捆责，黄梧记责，照旧管事图赎"③。

　　奖惩时，还上奏南明朝廷爵赏。顺治十年五月，海澄防御战胜利后，"十二日，赐姓回厦门，于教场设宴，犒诸将士。论功行赏，以忠孝伯印付甘辉，辉不敢受。以擅离海澄城，杀知县黄维璟及不用命军士二人。三月（按：疑有误）差监督池十绅以蜡丸赍帛疏，由陆路诣行在，叙方曲破总镇王邦俊，小盈岭破提督杨名高，江东桥歼总督部院陈锦，海澄败固山金砺之功。行在遣兵部主事万年英赍敕晋赐姓漳国公，封延平王。赐姓拜表辞让，差监督张自新同

　　①〔明末清初〕阮旻锡：《海上见闻录定本》卷一，第13—15页。

　　②〔明末清初〕阮旻锡：《海上见闻录定本》卷一，第16—17页。

　　③〔明末清初〕阮旻锡：《海上见闻录定本》卷一，第27页。

万兵部由水路诣行在回奏，以海澄破虏功请封各镇爵赏。后永历以帛诏封甘
辉为崇明伯，黄廷为永安伯，万礼为建安伯，郝文兴为祥符伯，王秀奇为庆
都伯，参军冯澄世太仆寺卿兼都察院右佥都御史"①。顺治十二年（1655）二月，
"设育胄馆，以死事诸将及侯伯子弟柯平、林维荣等充之"②，这也是奖赏功臣
后代的措施。

惩治侵害百姓利益者。郑成功杀定远侯郑联，与在驻守厦门期间的"扰民"
事件也有一定关系。顺治五年（1648），"郑彩、郑联守厦门、金门"，"然粮
饷（缺乏）取之民间，而郑彩营将章云飞等扰民尤甚"③。这说明郑彩、郑联驻
守厦门期间的扰民情况很严重，这种扰民之事应当为抢掠搜刮行为。顺治十一
年四月，"执援剿前镇黄大振，绞杀之。大振，莆田人，为黄斌卿旧将，来归，
至是在兴化措饷，招募至数千人，多不法，有飞语，乃杀之"④。顺治十八年
（1661）五月，在台湾，"赐姓集文武各官审宣毅后镇吴豪抢掠百姓银两、监匿
米粟，斩之；右虎卫陈蟒同罪，革职捆责，以黄安管左虎卫"⑤。

三、纳谏如流

纳谏取潮阳。顺治六年十一月，"赐姓解诏安围，督兵由分水关入潮州，抵
黄岗。时潮属多土豪拥据：三河坝有吴六奇，黄岗有黄海如，南洋有许龙，澄海
有杨广，海山有朱尧，潮阳有张礼，碣石有苏利。武毅伯施天福同黄海如来见。
海如说赐姓取潮阳县，资其富饶，且近海口，有海门所、达濠埔，可以抛泊船
艘，通运粮米；但须由南洋、鲎澳过达濠埔，方可至县，恐许龙、张礼为梗耳。
成功遂令移兵南洋，许龙迎战败走。海阳旧将陈斌来归，授后劲镇。杨广、朱尧、
唐玉等各迎降。遂移兵鲎澳，张礼拒命，立破其达濠、霞美两寨，进攻青林寨，

① 〔明末清初〕阮旻锡：《海上见闻录定本》卷一，第 19—20 页。

② 〔明末清初〕阮旻锡：《海上见闻录定本》卷一，第 23 页。

③ 〔明末清初〕阮旻锡：《海上见闻录定本》卷一，第 8 页。

④ 〔明末清初〕阮旻锡：《海上见闻录定本》卷一，第 21 页。

⑤ 〔明末清初〕阮旻锡：《海上见闻录定本》卷一，第 46 页。

张礼乞降"①。郑成功根据黄海如的意见，取南洋许龙，降鲎澳张礼，打通了通往潮阳的交通，并拿下潮阳。

郑成功采纳了攻打潮州的战术。顺治七年六月，赐姓"议攻潮州，陈斌进曰：'潮郡东西环溪，只一浮桥通漳大路，必须断桥，以绝援兵，然后移扎西南攻围。'从之"②。

听取属下谏议，放弃攻取"城小而坚""得之亦无用"的崇明城。顺治十六年（1659）八月初八日，"至崇明城，以作老营。十一日，开炮攻打，城崩数丈，清守将梁化凤死拒不退，正兵镇韩英登梯，被铳打下，监督王起俸亦被铳伤，俱死。赐姓欲集诸将再攻，周全斌以为城小而坚，难以骤拔，得之亦无用；适马进宝差中军官同蔡政来劝回师说，以待奏请，看抚局成否。赐姓从之，仍遣蔡政往京"③。

采纳谏议，攻取台湾。顺治十八年正月，"何斌密进（台湾）地图，劝赐姓取之。赐姓陈兵自镇南关至院东，依山布阵，几十余里，甲兵数万；周全斌统辖戎旗兵七千，皆衣金龙甲，军威甚盛，夷人震慑。至是欲进兵，诸将虽不敢违，俱有难色；宣毅后镇吴豪曾到其地，力言'港浅，大船难进，且水土多瘴疠'，赐姓含之；惟协理戎政杨朝栋倡言可取，赐姓纳之"④。郑成功在听取属下意见后，决定攻取台湾。

四、强本固基，收回台湾

战略上，厦、金二门与海澄相为表里，互为犄角之势。顺治十年四月（按：疑有误），"筑海澄城，所属地方每家各出民夫一名。城高二丈余。旧有五都土城，连而为一，皆用灰石砌成，并筑短墙，安大小铳三千余号。周围环以港水，巨浸茫茫，外通舟楫。内积米谷、军器，据漳州之咽喉，与厦门、金门相为表里，以

① 〔明末清初〕阮旻锡：《海上见闻录定本》卷一，第9—10页。

② 〔明末清初〕阮旻锡：《海上见闻录定本》卷一，第11页。

③ 〔明末清初〕阮旻锡：《海上见闻录定本》卷一，第39页。

④ 〔明末清初〕阮旻锡：《海上见闻录定本》卷一，第44页。

为长守之计。命冯澄世督其工"①。

顺治十三年六月二十二日,"黄桐同副将苏明据海澄降清。……赐姓令甘辉、林胜、洪旭等率各镇前往攻复,清兵已入城"②。海澄的丧失,致使厦门、金门与海澄互为犄角之势不复存在,厦门、金门被攻伐的形势逐渐严峻。在攻取台湾前,郑成功官兵经常被迫在厦门(思明州)与金门岛间辗转迁移便是明证。如顺治十七年(1660)六月,"赐姓驻金门后埔,令思明州将领官兵眷口移住金门,百姓搬移过海,听其自便";同年九月,"诸兵民家眷俱回思明州"③。

顺治十八年进攻台湾,亦为强本固基。在南明灭亡的严峻形势下,郑成功的归抚之路也被阻断,郑成功抗清之路越来越艰难,力量越来越单薄,陆上的基地亦处于被包围和不断压缩的态势。这种情况下,郑成功不得不另寻立足基地,攻取台湾被提上日程。台湾的攻取为郑氏家族及郑氏地方政权的延续提供了基地与条件。

五、以战求存

郑成功短暂的一生,是在战争中度过的。一生征战不息,以战求生存、求拓展、求发展,军事上卓有建树。

(一)征战不息

自顺治四年率所部入海到康熙元年(1662)五月殂于东都(台湾),郑成功率领部下四处攻战,征程从江苏至广州、福建至台湾,海陆交错,大大小小战役无数,艰苦卓绝,屡经胜败(表1)。

表1 郑成功部征战一览简表

序号	年代	战役	战况简要介绍	备注
1	顺治四年八月	攻海澄	退兵	指挥
2	顺治四年八月	助攻泉州	大破之。别遣水兵破溜石炮城,斩参将解应龙,军声大震	指挥

---

① 〔明末清初〕阮旻锡:《海上见闻录定本》卷一,第20页。

② 〔明末清初〕阮旻锡:《海上见闻录定本》卷一,第27页。

③ 〔明末清初〕阮旻锡:《海上见闻录定本》卷一,第43页。

续表

序号	年代	战役	战况简要介绍	备注
3	顺治五年闰三月	攻同安	取同安	指挥
4	顺治五年七、八月	守同安	城陷。镇将邱晋、林壮猷全军尽没，知县叶翼云、教谕陈鼎死之，五万余人被杀	指挥
5	顺治六年十月、十一月	攻云霄港、诏安	取云霄港。攻诏安，诸军各不相顾，柯宸枢同其弟中军宸梅俱战死，解诏安围	指挥
6	顺治六年十一月	攻潮阳	取潮阳，往靖海卫，巡下惠来县。移兵南洋，许龙迎战败走，海阳旧将陈斌来归，杨广、朱尧等降。移兵鲎澳，破其两寨等，张礼乞降。诸军往靖海卫，攻破南山寨	指挥
7	顺治七年正月	攻平和寨、狮头寨	攻破平和寨、狮头寨	部下
8	顺治七年四月	攻新墟寨	移兵揭阳，降新墟寨	指挥
9	顺治七年六月	攻碣石卫	不克	指挥
		攻潮州	退兵潮阳	
		平黄亮采	平定黄亮采叛军	
10	顺治八年二月	攻大星所	下之	指挥
11	顺治八年三月	重取厦门	闽抚张学圣同提督马得功集同安县十八保刘五店各处民兵及船攻厦门。施琅率陈壎、郑文星百余人登厦门港与战，败之	部下
12	顺治八年四月、九月、十一月、十二月	入漳浦	大破漳镇王邦俊兵于磁灶；再次大破王邦俊援兵；在小盈岭大破清提督杨名高援兵；降漳浦城，复诏安、平和二县	指挥
13	顺治九年正月至三月	攻长泰县	降海澄县，取长泰县	指挥
14	顺治九年四月、五月	攻漳州	不下，围困	指挥
15	顺治九年五月	战崇武所	福省水师败绩	部下
16	顺治九年九月至十月	御扎古县	诸将溃散，退扎海澄	指挥
17	顺治十年三月	收复浙直州县，入长江		部下
18	顺治十年四月	御海澄	堵截清总兵金固山官兵，遇飓风被获	部下
19	顺治十年五月	御海澄	清总兵金固山精锐尽表	指挥

序号	年代	战役	战况简要介绍	备注
20	顺治十年六月	攻潮州港口鸥汀坝	退兵	指挥
21	顺治十年九月	御、援潮州	城破	部下
22	顺治十一年三月	入天津卫	夺战船百余艘，焚夺粮船百余艘	部下
23	顺治十一年十月至顺治十二年五月	南下勤王	班师回，应援不及	部下
24	顺治十一年十一月	徇泉州诸属县	惟府城未下	部下
25	顺治十二年正月初五日	攻仙游县	破仙游县	指挥
26	顺治十二年五月	率兵北上，抽福、兴、泉之兵回漳	属县城悉坠之	指挥
27	顺治十二年六月	拨各镇出征	坠漳州城及各属县	指挥
28	顺治十二年七月	发兵北上南下	二十镇北上，二十余镇南下	指挥
29	顺治十二年八月	攻揭阳城	击破清潮州守将刘伯禄，进揭阳城、普宁县	部下
30	顺治十二年十月	守思明州	调兵	指挥
		攻舟山城	取舟山城	部下
31	顺治十二年十一月	调兵	自舟山调兵，北上师回	指挥
32	顺治十三年正月	御揭阳	城外为清兵大败，黄胜、林文灿皆死于桥下，兵死者凡五千余人	部下
33	顺治十三年三月	调兵北上	协防舟山	指挥
34	顺治十三年四月	战泉州港外	败清庶子王兵	部下
35	顺治十三年五月	回师	自碣石卫回师	部下
36	顺治十三年六月	攻海澄	清兵已据	部下
37	顺治十三年七月	调兵北上	攻掠南台、潭尾等处	部下
38	顺治十三年八月	御舟山	被浙江定关水师攻破	部下
39	顺治十三年九月	取连江县	守之	指挥
40	顺治十三年十月	战铜山	击退清世子王兵	部下
41	顺治十三年十二月	战护国岭	大败清世子王兵	部下
42	顺治十四年二月	拟攻金乡卫	降金乡卫，取粮回	部下
43	顺治十四年三月	调兵北上	镇下澳阻风，遂回	指挥

续表

序号	年代	战役	战况简要介绍	备注
44	顺治十四年七月	调兵北上	进扎兴化、黄石、涵头、狼崎、闽安镇、罗星塔	指挥
45	顺治十四年八月	攻黄岩县、台州府	降黄岩县、台州府、临海县	指挥
46	顺治十四年九月	攻海门卫	降海门卫	部下
		战闽安镇	失闽安镇	部下
		援闽安镇	弃台州，守狼崎	指挥
47	顺治十四年十一月	攻鸥汀坝	取鸥汀坝	部下
48	顺治十五年三月	攻南洋许龙	许龙逃	部下
49	顺治十五年五月、六月	调兵北上	降平阳县、瑞安县	指挥
50	顺治十五年七月	调兵北上	至舟山、羊山，回舟山	指挥
51	顺治十五年九月	调兵南下	象山县归附	指挥
52	顺治十五年十月、十一月	攻金门所、磐石卫	攻破金门所、磐石卫	指挥
53	顺治十六年六月	攻瓜州，攻镇江	取瓜州、夺潭家大炮、满洲木城三座，逼金陵；取镇江。降太平府、芜湖县	指挥
54	顺治十六年七月	攻金陵	降宁国府、池州府、和州、滁州等州县，先胜，清余新被擒，萧拱宸泅水而逃，清全军覆没；后败，失将领中提督甘辉，后提督万礼、五军张英，亲军林胜、陈魁，镇将蓝衍、魏标、朴世用，副将洪复并户官潘庚钟，仪卫吴赐等，林胜、陈魁全军俱殁	指挥
55	顺治十六年八月	攻崇明城	未下	指挥
56	顺治十六年十月	战温州地区	被诱战殁	部下
57	顺治十七年二月至五月上旬	调兵遣将，战高崎等地	防御泉港、海门、裂屿尾、高崎、倒流寨、刘五店、金门、城保角、五通、蟹仔寨、赤山坪、东渡寨、崎尾、海澄港等，大败满洲统兵将军达素军	指挥
58	顺治十八年二月至四月	攻台湾岛	御赤崁街，战北线尾，攻赤崁港，攻台湾城，守台湾街，围困台湾城	指挥
59	顺治十八年六月	战铜山	清兵退走	部下
60	顺治十八年七月	击土番	击破	部下
61	顺治十八年八月	击红夷	红夷退入台湾港	部下
62	康熙元年三月	攻南澳	陈豹逃入广东投诚	部下

说明：此表在明末清初阮旻锡《海上见闻录定本》卷一基础上制作而成。

（二）讲求军事战术

避实就虚，不硬拼。顺治九年五月，攻漳州，"张名振议筑镇门象鼻山，截溪流不得入海，欲以灌城，而奔流迅急，堤不得合，费工甚巨，罢之。赐姓不攻城，筑长围困之，使其粮尽自降，而城中兵尽括乡绅富户及百姓之粟食之，民相枕藉饿死，杀人为食，至有妇人群聚击男子而分食其肉者，无论鼠雀及树根、木叶、水萍、纸皮之属，尽食之，稀粥一碗，价值四金。自四月至十月，城中死者十七八。后清署守道周亮功收髑髅，凡七十三万有奇，焚埋于东门外，名曰'同归所'，筑'万善庵，其上，勒石记之'。城外死者骨骸无数，不与焉"①。郑成功攻漳州时，未强行攻城，而是采取灌城与围困之法，灌城行不通后，采用围困之法，想以此逼迫守城官兵投降。当然，围困结果却致使城中大量人口死亡。顺治十年六月，"赐姓以金固山回京，遂督舟师南下，进攻鸥汀坝。鸥汀在潮州港口，其民强悍，有船百余只，加十八桨水上如飞，遇大船，以绳绊其舵，牵之入港，小船即攻杀之。海舟至潮者被其劫掠，杀害甚多。赐姓至，攻其城，杨广亦以兵来会。城厚而坚，从辰至午，攻打不下，赐姓被飞弹微伤足踝，遂退兵"②。鸥汀坝民似海盗，劫掠过往船只，杀人越货。郑成功对其攻伐，但"城厚而坚"，只得放弃。

顺治十年五月初一日，"赐姓至海澄，锢兵守御。以前锋镇郝文兴、戎旗镇王秀奇、护卫前镇陈尧策守镇远寨，前镇卫万礼帮守镇远寨外，以前提督黄廷、中提督甘辉守关帝庙前木栅，连接振远楼。赐姓驻扎天妃宫，亲行督战。初四日，金固山率马步数万扎营天妃宫前，安大小铳炮数百号，日夜连击不停，木栅崩坏，官兵多被击死。初五日，后劲镇陈魁、后冲镇叶章率各镇精勇兵数百，合力乘炮烟冲进，遇炮铳齐发，叶章被铳击死，陈魁打伤右足。赐姓令收兵固守，以周全斌管后冲镇，杨正管后劲镇。清兵连击两昼夜，营垒随筑随坏。赐姓率诸将上敌台观望，张盖而坐，满兵见之，炮矢齐发，甘辉翼赐姓下台，座位随击碎矣。镇

---

① 〔明末清初〕阮旻锡：《海上见闻录定本》卷一，第17页。
② 〔明末清初〕阮旻锡：《海上见闻录定本》卷一，第20页。

远寨新筑篷篠崩坏如平地，军士无可站立，赐姓令掘地藏身。令神器镇何明率洪善将火药就夜分时掘埋河沟边，药心相续，候令而发。初六日黄昏，满兵大放炮铳，连夜不绝，至五鼓，放空炮，头叠绿旗兵，二叠满兵，填濠攀栅而上，兵皆重铠，刀不能伤。城上兵俱持大斧击之，坠则后列者乘其尸而登。三叠满将蜂拥齐进，锐不可当。天色渐亮，满兵大半过河。遂暗发地炮，烟焰蔽天，过河者一炮尽烧死；其未过河者，甘辉截击之，擒斩无遗。金固山精锐尽丧，连夜逃回"①。清兵攻海澄，数百台大小铳炮连日炮击，杀伤力和破坏力很大，在铳炮火力的掩护下，清兵发起进攻。面对这种形势，郑成功采取的应对措施，一是"掘地藏身"，免受铳炮炮击；二是在壕沟边埋上火药设伏。由此，"过河者一炮尽死；其未过河者，甘辉截击之，擒斩无遗"，清总兵金固山"精锐尽丧"，连夜逃窜。

六、郑成功的另一面

人是复杂的，在不同背景、形势和处境下，也有不同的反映和不同的应对之策。郑成功的另一面对我们认识他的丰富性有着一定的意义。

（一）屠城掳掠

战争是残酷的，但悍然屠城，反映出处置手段的残暴。顺治十四年十一月，"提督黄廷、林胜等攻破鸥汀坝。时天旱濠干，兵至城下，用人字牌遮身，以锹镢凿掘城墙，列大熕齐发，崩之而入，男女无少长皆屠之，壮士数百人走免，其地遂空"②。

如前所述，顺治九年五月，攻漳州，因围困致使城中大量人口死亡，"城中死者十七八"，达73万之多，还不包括城外死亡之人。战争带来的惨烈灾难和对人民生命财产造成的损失可见一斑。

（二）奖惩失当

郑成功注重奖惩以提高士气，凝集力量，强化官兵战斗力，但有时候也出现

---

①〔明末清初〕阮旻锡：《海上见闻录定本》卷一，第18—19页。
②〔明末清初〕阮旻锡：《海上见闻录定本》卷一，第32页。

失误，奖惩失当。顺治十五年九月，"有报援剿右镇贺世明等船桅俱粉红，又误传欲叛去，并北将尽失之语。赐姓遂撤贺世明镇任，并命张五军谕水武营朴世用、火武营魏标、中权镇李必、奇兵镇张魁等解职，惟北镇姚国泰补援剿右镇。贺世明愤激气死"①。郑成功因偏信讹传，未经调查就解除一批将领职务，显然对队伍内部的稳定带来消极影响，甚至致使有些将领"愤激气死"。

顺治十八年十二月，在台湾，"用法严峻，果于诛杀。府尹杨朝栋以其用小斗散粮，杀其一家；又杀万年县知县祝敬，家属发配。于是人心惶惧，诸将解体"②。

（三）挟私除异

顺治七年六月，"郑彩、郑联在厦门，与（郑）芝鹏有隙，赐姓用施琅之策，以米千石饷郑联，欲袭取之。联不疑，彩曰：'是毒药也。'议全军出避，联不从。联建生祠于万石岩，十五夜，宴辖下诸将。二鼓后，赐姓船至，尽收其战舰兵卒，其将陈俸、蓝衍、吴豪等皆归附，拨亲随兵守其衙。后月余，芝鹏说赐姓置酒万石岩，夜归，伏甲于路杀之。时郑彩以舟师百余艘，逃于广州南海之间，赐姓差官往请回岛，不遇而还。其辖将杨朝栋、王胜、杨权、蔡新等来见，以朝栋义武营，胜等管水师。旧将蓝登来见，授援剿后镇。彩漂泊数载，兵将星散，赐姓以书招之，遂回，后病死于家"③。郑芝鹏是郑成功叔叔，因为与郑彩、郑联兄弟有矛盾，郑成功乘机设计除掉二人，兼并其兵将。挟私泄愤之中，有着排异兼并的实质。

（四）拒谏失利

当然，郑成功也有因未能听取属下谏议而导致重大伤亡的事件。顺治十六年七月攻打金陵（今江苏南京市），"十七日，甘辉请速令攻城，恐援兵日至，师老无功。赐姓令二十二日安炮进攻。二十一夜，城中觇知余新懈怠无备，请梁化凤率兵夜出，从街坊房舍中毁墙通道，袭其营。余新被擒，萧拱宸泅水而逃，全军

---

① 〔明末清初〕阮旻锡：《海上见闻录定本》卷一，第34页。
② 〔明末清初〕阮旻锡：《海上见闻录定本》卷一，第47页。
③ 〔明末清初〕阮旻锡：《海上见闻录定本》卷一，第11—12页。

覆没。后提督万礼扎在桥外，救应不及，满兵遂蜂拥出城扎营。二十二晚，甘辉、林胜劝赐姓抽兵且回至观音山。赐姓欲再决一战，令杨祖、姚国泰、杨正、蓝衍等扎在山上，甘辉、张英等伏在山内，林胜、陈魁等列在山下，赐姓督陈鹏、万禄等在观音门应援，万礼、万义等堵御大桥头大路，马信、吴豪、韩英等由水路蹑其后，黄安专督水师防江。二十三日，清兵大队抄出山后，直冲左先锋杨祖之营。时赐姓传令，无令不许轻战，而山上、山下又隔远不相联属，清兵炮矢交击，杨祖众寡不敌，败走，蓝衍战没。赐姓遣陈鹏、万禄往援，山高不得上。满兵山上蹙下，甘辉、张英等在山内被围，力战不得出，张英阵亡，甘辉被捉。林胜、陈魁在山下战败，全军俱没。万礼等在大桥头，清兵首尾合攻，被捉；万义泅水而逃。赐姓见大势已溃，先抽下船。清水师蚁集来追，黄安御之，击沉数只，防护诸眷姬，渡载诸残兵出港。查失将领：中提督甘辉，后提督万礼，五军张英，亲军林胜、陈魁，镇将蓝衍、魏标、朴世用，副将洪复并户官潘庚钟、仪卫吴赐等。后甘辉等解至金陵，总督固山会审，万礼、余新皆跪，甘辉以足蹴之曰：'痴汉尚欲求生乎！'大骂不屈，遂被杀"[1]。攻打金陵本来取得了初步胜利，属下谏议乘机抽兵撤出金陵城。因为清兵有生力量并没有从根本上消灭，桥西有提督万礼军，城外有大量从城里出来的满兵，再战没有优势。结果，这一战损兵折将，伤亡重大，仅损失将领就有"中提督甘辉，后提督万礼，五军张英，亲军林胜、陈魁，镇将蓝衍、魏标、朴世用，副将洪复并户官潘庚钟、仪卫吴赐等"，林胜、陈魁"全军俱没"。显然，在敌我力量悬殊的情况下，郑成功想借胜利之威"再决一战"的决策是错误的，导致了严重的后果。

（五）归顺之意

作为封建官僚家族的一员，在严峻的时代条件下，郑成功也是怀有归顺之心的，在奉明抗清的同时和南明灭亡之后，也曾几次准备归顺。

如前所述，顺治十年六月，次年九月、十月间，郑成功在父亲、朝廷和兄弟的合力劝说下，曾准备就抚归顺，虽然最终没有归顺，但毕竟想过归顺。顺治

---

[1]〔明末清初〕阮旻锡：《海上见闻录定本》卷一，第38—39页。

十三年十二月，"赐姓督师取罗源、宁德等县。……时同安侯差谢表、小八等来劝就抚，李率泰亦差人来说退兵，以就抚局。赐姓令诸镇兵皆退，甘辉断后"；因清兵追杀，在护国岭大战，清兵败亡，"于是抚事不成"①。

南明亡后，顺治十六年五月十九日，"差监纪刘澄密书通江南提督马进宝"；同年七月攻金陵之前，"遣监督高绵祖、礼都事蔡政前往苏、松，通提督马进宝，约其会兵前来"；金陵之战败后，同年八月初四日，"泊吴淞江，遣蔡政往见马进宝，入京拟抚"；同年八月十一日，攻打崇明城时，"适马进宝差中军官同蔡政来劝回师说，以待奏请，看抚局成否。赐姓从之，仍遣蔡政往京"；同年十二月，"蔡政自京回，云抚事不成，系同安侯于狱，并逮马进宝到京问罪；遣满洲将军达素带披甲万余前来剿海，并令三省合剿"。② 郑成功一而再地归附之心，最终破灭。

（六）与施琅关系

施琅是后来迫使在台湾郑氏地方势力归降的主帅，早期郑成功与施琅的关系为这一事件埋下了伏笔，梳理其关系也有助于加深对郑成功的认识。

初期，郑成功对施琅的处置是妥当的。顺治七年闰十一月，"时陈斌与施琅相抗不睦，率兵而逃，具禀陈所逃缘由，后斌据潮阳归清"③。顺治八年正月，"赐姓至南澳，施琅进曰：'勤王臣子职分，但琅昨夜一梦，似大不利，乞藩主思之。'赐姓默然，遂令将左先锋印并兵将委副将苏茂管辖"④。施琅是郑成功的一名重要将领，但因与陈斌关系处理不好，致使陈斌背离逃走，后又以潮阳降清，带来的影响很大。这件事说明施琅在内部管理上是存在问题的，起码是不能协调处理好内部将领间利害关系的。再加上，施琅对郑成功南下勤王是持怀疑态度的，因此，郑成功对施琅奉明抗清的决心有所警觉，便撤换了施琅。

顺治九年四月，"施琅前在南澳，兵付苏茂代将，意回日必复任，赐姓既不与，遂请为僧，赐姓谕令再募兵，许授前锋镇。偶有亲兵曾德逃亡，赐姓拔为亲

① 〔明末清初〕阮旻锡：《海上见闻录定本》卷一，第29页。

② 〔明末清初〕阮旻锡：《海上见闻录定本》卷一，第35、37—40页。

③ 〔明末清初〕阮旻锡：《海上见闻录定本》卷一，第12页。

④ 〔明末清初〕阮旻锡：《海上见闻录定本》卷一，第12—13页。

随，琅将曾德捉回，立斩之，赐姓怒而不发。二十日，传令诸将在船听令出军，遂令右先锋黄廷执施琅交忠定伯林习山拘在船中，令副将吴芳看守。琅家人着人假称赐姓令箭调回审究，吴芳即同登岸，至草湾，琅即将吴芳及押人打倒，脱走逃匿山穴中两日夜，投苏茂。茂密以小舟载之渡海，依澄济伯（郑芝豹）。赐姓怒甚，欲斩林习山，未果。杀吴芳妻子，令芳跟寻。二十一日，杀施琅之父及其弟显。以戎旗中协林胜为援剿左镇"①。施琅被撤换后，显然心生怨恨，借杀亲兵泄愤。被拘后，施琅家人与施琅等又合谋逃脱，郑成功便杀施琅之父及其弟显，从而结下了仇怨。

后来施琅的影响与报复给郑成功带来严重损失。顺治十四年九月，"护卫前镇陈斌、神器镇卢谦守罗星塔，被困无援。时施琅归清，为同安城守，在总督军前，使人招降陈斌，麾下兵皆欲降，斌遂降。后说（清院部）李率泰，尽杀之南台桥，凡五百余人"②。顺治十七年五月初十日，"守高崎右虎卫陈鹏通同安施总镇，谋为内应。其左营陈蟒，璋之侄也，见势急，欲出兵救援。陈鹏止不许。总督王秀奇速令陈蟒赴之。满兵见金龙甲兵至，以为迎己也，及下水砍杀，始慌乱。而前协万宏、领兵林雄、领协镇刘雄继至合击，前冲镇刘俊亦从东冲山，协力拒杀。俄而吴豪赶至，满船向前迎敌，诸水师分路冲下，击沉数只。满兵先登岸者被杀及溺水者不计其数，生擒吕马喇及披甲三百余人，皆断掌放回。达素率残兵回省。数日，尸浮海岸万余，长发者十二三，短发者十七八。赐姓碟陈鹏，杀其家属，以陈蟒为虎卫右镇，以何义为虎卫左镇"③。"施总镇"即施琅。两军大战之际，陈鹏对施琅的通款，险让郑成功造成重大失败。

---

① 〔明末清初〕阮旻锡：《海上见闻录定本》卷一，第15页。
② 〔明末清初〕阮旻锡：《海上见闻录定本》卷一，第31页。
③ 〔明末清初〕阮旻锡：《海上见闻录定本》卷一，第42—43页。

郑成功与台湾郑姓文化发展略论

⊙樊洁洁（郑州大学历史学院研究生）

⊙王雅林（郑州大学历史学院研究生）

台湾自古以来就属于中国，远古时期的台湾曾是一片蛮荒之地。正是因为大陆汉人陆续迁台定居，才使台湾获得了真正意义上的发展。而伴随着汉民迁往台湾的不仅有先进的农业、手工业技术、商业贸易等，更有许多中华优秀的传统文化。在这一进程中，以郑成功为首建立的明郑政权在台湾的经济文化发展方面所做的贡献最大，郑成功也因此被台湾民众誉为"开台圣王"。在郑成功入台之前或之后，尽管不断有其他郑姓族人迁往台湾开垦定居，但依附于郑成功这一民族英雄形象的郑氏支脉始终在台湾有着极强的影响力，因此台湾的郑姓子孙公认郑成功是台湾的郑姓始祖。当下，以郑成功为媒介研究台湾郑姓与大陆郑姓的关系并探寻台湾郑姓文化的发展源流，对推动台湾郑姓文化的进一步发展、促进两岸民众之间的姓氏文化交流、吸引台湾郑氏子孙回到祖国寻根探源，具有极其重大的意义。

一、郑成功与荥阳郑氏

"郑"最初是地名，因周宣王封其弟友于此而作为诸侯国国号——郑国。《史记·郑世家》记载："郑桓公友者，周厉王少子而宣王庶弟也。宣王立二十二年，友初封于郑。"^① 由此可知郑国当源于姬姓，起初的郑氏也并非姓氏。到"韩哀侯灭郑，并其国"^② 后，郑桓公后代子孙遂"播迁陈、宋之间，以国为氏"^③。至此，"郑"才由原来的诸侯国号转变为姓氏，郑姓于是成为中国众多的姓氏之一。关于"荥阳郑氏"的由来，《新唐书·宰相世系表》载："幽公生公子鲁，鲁六世孙荣，号郑君，生当时，汉大司农，居荥阳开封。生韬，韬生江都守仲，仲生房，房生赵相季，季生议郎奇。奇生稚，汉末自陈居河南开封，晋置荥阳郡，遂为郡人。"^④ 这里道出了荥阳郑氏郡望的由来，并将荥阳郑氏的始祖归于汉大司农郑当时。但据朱绍侯先生的研究，在汉代尚没有荥阳郡，郑当时也未曾居住在开封，一直到晋代时才始置荥阳郡，因此将郑稚作为荥阳始祖应该是较为合理的。^⑤ 考虑到欧阳修撰史的实际情况，其当是为了提高荥阳郑氏这一郡望的名声才故意写作"郑当时居荥阳开封"。在郑稚之后，郑氏子孙多有在朝中为官者，仅有唐一代在朝中担任宰相一职的就多达九人。可见荥阳郑氏的名望之高，因此天下郑姓子孙都自称是荥阳郑氏的后代。

郑成功是我国明末清初一位杰出的民族英雄，生于今福建泉州南安。远古时代的福建地区为人烟稀少的荒芜之地，潮湿闷热的生态环境并不适宜人类生存繁衍，最初生活在此地的都是一些土著闽人。由于种种原因，自汉晋以来不断有中原人民大量南迁入闽。如"晋永嘉二年（308），中州板荡，衣冠始入闽者八族，林、陈、黄、郑、詹、邱、何、胡是也"^⑥。虽然这里提到南迁入闽的是一些"衣冠"

---

① 〔汉〕司马迁：《史记·郑世家》，中华书局，1959 年，第 1757—1758 页。下引司马贞《索隐》：郑，县名，属京兆。秦武公十一年"初县杜、郑"是也。又《系本》云"桓公居棫林，徙拾"。宋忠云"棫林与拾皆旧地名"，是封桓公乃名为郑耳。至奉之县郑，盖是郑武公东徙新郑之后，其旧郑乃是故都，故秦始县之。

② 〔汉〕司马迁：《史记·郑世家》，中华书局，1959 年，第 1776 页。

③ 〔宋〕欧阳修、宋祁：《新唐书·宰相世系表》，中华书局，1975 年，第 3259 页。

④ 同上。

⑤ 朱绍侯：《荥阳郑氏与郑成功——为纪念郑成功收复台湾 340 年而作》，《河洛春秋》2002 年第 4 期。

⑥ 乾隆《福州府志》引路振《九国志》。有学者认为乾隆《福州府志》引路振《九国志》应为何乔远《闽书》之误，且路振《九国志》无"八姓入闽"之记载。历代正史、地方志书及谱牒资料所载，中原入闽姓氏并非始于永嘉，"永嘉南渡"诸姓未尽入闽，而永嘉入闽姓氏亦非仅局限于"八姓"，故"八姓入闽"并非移民史实，而是移民传说。参看尹全海：《"八姓入闽"考释》，《中州学刊》2015 年第 6 期。

大族，但移入更多的应当是北方的平民。唐代有两次移民入闽，分别是唐初陈政、陈元光父子率领数千府兵入闽；唐末王绪、王潮率领 5000 多名农民起义军入闽。至两宋时北方汉人大量南下，迎来了又一次的移民入闽潮。由以上可知，福建乃是由土著民和大量南迁汉人组成的移民地区，这些北方移民的到来也理所当然地带来了他们的宗族姓氏文化。而明末清初的郑成功作为郑氏子孙中的赫赫有名者当然要与中原郑氏望族"荥阳郑氏"联系起来，这也是相传郑成功为荥阳郑氏后代的缘由之一。但《郑成功族谱三种》中对郑成功先祖自荥阳南迁，入闽后的发展脉络并无交代，且后世所修的族谱中对于这一段历史的记载又莫衷一是，这不免给人一种含混不清之感。为此，宋国桢、李国良两位学者根据《金井郑氏族谱》提供的线索对郑成功的先祖世系做了详细的追溯。据考证，他们认为金井郑氏第十六世隐公即郑成功的先祖石井郑氏一世隐石公。如此，郑成功先祖的世系脉络可上溯到名流四海、功冠三军的岭南三郡太守平公，其弟昭公曾为晋龙骧将军、东安太守、泉建二州刺史，系入闽的郑氏始祖。再往上追溯到汉大司农郑当时一直到郑桓公[1]，这样郑成功的先祖世系便明了了，其确为荥阳郑氏的后代。由此，我们可以推测郑成功的先祖即相传晋时"八姓入闽"之中的郑姓，宋、李二位追溯其入闽始祖昭公为晋龙骧将军也就合理了。从此之后，郑氏一族便在福建生根繁衍下去。

二、郑氏在台湾奠基

台湾自古以来就是中国的领土，在史籍中早有记载。三国时期吴国丹阳太守沈莹所著的《临海水土志》收录于《太平御览》中，这是世界上最早记录台湾的文献，其中的"夷州"指的就是台湾。[2] 又《三国志·吴主传》记载："（黄龙）二年（230）春正月，魏作合肥新城。诏立都讲祭酒，以教学诸子。（孙权）遣将军卫温、诸葛直将甲士万人浮海求夷洲及亶洲。亶洲在海中，长老传言秦始皇帝遣

---

① 宋国桢、李国良：《郑成功先祖世系追溯》，载宋国桢主编：《郑成功与祖国统一》，河南人民出版社，1997 年，第 77—79 页。

② 〔宋〕李昉：《太平御览》收录《临海水土志》，中华书局，1959 年，第 3455 页。

方士徐福将童男童女数千人入海，求蓬莱神山及仙药，止此洲不还。世相承有数万家，其上人民，时有至会稽货布，会稽东县人海行，亦有遭风流移至亶洲者。所在绝远，卒不可得至，但得夷洲数千人还。"① 这是大陆汉人前往台湾地区最早的历史记录。在隋朝时，台湾则被称为"流求"，从隋大业三年（607）起，隋炀帝曾三次派人员或大军过海到流求。《隋书·东夷传》载："（大业）三年，炀帝令羽骑尉朱宽入海访异俗，何蛮言之，遂与蛮同往，因到流求。……明年，帝复令宽慰抚之，流求不从，宽取其布甲而还。……帝遣虎贲陈棱、朝请大夫张镇州率兵，……又一日便至流求。"② 至宋时，台湾地区的土著民酋长经常率领民众到福建泉州等地烧杀抢掠，"（流求）国之酋豪常率数百辈猝至泉之水澳、围头等村，肆行杀掠。喜铁器及匙筯，人闭户则免，但刓其门圈而去"③。南宋政府曾将澎湖地区划归福建泉州晋江县管辖。④ 元朝时，元世祖曾派官员和士兵前往瑠求招降，史载："成宗元贞三年，福建省平章政事高兴言，今立省泉州，距瑠求为近，可伺其消息，或宜招宜伐，不必它调兵力，兴请就近试之。九月，高兴遣省都镇抚张浩、福州新军万户张进赴瑠求国，擒生口一百三十余人。"⑤ 元世祖至元中，始在澎湖设置行政管理机构"巡检司"对台湾进行管理，一直延续到明朝初年。⑥ 明嘉靖四十二年（1563），因实行海禁政策而一度废止的澎湖巡检司重新设立，此时已经是大航海时代。西方人开始进入东方水域，葡萄牙人和荷兰人曾先后侵占台湾。

明朝到了天启年间，已是日薄西山，东南海寇屡禁不止。最初开拓台湾的先驱颜思齐、郑芝龙就是东南海上走私集团的头目，他们在此时率部入居台湾，"于是漳、泉人至者日多，辟土田，建部落，以镇抚土番"⑦。至此，拉开了开发台湾

① 〔晋〕陈寿：《三国志·吴主传》，中华书局，1959 年，第 1136 页。
② 〔唐〕魏徵：《隋书·东夷列传》，中华书局，1973 年，第 1825 页。
③ 〔元〕脱脱：《宋史·流求国》，中华书局，1977 年，第 14127 页。
④ 冯承钧：《诸蕃志校注》，中华书局，1956 年，第 85 页。
⑤ 〔明〕宋濂：《元史·瑠求国》，中华书局，1976 年，第 4668 页。
⑥ 苏继颀：《岛夷志略校释》，中华书局，1981 年，第 13—16 页。
⑦ 连横：《台湾通史》，商务印书馆，2010 年，第 12 页。

的大幕。明天启五年（1625），颜思齐不幸病逝，众人便推郑芝龙为首领。郑芝龙就是郑成功之父，其最初随泉州海商到达日本并在平户从事商业贸易活动，从而结识了颜思齐等人。在继任颜氏掌权台湾后，郑芝龙迅速扩大自身实力并招揽民众，继续对台湾地区进行开发，促进了当地经济的繁荣。在这种形势下，明政府只好对其进行"招抚"。崇祯元年（1628），郑芝龙率部降于福建巡抚熊文灿，被授为海防游击。三年（1630），晋升为都督，并将其子郑成功接至台湾。到了清顺治二年（1645），清军攻入江南，之后不久郑芝龙便投降清朝。由于清军在初入关时实行残暴的统治，引起广大汉人的极度不满与反抗，郑成功便毅然扛起反清复明的大旗。其率领郑芝龙旧部在我国东南沿海积极抗清，成为南明后期主要的军事力量之一，曾一度从海路突袭，包围江宁府（今南京）。由于其积极抗清，因此被南明永历政权封为延平郡王，之后因清军步步紧逼，郑成功只好率领余部退守金门、厦门一带。为了摆脱清军的威胁，郑成功遂与部下商议收复台湾之事，以为抗清基地，当是时，台湾正受荷兰殖民者残酷的统治。史载永历十五年（1661），"成功在两岛，地蹙军孤，议取台湾。……成功意锐，捩舵束甲，率兵二万五千，三月，泊澎湖……至鹿耳门，则水骤涨丈余，大小战舰衔尾而渡，纵横毕入。荷人大惊，以为自天而下"[①]。荷人退保热兰遮城，郑成功率兵绕城作战，荷军大败，据城不出。之后又经过激烈的鏖战和多次谈判，"（荷人）率残兵千人而去，而台湾复为中国有矣"[②]。

郑成功于 1662 年收复台湾后，以赤崁城为承天府，设兴知县、万年县，在澎湖另设安抚司，台湾从此进入明郑时代。不久，郑成功突然暴病身亡，由其子郑经嗣位。明郑时期，大陆移民迁往台湾的前锋是郑氏的部分军队及其眷属，除此之外还有大量反抗清政府"迁界令"的福建沿海居民，他们组成了强大的开发台湾的生力军。这些数量可观的移民是明郑政权时期政治移民的重要组成部分，是对郑氏武装移民的有力补充。[③] 郑氏在台湾奠基后便积极开发台湾，颁布寓兵

---

① 连横：《台湾通史》，商务印书馆，2010 年，第 20—21 页。

② 连横：《台湾通史》，商务印书馆，2010 年，第 22 页。

③ 孙清玲：《郑氏政权时期台湾的政治移民》，《福建师范大学学报（哲学社会科学版）》1994 年第 4 期。

于农、鼓励开垦的法令，"行屯田之法，仅留勇卫、侍卫二旅以守安平、承天，余镇各按分地，分赴南北开垦，使野无旷土，而军有余粮"[1]。同时，不断迁来的汉人移民也为台湾的垦辟带来了充足的劳动力。此外，这些大陆移民还带来了中华传统的政治、经济、文化等先进制度，为台湾地区的发展涂抹上一层浓厚的中华文化色彩。郑氏祖孙三代在台湾的治绩卓著，如在工商业方面奖励制糖、制盐、发展贸易；在农业方面改进本土高山族的农业生产方式；在文化方面开办学堂、设科取士，这些措施极大地推动了台湾地区经济、文化的发展。到明郑政权末期，尚与清政府处于军事对峙状态。清康熙二十二年（1683），清政府派福建水师提督施琅率水陆官兵 2 万余人、战船 200 余艘，从铜山向澎湖、台湾进发，郑军溃败，郑成功之孙郑克塽率众归顺清政府。[2] 此后，清政府在此设置分巡台厦兵备道及台湾府，隶属于福建省，1885 年清朝设台湾省，台湾归中国管辖。

三、台湾郑姓的发展

台湾作为一个移民社会，其居民绝大多数来自大陆而且主要来自福建省。大陆的汉族先民迁往澎湖、台湾的历史至迟可追溯到唐中叶，之后历经宋、元、明、清、光复时期，大陆居民不断入台。尤其是在明清时期，大陆特别是闽粤沿海居民曾大规模地跨海迁往台湾定居，形成几次移民高潮。据族谱和其他材料的不完全统计，仅明郑时期从大陆各地就有 30 多个姓氏的移民进入台湾，其中泉州各县就有郑、侯、刘、魏、黄、范、陈、苏、姚等姓的族人移民入台，至郑氏统治末期，台湾的汉人移民已达到 12 万，总人口约 22 万。[3] 其中迁台的郑姓移民大多是郑成功的宗亲。入清以后随着海禁被解除，一些生活在闽粤沿海地区的郑

---

[1] 连横：《台湾通史》，商务印书馆，2010 年，第 31 页。

[2] "琅发铜山，会于八罩屿，以窥澎湖，克塽遣使上降表。琅以台湾既定，疏告朝廷，归克塽于北京，授汉军公。自成功至克塽，凡三世，三十有八年，而明朔亡。"见连横：《台湾通史》，商务印书馆，2010 年，第 46—47 页。

[3] 李彬：《大陆移民背景下的台湾社会文化融合与景观特征》，福建师范大学硕士学位论文，2013 年，第 14 页。

姓族人又陆续迁往台湾。如康熙年间，金门人郑彩迁属澳辑马湾社，海澄人郑维谦入垦今台北士林区，广东潮州府饶平人郑清雅入垦新竹，广东人郑云雯定居下淡水；雍正年间，漳州府平和县郑友嵩、郑新魁、郑德嘉、郑三、郑国等入垦台北各地；乾隆年间，郑鼎周入垦台中石岗等；嘉庆年间，泉州同安人郑文沫入垦新竹。此后一直到清末，不断有郑姓族人迁往台湾。① 这些移民再加上土著民使台湾成为一个多民族共同生活的地区，据统计台湾居民中汉族人口约占 98%，原住民人口约占 2%。这些福建移民在台湾定居后，仍照其传统，或以家族为单位，或按同乡同里聚集，就地垦荒、定居，这种移民特点也反映了台湾居民的姓氏构成。② 据 1956 年台湾当局对当地居民姓氏的调查统计，台湾省前十的姓氏为陈（11.3%）、林（8.5%）、黄（6.2%）、张（5.3%）、李（5.1%）、吴（4.1%）、王（4.0%）、刘（3.2%）、蔡（2.9%）、杨（2.7%）。前五个姓氏人口占总人口的比率高达 36.4%，这五姓在闽南人中所占比率更高达 39.4%。第六至第十位大姓总人口占有率为 16.8%，在闽南人中占有率为 17.5%；以上十大姓氏的占有率，全省高达 53.2%，远高于全国的 38.1%。③ 此时郑姓在全台人口姓氏的占有率为 1.96%，排在第 12 位。此外，还有学者根据 1978 年由杨绪贤编著的《台湾区姓氏堂号考》和 2005 年出版的《台闽地区姓氏统计》这两本书对台湾地区人口姓氏在这 27 年之间的增长量，得出了台湾地区人口姓氏前二十位的排名。其中郑姓依然排名第 12 位，郑姓人口由 1978 年的 316655 人增长到 2005 年的 427578 人，增幅为35.03%。④ 可见，台湾郑姓人口一直处于稳定的增长态势。如今，遍布台湾各地的郑氏祠堂、当地郑氏宗亲每年对郑姓先祖的祭拜，就是台湾郑姓文化发展的最好见证。

郑成功因为收复台湾所建立的伟大功绩，被台湾民众神化为"开台圣王"，并在台湾各地为其建立宫庙以供奉他的神灵，如"延平郡王祠""开台圣王

① 林建秀主编：《闽台郑氏祠堂大观》，海峡书局，2016 年，第 490—492 页。
② 卢美松：《闽台姓氏源流与血缘认同》，《福建省社会主义学院学报》2006 年第 4 期。
③ 戚嘉林：《台湾汉族姓氏祖国情》，《福建省社会主义学院学报》2013 年第 5 期。
④ 林瑶棋：《台湾姓氏演变初探》，《谱牒研究与华侨华人研讨会论文集》，2005 年，第 55—68 页。

庙""开山王庙""国姓爷庙"等。① 在台湾，对郑成功的祭祀活动很多，主要有官方和民间两种。每年的 4 月 29 日及 8 月 27 日，台湾当局都会在台南的延平郡王祠举行郑成功春秋二祭。此外，民间的郑氏宗亲也会择期举行宗亲会和祭祖典礼，通常也是在每年的春秋二季举行。在台湾的郑氏子孙亦将郑成功作为台湾郑姓人的始祖，郑成功的后世子孙也在全台各地建立郑氏宗祠或家庙，专门为其供奉祭祀牌位。如台南郑氏家庙，也被称为郑成功祖庙，位于台南市忠义路二段 36 号，由郑成功之子郑经所建，这也是台湾历史上最早的郑成功庙；台南延平郡王祠，也称郑成功庙，位于台南市中西区开山路 152 号，这是全台第一所官方所建的纪念和祭祀郑成功的祠庙；彰化郑成功庙，又名全台郑氏大宗祠，位于彰化市中山路二段 41 号，这是台湾祭祀郑成功相关庙宇中非常重要的一座，也是台湾建筑物中最古老的郑成功庙之一；台北士林郑成功庙，位于台北市士林区外双溪鸡南山一隅，它也是世界郑氏宗亲总会荥阳郑氏大宗祠的所在地；新营延平郡王府，位于台南市新营区，这是一座宫殿式的仿古建筑，在结构上既保留台湾当地的建筑风格，又继承了中国寺庙古建筑的传统特色。

除了以郑成功为祭祀先祖的郑氏宗祠，台湾还有很多其他郑氏支脉的郑氏宗祠，其所供奉的先祖大多是在明清时期迁往台湾的郑姓人。例如关西郑氏祠堂，位于新竹县关西镇市区偏北的山麓，这是一座历史悠久、文化底蕴深厚的客家祠堂建筑。关西郑氏先祖第六世郑清雅，系从广东饶平来台拓荒，最初在台北莺歌发展。传至九世郑成瑯时迁往兰阳头城，经营打金店铺，后于道光十四年（1834）迁到淡水厅竹北二堡咸菜瓮，即今关西北门口开基立业。郑泰容公厅，位于新竹县新丰乡后湖村 4 邻 73 号。公厅开基始祖为郑泰容，名谦，乾隆年间由广东省惠州府陆丰县大安墟郑厝楼，远渡重洋来到台湾。初至台湾省桃园县新屋乡蚵壳港登陆安身，后迁移至新竹县新丰乡后湖村开基立业，繁衍生息。新城郑家祠，位于新竹县关西镇南新里 75 号。郑家祠开基祖为郑维锦，《族谱》记载其始祖为郑桓公，历经 70 世传至清之公，后南迁福建省永定开基为一世，传九世祖德旺

① 彭一万：《台湾民众敬仰郑成功》，《炎黄纵横》2020 年第 5 期。

公，再由福建南迁广东省惠州府陆丰县，至十六世祖开龙公，由陆丰丁阳东迁渡海来台，是为来台始祖。大模公祠，位于桃园市场杨梅区梅高路 105 巷。约建于清乾隆末年，开基祖郑大模于清雍正十三年（1735）渡海来台，拓荒杨梅。去世后，其长子仁潜与母亲张氏共同商议，将原有住宅的正厅修建成祠堂，以奉祀祖先。因郑大模来台时既未携带族谱，也未曾详言来台以前之事，故仁潜只好将父亲奉为来台开基始祖而称为一世祖。[①] 除了以上这些，台湾的郑姓宗祠还有很多，在此不一一赘述。

这些不同时期迁来的郑姓族人在台湾积极开垦，为当地经济、文化等方面的经营和发展都做出了巨大的贡献。而以上这些为加强宗族内部的发展建设和同姓宗亲之间的联系所建的台湾郑氏宗祠，使后世台湾郑氏子孙对其祖先的祭祀得以延绵不断，也使郑姓逐渐发展成为在台湾拥有较大影响力的姓氏之一。

四、结语

历史上多次大规模的闽粤沿海人民入台，才造就了一个多民族聚居的移民社会——台湾；经过这些徙台汉人长期的辛勤开发与经营，才成就了一座祖国东南海上的宝岛——台湾。可以说，台湾的文化传统与祖国是一脉相承的，这是任何人都否定不了的事实，而蕴藏于其中的姓氏文化更加彰显了台湾与大陆割舍不断的血脉亲缘。由于"开台圣王"郑成功及其所建立的明郑政权在台湾的奠基，台湾郑姓因此在全台有着极大的影响力和号召力。如今，依托郑成功与台湾郑氏之关系研究台湾郑姓文化的发展脉络，并追溯郑成功与荥阳郑氏是为同宗同源，将会吸引越来越多的台湾郑姓子孙回到大陆寻根祭祖。这对加强海峡两岸人民的文化交流，强化台湾人民的民族归属感、文化认同感以及加快推动祖国统一的进程，具有空前且长远的历史意义。

---

① 以上关于台湾各地区郑氏宗祠的记述，由林建秀主编的《闽台郑氏祠堂大观》整理得来。林建秀主编：《闽台郑氏祠堂大观》，海峡书局，2016 年。

郑成功收复和开发台湾的历史贡献与启示*

⊙王连旗（新乡学院人文学院教授）

郑成功收复台湾是中华民族反对外来侵略的成功范例，通过收复和开发台湾，维护了中华民族的利益，捍卫了中国主权和领土的完整。郑成功被许多台湾同胞视为台湾的"开台祖"和"守护神"，也被海峡两岸人民当作共同敬仰的民族英雄。"至今大家仍不断赞扬郑成功的民族大义，认为他驱逐荷兰殖民者，维护了祖国的领土完整。"[1]郑成功在驱逐荷兰侵略者时不畏强暴，抵御西方殖民侵略、收复先人故土的爱国主义精神和勇往直前、百折不挠的开拓精神，对于我们今天反分裂、反"台独"，完成中国统一大业和建设中国特色社会主义，具有重要的借鉴和启示作用。

一、郑成功收复台湾概述

郑成功（1624—1662）是一个伟大的军事家、战略家，我国著名的民族英雄，福建南安县石井村人，出身于官商家庭。原名森，字大木，出生于日本，七岁回国，曾于南京国子监学习，受到名儒钱谦益的赏识。后明隆武帝赐姓朱，改名成

本文系 2020 年度教育部高校思想政治理论课教师研究专项项目"中华民族认同融入《中国近现代史纲要》课程研究"（20JDSZK034）的阶段性成果。

[1] 逯鹏：《从全球视角看郑成功收复台湾》，《南方论刊》2021 年第 1 期。

功，字明俨，国内外都尊称他为"国姓爷"。

郑成功一生的主要贡献是收复和开发台湾，维护了祖国的领土主权，加速了台湾的开发。郑成功率军驱逐荷兰殖民者，收复台湾，为保卫祖国领土和反对殖民主义树立了光辉榜样。郑成功还在台湾积极从事政治经济建设，摧毁荷兰殖民主义奴化教育，为建设祖国宝岛台湾做出了贡献。郑成功的丰功伟绩，一直受到人们的崇敬和缅怀。

台湾自古以来就是中国的领土，不断有新的考古发现和研究证明海峡两岸深厚的历史和文化联系。大量的史书和文献记载了中国人民早期开发台湾的情景。"旧石器时代后期，在台东县发现东滨文化，也是从祖国大陆东方沿海传播来的。"[1]公元 230 年，三国时期吴人沈莹所著《临海水土志》留下了关于台湾最早的记述。隋朝曾三次派兵到时称"流求"的台湾。"十二世纪南宋时，澎湖已隶属于福建晋江县，成为中国行政区的一部分。十三世纪中叶，元朝政府在澎湖设立巡检司，管辖台湾等岛屿，隶属于泉州路的同安县。从此，台湾正式列入我国版图。"[2]其战略位置非常重要，清朝时，"台湾岛被称为'东南之锁钥'和'腹地数省之屏障'"[3]。16 世纪中叶，西方列强争相到东方争夺殖民地。17 世纪以后，台湾便不断受到荷兰、西班牙等殖民者的觊觎和侵略。荷兰殖民者在明朝末年不断派兵侵扰我国东南沿海一带，劫夺商船，劫掠东南沿海居民。1624 年，荷兰殖民者开始侵占台湾南部，在侵占台湾南部后，相继建造台湾城（荷兰人称"热兰遮堡"，今安平）和赤崁城（荷兰人称"普罗文查堡"，今台南），并以此为据点不断向外扩张，"对台湾各族人民除了用武力进行军事镇压，在政治上采取殖民地统治办法，通过台湾汉族和高山族'长老'进行统治；还随意要求台湾人民纳贡，进行强制掠夺，经济上剥削也很残酷，强迫缴纳人头税；在文化教育上，派遣传教士'传授'上帝'福音'，用基督教和奴化教育，来毒化台湾各族人民"[4]。荷兰的殖民统治引起

---

① 陈国强、周立方：《闽台远古人类文化关系》，《福建文博》1990 年增刊。

② 范兆琪：《郑成功父子开发台湾的历史贡献》，《史学月刊》1982 年第 6 期。

③ 李双建：《主要沿海国家的海洋战略研究》，海洋出版社，2014 年，第 110 页。

④ 陈国强：《论郑成功的历史贡献》，《福建学刊》1993 年第 1 期。

了台湾同胞的强烈反抗，也进一步增强了郑成功驱逐荷夷、收复台湾的历史使命感。面对荷兰殖民者对台湾各族民众实行的野蛮侵略和残酷剥削，同时感受到台湾民众殷切盼望驱逐荷兰殖民者的心声，郑成功决意收复台湾。

顺治十八年（1661）三月初一，郑成功在金门举行了隆重的"祭江"誓师仪式，表达收复台湾的坚定决心。顺治十八年三月二十三日，郑成功带领2.5万名兵将，分乘百艘战船，从金门出发，经澎湖向台湾进军，于次日清晨越过风浪险恶的黑水沟，驶抵澎湖。郑成功军队各部分别驻扎澎湖各岛，等待风顺时再向台湾进发。荷兰殖民者闻讯，将军队集结于台湾大员（今台湾安平地区）和赤崁（今台湾台南地区）两座城堡，以阻挡郑成功军队。"1661年4月30日，郑成功亲率大军于台湾大员登陆，拉开了收复台湾之战的帷幕。"①台湾的汉族和高山族人民见郑成功军队到达，争先恐后地出来迎接他们登陆。郑成功的军队受到了台湾人民热烈欢迎，正是由于台湾人民的大力支持，郑成功军队得以顺利登陆，而且造成对敌分割包围的有利态势。为避免较大伤亡，郑成功军队改强攻为长期围困，并抽调部分兵力进行屯垦。"这一措施不仅减轻了当地人民之负担，缓解了郑成功军队的粮食危机，同时也为彻底打败荷兰侵略者和以后开发建设台湾奠定了基础。"②

郑成功率部驱逐荷兰侵略者的消息迅速在岛内传开，受尽荷兰侵略者长期殖民统治的数千名汉族和高山族同胞对于郑成功的军队，是"男妇壶浆，迎者塞道"③。高山族人民也纷纷破坏殖民者的各种设施，协助消灭散处各地的荷兰殖民者，保证了郑成功军队能集中力量攻打热兰遮堡。1661年5月24日，他派兵将一份劝降书及文告送达荷兰联合东印度公司台湾总督揆一，义正词严地警告："台湾者，中国之土地也，久为贵国所踞，今余既来索，则地当归我，珍瑶不急之物，悉听而归。"④郑成功还注意做瓦解侵略者队伍的工作，郑成功到台湾后，就亲自访问高山族民众，并告诫部下，不能危害民众，禁止杀戮和抢劫，他严厉惩

① 陈思：《论郑成功收复台湾前荷兰殖民者的战争准备》，《闽台文化研究》2020年第3期。
② 曹骏：《郑成功收复台湾对祖国统一的启示》，《黄埔》2002年第5期。
③〔清〕杨英撰，陈碧笙校注：《先王实录》，福建人民出版社，1981年，第250页。
④ "海洋梦'系列丛书"编委会编：《走向深蓝中国海洋之路》，合肥工业大学出版社，2015年，第80页。

治扰害民众的官吏吴豪、陈蟒等人。登陆以后不久，他便争取到了赤崁城守军的投降，孤立了热兰遮堡的顽敌。他还善于利用被俘的敌兵，使他们有的去做劝降工作，有的帮助操作枪炮，有的充任向导。郑成功的军队在围困荷兰殖民据点 9 个月之后，荷兰殖民者所居城内弹尽粮绝、疾病流行，士气非常低落。侵略者头目揆一见大势已去，决定与郑成功谈判，同意投降。"1662 年 1 月 25 日清晨，郑成功指挥大军向荷兰侵略军发起最后进攻，经过七天的激烈战斗，终于迫使荷兰殖民侵略者头目揆一于 2 月 1 日签字投降，被荷兰侵略者侵占长达 38 年之久的台湾终于回到祖国的怀抱。"[1] 当时，郑成功专门写了一首诗《复台》，以言其志："开辟荆榛逐荷夷，十年始克复先基。田横尚有三千客，茹苦间关不忍离。"[2]

郑成功收复台湾，不仅在政治上维护了中华民族的根本利益，捍卫了国家领土之完整，而且在军事上为后人提供了宝贵的经验。

第一，收复国土得人心，合民意。这一军事行动既是中华民族民众依靠自己的力量来收回自己的国土，也是中华民族以武力来反抗外来民族压迫的成功战例。郑成功是一个伟大的军事家、战略家，他转战于闽、粤、浙，在祖国东南沿海和潮汕诸县筹取军粮，收编海盗、团练、乡勇等，为收复台湾打下了基础。"郑成功在赶走荷兰殖民者的第二天，就亲自率领几位将领和一支队伍，带了十天口粮，到各地去巡视访问。他每到一处番社，高山族人民都夹道欢迎，争邀他到家中去做客；他都赠送烟草、布帛，好言慰问。"[3] 郑成功收复台湾代表了中华民族的根本利益，因而得到了两岸广大民众特别是台湾民众的积极支持与拥护，郑成功军队在这场军事斗争中处于主导地位，从而为最后的胜利争取到战略主动权。

第二，知己知彼，战备充分。为了确保对荷兰军队作战的胜利，郑成功军队进行了长期的作战准备。在攻取台湾前，郑成功已对侵台荷兰军队的军力部署、军事装备情况都有比较充分的了解，并针对敌军情况做了详尽的军事部署，详细侦察掌握台湾地形和敌军布防以及天候、潮汐、航道等情况，在人力、物力上进

---

① 曹骏：《郑成功收复台湾对祖国统一的启示》，《黄埔》2002 年第 5 期。

② 厦门大学郑成功历史调查研究组编：《郑成功收复台湾史料选编》，福建人民出版社，1982 年，第 1 页。

③ 范兆琪：《郑成功父子开发台湾的历史贡献》，《史学月刊》1982 年第 6 期。

行了长期的较为充分的登陆作战准备，反复商讨作战计划，做到行动统一，计划周密。"周密的战备和可靠的军事情报是战胜荷兰军队的重要条件。"①因此，在收复台湾时，无论是海战还是陆战，郑成功的军队一直处于有利的攻势地位。

第三，文武两手并用，攻城与攻心结合。郑成功收复台湾时，既高度重视武力进攻，又付之以必要的政治攻心工作。在围攻赤崁等城时，为了瓦解敌军，郑成功在加紧作战的同时，又实行优待俘虏政策，这使得被重重围困的敌人丧失斗志，在强大的郑成功军队攻势面前，只能选择投降。郑成功在战术上出其不意，攻其不备。郑成功的军队渡海作战具有突然性，在发兵之前没有做出任何进攻台湾之表象，使荷兰侵略者疏于防范，从而保证了海战的胜利和顺利登陆。

第四，审时度势，充分抓住机遇。郑成功收复台湾，"是在准确地分析了自身与清廷、自身与荷兰军队的力量对比之后选择最有利的时机出兵的"②。当时的情况是，台湾岛与荷兰本土的距离非常遥远，使荷兰军队在短期内难以增援，选择1661年年初出兵，占尽天时、地利、人和。郑成功军队注意隐蔽作战，大胆利用不良的气候条件，达到出其不意。正确选择渡海航线和登陆地点，先占澎湖，以此作为登陆台湾的跳板和屏障，既可使登陆台湾有了可靠的进攻出发基地，又可保障后续部队的航渡和后勤支援，还可据以阻敌海上增援，最终在1662年2月收复台湾。

郑成功收复台湾，在中国人民反抗外来侵略、维护祖国领土主权的斗争史上写下了辉煌的篇章。同时，郑成功对台湾的开发经营促进了汉族和高山族等族民众间的传统友谊，使台湾在经济、文化等各方面迅速得到发展。

二、郑成功开发台湾及其贡献

（一）建立府县制

郑成功率军驱逐荷兰殖民者，收复台湾，为保卫祖国领土和反对殖民主义树

---

① 曹骏：《郑成功收复台湾对祖国统一的启示》，《黄埔》2002年第5期。

② 曹骏：《郑成功收复台湾对祖国统一的启示》，《黄埔》2002年第5期。

立了光辉榜样，郑成功等人还在台湾积极从事政治经济建设，为建设我国宝岛台湾做出了贡献。为了废除荷兰侵略者的一切殖民体制和机构，他仿照祖国大陆的府、州、县建制，实行军队屯耕自给，把各"社"田地分给水陆诸提镇。郑成功建立了新的权力机构，委派了官员，他改赤崁城为承天府，改台湾城为安平镇，合称为"东都"，承天府下设天兴、万年两个县，分管北路和南路，以后又在澎湖列岛设立了安抚司，专门管理这个地区的行政事务，从此台湾建立了和大陆一样的府县制。

（二）实行屯田等土地开发措施

郑成功收复台湾后，他彻底清除荷兰的殖民体制，解放和发展了生产力。首先是进行大规模的屯田。郑成功在台湾建立政权后，为了改变台湾落后原始的农业，发展生产，把发展农业生产作为首要任务，颁布了屯垦条令，命令军队划地开垦，即营盘田，它是郑成功政权寓兵于农的形式，也是郑成功开发台湾解决粮食问题的主要措施。郑成功主张寓兵于农，他把所有军队根据形势所需进行重新编制，除一部分留守承天府、安平镇外，其余的陆军、水军连同他们的家属共 3 万多人，都迁徙到事先分配好的地方，去开垦荒地，每人先发给半年的薪俸作为开垦资金。"以中冲、义武、左冲、前冲、游兵等镇，扎南路风山、观音山屯垦。"[1] 参加屯田的将士，平时参加生产，战时参加作战。他们一边练兵，一边生产粮食、蔬菜和水果。另外鼓励文武官员雇人开垦土地，田园赋税亦按土地的肥沃、贫瘠分上、中、下三则。"上则田每甲征粟三石六斗，中则田三石一斗，下则田二石四斗。"[2] 经过短短几年的时间，就达到了粮食自给有余的地步。在郑成功收复台湾的船队中，"已携有很多的犁、种子和开垦所要的其他物品，并有从事耕种的劳工"[3]。郑成功还让大陆有经验的农夫传授高山族同胞使用犁耙耕地、镰刀割稻等先进耕作方法。这些措施使台湾"相率移垦，田园日辟"，大量荒地被

①〔清〕杨英，陈碧笙校注：《光王实录校注》，福建人民出版社，1981 年，第 154 页。

②连横：《台湾通史》卷八《田赋志》，商务印书馆，2017 年。

③曹永和：《郑氏时代之台湾垦殖》，载《台湾早期历史研究》，台湾联经出版事业公司，1985 年，第 267 页。

开发，丰富资源得到利用，先进的生产技术得以运用。同时，郑成功还把荷兰殖民者霸占的田地全部收归官府所有，租给农民耕种，官府向耕种土地的农民提供农具、种子及肥料等。在当时地旷人稀、生产落后的台湾，这些办法提高了农民劳动积极性，粮食产量有所提高，农民的收入也有所增长，促进了台湾的社会发展。又鼓励官员占有土地，建立庄园，招募农民耕垦，但不许侵占别人已经耕种的土地，尤其不许侵占高山族人民的土地。郑成功还实行移民屯垦政策，鼓励大陆民众移居台湾，按男女户口授田。郑成功鼓励大陆沿海居民到台湾来开垦荒地，他一面严令官兵家眷迁到台湾，同时，把不愿内迁、无家可归的福建沿海居民，用船舶运送到台湾，而且发给他们口粮农具，以维持生活和开荒生产，又帮助他们修建房屋安家定居。通过采取有效的措施，闽粤沿海人民陆续迁台，使大陆赴台人员逐年增加，台湾人口出现较快的增长。这些措施使台湾"相率移垦，田园日辟"，大小村落很快布满台湾全岛，"市廛渐兴，人烟日盛"。地旷人稀的台湾，增加了这批从大陆来的有生产经验的移民，他们把种植水稻和甘蔗、打鱼、煮盐、冶铁等生产技术带到了台湾，台湾的农业生产便有了很大的发展，到18世纪中期，台湾已成为"糖谷甲天下"的祖国宝岛。

与此同时，郑成功对台湾高山族民众特别关怀，严令保护高山族人民的利益，认真处理和高山族人民的关系，指派官员管理高山族事务，维护民族间的团结友好。郑成功还让大陆农夫传授高山族同胞使用犁耙耕地、镰刀割稻等农业耕作方法，尽量帮助他们改进耕作技术和生产方法，改善他们的生活条件，使高山族的生产得到迅速发展，促进了汉族与高山族的融合。

郑成功还严明法纪，整顿吏治，注意提倡廉洁守法的良好风尚。有的将领抢劫老百姓的银两，或盗窃粮食、囤积居奇，他一发现，就马上亲自严肃处理。对过去立有战功的将领吴豪、府尹杨朝栋、县知事高祝敬等人都判处死刑，毫不宽待。

（三）其他方面

郑成功大力发展海外贸易，拓展外贸，"郑成功控制金门、厦门二岛作为贸易基地，继承了郑芝龙的海商集团，开创了独特的发展海外贸易的道路，通过建立海、陆五商组织制度，东西洋船队组织，以及实行'牌铜'制度，把贸易范围从国内延伸到日本、东南亚等地区，甚至与西方殖民势力开展商业活动，获取源源不断的贸易利润，为郑成功抗清提供了有力的保障"①。郑成功和日本、安南、菲律宾、柬埔寨等国家都有通商关系，把台湾的土特产，如鹿皮、鹿脯、樟脑、硫黄、蔗糖等远销国外，换回铅、铜等所需要的金属货物。郑成功作为郑氏海商集团的领导者，曾提出"延平条陈"战略，"正是郑成功海洋观的集中体现，不仅成功地打破了古代中国传统的陆地农耕思维，也促动了中国海商积极参与世界市场的互动，给当时我国东南沿海地区的社会经济带来了积极影响"②。海外贸易的发展，更加促进了台湾经济的繁荣。郑成功死后，他的长子郑经继承父志，继续开发台湾，郑经任用陈永华主持政事，刘国轩主持军事，在郑成功治台各项政策的基础上，继续扩大农田面积，发展台湾的农业、手工业生产和海外贸易；又注意发展文化，在各地设立学校，举行科举考试，选拔各种人才，使台湾的经济、文化等都有了显著的发展。

三、启示

郑成功收复和开发台湾是我国人民反抗外来侵略、维护祖国领土主权的一次重大胜利，在我国历史上写下了光辉的一页，使台湾历史进入一个新的时代。郑成功面对荷兰殖民者侵占我国台湾的民族灾难，他义无反顾地投笔从戎，走上爱国御侮的道路，一举收复我国宝岛台湾，建立了千秋功业，值得后世永志纪念。郑成功兼具历史英雄、移民先祖、地方神明与神话人物的特质，郑成功文化、闽南文化、台湾文化亦为同根同源，是维系两岸血脉亲情的重要文化资源，更是沟通两岸同胞心灵的桥梁；郑成功文化，已经贯穿古今、超越时空，成为各个地方乃至全国民众极为珍贵的文化瑰宝。郑成功信仰在两岸民众之间有着强烈的感召力和影响力。对于这一宝贵的精神财富，我们要继续发扬光大，为祖国早日实现和平统一创造有利条件。我们要携手推动民族复兴，实现和平统一目标；探索"一

---

① 宋云鹤：《郑成功海洋观研究》，宁波大学硕士学位论文，2020 年，第 1 页。
② 同上。

国两制"台湾方案，丰富和平统一实践；坚持一个中国原则，维护和平统一前景；深化两岸融合发展，夯实和平统一基础；实现同胞心灵契合，增进和平统一认同。

"郑成功在驱逐荷兰侵略者的斗争中表现出的强烈的反侵略、保国土的爱国精神以及超凡的军事谋略，对于我们今天反分裂、反'台独'，完成中国统一大业，仍具有重要的现实意义。"①我们要共同传承和弘扬郑成功精神和郑成功文化，促进两岸同胞心灵契合，在坚持"九二共识"、反对"台独"基础上积极推动两岸关系和平发展，维护台海和平稳定。两岸同胞要坚定反对"台独"，为推进祖国统一大业、实现中华民族伟大复兴做出更大贡献。我们要强烈谴责国内外敌对势力妄图分裂中国的图谋，学习和继承郑成功的高尚气节，弘扬郑成功爱国主义精神，不断增进两岸同胞骨肉情谊，我们更要通过重温历史来明确台湾是中国固有的领土疆域，彰显两岸同属一个中国的历史事实和法理依据。

民族强盛是两岸同胞之福，民族弱乱是两岸同胞之祸。经过全体中华儿女长期不懈奋斗，中华民族迎来了从站起来、富起来到强起来的伟大飞跃，中华民族伟大复兴展现出前所未有的光明前景和强劲势头。"中华民族五千多年的发展进程，统一始终是历史演进的主旋律，维护统一、反对分裂深深融入了中国人民的血液和灵魂中。"②今天，我们比历史上任何时期都更接近、更有信心和能力实现中华民族伟大复兴的宏伟目标。民族复兴、国家强盛，与两岸同胞的利益福祉息息相关。我们要团结两岸同胞携手同心，共担民族复兴的责任，共享民族复兴的荣耀。越来越多的台湾同胞从中受益，增进了对大陆发展成就、制度和治理体系优势的认识，深切体会到台湾前途在于国家统一、台湾同胞福祉系于民族复兴，更加积极主动参与到推进祖国统一和民族伟大复兴的历史进程中。贯彻"和平统一、一国两制"方针，推动两岸关系和平发展、融合发展。祖国必须统一，也必然统一，这是不容置疑的历史定论。"和平统一、一国两制"是实现国家统一的最佳方式。我们愿意为和平统一创造广阔空间，只要有和平解决台湾问题的可

---

① 曹骏：《郑成功收复台湾对祖国统一的启示》，《黄埔》2002 年第 5 期。

② 刘结一：《坚决维护国家主权和领土完整　努力实现祖国完全统一》，《党建》2021 年第 6 期。

能，我们都将为之持续努力，继续团结广大台湾同胞，积极探索"一国两制"台湾方案，丰富和平统一实践。两岸关系和平发展是维护两岸和平、促进两岸共同发展、造福两岸同胞的正确道路。深化融合发展，密切两岸交流合作，强化两岸共同利益联结，构建两岸命运共同体，让发展成果更多惠及两岸同胞特别是台湾同胞，加深两岸同胞相互理解，增进互信认同，实现心灵契合。两岸同胞共同探索实施"一国两制"台湾方案，共同发展完善"一国两制"制度体系，确保台湾长治久安。

"时"和"势"始终在我们这边，我们愿意为和平统一创造广阔空间，我们立足中华民族伟大复兴战略全局和世界百年未有之大变局，把握台海形势发展变化，保持战略定力，识变应变求变，积极主动作为，有效应对挑战，善于利用机遇，努力开创对台工作新局面，但绝不为各种形式的"台独"分裂活动留下任何空间。我们将坚定维护中国的主权和领土完整，坚决遏阻美国"以台制华"的图谋，坚决粉碎台湾当局"倚美谋独"的幻想，严厉抨击蔡英文及民进党当局勾连外部势力，蓄意升高两岸对立，不断谋"独"挑衅的恶劣行径。"我们必须坚持和完善中国特色社会主义制度，推进国家治理体系和治理能力现代化，不断把日益增长的综合实力、显著的制度和治理体系优势转化为对台工作效能和成果，为实现祖国完全统一进一步创造更为有利的内外条件。"① 推动两岸关系和平发展、融合发展是通向和平统一的必由之路，是推进和平统一进程的内在要求，需要凝聚两岸同胞力量，扫除障碍，坚定不移地推进。我们要努力团结两岸同胞认清历史大势，共担时代责任，把前途命运牢牢地掌握在自己手中，继续为实现祖国完全统一和中华民族伟大复兴而共同奋斗。

---

① 杨昆福：《坚持和发展中国特色社会主义推进国家统一进程》，《两岸关系》2021 年第 9 期。

主题四：
郑成功文化的传播与接受

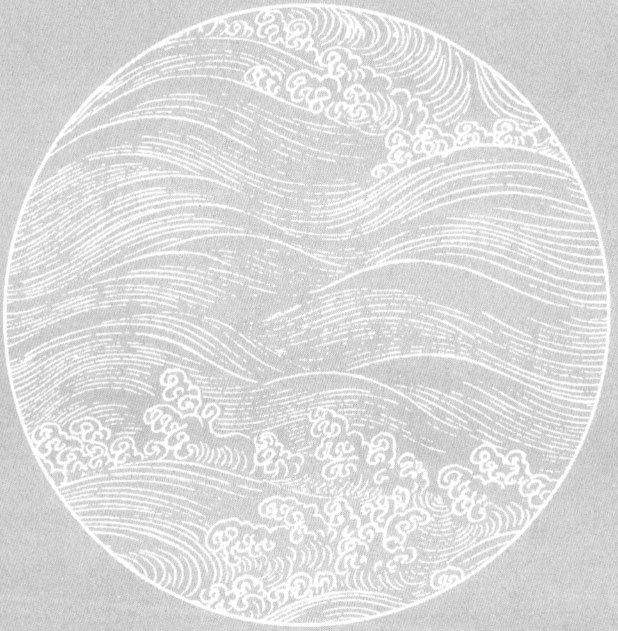

明清之际台湾的移民群体及其
河洛文化传承

⊙安国楼（郑州大学历史学院教授）

"河洛"是地域概念，更是文化概念。从这里产生发展而形成的河洛文化，是中原文化的源头和核心，对中原大区域文化产生发展具有发端、统率和辐射意义，而中原文化正是华夏的元典文化和主流文化，在中华民族大一统格局形成和文明发展进程中发挥了独特作用，做出了卓越贡献。

人类是文化的创造者，又是文化的承载者和传播者。河洛文化作为"根"文化的地位和作用，在中原外迁人口群体中具有根深蒂固的意识和极强的传承性，并使得河洛文化传统在外迁移民聚居地区产生了久远深刻的影响。因此，河洛文化的广泛传播，与历史上的移民问题密切相关，而各区域文化的发展及表现特征，又与历史移民问题紧密联系在一起。

中国南方闽、粤、台等地，常称自北方或大陆迁徙过去的移民为"河洛人""河洛郎"，正是因为他们的祖籍在中原，他们的先辈最初是从中原区域辗转南迁的。由于"河洛"曾长期是中原乃至全国的政治、经济、文化中心，是祖居地的标志性区域，是精神文化层面的象征，所以这些移民甚至包括不少先祖来自北方其他地区的移民，都统称为"河洛人"或"河洛郎"，这足以说明河洛地区、河洛文化的巨大影响力。当然，由于历史久远，这些南迁移民先祖的成分比较复杂，能辗转迁徙到闽粤沿海及台岛地区定居生活下来的，已经历了无数代漫长时期的频繁播迁。

台湾作为一个区域性文化地区，是中华民族文化的重要组成部分，同时又渊源于河洛文化、中原文化。台湾岛与祖国大陆的命运息息相关，两岸同胞"是血脉相连的命运共同体"，有着共同的血脉之根、文化之根和民族情感之根。就台湾人口中占有重要比例的客家人而言，即从大陆客家民系中分流出去的。

这里试从明清之际（明末至清康熙末）台湾移民群体的变化、移民成分、表现特征、客家人特性及文化传承等方面进行一些考察。

一、明末台湾移民群体的逐步扩大

早的姑且不说，从明末开始，就有不少闽粤人迁台。大陆汉族移民驻足台湾沿海平原并具有群落特征的较早记载，是《明神宗实录》关于林道乾等事迹的记载："聚众数千人，据膏腴之田以自安固。"以后颜思齐、郑芝龙等入台，安营扎寨，广募民众，垦辟土地，又使得在台汉族移民区开始稳定下来，并逐步扩大。尽管有关资料对这一问题的记载稍有出入，但都不否认明末形成主要来自闽粤地区（以闽居多）、具有明显群体特征的汉族移民体的事实。如杨文魁《台湾纪略碑文》提道："明天启间海寇颜思齐入巢于此，始有汉人从而至者。"[1] 连横《台湾通史》卷一《开辟纪》中也说："海澄人颜思齐率其党入居台湾，郑芝龙附之，……于是漳、泉人至者日多，辟土田，建部落。"因而有的人就肯定说颜思齐、郑芝龙"率大批闽粤居民迁移台湾，从事垦拓"[2]。崇祯元年（1628）前后，郑芝龙在闽南"招饥民数万人"入台，并提供耕牛、种子、农具等，使其"开荒自给"。有的人就称：在台湾历史上，郑芝龙"是大规模有组织地移民台湾的第一人"[3]。其实自隆庆以后，明朝长达两个世纪的海禁政策已趋于开放。海禁的松动，加之这些海上组织的兴起，就为大陆居民移台提供了诸多便利条件，所以仅至万历后期，台

---

① 〔清〕高拱乾：《台湾府志》卷10《艺文志》，台湾文献丛刊，第65种。

② 周佪、魏大业：《台湾大事纪要》，时事出版社，1982年。

③ 陈碧笙：《台湾地方史》，中国社会科学出版社，1982年。

湾已是"漳、泉之民至者既众，充龙、烈屿诸澳，往往能译其语"①。拥有"旷野平原"的台岛区域，"明末闽人即视为瓯脱"②。说明到了明末，陆民移台进入了一个前所未有的新时期。

至于明亡之时，台湾移民族群的人口发展到多大规模，一些研究者也作了大略统计，如有的说当时台湾约有汉人三万户，十万人。③有的估计，这十万汉人已占当时全台人口的二分之一。④尽管这些统计不一定十分准确，但与明末台湾移民群体逐步扩大的事实是相一致的。这些明末迁台的闽粤移民中，不少应属于大陆客家地区的移民。

就大陆客家地区的入台移民而言，一些传统观点认为自康熙二十二年（1683）清统一台湾之后，客家先民才大批移居台湾。这一说法有一定依据，但忽略了之前也应有长期的、分散的移民情况，只是没有太多材料记载而已。可见，认为客家先民迁台"开始"于康熙二十二年以后的说法不够准确。其实，要说客家先民迁台是随着闽粤移民增长而增长的话，那么在康熙统一之前，也是客家移居的一个重要阶段，这个阶段即从明末开始。

二、明郑时期台湾移民群体的进一步拓展

继明末之后，在明郑统治的 20 多年间（1661—1683），台湾移民族群进一步发展壮大，且与明末相比，大陆移民群体对台湾社会的影响也越发显现。

明郑时代，清政府实行沿海迁界等政策，但由于明郑招引，以及明末以来外迁意识的驱使等原因，与明末相比，这个时期有更多的大陆居民迁台。关于这方面的文献记载也不少，如范咸等《台湾府志》载："郑氏挈内地数万人以来。"⑤"郑

①〔明〕陈第：《东番记》，台湾文献史料丛刊（第八辑），台湾大通书局，1987 年。

②〔清〕范咸等：《重修台湾府志》卷 13《风俗志》，台湾历史文献丛刊，1991 年。

③刘大年等：《台湾历史概述》，生活·读书·新知三联书店，1956 年。

④周文顺：《台陆关系通史》，中州古籍出版社，1991 年。

⑤〔清〕范咸等：《重修台湾府志》卷 13《风俗志》，台湾历史文献丛刊，1991 年。

氏父子相继，民非土著，逋逃之渊薮，五方所集处，未尽同风而易俗。"① "迨郑氏遁踞，旧家世族或从而东，生聚有年。"这里称逋逃之渊薮，显然是受了对郑氏据台不公正评价的影响。其实，自郑氏收复台湾后，随着大量军人、眷属及平民流入，台土的社会风貌已发生了前所未有的变化。郑成功据台后，"务屯垦"，"招来泉、漳、惠、潮之民，污莱日辟"②。自郑氏"拾荷兰之遗，城市室庐颇近中土"③，这些移民族群为台岛经济开发、社会发展发挥了重要作用。当时的台湾已成为"人居稠密，户口繁息，农工商贾各遂其生""一切日用之需无所不有"④ 的一方宝地。

对于明郑时期移民群体进一步扩大的事实，一些学者也提出了充分肯定的见解。如有的认为"汉族同胞大规模迁移到台湾的，主要在十七世纪中期，即明清之际"⑤。明郑时代，"大陆沿海居民移入台湾者激增"⑥。据有的学者统计，"至明郑末期，台湾汉人已达20万人，成为台湾人口的主要成分"⑦。那么，就客家移民而言，就不能只强调康熙二十二年以后的移民情况，而应充分重视此前的移民阶段，特别是明郑时代的移民阶段。

这里需要进一步说明的是，我们考察历史上台湾移民人口的多少问题，不能完全以当时的人丁或户口统计为依据，因为大量流民由于生活窘迫、居处分散等原因未能入册，况且还有许多统计计丁而不计老幼，甚至妇女。如台湾第一部《府志》称：清统一台湾之初，"统台郡三邑之人民，计之共一万六千余丁，不及内地一小邑之户口"⑧。这一民丁统计与实际迁台民丁数相差甚远，与一些学者10万、20万的民口估计也不相符。不过，尽管清统一台湾之初在台移民已为数不

① 〔清〕蒋毓英等：《台湾府志》卷5《风俗志》，厦门大学出版社，1985年。

② 龚柴：《台湾小纪》，台湾历史文献丛刊，1991年。

③ 〔清〕范咸等：《重修台湾府志》卷1《封域志》，台湾历史文献丛刊，1991年。

④ 〔清〕高拱乾等：《台湾府志》卷10《艺文志·（施琅）请留台湾疏》，台湾文献丛刊，1991年。

⑤ 林其泉：《台湾杂谈》，四川教育出版社，1984年。

⑥ 周伅、魏大业：《台湾大事纪要》，时事出版社，1982年。

⑦ 周文顺：《台陆关系通史》，中州古籍出版社，1991年。

⑧ 〔清〕蒋毓英等：《台湾府志》卷5《风俗志》，厦门大学出版社，1985年。

少，但就整个台湾范围来看，有的说其"开垦十无二三"①，仍是"地广人稀，萧条满眼，蕞尔郡治之外，南北两路，一望尽绿草黄沙，绵邈无际，故郭外之乡不曰'乡'，而总名之曰'草地荒村'，烟火于丛草中见之"②。这样在清统一之后，才使得大批闽粤居民有可能继续自发地或有组织地向台岛迁徙。

三、康熙统一后的渡台移民问题

康熙二十二年清统一台湾之后，随着局势稳定和清廷对台政策变化，出现了新的移民高潮，学者对此研究颇多。就所占比例较大的客籍移民而言，具有代表性的认识主要有以下两方面：

一是在时间划分上，均以康熙二十二年为客家迁台的一个大致界线。到了雍、乾两朝，是客家移民的兴盛时期；二是在客家移民来源和比例划分上，传统认为："早期（清统一之初）渡台的客家人，大都属于嘉应州属的各县人民。"到了雍、乾年间，渡台移民"除粤东三府属者外，还包括有福建汀州府属的客家人"。这些客家人来自不同地区的比例为：嘉应州属最多，约占总数的二分之一弱。惠州府属其次，约占四分之一。潮州府属再次，约占五分之一强。汀州府属较少，约占卜五分之一。③这些分析总结有一定道理，但某些方面值得进一步思考。

首先，应该承认，康熙统一后为大陆居民移台提供了许多有利条件，并曾有大批闽粤居民流入，其中客家人占有很大比例。同时也不可否认明末至明郑时代的移民阶段，否认这一阶段闽粤移民中的客家成分，认为客家迁台始于康熙二十二年以后的观点显然不够准确。个别学者也曾提出分批认识的见解，如把康熙统一后的渡台客家人作为第二批，把"郑氏政权统治的 22 年中大批客家人移居台湾"作为第一批。④

①〔清〕范咸等：《重修台湾府志》卷11《武备志》，台湾文献丛刊，1991 年。

②〔清〕蒋毓英等：《台湾府志》卷5《风俗志》，厦门大学出版社，1985 年。

③ 刘南彪：《台湾客家小考》，《客家史与客家人研究》第 1 辑，华东师范大学出版社，1989 年。

④ 万陆：《客家学概论》，江西高校出版社，1995 年。

其次，对渡台移民来源地问题不能一刀切。如清廷对陆台居民往来采取"严格限制"政策，其实当初的限制只是有条件的限制，如"严禁无照过台""不许携带家眷""引诱客民过台数在三十人以上者"处罚等。^①这些限制条件也是相对宽松的，并没有限制闽粤某地居民不准渡台的禁令。即使最初有潮、惠民禁的限制，也是短期的。这与清统一前"五省迁界"相比，可谓有限制的开放政策；再如至雍正、乾隆年间，渡台移民中才"包括有福建汀州府属的客家人"，其实早在康熙年间就有不少汀属客人渡台，如在大杰巅番社地区，康熙四十二年（1703）就曾"招汀州属县民垦治，自后往来渐众，耕种采樵"等。^②

最后，台湾各府志的人口统计，不能真实反映此一时期台湾移民人口的增长情况。因为各府志的人口增长记载并不客观，与实际差距甚大，而且各志统计有些互不一致。如高拱乾《台湾府志》载，康熙二十二年台湾实在民口约 3.4 万人。刊行于康熙三十年以后的蒋毓英《台湾府志》统计，台湾实在民口达到 7 万多人。又据范咸《重修台湾府志》所记，自康熙三十年至五十年，民丁虽递年有增，而最终民口还不足 4 万人。其户数记载更是不实，无论哪一时期均是"户仍前"，竟与统一之初的户数一样，没有改变，不可理解。这些户口统计，与其他有关记载相对照，如说台湾统一后"流民归者如市"^③（诸罗县），以后十余年间"招来愈众"^④。在不到 40 年时间里一府三县由最初的"管辖不过百余里"，发展到"开垦流移之众延袤二千余里，糖谷之利甲天下"^⑤等，前后对照不相一致。

户口统计不实的原因，一是由于拓荒移民收入低微，无力登籍报赋。二是与这些移民散处各地、不稳定的游荡生活有关，"移植之人多无家眷，丁男或流落

---

① 庄德金：《清初严禁沿海人民偷渡来台始末》（上），《台湾文献》第 15 卷第三、四期。
② 〔清〕范咸等：《重修台湾府志》卷 14《风俗志》。
③ 〔清〕陈梦林：《诸罗县志》，台湾文献丛刊第 141 种，台湾大通书局，1987 年。
④ 〔清〕高拱乾等：《台湾府志》卷 10《艺文志·（高拱乾）捐修诸罗县学宫序》。
⑤ 〔清〕范咸等：《重修台湾府志》卷 21《艺文志·（蓝鼎元）覆制军台疆经理书》。

四方，躬耕岩穴，编查不及，故若是其少"①。这是我们考察文献人口统计时应该注意的一点。

四、整体渡台移民及其文化传承

后期成批大陆居民迁台，同时也带去了他们的文化，带去了他们祖辈世代相传的中原、河洛文化传统。如以闽人为例，大量文献，包括地志、家谱、各类官书记载，以及众多家族世代相传的祖辈传说中，都已充分证明，在闽、台等地的移民群体中，在当地经济开发、社会发展和文化构建过程中，河南固始人发挥了十分重要的作用。最有影响的如唐初光州固始人陈政、陈元光率众多兵吏入闽镇抚、开拓，陈元光被尊为"开漳圣王"，各地建祠膜拜。到唐后期，又有光州固始人王审知与其兄王潮一起随王绪军入福建漳州，当时跟随入闽的固始家族还有谢、庄、林、黄、杨、王、方等姓氏。后来王审知统一八闽，被封为闽王，建立闽国，闽人立祠为祀。而后来大批迁台的闽地居民，正是这些移民家族的后裔。所以闽文化对台湾影响最大，"虽然台湾除了闽南人之外还有其他外省人等，但是有超过95%的岛民都已适应闽南文化，所以整体来说，台湾是一个闽南文化地区"②。

台湾的众多家族谱系中明确记述，其先世迁自大陆闽、粤等地，先祖则来自河南光州固始。而光州固始处于中原南部，是河洛中心区南下移民最早、最为重要的聚居地。今河南南部信阳所属的固始、光山、潢川等地，古属光州，以固始为中心的区域，是晋、唐、宋等历史时期中原汉民南迁后的初期滞留地，对河洛流民南迁及河洛文化南传发挥了十分重要的纽带和桥梁作用。因此，这一地区的移民或定居之民，本有着纯朴浓重的河洛文化本色和特质。直到今天，此地的语言、习俗、信仰等，无不显示出移民文化之风，与河南其他地区表现出较大差异。因此，历史上陈元光、王审知等大批固始人入闽，其后裔又四散迁居闽、粤、台各地，这不仅带动了这些地区人口繁盛、社会发展，而且直接推动了河洛文化、中原文化在这

① 连横：《台湾通史》卷7《户役志》，商务印书馆，1983年。
② 林瑶棋：《谈台湾乡土文化的危机》，《台湾源流》2007年第3期。

些地区的传播，对这些地区人文环境构建、民族精神培育和社会文明进步等，都产生了深远影响。关于这个问题，众多文献记载，以及现实社会的各方面表现特征，包括语言风俗、思想观念、信仰意识、行为礼仪等，都可得到验证。由此可见，台文化如同闽文化一样，根系于中原，导源于河洛。从历史上直至现代，众多闽台人心系固始，心系中原，正是因为血脉同根、文化同源。

那么，关于明清之际渡台的闽粤移民中，客家移民占有多少的问题，实难回答，但可以说无论前期后期，无论闽人粤人，其中的客家移民都占有较高比例。前期移民中有许多即来自今日客家集中的粤北地区。流入居多的闽人或说漳泉人中，也应有不少属于客家人。后期移民的情况也是如此，只不过粤地客家所占比例增大而已。我们没有理由去肯定后期而否定前期，或者只强调某一地区而排除其他地区。因为在客家民系基本形成之后，客家人在闽粤地区的分布十分广泛，都有着自然、生活条件的共性特征，以及向外开拓的传统精神和素质。还需要明确的一点是，我们不能完全以今日闽粤客家的地缘分布状况为标准，来判定明清之际的渡台移民问题。因为今日客家分布状况是经历长期分流、播迁之后所形成的。今日闽粤某些地区之所以没有形成大的客家群落，就或许与历史上人口成批外迁有直接关系。同时，在考察渡台移民的具体问题时也不能绝对化，如不能把当时的"客庄"等同于客家人之庄，把当时的"客民"等同于客家人。

据研究统计，全国前 100 个大姓中，70% 多源于中原，而台湾的大姓陈、林、黄、蔡、郑等及其他一些姓氏，其始祖也基本来自河洛地区。台湾地区民间重视家族观念，如建祠堂、修族谱等，以及各家所使用的郡望、堂号等，也与大陆内地的家族相一致。这些郡望、堂号如荥阳郡、弘农郡、陈留郡、颍川堂、弘农堂等，既是本姓祖居地的历史标志，或家族支系另具深意的特殊标记，又是这些家族情感凝结和精神文化认同的象征，而这些郡望、堂号又基本是以中原地区、河洛地区的原郡县之名为宗根，台湾地区的众多族谱中均可看到有关记述。这是早先移民及其后裔对中原血脉衍派的永恒记忆，也是对先祖历史的认同，更是对祖根地文化的认同。可见，台湾众姓氏作为中华姓氏的一部分，是长期历史演变形成的，世代相承，根深蒂固。

从《纂修四库全书档案》看郑成功文化在清代的传播与接受

⊙杨　波（河南省社会科学院文学所副研究员）

　　《四库全书》是我国古代规模最大、卷帙最多的一部综合性丛书。该丛书以经、史、子、集为四大部，共收录图书三千四百五十七种，保存了清代乾隆朝以前的很多重要典籍，是我国古代思想文化遗产的重要组成部分。但是，这部大型丛书在竭力标榜"稽古右文，崇儒兴学"的同时，又大兴"文字之狱"，强力推行文化专制政策，以消弭民间的反清思想。郑成功文化在清代不同时期的传播与接受轨迹，从一个层面真实地反映出乾隆时期的文化政策和思想倾向。

一、《纂修四库全书档案》的编纂背景及主要内容

　　从乾隆三十七年（1772）正月乾隆帝谕令各地征集遗书开始，于翌年二月设立四库全书馆，直至乾隆四十六年（1781）十二月第一份《四库全书》缮竣，贮于紫禁城文渊阁，《四库全书》的纂修历时十年，经历了一个相当繁复的过程。其后，第二、三、四份《四库全书》相继于乾隆四十七、四十八、四十九年缮竣，分贮于盛京文溯阁、圆明园文源阁、承德避暑山庄文津阁。以上是为北四阁《四库全书》。乾隆四十七年（1782）七月，乾隆帝又谕令续缮《四库全书》三份，分贮于扬州大观堂文汇阁、镇江金山寺文宗阁、杭州圣因寺文澜阁，迨乾隆五十二年（1787）告竣，历时六年。以上是为南三阁《四库全书》。在各份《四

库全书》完竣之后，根据乾隆帝的谕旨又进行了全面覆校、审阅，其间迭有"添改抽挖"。至于各份《四库全书》缮竣后的空函书籍，在乾隆帝的督催下，虽然一直在赶办之中，然而直至乾隆帝去世，仍未完成。如文渊阁之空闲书籍，直至嘉庆八年（1803）十二月方告蒇事，并于翌年二月归架。在纂修《四库全书》期间，乾隆帝先后任命过总裁以下的编校人员约四百名，集中了当时的大批名流学者，如纪昀、陆锡熊、戴震、邵晋涵、程晋芳、朱筠、翁方纲、姚鼐、王念孙等，他们都为《四库全书》的问世做出了极大贡献。同时，《四库全书》卷帙浩繁，每一份《四库全书》就有三万六千余册之多，需要抄成七份（不包括翰林院所存底本），仅前后参与抄缮的人员就几近四千人。我国古代的图书典籍，几经战乱和社会动荡之后，损坏散佚严重，清政府集中大量人力物力搜集全国图书，辑录已佚典籍，纂成《四库全书》，堪称我国古代图书编纂史、学术文化史上的一件大事。

《四库全书》在乾隆年间编纂问世，有着深刻的社会文化背景。清兵入关之后，经过一百余年的恢复和发展，迨乾隆中期，社会经济呈现繁荣景象，国家政权比较巩固，政治局势相对稳定，为《四库全书》的纂修提供了良好的社会环境和充裕的物质条件。同时，清初的几代君主，为了维持和巩固对全国的统治，都十分重视学习并利用汉族的传统文化，以笼络汉族知识分子和地方绅衿，加强对全国人民的思想控制。一方面，竭力标榜"稽古右文，崇儒兴学"，在实行科举取士、提倡尊孔读经的同时，大举编纂、注释经书古籍，除出版了一批所谓"御注""御纂"或"钦定"的图书外，还编纂了我国历史上规模最大的类书——《古今图书集成》，积累了丰富的整理、注释、编纂古籍的经验。另一方面，又强力推行文化专制政策，大兴"文字之狱"，以消弭民间的反清思想。乾隆帝继承其父祖的文化政策，对《四库全书》的修纂倾注了极大的热情和精力，从采访遗籍、开馆修书，到编纂体例、收书标准的确定，乃至《四库全书》缮竣后的审阅定稿，无不亲与筹划，最后裁定。诚如《钦定四库全书·凡例》所言："是书卷帙浩博，为亘古所无。然每进一编，必经亲览，宏纲巨目，悉秉天裁。"

《四库全书》是一部大型官修丛书，其纂修经过，私家绝少记载。20 世纪 30

年代，北平图书馆出版了陈垣先生所辑《办理四库全书档案》一书，对此做出了有益的贡献。但限于当时的历史条件，所辑档案仍有很多缺漏，尚不足以反映纂修《四库全书》的全过程。为了向国内外学术界提供比较系统、完整的清代文化史基本史料，中国第一历史档案馆决定编纂一套"清代档案史料"，按专题分册陆续出版。由张书才主编、吕坚编辑的《纂修四库全书档案》（全二册）即该丛书的一种，上海古籍出版社 1997 年出版。该书所辑史料起自乾隆三十七年正月，迄于嘉庆九年（1804）二月，计一千五百八十件。此外，还附录了同治、光绪年间抖晒、清查文津阁书籍的奏折、书目清单，以及办理《四库全书》在事诸臣职名、乾隆帝所撰《文渊阁记》等。这些史料绝大部分是该馆所藏档案原件，唯个别文件系从有关书籍资料中补入。其主要内容包括：（一）乾隆帝为纂修《四库全书》及禁毁书籍所颁发的谕旨，以及嘉庆帝为办理空函书籍所颁发的谕旨；（二）军机大臣及四库全书馆总裁、总纂等官员关于编纂、审阅、覆校《四库全书》情形及对各级纂校人员进行考核、议叙奖赏、记过罚俸和缮写舛误情形的奏折、奏片、信函、清单；（三）各地督抚及学政、盐政等有关征缴、查禁书籍等情形的奏折、奏片、咨呈、书目清单；（四）办理《四库全书》空函书籍的奏折等。这些档案多系首次公布，从各个侧面如实地反映了《四库全书》的纂修历史，具有较高的史料价值。

二、《纂修四库全书档案》中有关郑成功的记载

《纂修四库全书档案》是有关纂修《四库全书》的档案史料汇编，真实地反映出清代帝王在文化统治方面的思想倾向。乾隆帝曾经宣称："前经降旨，博访遗编，汇为《四库全书》。用昭石渠美备，并以嘉惠艺林。旋据江浙、江南督抚及两淮盐政等奏到购求呈送之书，已不下四五千种，并有称藏书家愿将所有旧书呈献者，固属踊跃奉公，尚未能深谕朕意。方今文治光昭，典籍大备，恐名山石室，储蓄尚多，用是广为搜罗，俾无遗佚，冀以阐疑补阙。所有进到各遗书，并交总裁等，同《永乐大典》内现有各种详加核勘，分别刊钞。择其中罕见之书，有益于世道人心者，寿之梨枣，以广流传，余则选派誊录，汇缮成编，陈之册

府。其中有俚浅讹谬者，止存书名，汇为总目，以彰右文之盛。此采择《四库全书》本旨也。"（见该书第七十四件档案，第116—117页）显然，通过对所进书籍进行筛选和"净化"，用"钦定"的《四库全书》范本作为思想武器，正人心而厚风俗，维系封建统治秩序，固是乾隆帝纂修《四库全书》的本旨之一。但还有另一个目的，即"寓禁于征"，以采访遗籍、开馆修书为名，对全国书籍进行一次彻底清查，把所谓"悖逆""违碍"书籍，或全部销毁，或部分"删改抽撤"。在此期间，"文字狱"也空前增多，大大超过了康、雍两朝。因此，在肯定清政府纂修《四库全书》，使历史上的大量古籍得以保存的同时，对其实行的"寓禁于征"，大规模禁毁、删改古籍的劣行，及其对学术界造成的消极影响，也是不能低估的。从《纂修四库全书档案》中有关郑成功情况的记载，即可窥一斑。

《纂修四库全书档案》（以下凡征引此书内容，皆简称《档案》，不再一一标注出版社信息，仅随文标注页码）中关于郑成功及其后人的文献记载，主要反映在以下七条档案中，时间跨度从乾隆四十年（1775）九月二十二日至光绪二十年（1894）五月二十六日。兹按时间先后顺序摘录如下：

其一

二八五　闽浙总督钟音等奏复行查缴不应存留书集折（附清单一）

（乾隆四十年九月二十二日）

闽浙总督臣钟音、福建巡抚臣余文仪谨奏，为复行查出不应存留书集，恭折奏缴销毁事。

窃照钦奉上谕，查缴违碍书集，经臣等饬令各属，传集地保，逐户晓谕，无论全书废书，俱令呈缴，务期净尽，业经恭折奏明在案。

兹据各属陆续呈缴书集共二十八种，臣等逐加翻阅，均有违碍字句，不应存留。内《夕阳寮集》《兰台遗集》二种，已经起有板片，另行委员解送销毁。又《万历集》《万历后集》《天启集》三种，查询书板系存南京神乐观，现在移咨江省，查起就近解缴。又《懒云居士集》《瓯安馆诗集》《王忠端集》《数马集》《百氏绳愆》《荷蓻存稿》《明季遂志录》《蘉编》《白毫庵集》九种，有无板片，现在饬查。应俟覆到，分别核办。以上各书，皆系闽人所著，其余各集系从他省流传，在闽并无书板。外有《博物典汇》一书，前已查出，不应存留，奏明在案。

兹复起有书板，应俟委员一并解送毁销，仍移咨各省，有无翻板及另有诗文别刻流传之处，一体查办外，臣等谨将违碍语句黏签封固，另开清单，敬呈御览。

理合恭折具奏，伏乞皇上圣鉴。谨奏。

朱批：览。（第434—435页）

附：《清单》

谨将续查出应毁各书，开列清单，恭呈御览：

《夕阳寮集》一部，八本。黏签三十三条。阮旻锡著，同安人。

《明季遂志录》一部，二本。黏签二百八十四条。郑亦邹著，海澄人。（第436页）

其二

四一一　浙江巡抚三宝奏续交应毁书籍折（附清单）

（乾隆四十二年八月初四日）

臣三宝谨奏，为续收应毁各书委员解缴，恭折奏闻事。

窃臣钦遵谕旨，查收应毁之书，业经十次，陆续共查获过书一千八百六十三部，先后奏明，委员分起解交军机处进呈销毁在案。

惟缘此等书籍既有触碍不经，素称藏书之家鲜有收留，若只责地方官及各学教官，并委员等谕令地保，家喻户晓，令其呈缴，事虽可以遍及，但内有现非攻书之人及止家存妇女，势难自行清检。臣前以分发教职闲空人员甚多，曾经奏明以该员等俱系本地之人，派其各赴原籍府分，因亲及友，易于询访，更便代为清查。事本不烦，且励以缴书多寡，即为将来补用名次先后，是以无不争先踊跃，竭力收罗。并仍严饬府县暨委员携价购买，协同各学教官，传令绅士生监人等，广为搜觅。是以九、十两次，臣具奏缴解各书较前稍多，然尚有已收而未到局者。今据各属暨委员或得自价买，或收自呈缴，解交到局应毁各书六十五种，内重复二百四十九部，共计三百一十四部。又前已缴过各书内，今复又续获一百一十七种，内重复一千八百四十部，共计一千九百五十七部。二共二千二百七十一部，敬录书目清单，恭呈御览。除逐一包封，派委妥员即为解交军机处查收，进呈销毁，并又续检查出《大义觉迷录》二十一部，内完全者八部，不全者十三部，一并敬谨包封附解外。浙省自钦奉谕旨查缴应毁各书以来，现已通共收获过书连重复共计四千一百三十四部。臣恐尚有遗存，未能尽绝根株，仍严饬各员上紧查缴，务期尽净，以仰副圣主杜绝邪言，不使稍有遗留之至意。

所有续收应毁各书，现在委员解缴缘由，理合恭折具奏，伏祈皇上睿鉴。谨奏。

乾隆四十二年八月十九日奉　朱批：览。钦此。（第 643—644 页）

附：《续缴触碍书目清单》

现获应毁遗书六十五种，内重二百四十九部，共计三百一十四部。

《明季遂志录》一部。刊本。是书国初郑亦邹著，海澄人。所纪皆郑成功事。（第 653 页）

其三

四二一　两江总督高晋奏续缴违碍书籍板片折（附清单）
（乾隆四十二年八月二十二日）

臣高晋谨奏，为续解违碍书籍板片，仰祈圣鉴事。

窃臣遵旨查缴伪妄著作，历经恭折奏明解送。又于本年五月间将各属呈缴并购买书籍二百二十五种，共一千六百五十五部，书板二千七十二块，缮折奏解在案。

兹据江淮各属及派委试用人员陆续购觅缴送书局，由江宁藩司汇总详报前来。臣覆加查核，内有《鉴纪今古合录》等书十四种，或语有触碍，或有屈大均、钱谦益等诗文，均应销毁。又沈德潜所选初刻《国朝诗别裁集》及各省解缴过违碍书二百二十三种，共三千七十七部，书板九百二十二块。现在分别装箱，委员由水路运京，解送军机处查办。谨开列清单，恭呈御览。臣仍督率各属暨委员上紧购缴，随时解送，以期搜罗净尽，毋使片纸只字流播人间。

所有此次购解书籍、板片，谨会同江苏抚臣杨魁合词恭折具奏，伏乞皇上睿鉴。谨奏。

乾隆四十二年八月二十九日奉　朱批：览。钦此。（第 687 页）

附：《书目清单》

今将续购违碍书籍、板片开列清单，恭呈御览。计开：

《鉴纪今古合录》一部。明王世贞等辑。系明代野史，语多违碍。

以上新购违碍一十四种，或因字句违碍，或因有钱谦益、屈大均、金堡、吕留良、龚鼎孳、吴伟业等诸人著作，应请销毁。现在咨行各省一体查缴，并追板片解送，合并陈明。（第 688 页）

《明季遗志录》一部，　本。（第 695 页）

其四

五〇八　江苏巡抚杨魁奏呈续缴违碍书籍单

（乾隆四十三年六月十六日）

江苏巡抚臣杨魁谨奏，今将苏州书局搜访违碍各书目同续缴重复违碍书籍开列清单，恭呈御览。计开：

《披垣封事》一部，八本。明大梁宋一韩著。

《榕城二集》一部，三本。明金坛张明弼著。

《谀闻续笔》一部，二本。抄本。张怡著。

《梁溪唱和集》一部，一本。吴应箕、顾杲著。

以上共书十二种，均有谬妄违碍语句，应请销毁。（第 838—839 页）

《明实纪》七部。《通纪集要》三十部。《通纪直解》九部。《通纪辑录》

二十二部。《明纪编年》四十八部。《明纪会纂》四部。（第839页）……《明季遗志录》一部。（第840页）……以上各书二百二十九种，共三千十二部，系节次奏进，今重复查出。又沈德潜选辑《国朝诗别裁集》三十部，又附缴江西逆犯王锡侯《字贯》一部、内《国朝诗观二集》一部、《唐诗试帖详解》十九部、《书法精言》一部，同起出《萤芝集》不全板片一副三百三十块、《明纪全载》板片一副二百三十五块、《天佣子集》板片一副一百八十八块，一并咨解军机处投收销毁，合并陈明。（转录自《文献丛编》）五〇九寄谕湖南巡抚李湖《资孝集》一案有关人员俱不必提究。（第843—844页）

其五

五四八　湖广总督臣三宝等奏六次查获应毁各书折（附清单一）
（乾隆四十三年十月初四日）

湖广总督臣三宝、湖北巡抚臣陈辉祖谨奏，为六次查获应毁各书，恭折具奏事。

窃照民间存留违碍各书，先经臣等于各属教职中酌委妥员，令其各回本籍，向各亲友家中劝谕呈缴，并又钦遵通饬所属派委妥人细访详查之谕旨，另饬各州县会同各该学教官，于地方绅士中慎选素行循谨为闾井悦服者数人，分乡查缴。各在案。

除前五次查缴违碍各书，总计二千八百六部，业经节次奏明，委员解送军机处查办销毁外，兹又据各委员暨各州县教官等陆续呈缴楚省现经查获违碍书五十五种，计一百五十八部，又续经查获缴过各书二百二十五种，计一千六百八十九部，通共一百八十种，计一千八百四十七部。臣等现在点明封固，委员解送军机处查办销毁。

除仍督饬印委各员并谕绅士人等实力搜罗，务期净尽，毋使少有留匿外，所有第六次查获应毁各书，臣等谨缮折会奏，并另缮清单，恭呈御览，伏乞皇上睿鉴。谨奏。

朱批：览。（第894页）

附:《书目》

湖广总督臣三宝、湖北巡抚臣陈辉祖谨奏，谨将湖北省查获应毁各书开列清单，恭呈御览。计开:

现经查获各书共一百五十八部:

《书法精言》一部、《江西文观》一部、《经史镜》一部、《神鉴录》一部。以上四种俱系江西逆犯王锡侯所著。……《万历武功录》一部，刊本。

《遂志录》一部，刊本。是书郑居仲著。计一本。内叙郑成功事迹，语多失体。（第898页）

其六

八七五　闽浙总督陈辉祖奏缴应禁书籍折（附清单一）
（乾隆四十七年二月三十日）

三品顶带留闽浙总督任管浙江巡抚臣陈辉祖谨奏，为查缴禁书，恭折奏闻事。

窃照浙江省查缴违碍书籍，经历任抚臣先后奏缴过十九次，臣于二十次奏缴时，因此案自乾隆四十三年十二月钦奉上谕展限二年呈缴之后，至四十五年十二月限满，诚恐闽浙地方辽阔，应禁各书难保无遗，恳请再予恩赐展限一年，详查收缴，荷蒙朱批俞允在案。随经臣严饬依限收缴去后。兹据印委各员将呈缴到各书籍陆续解局校勘，由布政使详送前来。

臣查现在缴送应禁书四十九种，计一百五十一部，又从前已缴各书今又陆续查出一百九十二种，计一千二十一部，方应祥《青来阁二集》板片一副，计二百二十一块。又尹嘉铨所著各书，前奉有严查进缴谕旨，当饬行各属并派委专员广为晓谕查办，今据缴到书四十五种，计二百五十五部，又坊刻《挈矩篇》板片一副，计三十四块，均应销毁。除行司委员解送军机处外，相应恭折奏闻，并另缮书目清单敬呈御览。

再，臣前奉展限一年，应自乾隆四十六年闰五月二十一日奉到朱批之日起，扣至四十七年五月二十一日满限。除再严督各属遍行实力搜罗，统于限内另行奏缴外，合并陈明，伏祈皇上睿鉴。谨奏。

乾隆四十七年三月十九日奉　朱批：览。钦此。（第 1520—1522 页）

附:《查缴应禁书籍清单》

现查出应禁书四十九种，共一百五十一部:

《三朝野记》一部，抄本。是书明李逊之辑。七卷，全。系私记泰昌、天启、崇祯三朝事迹，语多触碍。（第 1522 页）……《闽海纪略》一部，抄本。是书不著撰人姓名，分上下两卷，专纪郑成功及子思明寇乱事。内有"满兵""北兵"字样，词意悖谬。（第 1523 页）……《明季遂志录》一部，刊本。是书明郑亦邹撰。不全。（第 1533 页）

其七（见附录一第三条）

三　热河总管世纲等奏查明文津阁并园内各殿宇书籍折（附清单二）
（光绪二十年五月二十六日）

热河正总管奴才世纲、副总管奴才英麟跪奏，为查明文津阁并园内各殿宇书籍，分缮清单，恭折奏闻，仰祈圣鉴事。

窃奴才英麟沐荷恩命，补授热河副总管，仰蒙召见，训诲周详，当奉谕旨，饬将文津阁书籍查明具奏。等因。钦此。业将到任日期、叩谢天恩并会同正总管奴才世纲详细检查各缘由，恭折奏报在案。

奴才等遵即率领苑丞、苑副等恭诣文津阁，谨将库存缮本经、史、子、集、刊本《古今图书集成》等书，按架逐函，依照目录核对详查，计六千八百零五函、三千三百三十四部、九万一千十五卷。又诣园内各殿宇，将陈设书籍逐卷详加考核，添注卷数、版目、编辑各名款、分类开单，计四百六十二款，九百十九部，七万一千七百三十八卷。所有绫绢函套，实因收存年久，故多不整齐，有雨迹者仅四五十本、虫蛀者一二十本，除文津阁经部《日讲诗经解义》一编有函无书，当经检查《钦定四库全书目录》，《日讲诗经解义》目下空白三行，径未填写撰注，仅注"提要原阙"四字，其为当时并未纂入，似无疑义。又《朱文公全集》一百卷原阙二十三卷，其余均尚无磨损痕迹。至书籍内间有曾经列圣鉴定签记，奴才等于查完后仍敬谨尊藏，饬令各该管官加意看守，随时曝晾，以昭慎重。惟板片一节，是否原版翻版之处，奴才等识浅学疏，考核恐难尽确，惟有仰祈我皇上逾格恩施，俯念奴才等知识庸愚，不胜悚惕之至。

谨将奴才等查明文津阁并各殿书籍共四千二百五十三部，十六万二千七百五十三卷，分缮清单，恭呈御览，伏乞皇上圣鉴。谨奏。（第2391—2392页）

附一：《文津阁收存书籍数目清单》

谨将查明文津阁书籍数目，开单恭呈御览。

经部九百六十函。六百九十三部，一万四百四十八卷。（第2392页）

史部一千五百八十四函。五百五十九部，二万二千二十八卷。（第2442页）

《钦定台湾纪略》六十五卷。（第2448页）

子部一千五百八十六函。九百十四部，一万七千九百二卷。（第2482页）

集部二千十六函。一千一百六十四部，二万九千三百三十三卷。（第2549页）

从上述几条档案可以看出，清朝历代帝王对待郑成功及郑氏家族几代人的态度一直在发生变化，尤以乾隆年间最为严苛。乾隆三十七年正月初四日，乾隆帝下诏《谕内阁著直省督抚学政购访遗书》，称"今内府藏书插架，不为不富，然古今来著作之手，无虑数千百家，或逸在名山，未登柱史，正宜及时采集，汇送京师，以彰稽千同文之盛"（《档案》，第1页），并采取分类对待之法：第一种是"其历代流传旧书，有阐明性学治法，关系世道人心者，自当首先购觅"；第二种是"至若发挥传注，考核典章，旁暨九流百家之言，有裨实用者，亦应备为甄择"；第三种是"又如历代名人，洎本朝士林宿望，向有诗文专集（者）"等，"并非剿说、卮言可比，均应概行查明"。与此同时，乾隆帝还要求具体负责搜购图书之人，"其有未经镌刊，只系钞本存留，不妨缮录副本，原书给还。并严饬所属，一切善为经理，毋任吏胥藉端滋扰"，"庶几副在石渠，用储乙览，从此四库七略，益昭美备，称朕意焉"（《档案》，第2页）。但在乾隆四十年九月二十二日《闽浙总督钟音等奏复行查缴不应存留书集折》中，闽浙总督钟音、福建巡抚余文仪上乾隆帝的奏折称，"窃照钦奉上谕，查缴违碍书集，经臣等饬令各属，传集地保，逐户晓谕，无论全书废书，俱令呈缴，务期净尽，业经恭折奏明在案"（《档案》，第434页），对于"查出不应存留"的书籍，已经在"恭折奏缴销毁"之列了。福建省海澄人郑亦邹所著《明季遂志录》（一部，二本），也被列入这份应销毁的书单之上。

三、几种清宫档案中记载郑成功事迹的异同比较

1662年2月，荷兰殖民者被郑成功驱逐出台湾，时为康熙元年，也是南明永历十六年。夏琳《闽海纪要》记载："十二月，红夷酋长揆一降于成功。"时在台湾的沈光文兴奋地赋诗一首："郑王忠勇义旗兴，水路雄师震海瀛。炮垒巍峨横夕照，东溟夷丑寂无声。"①郑成功收复台湾以后，改台湾城为东都，开始了建立抗清基地的活动，提出"当效寓兵于农之法，庶可饷无匮，兵多粮足，然后静观衅隙而进取"的发展方略。但天不假年，从1662年5月起，郑成功在经历了父亲、弟弟和侄子等一家11口被清廷"照谋叛律族诛"（1661年10月）的惨剧后，又收到永历帝及其太子离开人世的消息，加上家族内部的激烈矛盾，在绝望中气噎而死，享年只有39岁。《康熙起居注》②和《清通鉴》③也都有类似的记载，可见顺治、康熙父子对郑芝龙、郑成功父子的态度是恩威并施，直到见招抚郑成功无望，最终将郑芝龙等人杀害。郑氏父子在台湾持续统治22年，在一定程度上延续了南明的统治，其收复台湾的举动对于清廷后来统一台湾也奠定了坚实的基础。因此，康熙帝后来也给予郑成功很高的评价，认为："四镇多二心，两岛屯师，敢向东南争半壁；诸王无寸土，一隅抗志，方知海外有孤忠。"

到了乾隆时期，出于加强政治统治的目的，朝廷对郑成功及其后世影响非常

---

① 转引自顾诚：《南明史》，中国青年出版社，1997年，第1052页。
② 参见中国第一历史档案馆整理：《康熙起居注》"康熙二十年至二十一年"的相关记载，中华书局，1984年。
③ 参见章开沅主编：《清通鉴》（顺治朝、康熙朝卷），岳麓书社，2000年。

在意，对与其有关的史料屡次下达禁毁之令。其中《纂修四库全书档案》中所载与郑成功有关之典籍主要有三种：第一种即上文提到的福建省海澄人郑亦邹所著的《明季遂志录》。该书因"所纪皆郑成功事"（《档案》，第 653 页），"内叙郑成功事迹，语多失体"（《档案》，第 898 页），在乾隆四十年九月二十二日《闽浙总督钟音等奏复行查缴不应存留书集折》、乾隆四十二年（1777）八月初四日《浙江巡抚三宝奏续交应毁书籍折》、乾隆四十二年八月二十二日《两江总督高晋奏续缴违碍书籍板片折》、乾隆四十三年（1778）六月十六日《江苏巡抚杨魁奏呈续缴违碍书籍单》、乾隆四十三年十月初四日《湖广总督臣三宝等奏六次查获应毁各书折》、乾隆四十七年二月三十日《闽浙总督陈辉祖奏缴应禁书籍折》中均有记载，其传播和禁毁的地域范围主要在福建、江浙、湖广一带。

第二种是无名氏所撰《闽海纪略》。乾隆四十七年二月三十日《闽浙总督陈辉祖奏缴应禁书籍折》中有记载，称"《闽海纪略》一部，抄本。是书不著撰人姓名。分上下两卷。专纪郑成功及子思明寇乱事。内有'满兵''北兵'字样，词意悖谬"（《档案》，第 1523 页），将郑成功父子在闽海一带的行为视为"寇乱"，因此也在"应禁书籍"之列。

第三种是乾隆五十三年（1788）《钦定台湾纪略》。《档案》附录一所列第三种文献，即光绪二十年五月二十六日《热河总管世纲等奏查明文津阁并园内各殿宇书籍折》中"史部"收录有"《钦定台湾纪略》六十五卷"（《档案》，第 2448 页）。考《钦定台湾纪略》又名《钦定平定台湾纪略》，计有七十卷。兹录《钦定平定台湾纪略提要》如下：

> 《钦定台湾纪略》七十卷。乾隆五十三年奉敕撰。台湾孤悬海外，自古不入版图，然实闽、粤两省之屏障。明代为红毛所据，故外无防御。倭患蔓延后，郑芝龙据之，亦负嵎猖獗。诚重地也。圣祖仁皇帝七德昭宣，削平鲸窟，命靖海侯施琅等俘郑克塽而郡县其地，设官置戍，屹为海上金城。徒以山箐丛深，百产丰溢，广东及漳州、泉州之民争趋其地。虽繁富日增，而奸宄亦因以窜迹。故自朱一桂以后，针猬斧螳，偶或窃发，然旋亦扑灭。惟林爽文、庄

大田等逆恶鸱张，凶徒蚁附，致稽薰街之诛。仰赖神谟，指挥驾驭，乃渠首就槛，炎海永清。盖始由官吏之贪黩，司封疆者未察巢穴。而其所以荡平者，则仰藉皇上坐照几先，于鲛室鲸波，视如指掌。事事皆预为策及，早设周防。又睿鉴精详，物无匿状。申明赏罚，百度肃清。弛者改而奋，怯者改而勇。并凛凛天威，近犹咫尺。而重臣宿将乃得以致力其间，生缚猁狳，以申国宪。威棱所慑，并内台生番亘古未通中国者，亦先驱效命，助夐元凶。稽首阙廷，虔修职贡。中外臣民，跽读《御制纪事诗》二篇，以手加额，谓轩辕之戮蚩尤，犹亲在行间；武丁之克鬼方，非路经海外。今皇上运筹九天之上，而坐照万里之外。亘古圣帝明王，更无伦比。至江汉、常武诸什，仅在近地者，更无足道矣。奏凯之后，廷臣敬辑谕旨批答奏章，分析月日，编排始末，勒成是编，以垂示万古。臣等回环跽读，仰见臣圣神文武，经纬万端。虽地止偏隅，而险阻重深。委曲筹画，实与伊部、回部、金川三大事功烈相等。载笔之下，弥觉歌颂之难罄也。

在乾隆帝看来，康熙年间靖海侯施琅等俘获郑克塽等人、收复台湾的行为，甚至能与收复伊部、回部、金川等三件大事相提并论，在清朝版图归属和疆域统一等方面厥功至伟。《四库全书存目》卷五四《杂史类存目三》中还著录有清人杨捷撰《平闽记》十三卷和王得一撰《师中纪续》一卷，分别提及"康熙十七年征剿郑成功时奏疏及笺启、咨文、告示诸稿"和"康熙二十年议征台湾"等事[①]，从中可见康熙帝对台湾问题的重视，以及对待郑成功的态度。而《纂修四库全书档案》中记载的与郑成功有关之典籍被多次禁毁的情况，客观地描绘出郑成功文化在清代不同时期的传播与接受轨迹，从一个层面真实地反映出乾隆时期的文化政策和思想倾向。

---

① 〔清〕永瑢等：《四库全书总目》卷五四，中华书局，1965 年，第 490 页。

郑成功祭祀中的道教仪式因素分析

⊙高丽杨（河南省社会科学院文学所副研究员）

一、郑成功的生平及祭祀

郑成功是一位具有传奇性的历史人物。郑成功，原名森，福建泉州南安人，祖籍河南固始。明朝覆亡后，郑成功一直率领军队在东南沿海一带反抗清军。明唐王朱聿键于福州建立南明王朝后，于隆武元年（1645）赐郑成功为朱姓，改名成功。南明永历九年（1655），永历帝封郑成功为"延平郡王"。1661年郑成功率部横渡台湾海峡，击败彼时占据台湾的荷兰殖民者，成功收复台湾。郑成功收复台湾后建立各级军政机构，屯田开荒，开创了台湾发展的新纪元。据《台湾小志》记载："成功既据全台……务屯垦，修战械，制法律，定职官，兴学校，起池馆，待故明宗室遗老之来归。"[1]1662年收复台湾后仅仅13个月，郑成功逝世。郑成功的一生是极具传奇色彩的。在其身后，对他的评价也经历了不同的历史阶段，具有不同的评判标准，呈现出完全不同的态势。

清初，由于郑成功不与清廷合作，坚决反清复明，康熙之前，清廷称郑成功

---

①〔清〕龚柴:《台湾小志》,《台湾文献史料丛刊》第2辑《台湾与地汇钞》, 大通书局, 1984年, 第96—97页。

为"海贼""海寇"。《清史稿》记载:"清顺治十八年,'海寇'郑成功逐荷兰人据之。伪置承天府。"随着后来郑氏家族归附清朝,对于郑成功的评价有了明显的变化,清朝的官方致力于把郑成功塑造成为一个忠君爱国的忠臣形象,有意识地淡化他反清复明的一面。"清廷对于郑成功的重新肯定,大致上仍属于地方层级,还是以闽台官员出面,将中央朝廷对于郑成功的褒奖加以重申与发挥,用意在于安抚地方、振奋民气。"[1] 近代以来,随着外国侵略者的入侵,中华民族面临着巨大的危机,在这个关键时刻,郑成功抗拒外国侵略者收复台湾的光辉事迹又一次激励了广大的中国民众。郑成功成了抗拒外族侵略,维护民族统一的民族英雄。

郑成功的生前及身后关于他的传奇事迹在民众中都产生了广泛的影响,民间很早就流传着关于郑成功的各种神异传说。《台湾外纪》记载郑成功出生时,"海涛中有物,长数十丈,大数十围,光烁似灯,喷水如雨,出没翻腾,鼓舞扬威,莫当通国集观,咸称异焉"[2]。所以民间很早就有对郑成功的祭祀活动。"嘉庆十四年,淡水地区漳泉械斗,淡水泉人至芦洲请援兵,壮丁悉往相救,新庄一带漳人、客人侦知芦洲空虚,倾兵来犯,父老们乃以妇女披甲胄,举旌旗扮壮丁,鸣金举鼓,排成疑阵,并草救援之书,插于鸟羽,随使游之士,士如箭飞,援书到淡水,乃驰回。在出师攻打新庄之前,父老乃率壮丁先祈祷于开山郡王,向其誓曰:'我洲师出倘能奏功,不失斯土,三年一醮,我洲子民虽子子孙孙,万世之后,不敢忘眷顾之恩',誓毕,命壮士郑捷、林金等二十余人,率百余人攻打,卒能以寡败敌,咸以为仰郑成功神灵之呵护,以后三年之俗,乃相沿至今。"[3]

杨莲福在《芦洲国姓醮与郑成功》[4] 一文中具体记述了祭祀郑成功的仪式过程。此次郑成功祭祀发生在 1998 年,地点是芦洲市懋德宫,仪式的名称是芦洲市懋德宫二朝建醮。仪式一共分三天举行,具体的仪式过程如下:

① 江仁杰:《解构郑成功——英雄、神话与形象的历史》,三民书局,2006 年,第 31 页。

② 〔清〕江日昇:《台湾外记》,福建人民出版社,1983 年,第 31—32 页。

③ 李云雷:《郑成功祭祀记》《延平郡王祭典程序手册》,芦洲延平郡王祭典筹备处,1973 年,第 1—2 页。转引自高致华:《郑成功信仰研究》,厦门大学博士论文,2004 年,第 88 页。

④ 《郑成功与台湾学术研讨会论文集》,福建南安,2002 年,第 7 页。

十四日	第一天	晚	七点十五分	拜发表章，恭向所有神祇祝祷，宣读表章以建醮主旨，恳请下降。
十五日	第二天	上午	七点	启圣诸神，恭迎已经降临之众天神地祇之銮驾。
		连续		请水、安灶。请水：旨在请水神，赐予圣水，用以清静道场坛宇。安灶：祈求灶神"上天奏好事，下地保平安"。
		上午	九点	外供灯篙。
				三官妙经。
				北斗真经，于三清坛祈求消灾解厄。
				星辰宝诰，祈求居民元辰光彩。
		中午	十二点	午餐。
		下午	三点	上元赐福，祈求天官赐福。
		下午	三点十分	下元解厄，祈求水官解厄。
		下午	四点	云厨妙供，为神进餐。
		下午	五点	祝灯延寿，旨在借火之灵力，祈求延寿。
		晚	六点	晚餐。
		晚	七点	莲放水灯。
		暂停发音		
十六日	第三天	早晨	六点	早朝中白，朝观三清之意。
		度人经		祈求济度。
		早上	八点	早餐。
		上午	九点	五（疑为午之误，作者注）朝科仪，朝观三清之日意。

连续		玉枢宝经。
中午	十一点半	龙章凤篆，乃将红、黄两大榜文，叠放置在科仪桌上，诸人行三跪九叩，为之拜榜，然后由金榜首手捧榜告出道场，为之出榜。
中午	十二点	中餐。
下午	一点半	敬奉三界。

　　郑成功信仰与祭祀活动从宗教学意义上来说属于民间信仰的部分，但是正如众多的民间信仰与道教有着千丝万缕的联系一样，郑成功祭祀中也有很多道教仪式的过程与要素。民间信仰与仪式过程与道教互相杂糅发展，形成了中华文化多元共存的独特态势。下面简要介绍一下道教的斋醮科仪的基本情况。

二、道教斋醮科仪的基本情况

　　"道教同儒教一样，是中国固有的传统文化的代表，是中国文化各要素和领域的复合体。道教内容随着时代的发展而变化，作为中国人或中国民众的一般文化，道教比儒教更具代表性。"[1]笔者以为，这个看法是客观的。儒家虽然说着力构建中国传统社会的伦理，但是其关注的重点是社会少数贵族阶层的问题，与广大底层群众的直接牵涉并不密切。这是广大底层群众远离政治的原因所致。在传统社会中，广大社会底层的群众，其社会性和社会化程度较低，其生老病死基本处于非政府自然状态。而这些世俗大众关于生老病死的终极关怀和吉凶休咎的日常牵挂，正是被道教所关注，故而道教显得比儒教更具代表性。而这个层面，最直接体现在道教威仪所彰显的宗教魅力上。

　　宗教仪式是宗教徒进行沟通人神行为的程式化，是其向大众提供宗教服务

---

[1]［日］福井康顺、山琦宏、木村英一、酒井忠夫兼修：《道教·序言》，朱越利译，上海古籍出版社，1990年，第1页。

的最直接的形式，也是一个宗教形象和宗教魅力最外显的部分。不同类型的宗教，正是通过独特的宗教仪式给信众带来敬畏感，进而形成皈依心态和认同心理。由于不同宗教的宗教观念及体验不同，导致其宗教行为及宗教行为的程式化也有所不同。在这些宗教仪式的操作过程中，因为着眼于自身的宗教旨归，其每个环节都被灌入独特的神圣性和神秘性的宗教意味，因此，不同宗教自身所独具的仪式制度特征，是划定其与世俗生活边界的区别性根据，也是区别于其他宗教的重要标志。这个层面在道教中对应的内容，就是斋醮科仪。斋醮科仪是道教宗教行为的核心，其内容主要包括实现人神联系的法事活动。李大华教授认为，这属于仪式的范畴。道教的仪式即庄严的仪式与仪表，泛指传戒、受箓、斋戒、打醮，乃至道士的服饰、姿态等。这些仪式是在长期的宗教实践中积累、开发和完善起来的，除了一些特别的、个性化的仪式，大多是为道教各个派别所共享的。①

道教斋醮科仪制度的形成与道教一样，有一个历史的发展过程。道教威仪条范的产生是对中国最古老的一些宗教仪式的吸收和模仿。威仪制度的源头可以追溯到上古时期的礼制。据《周礼·天官·太宰》②载："太宰之职……以八则治都鄙：一曰祭祀，以御其神；二曰法则，以驭其官；三曰废置，以驭其吏；四曰禄位，以驭其士；五曰贡赋，以驭其用；六曰礼俗，以驭其民；七曰刑赏，以驭其威；八曰田役，以驭其众。"③《周礼》所指涉的祭祀之权就是人神交通的权力，其当为后来道教威仪制度的源头。有学者指出，"汉以前中国古代宗教中，祭祀是很重要的内容之一。在祭祀过程中，为了表现祭者对神灵的虔诚和景仰，常有各种礼仪出现，或合掌默祝，或俯地叩拜，或稽首跪请，诸如此类，构成了古代宗教的仪式。这些仪式在道教产生之后，遂为之吸收并加以变迁，形成了道教的科仪。

---

① 李大华：《从宗教仪式与戒律看道教的两种倾向》，《宗教学研究》2014年第4期。

② 崔高维先生指出，《周礼》一书大致成书于战国时代，其内容不仅反映西周的现实，还综合了西周至战国的情况，并掺杂有编纂者理想化的成分。《周礼》体现的是礼制的思想，表现出对周制的企慕，因此《周礼》出自儒家是没有疑问的，但《周礼》与孔子的关系并不密切。（新世纪万有文库之《周礼·仪礼》之"出版说明"，辽宁教育出版社，1997年）

③ 崔高维校注：《周礼·仪礼》，辽宁教育出版社，1997年，第3页。

道教科仪是以斋醮为主体，其作用是为人祈福、消灾，为死者超度亡魂等。同时，斋醮也是道教徒自身修炼的一种方法，有许多具体的仪注和程式"①。

郑成功祭祀的仪式名称为醮，这是典型的道教斋醮科仪的名称。其仪式安排分为三天进行，也符合道教斋醮科仪的基本仪式过程。道教斋醮科仪的阴阳事道场的仪式过程都是三天。阳事三天道场可以这样安排（除去功课经）：第一天，开坛、取水、安水、荡秽、扬幡、挂榜、三清表、三元表、净厨。第二天，祝将、天地表、皇经、玉皇大表、祀灶、拜玉皇宝忏。第三天，朝幡、三元经、三元宝忏、落幡、下榜、普谢（或称越庙）、回向。②阴事三天道场可以这样安排：第一天，开坛、安灵、取水、安水、荡秽、扬幡、挂榜、三清表、三元表、净厨。第二天，祀灶、三元经、三元宝忏、摄招、度桥、沐浴、朝真、祭孤、朝灵。第三天，朝幡、救苦经、救苦忏、十王转案、破五方、城隍牒、救苦疏、焰口、放河灯。③阴阳两利道场，可以这样安排：第一天，开坛、取水、安水、荡秽、扬幡、挂榜、三清表、三元表、摄招、安灵、朝孤、净厨。第二天，祝将、天地表、皇经、玉皇大表、祀灶、拜玉皇宝忏、祭灵。第三天，朝幡、三元经、三元宝忏、落幡、下榜、普谢（或称越庙）、回向、城隍牒、救苦疏、焰口、放河灯。④郑成功祭祀中三天的仪式过程显然是符合正统道教斋醮科仪的过程的。

三、郑成功祭祀科仪中的道教仪式元素

（一）仪式中所用道经

郑成功祭祀中用到了以下道经：《三官妙经》《北斗真经》《度人经》《玉枢宝经》。首先我们来看《度人经》，其全称为《太上洞玄灵宝无量度人上品妙经》。《度人经》在《道藏》中属于洞真部，被放在全藏之首的位置，被道门称为"万法之宗、群经之首"，可见其崇高的地位。《度人经》的基本思想就是"仙道贵

① 唐大潮：《道教科仪与中国古老宗教仪式》，《中国道教》1997 年第 3 期。

② 任宗权：《道教科仪概览》，宗教文化出版社，2006 年，第 2 页。

③ 同上，第 250 页。

④ 同上，第 250 页。

生，无量度人"，是道教济度的首经，"道藏三十六部，传流人世，所睹闻者可数。而《灵宝度人》一经，尤无上之上，又玄而玄者也"①。道教内部称诵读《度人经》有无限功德，"闻之者神襟明畅，飘然有飞跃腾凌之意；听之则神和于内，气逸于外。可以致道，可以延龄。……故能保制劫运，召役鬼神，招真集灵，通神达妙，无所不能。万魔睹之以摧伏，百神仰之以朝宗"②。《度人经》是道教常行科仪中用得最多的经典，上文中提到的郑成功祭祀中也突出了《度人经》济度的重要作用。

其次是《三官经》。《三官经》全称为《太上三元赐福赦罪解厄消灾延生保命妙经》。所谓三官，在道教中也称为三元，分别指上元天官、中元地官、下元水官。《三官经》的主要作用是：赐福赦罪解厄，消灾延生保命。郑成功祭祀过程中也提到了这一点，在下午三点的仪式过程中就提到了上元赐福，祈求天官赐福。下元解厄，祈求水官解厄。为什么《三官经》具有这种功效呢？这是因为三官是与自然元气的消长相适应的，它包含着天地阴阳元气的生消之道。《太上洞玄灵宝三元玉京玄都大献经》说："一切众生，皆是天地水三官之所统摄，所以正月十五日为上元，天官校录者。十一月一阳生，正月三阳生，三阳成乾。乾者，天之用也。正月天道数成，故一切天官主当校录。所以七月十五日为中元，地官检录者。五月一阴生，六月二阴生，七月三阴生，三阴成坤。坤者，地之用也。七月坤气王周，故一切地官主当校录。所以十月十五日为下元，水官校录者。十月建亥，亥属北方，北方是坎，坎是水位，正是水司建王之时，故一切水官主当校录。"③阴阳消长带动的天气、地气和水气的作用，正月十五天气圆满，天气主生，赐福以利民生，所以赐福；七月十五地气圆满，地气土成，成福而赦罪，所以赦罪；十月十五水气圆满，水气主化，解除一切氛秽，所以解厄。

然后是道教经典《北斗经》，全称《太上玄灵北斗本命延生真经》。《北斗经》的主要宗教功能是消灾延寿。这是源于道教的星辰崇拜，北斗在道教中具有

①《道藏》，第2册，文物出版社、上海书店、天津古籍出版社联合出版，1988年，第710页。
②〔唐〕杜光庭：《道教灵验记》，《全唐文》卷932。
③《道藏》，第6册，文物出版社、上海书店、天津古籍出版社联合出版，1988年，第275页。

重要的作用，北斗七星君是天上的大神，主宰人间的生死祸福："可以本命之日，修斋设醮，启祝北斗三官五帝九府四司，荐福消灾，奏章恳愿。虔诚献礼，种种香华，时新五果，随世威仪，清净坛宇，法天象地。或于观宇，或就家庭，随力建功，请行法事。功德深重，不可俱陈。念此'大圣北斗七元真君'名号，当得罪业消除。灾愆洗荡，福寿资命，善果臻身。凡有急难，可以焚香诵经，克期安泰。……于三元、八节、本命、生辰、北斗下日，严置坛场，转经斋醮，依仪行道，其福无边。生生世世，不违真性，不入邪见。持经之人，常持诵七元真君所属尊号，善功圆满，亦降吉祥。"①

最后一种是《九天应元雷声普化天尊玉枢宝经》（以下简称《玉枢宝经》），又称《雷霆玉枢宝经》，主要功能也是消灾解厄。经文中明确指出如果人遇到了灾难病痛等突发情况，可以持诵《玉枢宝经》，或者默念"九天应元雷声普化天尊"的尊号，就会有诸神前来护佑，如果长期持诵就可以长生。时至今日，《玉枢宝经》依然是道教斋醮科仪中十分重要的一部经典，道教正一派在举行午朝朝科时，高功通过存想变身为雷声普化天尊，通过说经宣教，转诵《玉枢宝经》来替信众祈福禳灾。台湾朝科醮典中《玉枢宝经》一直是道场科仪转诵的主要经典。

（二）仪式中的书写文字

在郑成功祭祀仪式中还提到了道符云篆这种道教特有的书写文字。符和篆是两个不同的道教书写形式，是道教中特有的文字。道教中对于汉字结构通过夸张变形等艺术形式的改变，形成具有神秘色彩的特色图像形式。任继愈主编《道藏提要》称："此经以云篆符文书写《度人经》，云篆下均注楷书对照，云篆中一字异形者颇多，可为研究符书者取资。"②符篆极具道教特色，似文非文、似图非图，玄奥难解。据目前的研究，符的基本构成，是古代的文字，只是加以变形、拼合，再嵌入神鬼像、星图、云气之形等。主体是在对汉字简写的基础上，进行云气化的处理，把横竖直线都处理成云气或波浪的扭曲形状，大部分文字

①《道藏》，第17册，文物出版社、上海书店、天津古籍出版社联合出版，1988年，第45页。

②任继愈、钟肇鹏：《道藏提要》，中国社会科学出版社，1991年，第61页。

都可以看作是汉字的异形。云篆的实例很多，洞真部神符类有《云篆度人妙经》一卷。道教所使用的文字，往往对字体结构进行了极大的夸张与变形，并附会以种种道教神学的解释，使文字罩上了一层浓厚的神秘色彩。道教的文字主要应用于符箓、法印中，这些经过极度变形而难以识读的云篆天书，是中国人对文字灵性崇敬的表现之一。"《道门大论》曰：一者，阴阳初分，有三元五德八会之气，以成飞天之书，后撰为八龙云篆明光之章。陆先生解三才，谓之三元。三元既立，五行咸具。以五行为五位，三五和合，谓之八会，为众书之文。又有八龙云篆明光之章，自然飞玄之气，结空成文，字方一丈，肇于诸天之内，生立一切也。按《真诰》紫微夫人说，三元八会之书，建文章之祖，八龙云篆，是根宗所起，有书之始也……篆者，撰也，撰集云书，谓之云篆。此即三元八会之文、八龙云篆之章，皆是天书，三元八会之例是也。云篆明光，则五符五胜之例是也。"[1] 同时，道符也是对汉代兵符制度的一种模仿。古代在调动军队或发号施令的时候需要有特定的信物，这种信物一般分成两半，朝廷和将帅各拿一半，两个合并就可以调度军队。道符也是模仿"兵符"的这种概念，表示道士可以通过道符驱使鬼神，为人们消灾解难。

（三）仪式中的书写文体

郑成功祭祀仪式中提到了拜发表章，拜发表章是道教科仪中最基础的一部分，也可以简称上章。上章就是向最高神三清呈送文件——章表的仪式。具体仪式过程如下："科曰：操复毕，便于案前伏地，便存赤红炁从己心中出，上升天。俄顷如经历百里，赤红炁路荡荡，两边无瑕翳，惟多宝树，忽见一黄道，即日月黄道也。直过黄道五六甲，遥见紫云隐隐。直到紫云，见天门，门度一丈八尺，诸侍卫悉住。唯与周将军及直使功曹、传章玉童擎章表，至阙门之下西，谒见正一三天法师姓张名道陵。载拜讫，具陈章表事由。天师九拜，即往凤凰阁门之下入。须臾，有一仙童朱衣玄冠出，就传章玉童手中接章表入。少顷复出，引入见太上。太上着九色云霞之被，戴九德之冠，当殿而坐，左右二玄真人侍卫。

---

①《道藏》，第 2 册，文物出版社、上海书店、天津古籍出版社联合出版，1988 年，第 142 页。

又见太一着朱衣玄冠，呈太上章表，太上一览，太一承太上意，署太清玉陛下，作'依'字了。又见一仙童，收章表于右陛，吩咐今日日直曹官使。心载拜，辞太上出门。又载拜，辞天师。同奏章真官抃跃而回至奏章之所。便起称以闻。"①

章表这种文体最早成形于两汉三国时期，是群臣上书天子时所用的文体形式。"凡群臣上书于天子者，有四名：一曰章，二曰奏，三曰表，四曰驳议。章者，需头称'稽首''上书''谢恩''陈事''诣阙'通者也。奏者，亦需头，其京师官但言'稽首'，下言'稽首以闻'。其中者，所请若罪法劾案，公府送御史台，公卿校尉送谒者台也。表者，不需头，上言'臣某言'，下言'臣某诚惶诚恐、稽首顿首、死罪死罪'，左方下附曰'某官臣某甲上'。文多用编两行，文少以五行。诣尚书通者也。"②在东汉，《独断》所称"章"的"谢恩陈事"功能逐渐成形。三国以降，"章"的主要功能被"表"替代。作为文书，"表"含有"被诵读之物"的原始语义。"表"能更直接奏达皇帝，上"表"者也有觐见之机会。道教的章表是对世俗社会公文格式的模仿，在道教中具有重要作用，"夫章者，通九天之门，达太上之阶。度脱灾危，迁拔冥爽，莫过章奏，最为第一"③。所有道教的科仪活动都要用到章表这种重要的文书形式，因此上章也就成了道教科仪中最基础的内容，只有通过上章这种形式，才能向神灵陈述清楚此次斋醮科仪的具体目的，求得神灵的庇佑与赐福。所以在郑成功祭祀仪式中第一项的内容就是在仪式开始的第一天拜发表章，恭敬地向所有神灵祝祷，表明建醮的主要目的，祈求神灵下降。

综上，郑成功祭祀中从仪式的名称到仪式中所用的经文、仪式中的书写文体与书写文字，都是遵循道教斋醮科仪的传统形式展开的，作为民间信仰的郑成功崇拜与祭祀在仪式过程中与道教有着千丝万缕的联系，民间信仰与道教互相杂糅发展，形成了中华文化多元共存的独特态势。

---

①《道藏》，第11册，文物出版社、上海书店、天津古籍出版社联合出版，1988年，第189页。

②〔东汉〕蔡邕：《独断》卷上，《影印文渊阁四库全书》第850册，上海古籍出版社，1987年，第78页。

③《道藏》，第3册，文物出版社、上海书店、天津古籍出版社联合出版，1988年，第858页。

追慕英雄

——1970 年固始发现郑成功墓引起的社会关注

⊙**尹全海**（信阳师范学院教授）

历史研究对象的过去性特征，决定了历史研究并非研究历史本身，而是研究历史留存的痕迹。问题是很多历史发生并没有留下痕迹，或有留存而难以进入研究者的视野，所以，梁启超在《中国历史研究法》中抱怨说"治史之难，难于史料之不确与不具"[①]。为解决历史研究者之困惑，顾颉刚在阐释其"层累地造成中国古史"观时，尝试性提出"不求事实之真，而求过程之真"[②]。就是说，当遇到颇具争议的历史话题时，可把真实的争议过程作为研究对象，从中发现蕴含于争议背后的思想史意义。1970 年固始发现"郑成功墓"引发的社会关注，亦可视为一个有争议的话题，本文尝试透过社会各界之争议，从中发现人们对民族英雄郑成功的追慕。

一、固始"郑成功衣冠冢"为省级重点文物保护单位

1970 年，固始发现"郑成功墓"之后，近十年间，信阳、固始地方政府因未设文物保护部门而保持沉默。直至 1982 年，福建省各界纪念郑成功收复台湾

---

① 梁启超：《中国历史研究法》，上海古籍出版社，1998 年，第 40 页。
② 顾颉刚：《顾颉刚文史论文集》（卷一），中华书局，2011 年，第 313 页。

320 周年活动，信阳地委、固始县随即主导开展台湾同胞祖根问题及郑成功逝世320 周年等纪念活动。2008 年，"郑成功衣冠冢"被河南省人民政府公布为第五批省级重点文物保护单位。其间，因保护单位之称谓引起固始郑氏家族与固始地方政府争议，但郑成功与固始的关系，最终由河南省人民政府予以确认。

（一）固始发现"郑成功墓"

据参与挖掘"郑成功墓"的固始县汪棚公社邓大庙大队宋大营生产队（今汪棚乡上郑村）郑大成回忆：

> 1970 年农业学大寨，我们大年初一在牝牛地平坟整地（此处在新中国成立前有三四米高的坟堆，前有石人、石马、石香炉、石牌坊，还有一人多高的墓碑。新中国成立后只剩下土坟堆，当地群众叫它"牝牛地"）。清除封土后，发现洋搪滑泥（固始土语，即糯米拌石灰）。再下面是三指厚的石条，揭开石条后，见到棺椁（椁板至今还保留一小块）。棺椁一边插一对龙牌和虎牌。揭开棺盖，黄色的官服完好，头滚到一边，头上戴软帽。头特别大，牙也特别大。龙袍胸部绣着团龙，团龙上部绣着七个字"土部丰府郑成功"。字是黄色的，团龙是五彩刺绣。手上有黄色丝绵手套，脚下着厚底靴。棺底木板上刻着勺子星（即北斗星）。

作为当事人郑大成的这段回忆，至今仍是 1970 年固始发现"郑成功墓"的基本资料。

1982 年，信阳地区文化局干部欧潭生等到固始县汪棚公社邓大庙大队宋大营生产队进行实地调查。郑大成回忆说：出土的七两多金叶子、银叶子让社员刘志义拿到合肥，交安徽省博物馆了，另有一对铜球（直径约 5 厘米）和一块护心镜（镜面有四个大字），以及其他出土的铜镜都已丢失。

县文教部门有关人士反映：1970 年听说汪棚发现郑成功墓之后，传闻很多，有的说墓内有木牌写着"郑成功之墓"；有的说尸体被砍成三截，用白布包裹，等等。当时，有人向北京中国革命历史博物馆写信反映，未得答复。地、县尚未成立文物管理机构，致使该墓被破坏后也无人问津。

另有参与者回忆说：出土的七两多金叶子、银叶子让社员刘志义拿到合肥，被安徽省博物馆收走。还有一对铜球（直径约 5 厘米）和一块护心镜，连同其他墓出土的铜镜一起，拿到北边卖了。

从上述材料可知，对于重大文物之发现，基层社会或普通百姓首先想到的是得到政府部门或国家的认可，于是有写信给中国革命历史博物馆的，有就近报告安徽省博物馆的，也有报告给河南省主管部门的。由于当时的信阳地区和固始县均未设立文物部门，亦无专业人士，因此固始发现"郑成功墓"的信息未能引起政府部门的回应，而且此后的十年间一直保持沉默。

（二）福建各界纪念郑成功收复台湾 320 周年

1982 年 2 月 1 日，是郑成功收复台湾 320 周年的纪念日。6 月 23 日，又是他逝世 320 周年纪念日。1981 年 6 月，中共福建省委决定于 1982 年 2 月在厦门召开纪念郑成功收复台湾 320 周年纪念大会，并陆续开展系列纪念活动，包括在厦门竖立郑成功雕像，整理充实厦门和南安的郑成功纪念馆并重新开放，整修南安水头镇的郑成功墓，举办郑成功研究学术讨论会，出版有关郑成功的图书、史料和研究著作等。

1982 年 2 月 1 日，福建省各界纪念郑成功收复台湾 320 周年委员会在福州正式成立，福建省委书记、福建省政协主席伍洪祥任纪念委员会主任委员，福建省副省长、省社科联主任张格心，福建省人大常委会副主任、民革福建省委会主委傅柏翠，福建省社科联副主任、厦门大学副校长傅家麟为副主任委员。纪念委员会委员共 46 人，其中有厦门大学党委书记兼校长曾鸣、台湾研究所所长陈碧笙、全国台胞联谊会副会长兼福建省台联会长朱天顺等。

1982 年 2 月，位于福建省南安县水头镇康店村覆船山郑成功墓被国务院公布为第二批全国重点文物保护单位（编号 2-060-6-05）。之前于 1961 年 5 月被福建省人民政府公布为第一批省级文物保护单位。

1982 年 4 月 2 日下午，信阳地委召开台湾同胞祖根问题座谈会，信阳地委副书记杨峰在座谈会上的讲话中指出："今年 2 月 1 日是郑成功收复台湾 320 周年纪念日，今年 6 月 23 日又是郑成功逝世 320 周年纪念日。中央和福建都要开展各种纪念活动，包括给郑成功塑铜像、建陵墓。我们此时召开台湾同胞祖根问题座谈会，并开展固始郑成功墓的调查活动，是十分有意义的。郑成功的子孙为他篆刻的墓志铭上写着：成功，字明俨，号大木，姓郑氏，先世自光州固始县入闽。真实准确可靠的材料，说明郑成功的先祖，也是从河南固始去的。至于研究这个问题的具体办法和措施，在座的专家和同志们可以发表意见。但在时间上要有紧迫感，这个问题既是学术问题，也是政治问题。要配合今年纪念郑成功开展学术活动，要为祖国统一大业贡献力量。宣传、统战、文化、教育、对台办等单位互相支持、互相配合，争取在短时间内搞出成果来，祝会议成功，早出成果！"

（三）固始申报"郑成功墓"为省级重点文物保护单位

1982 年，因中央及福建省的郑成功纪念活动，信阳地区和固始县政府也随即开展郑成功纪念活动，凸显郑成功的固始印记。1982 年 4 月 2 日，信阳地委召开台湾同胞祖根问题座谈会，决定成立台湾同胞祖根问题研究会。4 月 3 日上午，台湾同胞祖根问题研究会第一次理事会决定，6 月 23 日民族英雄郑成功逝世 320 周年纪念日之际，在郑成功先祖祖籍固始召开闽台同胞祖根问题学术研讨会。

1994 年《固始县志》出版，专列"附录"，详细记载《郑成功墓调查报告》：

1970 年，汪棚公社邓大庙大队宋大营生产队农民平整乱坟滩"牦牛地"。一处有五座"罗圈"式坟墓，其中一座墓高出地面约 2 米。清除墓表土后，发现"搪滑泥"（熟糯米拌石灰、瓷粉混合而成），其下有约 3 厘米厚石条，石条下存放椁，椁内存有 1 尺左右深的"香水"，四个罐子支撑一具棺材，棺椁两边各插一对龙牌和虎牌。棺前有块木牌，上书"郑成功之墓"，另有许多小字，拿上来后，随即变质，字迹不清。揭开棺盖，间一具男尸。用白布裹身，身穿黄色官服，似绸。全尸分三段，即头部、上身、下身，头滚到一边。官服胸部绣有五彩团龙，团龙上部绣有"土部丰府郑成功"7 个字。头戴金属头盔；胸处有一块圆形护心镜，上刻有一些文字。腰系御带，手戴黄色丝绵手套，脚穿厚底靴。尸体下面铺一床丝绵褥子。棺底刻北斗七星。棺内有碗筷、陶罐和带血迹的棉被、棉袄、棉裤、大衣、床单、蚊帐等。出土有七两多黄金和一些碎银及一对直径5厘米的铜球等。"文革"动乱期间，发掘文物均失落。

"牤牛地"是今固始县南大桥乡郑堂村的郑氏祖茔地。民国年间，这个墓地保管尚好，有一人多高的墓碑和石人、石马、石牌坊、石香炉等。每逢清明节，郑堂村郑氏及远地一些郑氏宗亲到此烧纸敬香，祭祀祖坟。①

《固始县志（1987—2003）》第三十篇《文化·地上文物》"郑成功墓"载：位于汪棚乡邓大庙村，坐北面南，为圆形坟冢，直径5米，高2米，初建时规模较大，毁于"文化大革命"时期。后复修，有墓冢、墓碑。是否为郑成功真墓，待考证。②

（四）河南省重点文物保护单位"郑成功衣冠冢"引起的争议

2008年6月16日，固始县汪棚乡邓大庙村"郑成功衣冠冢"被河南省人民政府公布为第五批重点文物保护单位（古墓类，编号279-27）后，固始郑氏家族因不满如此称谓而"上书"上级文物部门，要求撤销，引起地方政府与姓氏宗亲之争议。为此，固始县人民政府办公室于2010年11月19日印发"固始县人民政府办公室关于保留郑成功衣冠冢的意见"，行文河南省文物管理局，对此做出说明。

固始县"郑成功衣冠冢"于2008年6月16日被河南省人民政府（豫政〔2008〕36号文件）公布为省级重点文物保护单位。但固始县郑氏文化研究会的个别同志有不同意见，认为公布为"郑成功墓"更为合适。他们写信给省有关部门，要求"撤销郑成功衣冠冢的省级重点文物保护单位"。对此，我们有如下

① 固始县地方志编纂委员会：《固始县志》，中州古籍出版社，1994年，第664页。
② 固始县地方志编纂委员会：《固始县志（1987—2003）》，中州古籍出版社，2013年，第943页。

意见：

2008 年，原固始县文化局申报"郑成功衣冠冢"为省级重点文物保护单位，经省文物局审核，河南省人民政府公布为第五批河南省重点文物保护单位，这是经政府核实、研究发布的文件，有更强的科学性，个人一厢情愿的想法和要求不能成立。应保留河南省重点文物保护单位称号为"郑成功衣冠冢"。

郑成功祖籍在固始，无可争议。郑成功墓在固始，史学界、媒体争议很大。"文革"期间，老百姓平坟时出现郑成功墓，此事只有挖坟人口传，无官方或权威部门的实录，有说服力和实证的有文字的实物均无保存。所以，省文物部门鉴定为"郑成功衣冠冢"。

福建省南安郑成功墓，1982 年被国务院公布为全国重点文物保护单位。固始郑成功衣冠冢如果拿不出实物证据和带有铭文的铁证，是无法定为真正的"郑成功墓"的。仅靠推测和猜想，不完全符合实际的命名，不能作为考古依据。

结论是，维护河南省人民政府公布的河南省重点文物保护单位称号"郑成功衣冠冢"的意见。

二、郑成功先祖祖籍地在河南固始

河南固始明清墓葬出现的"郑成功"字样的官服，说明郑成功与河南固始有着某种特殊关系。在《郑氏附葬祖父墓志》上十分明确地写着"成功字明俨，号大木，姓郑氏，先祖自光州固始县入闽"，说明郑成功先祖的祖籍也在河南固始县。欧潭生的《关于郑成功墓的调查》《何处是郑成功墓》都是在"台闽豫祖根渊源"视角下进行学术研究的。由郑成功与河南固始的特殊关系，延伸出固始郑氏入闽及其后裔迁台的历史，进而引出历史上包括郑氏在内的固始姓氏入闽迁台的历史，最终成为两岸关系史研究的一个微观视角。

（一）台闽豫渊源关系视角下的"郑成功墓的调查"

信阳地区文化局干部撰成调查报告《固始发现"郑成功墓"》之后，又撰写调查报告《一千年前是一家——台闽豫祖根渊源初探》，其中有"关于郑成功墓调查"，欧潭生指出：

众所周知，收复台湾的民族英雄郑成功是福建南安县石井乡人。今年（1982）是郑成功收复台湾 320 周年纪念。福建人民将在南安县重修郑成功墓。但是，河南固始县却流传着当地发现郑成功墓的传说。为此，信阳地区文化局欧潭生等专程到固始县汪棚公社邓大庙大队宋大营生产队进行了调查。

依据材料分析，郑大成等人挖掘的古墓肯定是一座明清墓葬，而且墓主人生前地位较高。调查中，再三询问郑大成等人，对死者胸前的绣字是否辨认清楚。郑大成说："这七个字连同团龙部分的绣袍，我专门撕下来拿回家，保存了两年之久，后来霉烂了。我念过两年私塾，我本人姓郑，周围也多是姓郑人家，附近有个郑堂大队，蟒袍上的'郑'字是繁体字，我记得很清楚，'郑成功'三个字肯定不会错。"

作者认为，如此就给我们提出两个问题：河南固始这座墓葬为什么会出现绣有"郑成功"字样的官服？墓主人是郑成功本人，还是郑成功的部下？带着这两个问题，我们到福建进行了一个多月的调查。我们在厦门鼓浪屿郑成功纪念馆内，见到一块"郑氏附葬祖父墓志"拓片。这块墓志是郑成功的孙子郑克塽、郑克举撰刻的。墓志叙述了他们祖父郑成功和父亲郑经的生平事迹，并说明从台湾迁葬祖父和父亲是康熙皇帝"特旨恩准"。但是，他们并没有在福建给郑成功、郑经单独竖碑筑茔，而是"附葬于南安县康店乡乐斋公茔内"，时间是"康熙三十八年五月二十二日卯时"。乐斋公是郑成功的七世祖。由于郑成功复明抗清，清兵破坏了郑氏祖坟，只剩下乐斋公等四位先祖的尸骨。现在我们见到的乐斋公墓茔是郑经修建的。郑克塽为什么没有给郑成功父子修墓竖碑呢？虽然郑成功父子被清廷视为"叛逆之臣"，但康熙时郑克塽已被授为公爵，"隶汉军正红旗"。而且迁葬郑成功父子是康熙皇帝"特旨恩准"，仪式隆重。这里也给我们提出了两个问题：郑克塽、郑克举到台湾后是否真正找到了郑成功父子的尸骨？郑成功墓究竟在哪里？目前我们掌握的证据不多，固始古墓又不是科学发掘的资料。因此，对于郑成功墓的问题，尚不能做出肯定的回答。

值得注意的是，河南固始明清墓葬中出现的"郑成功"字样的官服，说明郑成功与河南固始有着某种特殊关系。在《郑氏附葬祖父墓志》上十分明确地写着

"成功，字明俨，号大木，姓郑氏。先世自光州固始县入闽"，说明郑成功先祖的祖籍也在河南固始县。[①]

（二）何处是郑成功之墓

《一千年前是一家——台闽豫祖根渊源初探》一文于1982年在《中州今古》上发表后，引起海内外读者高度关注，为回答读者的期待，欧潭生再次发表《台闽豫祖根渊源再探》，其中还涉及"何处是郑成功墓"的问题。

著者称：叱咤风云的民族英雄人物郑成功，高举反清复明的义旗，"开辟荆棒逐荷夷，十年始克复先基"，于1662年2月收复台湾赶走荷兰殖民者，使台湾回归祖国，并在建设台湾过程中做出了历史贡献。郑成功不愧是一位伟大的爱国主义者。每年，都有大批港澳华侨和台湾同胞回国祭奠这位民族英雄。但是，郑成功墓在哪里却是一桩历史疑案。

台湾和福建均有郑成功陵墓。关于郑成功之死，《清史稿·郑成功传》有明确记载："郑成功，初名森，字大木，福建南安人。……成功既得台湾，其将陈豹驻南澳，而令子锦（即郑经）居守思明（今厦门）。康熙元年，成功听周全斌谗，遣击豹。豹举军入广州降。恶锦与乳媪通，生子，遣泰就杀锦及其母董。会有讹言成功将尽杀诸将留厦门者，值全斌自南澳还，执而囚之，拥锦，用芝龙初封，称平国公，举兵拒命。成功方病，闻之，狂怒啮指。五月朔，尚据胡床受诸将谒，数日遽卒，年三十九。"这段记载说明，郑成功于康熙元年（1662）五月初八死于台湾。据康熙年间刊印的《台湾府志·坟墓篇》记载："郑成功墓在台湾县武定里州仔尾，男（郑）经附葬焉。"

又据厦门鼓浪屿郑成功纪念馆内《郑氏附葬祖父墓志》（郑成功长孙郑克塽撰文、次孙郑克举勒石）云："成功，字明俨，号大木，姓郑氏。先世自光州固始县入闽，居漳居澳之潮，至始祖隐石公乃移居于泉之南安县杨子山下石井乡，遂世为南安人。……王父生于甲子年七月十四日辰时，卒于壬寅年五月初八日未时，享年三十有九。故明末赐国姓，封延平王，率众取海外台湾……（郑经）同

[①] 欧潭生：《台闽豫祖根渊源初探》，《中州今古》1983年第5期。

王父俱葬台湾。……（康熙）特旨恩准。爰令弟克举，假回襄事。以康熙三十八年五月廿二日卯时，附葬于南安县康店乡乐斋公茔内。"

这块墓志铭验证了《清史稿·郑成功传》的记载，并且更加详细：郑成功死于"壬寅年（即1662）五月初八日未时，享年三十有九"。同时，还记载了一件重要的事情，即郑成功死后37年，康熙皇帝"特旨恩准"，郑成功的长孙郑克塽派弟弟郑克举"假回襄事。以康熙三十八年五月廿二日卯时，附葬于南安县康店乡乐斋公茔内"。仅仅根据这句话，福建史学界一部分研究郑成功者，便认为郑成功的灵柩附葬在南安郑氏祖坟乐斋公茔内，并要在此重建郑成功墓。《福建侨乡报》1982年4月5日第三版《郑氏史事管窥》的作者提出了反对意见。他指出：郑成功死后21年（即康熙二十二年），福建水师提督施琅攻取台湾后，曾奉命挖掘郑成功的灵柩，作为战利品献俘北京。因此，他认为"贸贸然把郑氏祖坟称为郑成功陵墓，是值得商榷的"。我们非常赞同这种慎重态度。

1970年，河南固始县传闻发现郑成功墓。1982年，我们专程到固始县汪棚公社邓大庙大队宋大营生产队进行了实地调查。

由于没有取得实物资料，我们只能根据主要当事人的叙述，得出如下结论：河南固始确实发现过身穿郑成功官服的陵墓。

（三）族谱所见郑氏祖根在河南固始

《郑氏附葬祖父墓志》明确记载着"成功，字明俨，号大木，姓郑氏，先世自光州固始县入闽"，说明郑成功先祖的祖籍也在河南固始。于是学界由此从郑氏族谱追寻郑成功先祖与固始的关系。

族谱所见，早在晋代"永嘉二年，中原板荡，衣冠始入闽者八族，所谓林、黄、陈、郑、詹、丘、何、胡是也"。又据前面已经引用的《台湾省通志·人民志·氏族篇》记载：不仅晋代入闽者有郑氏，唐初随陈元光入闽者有郑氏，唐末随王审知入闽者也有郑氏。台湾《马巷郑氏族谱序》载："唐垂拱间，陈将军（元光）趋闽，大臣郑时中随之，郑氏遂星布闽粤。"具体到郑成功家乡福建南安县的《石井本宗族谱·序》中说："夫我郑自唐光启间入闽，或居于莆、于漳、于潮、于泉，是不一其处。"泉州这一支郑氏，就是郑成功的宗氏。最近，台湾商务印书馆出版的黄典权先生著的《郑成功史事研究》一书，其中上篇之二《郑成功先世与家世》中说得更具体："郑氏在唐僖宗光启间由河南光州固始县入闽，……大约在明初，成功的直系始祖隐石公始开基南安县的石井巡司，逐渐而成大族。"

欧潭生从"关于郑成功墓的调查"到"何处是郑成功墓"，都是在台闽豫渊源关系视角下提出的。前者为《一千年前是一家——台闽豫祖根渊源初探》之"四次人口大交流""开漳圣王陈元光""闽王王审知""祖根在河南固始"四个话题之一；后者是《台闽豫祖根渊源再探》之"台湾自古属于中国""台湾同胞也是一家人""台湾同胞根在中原"四个话题之一。由固始发现穿有郑成功官服的明清墓葬，引申出固始与郑成功及郑氏的特殊关系。于是学界开始检索固始郑氏三次入闽及其后裔迁台的谱牒资料。

另台湾《马巷郑氏族谱序》记有："唐垂拱间陈将军趋闽，大臣郑时中随之，郑氏遂星布闽粤。"黄典诚《郑成功史事研究》之《郑成功先世与家世》称："郑氏在唐僖宗光启间，由河南光州固始县入闽，大约在明初，郑成功直系始祖隐石公，始开基南安县的石井巡司，逐渐而成大族。"《台湾省通志》第五章《各姓氏之姓源、播迁、入台》之"郑姓播迁"："郑姓自晋末，开始南移。"河南省《荥阳郑氏族谱序》云："郑昭之后，西晋永嘉之乱，由荥阳渡江入闽，先居永泰，至陈时，有郑露者，与弟庄、淑徙居莆田，厥后子孙遍布兴化、漳、泉间。至唐初，中州郑姓续向闽境播迁。"《漳州府志》载："元光入闽，亦有郑姓偏裨，随之入闽。至唐末王潮入闽，郑姓又有随之入闽。"

《台湾地区姓氏堂号考》之四《台湾地区一百大姓考略》郑氏入闽：据郑维藩撰《郑氏源流考》载：晋怀帝永嘉二年，郑氏为入闽八族之一。据《福建通志》载：晋郑昭，荥阳人，永嘉之乱，避地来闽，居永泰，是为郑氏入闽始祖。唐初郑时中随陈元光入闽开漳，子孙亦散居闽粤各地。唐德宗贞元元年加公元纪年，郑昭裔孙郑露，携堂弟庄、淑自永泰徙莆田，据南山之胜，建湖山书堂，三人共修儒业，后人称为"南湖三先生"，子孙散居福建各地。唐僖宗光启二年加公元纪年，河南光州固始人郑璘、郑戳随王潮兄弟入闽。据郑芝龙撰《石井本宗族谱·序》载："南安石井郑氏之始祖，即此时自河南固始入闽。"

随着固始郑氏入闽迁台历史研究之深入及两岸交流交往活动之展开，历史上包括固始郑氏在内的固始姓氏入闽迁台史、固始与闽台渊源关系研究，至 21 世纪初成为海峡两岸关系研究的学术热点。自 2008 年始，固始联络社会各界举办了一年一度的"固始与闽台渊源关系学术研讨会"暨"中原固始根亲文化节"，并成为两岸民间交流交往的重要平台。

三、河南固始为郑成功"真葬地"

固始郑氏分布极其广泛，"郑成功墓"发现之处正是郑氏族人最为集中的地区之一。对于固始郑成功墓，郑氏家族集体有意识反映始于 2001 年新修固始《郑氏族谱》。2002 年 12 月 18 日，台湾工党主席郑昭明在荥阳市参加"郑成功纪念馆"落成典礼暨"纪念郑成功收复台湾 340 周年大会"时，郑文焕撰写《郑成功祖上祖里真葬考》；2007 年 9 月 23 日，台湾工党主席郑昭明一行在固始参观考察时，郑文焕做报告《闽台与固始郑氏的渊源关系》。

（一）固始新修《郑氏族谱》

固始新修《郑氏族谱》启动于 1999 年，三年乃成。新修谱设立了《卷首篇》《支序篇》《史略篇》《史迹篇》《世系篇》《三公篇》《迁衍篇》《附录篇》《功德篇》《结语篇》等十个篇目。前有序，后有记，融郑国、郑氏、族谱于一体，不失为一部传播郑文化、弘扬先贤祖德、加强爱国主义教育、启迪后人的百科书。河南省委原副书记、时任省人大常委会副主任郑增茂，题词"崇祖报国，继往开来"；省台办主任郑淑真，题词"弘扬祖德，爱国爱家，统一祖国，振兴中华"。

新修《郑氏族谱》详载"郑成功墓调查实录"，记曰：当时出土的可以确定墓主人身份的木牌上书"郑成功之墓"，取出后即变质、朽化，字迹也随之不清。围在郑成功胸前的绣有"土部丰府郑成功"七个字的团龙绣带，当时为生产队长郑大成收藏，后被邻人郑大义借去给患病小孩避邪丢失。出土其他金银器物由生产队会计刘志义拿去合肥变卖，为文物部门收缴，当时出具有收条。1976 年，县文管会詹汉清、刘开国曾去合肥寻访，在安徽省博物馆察看了出土金银器为明物。郑成功护心宝镜为生产队（村民组）集体拿到安徽阜南换了红芋粉条分给社员（群众）吃。郑成功真葬出土的消息传出后，省、地、县史志部门先后来人调查访问，写出专题文章发表在有关史学杂志上。

（二）郑文焕撰《郑成功真葬考》

2002 年 12 月 18 日，台湾工党主席郑昭明在荥阳市参加"郑成功纪念馆"落成典礼暨"纪念郑成功收复台湾 340 周年大会"上，接到了固始宗亲郑文焕写的一篇《郑成功祖上祖里真葬考》文章。2007 年郑昭明访问固始时回忆说：我读了后，才对固始有所了解，也才知道郑成功真葬还有个固始说。据说当年施琅挖掘郑成功、郑经父子灵柩，献俘北京，康熙皇帝批评他是小人之举，卑鄙。康熙说，郑成功不是我大清的乱臣贼子，他是明朝的忠臣，赐予厚葬。后来又翻了翻我的祖谱，才清楚，我的祖先郑时中是唐朝初年随固始陈元光之父陈政将军一起入闽的。原来固始是我的祖籍地。于是我访问祖地的心情越来越迫切。这次我应全国政协邀请到北京参加新中国 58 周年国庆庆祝活动之前，向国务院台湾事务办公室打了报告，希望访问祖地固始，拜谒我们的先祖民族英雄郑成功陵墓。我在台湾是郑成功祖庙管委会主委，这是我的责任和义务。来到祖地，受到了当地党政各界热烈而隆重的欢迎，十分感动。座谈期间，郑昭明表示要为促进台湾与祖地固始的各项交流，发扬光大郑成功爱国主义精神，促进台湾郑氏族人对固始的向心与经济投资多做工作。郑主席十分肯定地说：我想我今天的来访，将是沟通台湾与固始联谊的开始。我愿意为祖国的统一大业，为我们友谊长存做出我的努力与贡献。并诚邀固始派团访问台湾。

郑文焕《郑成功祖上祖里真葬考》，2002 年 12 月 16 日载《荥阳与郑氏》报总第 198 期第二版，《黄河文化》2004 年第 3 期予以全文发表，《中华荥阳报》2005 年第 16、17、18 期予以连载。经改写以《郑成功祖里及真葬探赜》为题载2003 年《固始地名志》，并刊发在 2003 年 6 月 29 日的《信阳日报》上。

（三）固始郑氏组团访问福建南安郑成功公墓园

2005 年 5 月 19 日至 26 日，郑文焕就郑成功墓葬 1970 年出土固始一事去福建的福州、福清、泉州南安的水头镇、漳州、厦门进行了为期 8 天的调访研究。

在福州市拜访了郑成功终葬问题的研究者、福州闽侯县石山遗址博物馆馆长、研究馆员欧潭生先生，在福建侨报社（原侨乡报社）拜访了副总编黄意华先生，复印了《侨乡报》1982年4月15日第三版发表的《郑氏史事管窥》一文，在厦门华侨博物院拜访了《郑氏史事管窥》一文作者、福建省社会科学院原副院长黄猷先生。在福州、福清、平潭县和漳州还拜访了郑尔旺、卢美松、陈维忠、郑兆福、郑惠聪。在漳州会见了几位唐时由固始迁闽的郑氏族裔郑泗潮、郑有裕、郑再生、郑赞盛和地方长者陈亚炉、许长发。

5月23日，专程从福清赶往泉州的南安水头镇。水头镇离覆船山郑成功陵墓尚有5公里路程，没有公交车，只好搭乘摩托车前往。拜谒陵墓后给人一种心境苍凉的感觉。享誉世界的民族英雄，其陵墓竟如此矮小简陋、空旷荒凉。位于覆船山麓的郑陵原本是郑氏六世高祖乐斋公与郭氏淑慎的坟墓。墓碑高75厘米，宽185厘米，系花岗岩雕琢而成。碑文阴刻：上半部为"明·石井——乐斋郑公、淑慎郭氏"，下半部为"桥梓五世孙、六世孙、七世孙——茔域"（桥为父，梓为子。笔者注）。墓前立有两方碑记和两方文物保护标志牌。如果没有1963年12月福建省人民委员会和1982年3月12日国务院批准竖立的两方"郑成功墓"的文物保护标志牌，很难想象这就是郑成功的墓地。因为乐斋公墓地根本就没有显示过"郑成功"字样。

（四）促成台湾工党主席郑昭明访问固始

2007年9月23日，台湾工党主席郑昭明带领郑氏企业家一行18人来固始县参观考察。24日上午，郑昭明主席一行在信阳市台办主任乔清忠、张广乡党委书记郑岸南、汪棚乡党委书记彭仁群、汪棚乡乡长曹志海等领导的陪同下到汪棚乡邓大庙村郑氏祖茔"忙牛地"拜谒了民族英雄郑成功陵墓。祭陵仪式由郑太禄主持，主祭郑昭明主席献花、奠酒、上香、叩拜。走在郑成功大道上，郑昭明主席参观后称赞不已，说："这是目前世界上第一条如此壮观的郑成功大道了！"当听说县里在郑成功大道西端选址辟地建立"郑成功纪念馆"时，郑昭明主席说："郑成功祖籍地是固始，固始早年又出土了郑成功墓葬，建纪念馆是应当的。"当县里提出请郑主席题写馆额时，郑主席欣然答应。郑主席还接受了县电视台的采访。

接待会上（9月23日），郑文焕做了题为《固始郑氏 源远流长——兼谈闽台与固始郑氏的渊源关系》的汇报，其汇报的内容有：一、固始郑氏概况。全县郑氏族人3万多人，32个乡镇均有分布，以郑命名的村庄77个，郑氏居址300余处，郑氏堂号9个，还有郑氏历史遗址郑家飨堂、郑氏千年古井、郑氏洗马河、金井筲箮等。二、固始郑氏远（支）祖。三、固始是闽台乃至海外郑氏的第二祖根地。晋唐以来，固始郑氏有几次大的南迁活动：一是西晋末固始林、黄、陈、郑、詹、邱、何、胡等八姓入闽；二是唐初陈元光之父陈政率固始58姓军校入漳落籍；三是唐末王审知兄弟率固始5000多人入闽；四是北宋靖康南渡，又有多姓入闽。这几次徙闽均有郑氏，其中有名字的就有陈元光父子的府兵军谋祭酒郑时中，校卫郑和平（平仲），队正郑业、郑惠等，没有留下名字的亦不在少数。四、时空有移，亲情永在。1970年"农业学大寨"平坟时，郑成功墓葬在其固始祖里汪棚公社邓大庙大队宋大营生产队"忙牛地"郑氏祖茔出土。椁内木牌铭文"郑成功之墓"，黄色官服胸部团龙图案上绣字"土部丰府郑成功"，确凿证据证实郑成功真葬固始。县政府为之立碑，并为之修建一条长5千米、宽60米的水泥硬化路郑成功大道，还整修了陵园。信阳市人民政府2004年3月15日批准公布该陵园为"市级文物保护单位"，现正申报"省级文物保护单位"。固始郑氏崇祖报德意识十分强烈，现已在"郑成功大道"西段北侧选择显著位置，筹建郑成功纪念馆，使先祖特别是民族英雄郑成功在祖地能有个安魂立魄的地方。

（五）坚持河南固始为郑成功真葬地

2008年河南省人民政府公布固始"郑成功衣冠冢"为省级重点文物保护单位，固始郑氏文化研究会郑文焕当时表示反对，并上书文化部，请求撤销"郑成功衣冠冢"的省级重点文物保护单位，公布固始"郑成功墓"为国家文物保护单位。

郑文焕认为，郑成功真葬固始，是出于1970年"农业学大寨"平坟时偶尔发现，1994年版《固始县志》载有《调查报告》。对此福建省著名史学家欧潭生、福建省社科院副院长黄猷先生均有文章为佐。他本人也三次去福建调访，拜访过欧、黄两位先生，且据史写有《郑成功终葬固始的历史连线》一文，发表于《荥阳与郑氏报》《中华荥阳报》和《信阳日报》，引起一些人的关注。尤其是引起曾任福建南安郑成功纪念馆馆长、现居台湾的郑万进先生的批评，郑万进先生认为：固始文章所云，清康熙二十二年，施琅掘取郑成功、郑经父子两棺柩献俘北京（此语系黄献先生所云）是张冠李戴，运往北京的那两棺是清兵掘取的郑成功祖先于野公和深江公。此证不仅不能起到批驳作用，反而扎实地佐证了黄的论据。惜值"文革"期间，出土实物丢失，也没留下影像资料，此事遂成一桩历史憾事。

郑成功是郑氏家族的，更是中华民族的。应当通过深入调查研究，还其历史本来面目。决不可轻率处之，造成史误。拿不准的要请历史学家甄别，留待后人考证。因此，请求撤销"郑成功衣冠冢"的批文。

最终，郑文焕等郑氏文化研究会同人接受了"郑成功衣冠冢"为河南省重点文物保护单位的称谓，但其仍执着坚信固始为郑成功真葬地，不仅是为了一个家族的荣誉，也是对英雄的追慕，与有荣焉。

结　语

1970 年，河南固始发现身穿郑成功官服的明清陵墓，一时引起社会各界极大关注。官方因未设文物机构而一度保持沉默，直至 1982 年中央和福建隆重举行郑成功收复台湾 320 周年纪念活动、福建南安重修郑成功墓等，信阳地区和固始县才开始举办"台湾同胞祖根渊源学术研讨会"，纪念郑成功逝世 320 周年，申报"郑成功衣冠冢"为省级重点文物保护单位。学界从固始明清墓葬中山现的"郑成功"字样的官服，看到郑成功与河南固始有着某种特殊关系，从《郑氏附葬祖父墓志》所见"先世自光州固始县入闽"，理解固始是郑成功先祖祖籍地。至于固始郑氏文化研究会同人，重修《郑氏族谱》时把"郑成功墓调查实录"列入其中，派员到福建南安调查郑成功墓，甚至在河南省人民政府公布"郑成功衣冠冢"为省级重点文物保护单位时仍坚持固始是郑成功真葬地，此举不仅是一个家族的荣誉，更是对英雄的追慕。

对于固始发现穿有郑成功官服的明清墓葬，不论官方一度保持沉默的真实原因是什么，学界由此开启固始与闽台渊源关系研究是否有价值，以及固始郑氏文化研究会为何如此执着与冲动，不惜与政府发生争执，可以确定的是，他们都希望固始是郑成功的祖籍地，起码郑成功与固始有着某种特殊的渊源关系。

论《人民日报》有关郑成功的报道特征

⊙苏全有（河南师范大学历史文化学院教授）

⊙赵芳鋆（中原科技学院商学院副教授）

郑成功作为我国历史上著名的民族英雄，备受后人的敬仰与怀念！自从清代以来，相关研究成果丰富，涉及多个领域。[①] 不过仍有一些问题有待深入，比如有关郑成功的纪念方式及内容等就缺乏梳理，长时段的审视也显得很不够。有鉴于此，本文拟以郑成功的纪念活动为视点，以《人民日报》为视域，梳理半个多世纪以来的所刊文章，进行归类分析，以推动相关研究走向深入。

一、逢十纪念

学术界在专题研究方面有一个特征，就是逢十现象。每到该课题发生十周年、二十周年、三十周年等整数年份的时候，就会掀起纪念的高潮。《人民日报》有关郑成功的纪念，亦不例外。大致说来，1961—1962 年、1981—1982 年最为热烈隆重。

1961—1962 年间，《人民日报》刊登纪念郑成功收复台湾的重要文章有六篇。

1961 年 5 月 24 日，《人民日报》连载两篇文章纪念民族英雄郑成功出兵收复台湾三百周年。其一道："福州、上海、广州、旅大等市举行集会，纪念台湾人民

---

① 杨伟忠：《清代以来郑成功研究综论》，《闽台文化研究》2021 年第 2 期。

'五·二四'爱国反美大示威四周年和郑成功收复台湾三百周年。参加纪念会的各民主党派代表、旅居当地的台湾省籍人士和归国华侨等，愤怒谴责美帝国主义武装霸占我国领土台湾的罪行和加紧制造'两个中国'的阴谋，表示中国人民一定要解放台湾的决心，美国侵略者不从台湾地区滚出去，中国人民誓不罢休。"①其二报道了台湾民主自治同盟总部举行纪念会痛斥美国霸占台湾罪行，表示"中国人民一定要解放台湾"②。次日又载文曰："当纪念'五·二四'四周年、纪念郑成功收复台湾三百周年的时候，台湾人民必将进一步团结在爱国主义的旗帜下，继承民族英雄郑成功反对外国侵略者的光荣传统，发扬'五·二四'反美爱国斗争的精神，坚决反对美帝国主义霸占台湾和制造'两个中国'的阴谋。"③

1962年2月2日，《人民日报》连载了三篇重要文章，其一是《纪念郑成功收复台湾三百周年》，文章道："首都各界人士今天上午在政协礼堂举行集会，纪念中国民族英雄郑成功收复台湾三百周年。在会上讲话的人一致表示：坚决反对美帝国主义霸占台湾和制造'两个中国'的阴谋，中国人民一定要解放台湾。""近几天来，泉州、南安、晋江等市县的各界人民也分别举行纪念会和举办纪念馆，纪念郑成功收复台湾三百周年。郑成功的故乡南安县举办的郑成功纪念馆已在最近开放。2月1日，南安县各界代表和郑成功的后裔，还在石井镇郑成功的陵墓前举行了纪念会。"④第二篇文章则报道了民族英雄郑成功纪念馆在厦门开幕，以及福建出版和演出有关郑成功的文史资料和剧目，"其中有福建省梨园戏实验剧团演出的《台湾凯歌》，福建省话剧团、福州闽剧院红旗剧团、晋江民间高甲剧团、龙溪专区芗剧团、泉州木偶剧院等排演的《郑成功》，厦门高甲戏剧团、南安高甲戏剧团排演的《复台记》，以及人民解放军福建前线部队文工团排

① 新华社：《台湾人民"五·二四"反美大示威四周年 郑成功出兵收复台湾三百周年》，《人民日报》1961年5月25日，第4版。

② 新华社：《纪念台湾人民"五·二四"爱国反美大示威四周年 纪念民族英雄郑成功出兵收复台湾三百周年》，《人民日报》1961年5月25日，第4版。

③ 徐萌山：《美国侵略者必须从台湾滚出去！纪念台湾人民"五·二四"反美爱国大示威四周年和郑成功收复台湾三百周年》，《人民日报》1961年5月25日，第4版。

④ 新华社：《纪念郑成功收复台湾三百周年》，《人民日报》1962年2月2日，第1版。

演的舞蹈'出征'等"①。第三篇文章报道了范文澜在首都各界纪念郑成功收复台湾 300 周年大会上的讲话,主旨就是驱逐美帝国主义,使台湾复归中国。②

1961—1962 年间对郑成功收复台湾 300 周年的纪念文章,现实的驱动在于反对美帝占领我国宝岛台湾。

1981—1982 年间,《人民日报》刊登纪念郑成功收复台湾的重要文章有五篇。

1981 年 4 月 13 日,《人民日报》刊登文章称:"为纪念郑成功赶走荷兰侵略者,收复台湾 320 周年,'台湾史迹研究中心'等五单位从 4 月 11 日起在台南市延平郡王祠联合举办《根——台湾文物史料特展》。"③

1982 年 2 月 2 日,《人民日报》连载两篇文章。其一是报道了福建各界成立纪念郑成功收复台湾 320 周年委员会,并强调其目的是"为了纪念民族英雄郑成功收复台湾的伟大贡献,发扬他的爱国主义精神,促进祖国统一事业早日实现"④。其二是报道了北京市政协和北京市台联举行座谈会纪念郑成功收复台湾 320 周年,文章曰:"我们今天召开这个纪念座谈会,就是要发扬郑成功热爱祖国、维护民族大团结和不畏强暴的精神,动员各界人士和广大台湾同胞、港澳同胞和海外侨胞一起,为反对霸权主义、帝国主义、殖民主义,维护世界和平、完成祖国统一大业而共同奋斗。"⑤

2 月 22 日,《人民日报》又载文报道了福建各界集会纪念郑成功收复台湾 320 周年。会议强调,"在爱国主义的旗帜下,台湾同胞将同大陆人民一道,为完成祖国统一的光荣任务而奋斗,希望台湾国民党当局以民族利益为重,对实现

---

① 新华社:《民族英雄郑成功纪念馆在厦门开幕　福建出版和演出有关郑成功的文史资料和剧目》,《人民日报》1962 年 2 月 2 日,第 4 版。

②《驱逐美帝国主义　使台湾复归中国——范文澜在首都各界纪念郑成功收复台湾三百周年大会上的讲话》,《人民日报》1962 年 2 月 2 日,第 4 版。

③ 新华社:《纪念郑成功收复台湾三百二十周年台湾举办文物史迹展览》,《人民日报》1981 年 4 月 13 日,第 4 版。

④ 新华社:《福建各界成立纪念郑成功收复台湾三百二十周年委员会》,《人民日报》1982 年 2 月 2 日,第 4 版。

⑤ 新华社:《发扬爱国精神促进祖国统一——北京市政协和北京市台联举行座谈会纪念郑成功收复台湾 320 周年》,《人民日报》1982 年 2 月 2 日,第 4 版。

祖国统一大业做贡献"，"早日实现同中国共产党的第三次合作，完成祖国统一大业"。并"欢迎台湾同胞前来兴办各种经济事业，保证他们的合法权益和利润"①。8 月 3 日，《人民日报》刊载了刘大年代表中国史学会常务理事会《致郑成功收复台湾三百二十周年学术讨论会的信》，信中强调指出，"总结康熙统一台湾的历史经验，明辨人心之所归，历史潮流之所向，对于促进祖国统一，早日实现民族大团结，无疑地将有裨益"②。

1981—1982 年间，《人民日报》对郑成功收复台湾的报道，根本在于推动祖国统一。

2002 年，时值郑成功收复台湾 340 周年，5 月 28 日《人民日报》专文报道："福建纪念郑成功收复台湾 340 周年纪念大会和祭奠仪式今天在民族英雄故乡福建南安举行。""全国政协副主席张克辉、国务院台办副主任王富卿及来自祖国大陆、台湾、香港、澳门等地的郑氏后裔代表、专家学者及社会各界人士八千多人参加了纪念大会和祭奠仪式。"③

上述逢十纪念之外，在其他时间节点也有相关纪念活动的报道。如 1983 年台湾纪念"郑成功复台 322 周年"④，1986 年"台湾各界纪念民族英雄郑成功收复台湾三百二十五周年"⑤，1996 年"台湾民众举行多种活动，纪念郑成功登陆台湾334 周年"⑥，等等。

二、多元化的纪念方式

纪念郑成功收复台湾的方式较为多样，除了前述最为主要的会议方式之外，还有刊发诗文、绘画、雕塑、电影及演出、塑像、展览、拜谒及史实考订等形式。

---

① 《缅怀民族英雄同心振兴中华　福建各界集会纪念郑成功收复台湾三百二十周年》，《人民日报》1982 年 2 月 22 日，第 4 版。

② 刘大年：《致郑成功收复台湾三百二十周年学术讨论会的信》，《人民日报》1982 年 8 月 3 日，第 5 版。

③ 《福建纪念郑成功收复台湾三百四十周年》，《人民日报》2002 年 5 月 28 日，第 4 版。

④ 《台湾纪念郑成功复台》，《人民日报》1983 年 5 月 22 日，第 4 版。

⑤ 《台湾各界纪念民族英雄郑成功收复台湾三百二十五周年》，《人民日报》1986 年 5 月 1 日，第 2 版。

⑥ 《台湾民众举行多种活动纪念郑成功登陆台湾 334 周年》，《人民日报》1995 年 5 月 3 日，第 4 版。

（一）诗文方面

其一是文章。1961 年 5 月 21 日《人民日报》载文《郑成功》介绍了郑成功的一生，文章最后强调："郑成功收复台湾到现在已经三百年了。历史事实证明：中国人民是有光荣的革命斗争传统的，不管侵略者暂时多么猖狂，玩弄任何阴谋诡计，但终究是要从我国领土上滚出去的。郑成功的英雄事迹和反抗外国侵略的爱国主义精神，将永远是我们学习的榜样。"[1]1982 年 2 月 1 日,《人民日报》载文报道了郑成功的故乡石井镇人民"盼望早日实现骨肉团圆的心愿"[2]。2017 年 1 月 12 日,《人民日报》报道了郑成功神像巡游台湾："以'成功领航·万世盛安'为主题，郑成功神像于 2016 年 12 月 27 日从石井起驾，经厦门乘船赴台巡境，先后驻驾台南郑成功祖庙、云林五股四湖郑成功庙、云林五股开台尊王炉主会、台中国圣宫开台圣王庙、宜兰礁溪国圣庙、台北郑成功庙功德会、台北护国延平宫、台中大甲铁砧山国姓庙、彰化郑成功庙等地，南安市高甲戏也随团在驻驾会香的庙宇上演《郑成功》，活动共历时 10 天。"[3]

其二是诗。1961 年 5 月 21 日,《人民日报》刊登了《郑成功诗二首》："开辟荆榛逐荷夷，十年始克复先基；田横尚有二丁士，茹苦间关不忍离。""大以艰危付吾俦，一心一德赋同仇；最怜忠孝两难尽，每忆庭闱泪泗流。"[4]1982 年 2 月 5 日《人民日报》再次刊登了《郑成功的复台诗》[5]。8 月 26 日又载为"纪念郑成功逝世与收复台湾三百二十周年"而赋的诗二首："三百二十周年祭，英名当属郑成功。延平郡上千秋业，海域寰中万里风。常令邦畿联谊厚，不须远虑波涛汹。长桥筑起从心底，共沐春风唱大同。""驱除荷寇矢忠肝，奋臂何辞渡海难。战垒潮生沙尽白，故山鹤返井浮丹。闻风顿起前人废，抗志能嘘大地寒。带砺河山

[1] 张习孔：《郑成功》,《人民日报》1961 年 5 月 21 日，第 6 版。

[2] 林群英：《缅怀英雄倍思亲——访民族英雄郑成功的故乡石井镇》,《人民日报》1982 年 2 月 1 日，第 4 版。

[3] 吴储岐：《忠肝义胆两岸同颂（行走台湾）》,《人民日报》2017 年 1 月 12 日，第 20 版。

[4]《郑成功诗二首》,《人民日报》1961 年 5 月 21 日，第 6 版。

[5]《郑成功的复台诗》,《人民日报》1982 年 2 月 5 日，第 3 版。

终一统，高歌慷慨靖狂澜。"①2006年9月9日，《人民日报》另刊载了雷抒雁之《雨中谒郑成功墓》长诗："一块土地因你的站立而有了高度，有了期待和骄傲，南安——郑成功，郑成功——南安，一个人的两个名字，在世上永生。"②

（二）艺术方面，主要有绘画、雕塑、电影及演出等类型

绘画方面，1961年5月27日，《人民日报》刊登了许勇的中国画《郑成功收复台湾》。郑成功威风凛凛，所率军队浩浩荡荡。③1981年12月25日，《人民日报》报道了"台湾著名油画家、台中高晖画廊负责人王双宽，新近在台南安南地区圣母庙完成了一项有关郑成功事迹的大壁画创作。壁画共有四幅，第一幅是宽1.3丈、长1.2丈的郑成功登陆鹿耳门；第二幅是郑成功孔庙焚儒衣图；第三幅是八仙聚会；第四幅是封神榜"④。次年2月1日又报道了"创作完毕"的消息。⑤2000年9月9日，《人民日报》刊登了《郑成功台湾受降图》。⑥

雕塑方面，1962年2月1日《人民日报》刊载周荷生创作的郑成功的雕塑像，这是为"纪念郑成功驱逐荷兰侵略者收复台湾三百周年"而作。⑦1982年2月24日，《人民日报》报道了厦门举行郑成功纪念像奠基典礼。"一块刻有'民族英雄郑成功纪念像奠基——1982年2月'字样的方石，埋设在面向台湾海峡的鼓浪屿升旗山麓。"⑧26日，又报道了台湾捐建郑成功铜像的消息，"高雄市郑氏宗亲会最近决定：捐建民族英雄郑成功铜像一座，供市民瞻仰"。"经过一年多的筹备，这项工程已于今年2月5日破土动工。这将是台湾唯一的一座郑成功戎装造

---

① 周而复、虞愚：《纪念郑成功逝世与收复台湾三百二十周年》，《人民日报》1982年8月26日，第8版。

② 雷抒雁：《雨中谒郑成功墓》，《人民日报》2006年9月9日，第8版。

③ 许勇：《郑成功收复台湾》，《人民日报》1961年5月27日，第8版。

④ 本报讯：《台湾油画家王双宽完成〈郑成功登陆鹿耳门〉大壁画》，《人民日报》1981年12月25日，第3版。

⑤ 新华社：《台湾油画家王双宽经过辛勤劳动〈郑成功收复台湾〉业绩壁画创作完毕》，《人民日报》1982年2月1日，第4版。

⑥ 黄鸿仪：《郑成功台湾受降图》，《人民日报》2000年9月9日，第7版。

⑦ 周荷生：《郑成功》，《人民日报》1962年2月1日，第6版。

⑧ 新华社：《厦门举行郑成功纪念像奠基典礼》，《人民日报》1982年2月24日，第4版。

像。"①1985 年 8 月 30 日,《人民日报》报道了"郑成功雕像落成典礼在郑成功诞辰三百六十一周年纪念日——8 月 27 日于厦门市隆重举行"②。10 月 5 日又发文:"郑成功塑像的揭幕,不仅表达了海峡两岸同胞的共同情谊和爱国热诚,而且表现了我们建设社会主义精神文明的远见卓识。这是值得热烈欢呼的!"③

电影方面,1997 年 4 月 12 日,《人民日报》报道了由河南电影制片厂出品的历史故事片《郑成功》④,2001 年 2 月 23 日又报道了由潇湘电影制片厂、福建电影制片厂联合出品的大型历史题材故事影片《英雄郑成功》已摄制完成的消息。⑤

演出方面,2009 年 5 月 6 日,《人民日报》报道了台南举办的郑成功文化节:"5 月 3 日,台湾一年一度的文化盛事'郑成功文化节'在台南市圆满落幕。开幕式上,来自大陆的厦门歌仔戏团、泉州南音乐团、漳州木偶剧团、福建省杂技团与台湾十鼓击乐团等艺术团体联袂演出,舞蹈、音乐、戏曲、杂技等轮番上阵,给到场观众奉献了精彩纷呈的演出。"⑥

(三)展览、史实挖掘等方面

展览方面,1982 年 2 月 1 日《人民日报》载:"据新华社广州一月三十一日电 在民族英雄郑成功收复台湾三百二十周年纪念日前夕,曾经是郑成功练兵之地的广东省南澳岛(南澳县)举办了郑成功文物照片展览。"⑦1982 年 7 月 27 日,《人民日报》报道了中国革命历史博物馆展出的"纪念民族英雄郑成功书画展","国内、港澳和海外不少著名书画家积极创作作品参加展出。他们以不同风格的

---

① 耀闻:《郑氏宗亲会捐建郑成功铜像》,《人民日报》1982 年 2 月 26 日,第 3 版。

② 张铭清:《郑成功雕像落成典礼在厦门举行》,《人民日报》1985 年 8 月 30 日,第 4 版。

③ 赵沨:《为郑成功塑像欢呼》,《人民日报》1985 年 10 月 5 日,第 8 版。

④ 文一:《影片〈郑成功〉拍成》,《人民日报》1997 年 4 月 12 日,第 7 版。

⑤ 文编:《专家看好〈英雄郑成功〉》,《人民日报》2001 年 2 月 23 日,第 12 版。

⑥ 王尧、吴亚明:《郑成功文化节台南落幕 两岸艺术团体联袂演出(海峡连线)》,《人民日报》2009 年 5 月 6 日,第 10 版。

⑦ 新华社:《缅怀民族英雄练兵业绩 南澳岛举办郑成功文物照片展览》,《人民日报》1982 年 2 月 1 日,第 4 版。

书法、篆刻、绘画，缅怀郑成功的丰功伟绩，歌颂民族团结、共御外侮的历史传统，表现了中国人民振兴中华的豪迈气概，倾注热爱祖国、盼望和平统一的感情。"① 1987 年 11 月 13 日② 和 1997 年 7 月 14 日③，《人民日报》分别报道了厦门市郑成功纪念馆。

史实挖掘方面，1964 年 10 月 23 日，《人民日报》刊登了张宗治之文，文章的主旨在于指出《郑成功传》不是黄宗羲所著。④ 1983 年 7 月 3 日，《人民日报》报道了郑成功铸造"永历通宝"的钱币。⑤ 1986 年 10 月 5 日，《人民日报》报道了郑成功第十二代侄孙现生活在日本。⑥ 1993 年 6 月 15 日⑦ 和 7 月 10 日⑧，《人民日报》分别报道了在日本发现的郑成功的信件。2002 年 3 月 21 日，《人民日报》刊载宋志坚之文，文章主旨在于强调"郑成功最值得后人纪念的，就是他忠实于自己的祖国"⑨。

上述之外，《人民日报》还有祖庙大典⑩ 等报道。

综上所述可知，近半个多世纪以来《人民日报》对郑成功的报道呈现出两大特征，一是逢十现象，二是纪念方式的多元化。

---

① 新华社：《纪念民族英雄郑成功书画展受到欢迎》，《人民日报》1982 年 7 月 27 日，第 4 版。

② 新华社：《厦门市郑成功纪念馆展出双龙铜炮》，《人民日报》1987 年 11 月 13 日，第 4 版。

③ 王怡珩：《弘扬中华民族精神的丰碑——记厦门郑成功纪念馆》，《人民日报》1997 年 7 月 14 日，第 3 版。

④ 张宗治：《〈郑成功传〉不是黄宗羲写的》，《人民日报》1964 年 10 月 23 日，第 5 版。

⑤《郑成功铸币》，《人民日报》1983 年 7 月 3 日，第 4 版。

⑥《郑成功第十二代侄孙现生活在日本》，《人民日报》1986 年 10 月 5 日，第 4 版。

⑦ 陈俊才：《郑成功信件在日本发现》，《人民日报》1993 年 6 月 15 日，第 7 版。

⑧ 陈智超：《郑成功信件在日发现记》，《人民日报》1993 年 7 月 10 日，第 7 版。

⑨ 宋志坚：《郑成功忠于谁（金台随感）》，《人民日报》2002 年 3 月 21 日，第 12 版。

⑩ 孙立极：《百位厦门乡亲赴台参加郑成功祖庙 350 周年大典》，《人民日报》2013 年 6 月 16 日，第 4 版。

网络小说中的郑成功形象及其当代接受

⊙郭海荣（河南省社会科学院助理研究员）

作为中国历史上著名的民族英雄，郑成功的一生跌宕起伏，波澜壮阔，具有极强的历史性和传奇性色彩。他的生平事迹影响了一代代中国人，也因此成为当下网络小说里一个重要的历史 IP。网络上有关郑成功的文学作品数量极多，其中以郑成功为主人公的网络小说主要有《大明 1630》（奶瓶战斗机）、《重生郑成功》（刘黑罴）、《郑成功新传》（胖子的幽怨）、《大明之郑成功传奇》（火族）等，都是历史穿越作品。此外，围绕郑成功还形成了一个家族关系谱系，如《我老爹是郑成功》（比目鱼）、《家兄郑成功》（燕南少侠）、《大明：郑成功之孙，打造日不落》（不死奸臣）、《明末之我是郑克塽》（一江幽梦）、《穿越之给郑成功做王妃》《穿越之海权时代》（半老夫子）等作品，分别穿越成郑成功的妻子、兄弟、子孙、朋友等，构建了一个非常庞大的郑氏谱系。而在以晚明为主要内容，尤其是在南明时期的网络小说中，郑成功更是构成网络小说情节走向和人物关系的重要一环，成为明末网络小说中不可或缺的组成部分，其中以《晚明》（柯山梦）、《刺明》（拉丁海十三郎）、《帝国再起》（张维卿）、《窃明》（大爆炸）中的郑成功形象最具代表性。众多网络小说中的郑成功形象，既是对历史真实人物的再书写，又与当下有着极为密切的关联，这些都表明新时代的作者和读者正试图通过以郑成功为代表的这一类历史人物形象，来寻找一种重新想象民族形象的方式。

一、多方位视角下的人物形象

经过二十年的发展，网络小说创作已是洋洋洒洒、蔚为大观。在网络历史小说中，几乎所有见诸史册的人物都在作品中有或轻或重的笔墨展示。为打破类型化写作的局限，网络作家们往往在对历史人物描写中寻找新点、奇点，以求与众不同。再加上人们对历史人物的评价由于所处时代、立场、视角的不同，往往对同一个历史人物产生不同的观感，因此从多角度、多方位打量历史人物就成了当下网络历史小说的一个重要方式。由此带来的后果就是人物形象的颠覆性，即使是已经有历史定论的人物，在网络作家手下，也常常会由于主角视角的不同，出现较为负面的描写。如《窃明》（灰熊猫）中的历史人物袁崇焕，从抵御满人的英雄，变成了心胸狭窄、嫉贤妒能、好大喜功、心思阴暗的小人；《刑徒》（庚新）中的汉高祖刘邦成了一介无能的混混，而吕后成为深明大义、聪慧善良的女人。小说《篡清》（天使奥斯卡）中，戊戌变法的主持者光绪愚昧无知，虚伪无能，参与者翁同龢、康有为等，利欲熏心，只知沽名钓誉，为帝党谋私……在这种语境下，几乎每一个历史人物都或多或少地带有历史原罪，有着负面描写，即使是冠军侯霍去病在《大漠谣》中也被作者将以其为原型的主人公讨伐匈奴称为"侵略"，岳飞也曾在小说中成为冥顽不灵、不顾大局的代表。这种对历史人物的重新审视，无论其对错，都反映了当下更加多元化的视野和文化。

但有趣的是，郑成功这一形象，却出现了少见的统一性，即在以郑成功为主角、次主角的网络小说里，在人物性格、历史成就等方面没有大的变化，人物形象始终保持阳光正向。如在《大明1630》中，郑成功博学善思、热情开朗、审时度势、招贤纳士，为大明保留火种，为中华开疆拓土；在《郑成功新传》中，他明事理、顾大局，忠而不愚、孝而不随。在《家兄郑成功》《我老爹是郑成功》等作品中，郑成功读圣贤书、译西洋巨著、开垦台湾宝岛、护吕宋汉人、拓展国家疆域，是家国之光。在众多晚明网络历史小说里，他是国家栋梁，是解除时代危机、成就历史大业的重要力量。即使在《窃明》《晚明》等作品中，由于主人公穿越者的身份，未卜先知，抢夺了不少郑成功的海上功劳，主人公在与郑成功的交往中，也常常对其心怀敬意，"郑成功优越的家境、杰出的才华和一帆风顺的成长经历，培养了他强烈的自信心、优越感和贵族气，见之不禁心生向往之意"。而在《刺明》中，郑成功更是成了穿越者的对手，但是穿越者在面对面交锋时也不得不承认，即使拥有穿越者的"金手指"，郑成功也依然是一个值得尊敬的对手。

"人无完人，金无足赤"，但是在郑成功这里，他却成了少见的网络"完人"。这种情况说明，无论是在历史文献还是民间传说中，郑成功自身品行过硬，他的形象在大节和私德方面均没有被人诟病的地方，且其言其行在被当下价值观打量时，也没有什么大的过失。而他击败蛮夷、再造中华的理想追求更与时代相契合，因此才出现这一比较少见的网络现象。

二、历史创伤与情感抚慰

英国历史学家理查德·艾文斯认为："历史话语或诠释也是在人们试图重建真实的历史世界时，他们与真实的历史世界才发生联系。不同之处在于，这个联系是不直接的，因为真实的历史世界已经不可挽回地消失在过去的时空之中，它只有借助我们阅读过去存留下的文献及断编残简才能得以被重建。然而，这些重建绝非任意编配的话语，而是在一个相当直接的与过去之现实发生联系的过程中，被创造出来的。"① 在中国网络历史小说中，这可以理解为，人们对历史的创造也是另一种诠释。这背后自然有着更为复杂的历史原因和时代因素，但简单说来，其实是对过往历史的不甘。作者和读者不甘心曾经受到的屈辱，在黑暗历史与现实之间通过网络小说这一载体发泄自己的愤懑和痛苦。

网络历史小说由于特殊性，使得它不必受传统历史小说的影响，而拘泥于真实历史中。作者可以在一定的框架内自由发挥，在超越现实的"历史图景"中，满足读者的"集体想象"。郑成功身处明末乱世，国际上，大航海时代的欧洲为其今

① ［英］理查德·艾文斯：《捍卫历史》，张仲民、潘玮琳、章可译，广西师范大学出版社，2009 年，第 111—112 页。

后的发展提供了充足的物质保障；国内，明末的内外交困让每一个身处其中的人都如置身泥淖，困顿且难以救赎。因此，郑成功保护正统、孤悬海外、驱除外夷就成为那个时代不可多得的一抹亮色，自然也成为以晚明为历史背景的网络历史小说的重要环节。在《大明1630》《重生郑成功》等众多以郑成功为主角的网络历史小说中，他或穿越，或重生，对历史的基本走向有了清晰的认知，因此，穿越重生后，他少时就开始努力不辍，修习经书、提升文采，增强自己的时代文化影响力；练习武术、学习兵法，为即将到来的乱世做好准备。之后少年即有所成，在历史的毁灭链条还没真正开启的时候就招兵买马、收拢势力，在福建沿海构筑好属于自己的力量。之后协助其父巩固海防，加固城池，安抚民心。在乱世到来之后，他劝退父亲的降清意图，在海上打退来犯海盗、日寇、荷兰人等势力，收复台湾，扩大海域。在陆地，他徐徐图之，逐步驱逐来犯清兵，一点点恢复明朝疆域。在政局逐渐稳定之后，他推动全国力量北上抗清，扩大版图，将国内多余人口移居海外，一步步抢占原属于西方世界的殖民地领域……在《大明1630》里有一个非常重要的故事节点，即郑成功在安南打败西班牙人，签署《安平条约》：

> 《安平条约》又称《安平合约》，关于这一条约，东方历史学界和西方历史学界一直有不同的看法，但是至少在一点上，他们取得了一致，那就是他们一致认定，这一条约是席卷整个世界的殖民主义浪潮的一个转折点。
>
> 在后世的《钦定诸夏高中历史第三册》中是这样描述这一条约的："《安平条约》的签订，是殖民主义扩张在世界范围内遭受的第一次重大挫折，它是欧洲殖民主义在亚洲的扩张的失败的开始。这一条约的签订，极大地鼓舞了备受殖民主义侵害的亚洲各民族人民的斗志，并为亚洲人民指明了获得自由的必由之路，那就是——紧密地团结在以中国为核心的诸夏国家周围，学习先进的华夏文明。而这一趋势很快就扩散到了更为遥远的非洲和美洲，甚至是欧洲自身。无数的受压迫被奴役的民族在这一过程中获得了平等和自由……可以说，明西战争的一声炮响，给世界送来了华夏文明。
>
> 但是在一些不甘心失去他们的殖民地，失去他们靠着奴役世界人民获得

的利益的国家的历史书上，对这一条约却是这样描述的："《安平条约》是近代史上，西班牙和亚洲国家签订的第一个丧权辱国的不平等条约，在这一条约中，西班牙的主权和领土完整都遭到了野蛮的践踏。这一条约也标志着一个真正的世界级的殖民帝国的兴起，在此后短短的数十年里，这个殖民帝国以惊人的速度开始向全球扩张，贪婪地四处掠夺，无数原本独立的国家，失去了珍贵的独立，很多独有的文明遭到了野蛮的破坏，甚至就连欧洲的一些国家，也从世界性的殖民帝国转而一度沦为中国人的殖民地或者半殖民地，这其中就包括我们西班牙。虽然，从更严肃的意义上来讲，西班牙成为中国的半殖民地的标志性事件应该是数十年后的《马德里条约》，但这一趋势却是从《安平条约》开始的……"

这里的《安平条约》，对应的是清末被迫签下的一个个不平等条约。这些看似有些荒诞不经的想象，这些对中华文明历史发展进入另一个发展轨道的畅想，其实是对中国自明末以来逐步从世界先进文明衰落的不甘，是对中国此后遭遇到的一系列历史羞辱的不甘。它虽然写的是明末，但更连通着晚清的屈辱记忆，是对1840年以后中国那段不堪回首的历史境况的不甘、愤慨和意念中的再塑造。在这种情况下，借民族英雄郑成功的形象来重新构建一个不曾被殖民被奴役，不曾被历史发展的大机遇抛下的华夏文明，就成了网络作家的重要选择。

三、大国叙事与文化想象

中国文学的现代民族国家叙事，经历"他者的焦虑"与"建国神话"两个阶段。[①] 自20世纪90年代以来，随着政治环境的宽松、市场经济的发展，"文化复兴的现代中国"就成为文化领域对现代民族国家叙事的再次塑造的关键词语。在这样的背景下，网络穿越小说所表现出的对民族国家历史的不甘和"大国期待"

---

① 旷新年：《个人、家族、民族国家关系的重建与现代文学的发生》，《中国现代文学研究丛刊》2006年第1期。

的历史心理情结，就成为这类小说的内在文化动机。詹姆逊在谈及后殖民文化时，曾提出的"民族寓言"这一概念，或许能够更好地解释中国穿越类网络小说通常以改变历史、书写大国期待为重要主题的成因。詹姆逊认为："第三世界的文本，总是以民族寓言的形式来投射一种政治：关于个人命运的故事包含着第三世界的大众文化和社会受到冲击的寓言。"① 即第三世界国家的作品中总是表现出作者对于国家的焦虑，网络历史小说恰是以民族寓言的形式来投射我们期待的政治图景，和"同第一世界文化帝国主义进行生死搏斗"②。有学者认为，"全世界很难找到一个国家，有这样执着的穿越情结"，这一情形与中国的现代化建设密不可分，概因"重新树立民族信心的时机已成熟，而现实却滞后于想象"，因此民众不得不借助小说来完成自己的大国宏愿。

从这一角度出发，考察网络历史小说中的郑成功形象，我们就不难发现，在明末小说中的"大国叙事"，在某种程度上正是借助郑成功这一历史关键人物完成的关于当代中国的"民族寓言"。它常常表现为对民族危急存亡和近代中国屈辱历史的反思，并在大国想象中搭建出成人世界的"白日梦"，借由网络小说的"想象特权"，对中国民众受到的历史创伤进行焦虑抚平、创伤补偿、希望投射，在对历史图景的书写中实现作者和读者的双重心理期待。

在《我老爹是郑成功》里，作者想象性地构拟了明末中国再起之后的社会图景。一方面，作者描绘高耸的烟囱、奔涌的钢水、连绵不绝的巨型轮船、繁忙的港口等壮观的工业革命时期的历史意象，对中国工业发展状况进行隐喻式展现；另一方面，也展开了对中国在国际上的"大国""强国"形象的想象，使小说中的工业奇观与当时真实的屈辱历史背景对比，以此达到作者和读者情感的宣泄和满足。

在《大明1630》里，小说写道：

---

① ［美］弗雷德里克·詹姆逊：《后现代主义与文化理论》，唐小兵译，北京大学出版社，1997年，第125页。

② 吴娱玉：《詹姆逊"民族寓言"说之再检讨——以"近代的超克"为参照兼及"政治知识分子"》，《中国比较文学》2016年第4期。

郑成功[1]看向自己的舰队，仿佛看到自己上辈子看到的英国舰队图片，即使在茫茫大海上，依然可以整齐排列着，骄傲地向对手宣布自己必胜的信心。海上的阳光有些刺眼，一颗热泪不小心滑落腮边，他却没有注意到，只在心中狂喊：舰队！我的舰队！中国的舰队！！！

但从敌方西班牙人看来却是：

弗朗哥看着大海的对面，一艘艘军舰整齐排列，像一座座移动的小山一般，透着一股凛然的傲气。为首的略大，正从容不迫地向着己方舰队开来，船舷旁，水兵战士身姿挺拔，舰桥上，华夏国郑字旗迎风飘扬。弗朗哥心头一突，急看向两旁。

作者借助想象对中国和西方军事强国进行身份置换，借助敌我双方的视角对中国力量加以确认，以军事优势获得对中国大国强国这一身份属性的强烈肯定。在这类小说里，不同作者都有类似的场景描写和情感抒发。

网络作家奶瓶战斗机在表达自己的写作冲动时表示：

奶瓶虽然不是写严肃文学的，但是每次写点什么，除了上架销售赚点烟钱之外，还是有些其他的想法的。就这本书而言，奶瓶以前在看明末的那段历史的时候，总有一个疑惑，那就是为什么明末会有这样的一个结局。

清军在组织力、战斗力方面相对于明军和顺军的确有 些优势，但是从后米李定国王爷，以及国姓爷和清军交战的一些情况来看，清军并不是真的不可战胜，甚至于即使在人数相当的情况下，明军也不见得没有机会。

至于政治领导方面，清前期最为雄才大略的君王皇太极在清军入关之前就已经去世了，其后主持局面的多尔衮的才能其实并不算太突出，而且清内部

---

[1] 这里的郑成功为当代的穿越者，所以有英国舰队的图片印象。

矛盾其实也非常明显。仅仅就内部的整合度而言，比起靖康时候的金国还要不如。而且因为清王朝的一系列诸如剃发易服之类的措施，沦陷区的反抗也远远超过金军南下的时候。

而南明这边，财力方面其实问题不大，甚至明显是优于清军的，论军力，也明显强于南渡之初的宋高宗，按道理，南明即使无力恢复，守一个南北朝，也应该是做得到的。但却崩塌得如此之快，如此之容易，实在是令人惊愕。这一切到底是怎样造成的呢？这也是奶瓶写这本书的动力之一。

此外，清朝的胜利，对于华夏是个悲剧。因为它的胜利使得华夏彻底地错过了大航海时代。一个赶上了大航海时代的华夏又会如何，这也是奶瓶经常想象的一个东西，这两样东西联系在一起，就让奶瓶选择了这么个题材。

正是基于这样的疑惑不解，网络作家们在历史小说写作时常常会选择"大国叙事"，作为一种网络文学的叙事模式，"大国叙事"的流行反映的是当下民众的思想意识与价值取向。长久以来的民族屈辱感和随着实力增强而日益提升的民族自豪感，都要求网络作家在笔下寻求回响。明末作为中华文明发展最重要的历史节点之一，自然成为网络作家重点选择的题材。网络作家们在明末寻找可以改变历史航道的时候，郑成功都是无法绕开的重要人物，他身上具有的强烈的个人英雄主义色彩和大无畏的民族气节，都对当下的国人产生了很深的影响。

历史记忆：郑成功形象建构的变迁

⊙徐春燕（河南省社会科学院历史与考古研究所副研究员）

⊙雷晶晶（郑州大学历史学院研究生）

郑成功一生功业卓著且颇富传奇色彩，更因驱逐荷兰殖民者、收复台湾而彪炳史册，其形象因时空环境和政治文化认同的复杂性呈现出多元辩证的现象。学界对于郑成功的研究成果颇为丰富[①]，但并非题无新意。本文拟从不同时期郑成功形象的变迁为切入点，结合相关时代背景，诠释不同时期官方与民间建构郑成功形象发生变化的内在原因。

一、从"乱臣贼子"到前朝儒将形象的转变

南明时期的弘光、隆武、永历政权相继被清廷消灭，郑成功领导的明郑集团退守台湾，成为坚守到最后的抗清力量。康熙二十二年（1683），清廷凭借武力消灭了明郑在台湾的势力，结束了明郑在台湾22年的统治，台湾被正式纳入清朝大一统的政治版图。有清一代，清朝统治者基于自身的执政利益，对郑成功的

[①] 寇淑婷：《日本的"郑成功文学"与"华夷变态"思想》，《上海师范大学学报（哲学社会科学版）》2022年第4期；董灏智：《江户—明治文学家对"郑成功形象"的日本化构建——兼论中日视野下"郑成功形象"的变迁》，《文学评论》2019年第6期；潘健：《从反清"乱臣"到海外"孤忠"——清代郑成功形象的政治形塑》，《宝鸡文理学院学报（社会科学版）》2014年第4期；陈忠纯：《近代国人对郑成功形象的塑造与精神的传承》，《中国近代史》2014年第1期；等等。

评价经历了一个较大的变化过程。"退守台湾抗清的郑成功在明末数十年间曾是明遗的最后希望，即便郑氏壮志未酬身死于台，其靖难死节的壮烈身影内化为明遗痛裂肝肠的'集体记忆'，此记忆所凝聚的民族气节并不因此而轻易消散，故朝廷治台首要，莫过于'延平郡王郑成功'形象之重塑。"①在清初的台湾方志中，对郑成功抗清的历史基本上采取了回避和淡化的书写策略，如康熙三十五年（1696）高拱乾所修《台湾府志》就完全回避了对明郑史事的记载。清代前期的台湾方志在对郑成功形象的塑造上，不仅以"海逆""郑逆"称之，还将郑氏比作"草鸡""大鲸"，称其"杀人如麻、血成海水"②，"荼毒滨海，民间患之"③，刻意强调郑成功蓄意违抗政府，公然制造叛乱，将其塑造成"乱臣贼子"的形象，实行完全贬抑郑成功的文化宣传与教育政策，试图以此颠覆人们对郑成功遗民忠义形象的历史记忆。然而自乾隆后期开始，由于政治形势的变化，清廷对南明忠义志士的评价发生了极大的转变，由贬斥转为宣扬。转变的原因不外乎为了巩固统治。此时随着民族矛盾的缓和，民族意识也在统治者怀柔和镇压的双面政策下大为减弱。此时的统治者面临的主要威胁已不是反清复明的斗争，而是因阶级矛盾激化，正在和即将发生的农民起义，因此加强忠于本朝的思想教育已刻不容缓。对于清人来说，耳熟能详的忠义人士自然是与此时期相近的明季殉节之士。乾隆皇帝多次指出，以往将忠于明朝的人"斥之以伪"是为了"一耳目而齐心志"，但如今已承平百年，对他们应"平清而论"，于是对明末忠义志士如黄道周、史可法等人重新做出评价，认为是"诸人各为其主，节义究不容掩"④，鼓励臣下忠于自己的君主。但对于郑成功，统治者称其"异姓僭窃"明朝帝号纪年，将其"斥之以伪"⑤，后来编撰的《国史逆臣传》，郑芝龙及郑成功也都位列其中，由此可

---

① 王淑蕙：《志赋、试赋与媒体赋——台湾赋之三阶段论述》，台湾成功大学博士学位论文，2012年，第95页。

② 〔清〕余文仪修、黄俟纂：《续修台湾府志》卷十九《杂记》，乾隆三十九年（1774）刻本，第33页。

③ 同上，第34页。

④ 《清高宗实录》卷761，中华书局，1986年，第373页。

⑤ 同上。

见统治者对于郑成功仍是极为忌讳的。

到了清朝晚期，这种反面形象发生了很大的转变。由于清廷统治危机的日益加深，清廷出于"为万世植纲常"[1]、维护自身统治的目的，在文化政策上出现了宣扬南明志士忠义精神的导向。同治十三年（1874）"牡丹社事件"发生，日本企图吞并台湾的野心已是司马昭之心路人皆知，而在此时，以郑成功驱逐荷兰殖民者的民族精神来鼓舞台湾地区人民共同抵制外敌的侵略、保卫主权不受破坏再适合不过。当时负责台湾海防事务的大臣沈葆桢意识到台湾郑成功信仰之兴盛后，上折请求为郑成功"于台郡敕建专祠"，以激发台湾民众"知忠义之大可为"，起到"励风俗、正人心"[2]的作用。光绪元年（1875）正月，朝廷下令准"于台湾府城建立专祠"[3]，并追封谥号"忠节"。此时郑成功的"忠节"并不仅仅是指对明朝的忠心，更是在国家危难时维护国家领土完整的忠义。此时期官方对郑成功记载中也刻意回避书写其反清复明、拒不降清并坚持与清廷抗争至死的史实，仅将郑成功定位为前朝遗将，将其为兴复明室所做出的抗清行为宣扬为"君臣之义，巩固王朝统治的正面教材"[4]，这样做旨在教化民众放弃抵制政府，学习郑成功忠诚勇敢的精神，忠于清王朝的统治。此外，为转移人们反清的情绪，还着重叙述郑成功收复台湾的历史事实。[5]一方面，将人们关注的焦点及对清廷不满的情绪转移到荷兰殖民者身上；另一方面强调郑成功开疆拓土、宣扬国威的历史功绩，以期分化人们对清朝统治者的排斥与抗拒心理，接受清廷统治的事实。[6]经过清政府的重新定义，郑成功成功地被建构成忠君爱民的抗荷将领形象。

---

[1]〔清〕李元度：《大岳山馆文钞·诗存1》卷3《孟子说》，王澧华校，岳麓书社，2009年，第70页。

[2]〔清〕沈葆桢：《福建台湾奏折·请建明延平王祠折》，引《郑成功史料选编》，福建教育出版社，1982年，第307页。

[3]第一历史档案馆：《光绪宣统两朝上谕档》，广西师范大学出版社，1996年，第8页。

[4]沈松侨：《振大汉之天声——民族英雄系谱与晚清的国族想象》，《"中央研究院"近代史研究所集刊》2000年第33期。

[5]〔清〕巴克：《中外交涉记》，曾广铨译，《昌言报》1898年第39期。

[6]《郑成功独立台湾及漳泉惠潮人之连逃》，《民报》1910年第25期。

二、从御侮名将到民族英雄形象的转变

清末民国时期，郑成功形象发生了一次较为重大的历史性转变，原有的御侮名将形象的书写随着近代中国的历史性巨变而逐渐被弱化，郑成功逐渐以民族英雄的形象呈现在人们面前。尤其是在民国初年，随着民族主义思潮的兴起，郑成功的民族英雄形象更加凸显，关于郑成功的历史描述更是有意识地站在国家与民族的高度，以新的视角审视郑成功的历史功绩。

自步入近代以来，外国侵略者大量拥入，中华民族陷入有史以来未曾有过之困境。鸦片战争打破了中国传统的"天下观"，甲午海战则进一步打破了"天朝上国"的迷梦。资本主义列强侵占中国山河、瓜分中国领土以及奴役中国人民的强盗行径，促使每一个中国人都能明显地感受到异族侵略带来的普遍性压迫和集体性屈辱。在民族危机日甚一日的情况下，人民生活举步维艰。腐朽的清政府因逐渐丧失了对国家及国民的保护能力，晚清的有志之士承担起救亡图存的历史重任，探索中国的前途和命运。受西方近代民族主义的影响，清末革命党人将郑成功反清复明以及收复台湾的事迹塑造成"排满复汉"以及"中国民族主义"的典型，进而将郑成功称为"中国民族英雄第一人"[1]，完成了由古代御侮名将过渡到民族英雄形象的大转变。

在清末风起云涌的革命中，郑成功一直扮演着"反清复明"、恢复中华的角色。此时期涌现出大量有关郑成功的文学传记，如匪石的《中国爱国者郑成功传》、亚庐的《郑成功传》等。更甚者，有学者直接将革命与郑成功抗清行为相挂钩，指出："中国现在要救亡图存，就必先革命，要革命就要先从排外做起，排外工作做好了，那么光复汉族稳固国家根基便十分的有把握了。"[2] 该时期学者切合时代革命需求，重在凸显郑成功抗清事功，俨然将郑成功作为汉族英雄、抗清英雄。激进主义知识分子除将郑成功拒清抗荷的历史功绩加以表述形成一套

---

① 董灏智：《江户—明治文学家对"郑成功形象"的日本化构建——兼论中日视野下"郑成功形象"的变迁》，《文学评论》2019 年第 6 期。

② 光汉：《中国排外大英雄郑成功传》，《中国白话报》1904 年第 20 期。

抗清反清的革命话语外，还借此强调族群意识与民族意识。汉儿在论述为民族流血牺牲的史可法中提及郑成功，谓其"树大旗代表汉族，转战泉漳地区，挫败清人，实为汉族之光荣史迹"①。将史可法与郑成功归并为抵御清人、捍卫汉人统治的典范。与汉儿持同样观点的学者不在少数。马太玄在其整理郑成功研究材料的文章中，通过叙述郑成功拒不降清，并驱逐荷夷收复台湾作为与清廷对抗的大本营的历史功绩，用以宣传种族竞争、动员国人驱逐异族收复河山，强调"这是汉族兴盛不可淹没的功绩"②。将郑成功驱逐异族的动机归结为恢复汉族统治之神州大地。另有学者在为郑成功作的传记中突出郑成功痛恨中国覆亡、兴师挞伐、反清排荷开辟台湾新天地的历史事实，强调这是"大为汉族增光的表现"③，并加以其"永为黄族好男儿之模范的至高荣誉"④。革命者对于郑成功形象与精神的重塑，既符合革命宣传的需要，也是近代以来受西方民族主义思想的影响对自身历史的重构。晚清知识分子对于郑成功形象的诠释并不只是指向一个遥远的过去，更要透过振兴民族、发扬民族精神等手段展望未来。

　　1911 年，辛亥革命推翻了清朝的统治，中华民国不仅继承了清朝的版图，也接受了"五族共和"的理念，"排满复汉"理念逐渐淡出人们的视线。⑤ 在此背景下，郑成功的民族英雄形象及其事迹在被广泛传播的同时，其重点已不是宣传郑成功的抗清活动，而是从荷兰人手中夺回台湾的功绩。1915 年的《新青年》杂志所载的《记民族英雄郑成功》一文写道："郑成功为明季一代人杰，其生平精忠奇迹，彪炳千秋，有国史记载，吾人姑不具论，即就其夺回台湾于炙手可热的荷兰人手里这一点，实可谓是我国空前的海外英雄。"⑥ 这一点也正

① 汉儿：《为民族流血史可法传》，《江苏》1903 年第 6 期。

② 马太玄：《关于郑成功历史研究的材料》，《国立第一中山大学语言历史学研究所周刊》1928 年第 2 卷第 15 期。

③ 任：《关于郑成功的史料》，《福建评论》1929 年第 3 期。

④ 亚庐（柳亚子）：《学说、传记：郑成功传》，《江苏》（东京）1903 年第 4 期。

⑤ 韩东育：《清朝对"非汉世界"的"大中华"表达——从〈大义觉迷录〉到〈清帝逊位诏书〉》，《中国边疆史地研究》2014 年第 4 期。

⑥ 月秋：《记民族英雄郑成功》，《新福建》1944 年第 6 卷第 3 期。

是民国前期学界对于郑成功认识的主流观点，但这一观点在日本发动侵华战争时发生了转变。

三、从古代名将到抗日英雄形象的转变

九一八事变爆发前后，中国人民即兴起救亡图存的备战工作，事变爆发后，中国人民随即开始抗日救亡运动。面对日本的侵略，时国民政府节节败退，中华民族面临亡国灭种的危机。在民族危机日益严重的情况下，中国官方以及学者通过宣传中国古代民族英雄的方式来鼓舞中国人民的抗战士气。其中，郑成功的英雄气概无疑更会增强国人坚持抗战的决心。郑成功的"反清复明，绝不降清"被改造为"反抗异族，绝不投降"，强调郑成功"不为威逼，不为利诱，刻苦耐劳，忍受人间一切的惨痛，不为最大的失败灰心，为公忘私，为国忘家，不屈不挠，苦斗到底，一个韧性的恢复故土的伟大意念与实践精神"[1]。有杂志称郑成功是"中国最富有韧性的民族英雄"，其百折不挠的精神"实有足多"[2]，而这种精神正是当时国人最为需要的抗战精神。国民政府文化宣传部门及各界知识分子通过各种形式的宣传将郑成功与抗日战争紧密地联系在一起。在此过程中，国人对郑成功的书写完成了从民族英雄到抗战英雄形象的建构历程。

抗战时期对郑成功的历史书写同样注重叙述其生平事迹，尤其是抗清复明、收复台湾等历史事功，在叙述过程中增添抗日战争情形，论述在国难严重的当下急需郑成功般纵横无敌的英雄人物指引中国的抗战事业。[3] 这种建构方式均是在回顾其生前事迹的历史叙述中，夹杂着对当下抗日战争情形的描述以及作者对中国前途命运的担忧，希望国人勿忘记历史上抵御外敌的民族英雄的光辉事迹，将驱荷的郑成功迁移到当下，为人们所敬仰和崇拜。此外，国人对郑成功的书写更重视通过今昔台湾状况的对比，将人们的思绪迁移至明末郑成功驱逐荷夷收复台湾的历史事迹之中，并且通过叙述今日艰巨的抗战任务，将郑成功引入抗战环

---

① 魏如晦：《海国英雄郑成功》，国民书店，1941年，第22页。
②《海国英雄郑成功的故事》，《良友》1940年第161期。
③ 兰人：《春秋游踪所至·郑成功故里巡礼》，《申报》1936年11月25日，第17版。

境之中。在感怀台湾自甲午战争沦入日人之手直至全面抗战爆发之时，仍未能有收复台湾的伟大人物出现，使人不得不感慨郑成功当年的伟大功绩。①国人关于郑成功与台湾的书写在抗战后期尤为突出，人们将郑成功收复台湾的历史事迹作为鼓舞抗战军民做最后的努力，实现台湾的第二次回归。②抗战时期出现的大量郑成功的历史叙事，将明代抗外史事与当下抗日现实相结合，建构了郑成功与国人一同参与抗日战争的时空想象。

全面抗战爆发后，沦陷区出现了大量日伪政权，日本方面更希望在台湾地区利用侨胞组织傀儡团体以更好地对台湾实行殖民统治，该举措激起人们极大的反感，人们回想起数百年前民族英雄郑成功雄踞台湾抵抗异族侵略的丰功伟绩，不禁感慨日益民主开化的今人竟无法与封建时代的郑成功相提并论，这不得不归因于在抗战时期民族气节的丧失。因此，人们指出在"抗战局势日益艰巨的今日，必须重拾民族气节"，而郑成功轰轰烈烈的抗敌行动与不屈不挠的精神正是维系中华民族气节的重要例证。③民族气节将郑成功抵抗外族与国人抵抗日本两个历史事件联系了起来，在国家遭受外族侵略的情况下，郑成功坚守民族气节，驱逐荷兰殖民者，拯救了台湾，而在同样遭受外族入侵的情况下，国民也应像郑成功般驱逐日寇挽救中国，成当时人们的共同期待。郑成功驱荷复台与抗日战争有着本质上的相似性，抗战时期人们在对郑成功建构过程中着重选取该历史事件，旨在营造国人对抵抗外族的情感共鸣。

人们通过建构抗战环境下共同的时空想象、搭建抗御外敌的情感共鸣，将郑成功推向抵抗外族的全民模范的高度，在精神层面建构起抗战英雄的新形象。可见，抗战时期的郑成功已不仅仅是作为强调汉族正统统治地位的民族英雄而存在，人们已然将郑成功的御外史迹及其精神品性上升到一种全民精神模范的高度，这种精神模范正是抗战时期人们对抗战将领的期望及要求。

---

① 章太炎：《台湾通史题辞》，《制言》1937年第40期。
② 月秋：《记民族英雄郑成功》，《新福建》1944年第6卷第3期。
③ 对乾：《想到民族英雄郑成功》，《抗战华侨》1938年第1卷第2期。

四、结语

自清初至抗战时期，郑成功形象经国家与人民大众的诠释与书写，以多种形象呈现于世人面前。在清朝封建专制时期，郑成功以其抵御外国侵略的历史功绩被奉为御侮将领，这一形象流传甚广，人所共知。在社会变革风起云涌的清末民初，郑成功在晚清知识分子的想象中被建构成民族英雄，在民族危机空前严重的抗战时期，郑成功被纳入以民族解放与复兴为主题的抗战话语体系中，激发民族自信心、凝聚民族力量、提升民族意识的历史使命赋予郑成功形象以新的历史内涵。无论是从历史的视野还是从文化的角度，郑成功的形象都是丰富多彩且具有不同的时代特点。通过一系列建构的郑成功，凝聚着海峡两岸的共同历史记忆，这对于面向未来海峡两岸关系的发展具有一定的借鉴意义。

公共记忆视域下郑成功形象的
当代塑造与认同

⊙师永伟（河南省社会科学院历史与考古研究所助理研究员）

　　郑成功收复台湾的历史可谓家喻户晓，郑成功是海峡两岸的共同历史记忆。从清前期开始，直至今日，郑成功就是两岸人民关注极多的人物，这从两岸官方和民间对郑成功形象的构建就可见一斑，其形象也经历了从"海寇郑成功"到"英雄郑成功"，进而转变为"民族英雄郑成功"的嬗变，这一过程大致勾勒出了郑成功历史形象得以真实呈现的过程，也反映出人们对郑成功的记忆从历史记忆到现实记忆，从个体记忆到公共记忆，进而上升为中华民族记忆的过程。在完成这一过程后，还要不断强化对郑成功爱国形象的认同，防止记忆被私有化，进而提升群体的凝聚力，内化为巩固共同体存续的内部纽带，实现"记忆能够唤起人们的过去，使其成为服务于当下的工具"①的社会功效，毕竟公共记忆具有影响公共话语的潜力。

一、郑成功形象的历史演进与动因

　　郑成功是一位重要的历史人物，中国学者对他的关注在清前期即已出现，主

---

　　① 刘于思、赵舒成：《通往"复数的记忆"：集体记忆"走向公共"的规范性反思》，《天津社会科学》2020 年第 5 期。

要开始于晚清时期，出于不同的政治需求和文化背景，其历史形象亦不断发生变化，但从整体上来看，"英雄"的形象是主流，也逐渐成为共识。

清代前中期，郑成功形象变化较大，大致来说是由"乱臣"到"孤忠"。郑成功作为明朝遗臣，1646 年起兵反清，这一举动在清廷统治者眼里自然被视为叛逆，郑成功也被冠以"逆贼""海寇"等名，其形象也自然是反面化的。1652 年，顺治帝在赐浙闽总督刘清泰敕中就把郑成功称为"海寇郑成功"，其后二年再次以"逆贼郑成功"称之。①《清史稿》中也载有："清顺治十八年，'海寇'郑成功逐荷兰人据之。伪置承天府……"②但到了清康熙时期这一形象发生了改变，为了抚慰民心和巩固政权，应郑克塽请求，清廷允许把郑成功父子及重要文武官员的灵柩迁回故乡安葬，并在亲自题写的挽联中称郑成功为"孤忠"，同时还赐有"忠君"一匾，但是由于 1721 年台湾朱一贵事件的发生，导致康熙帝对郑成功的态度发生较大反转，再次将其贬称为"海贼"。这一时期对郑成功的生平论述，以及开发台湾多有埋没，同时对郑成功事迹也有污蔑之处。③可见，此时郑成功的形象虽然发生了一定的变化，但仍处在不稳定时期。

到了近代，清廷面临着内忧外患的双重压力，特别是"牡丹社"事件发生后，日本侵占台湾的野心昭然若揭，利用郑成功驱逐荷夷来激发民众保卫台湾成为政府的选择。为此，清廷派沈葆桢赴台办理台湾海防事务，沈葆桢深感台湾郑成功信仰之盛，于是奏请朝廷对郑成功进行祭祀，肯定了郑成功收复台湾的历史贡献以及开发台湾的功绩，并向礼部呈《请建延平郡王祠折》："奏请封海神、立庙崇祀；予可，并谥忠节。"④第二年，在"开山王庙"旧址的基础上新建"延平郡王祠"，清廷还规定每年二月及八月下旬均举行祭礼，由此对郑成功的祭祀转变为"正祀"，纪念郑成功的庙宇数量也迅速增加，到 1875 年增长至 28 座。台湾被日本占领后，时人更为感念郑成功收复台湾的历史壮举，尤其对当时民族意识

---

① 台湾银行经济研究室：《清世祖实录选辑》，台湾银行经济研究室出版，1963 年，第 103 页。

② 〔清〕赵尔巽等：《清史稿》卷七一，中华书局，1976 年，第 2263 页。

③《明郑成功实录出版》，《申报》1931 年 8 月 30 日。

④ 〔清〕唐赞衮：《台海见闻录》，台湾银行经济研究室出版，1958 年，第 130 页。

单薄、民族意志软弱的行为大为失望，希望"能有英雄承郑成功之志，再鼓雄风，焕扬祖国之荣光"①。这一历史时期，郑成功的形象由"负"转"正"，作为对抗西夷的英雄来崇拜。

辛亥革命时期，革命者受西方民族主义思想的影响，郑成功反清之举与孙中山的"三民主义"之间寻求到了某种契合，成为"驱除鞑虏，恢复中华"的先驱，同盟会革命者将其塑造为"反满反帝"的英雄，《民报》称其为"吾国英雄"②。这一时期郑成功形象出现了近代转型，"英雄郑成功"的形象成为国人一般认知，并成为激励志士仁人为革命前赴后继的精神力量。

九一八事变后，尤其是1937年全民族抗战爆发后，中华民族面临着亡国灭种的严峻危机，在利用传统民族英雄而实现国防动员的抗战宣传作品创作中，郑成功又一次成为民族典范，被列入"十个民族英雄""十大忠烈"，被国人视为"民族魂"。抗战时期主要是述及郑成功的生平事迹，强调他驱逐侵略者的英雄功绩，从而说明在当前的民族危机面前需要像郑成功一般的民族英雄，以此开创抗战新局面③；同时，郑成功"誓死不降的精神与气节"也被用来激励前线将士英勇杀敌。④国民教科书、儿童读物、话剧、歌谣等诸多形式的作品，如《海国英雄》《明末遗恨》等都将郑成功描述为"中国爱国者""中国之英雄"，其"民族英雄"的形象深入人心。

新中国成立后，郑成功的爱国形象得以继承，但出现些许波动。这一时期，郑成功的历史事迹再次被提及且不断被赋予新的内涵，当时就有学者感叹郑成功是"幸运的"，因为他在各个时期总是被人们想起。到了20世纪50年代，郑成功收复台湾的历史被写入教科书，郑成功研究也逐渐深入，《郑成功收复台湾史绩考》（1955）就是典范之一，把民族统一战线引入其中。到了"文革"时期，学术研究出现波动，关于郑成功的研究也不例外，相关学者甚至被戴上了为国民

① 慈石：《诗词——读郑成功传》，《国民日日报汇编》1904年第3期，第6页。
② 浴日生：《海国英雄记》，序言，《民报》1906年第9号。
③ 兰人：《春秋游踪所至·郑成功故里巡礼》，《申报》1936年11月25日。
④ 曹挺光：《民族英雄郑成功之生平》，《福建文化半月刊》1935年第1卷第8期。

党张目的帽子。"文革"结束后,郑成功的爱国形象迅速恢复,这一形象一直延续至今,成为海峡两岸共同的民族英雄。

除此之外,郑成功形象还有两个重要的面相:一是民间形象,二是域外形象。对于前者来说,闽台民众对郑成功的信仰与官方多有相同之处,其形象相当正面,堪比古代圣贤,主要有宅心仁厚、礼贤下士、机智沉着、刚毅神勇等方面的特征[①],并在一定地域被当作神明而存在。对于后者来说,作为一个具有国际影响力的历史人物,其形象在域外也多有展现,其中在日本是最为典型的,这主要是因为郑成功的母亲是一位日本人,再加之其后日本与中国的关系较为复杂。日本文人对郑成功的关注一直可以追溯至江户时代,《国姓爷合战》中塑造的"和藤内"形象,是郑成功形象日本化转变的起点;日据台湾时期,日本文人则将郑成功塑造成"日本人的英雄",当然这主要是为了拉近日本与台湾民众的"感情",进而确立其在台湾的稳定统治。

二、公共记忆对郑成功形象的当代定位与塑造

从郑成功形象的历史变化过程中可以清楚地看到,不同历史时期和不同的政治需求,郑成功形象变化较大,由清前期的"逆贼""海寇"逐渐转变为"英雄",进而固定为"民族英雄",可以说"英雄"和"爱国"当是其形象的关键词,也是其形象的当代定位。

从公共记忆形成来说,其形成的基础是共同的历史过往、文化基础以及群体纽带;而郑成功当代形象塑造的逻辑起点则在于郑成功收复台湾以及开发台湾历史贡献的科学再现和理性评价,因为只要历史不是虚构的,它必然被要求在明确的"逻辑"与"伦理"的基础上构筑"公共记忆"。1661 年 4 月,郑成功率领大军进攻台湾,历时 9 个月而打败荷兰殖民者,成功收复台湾,在这一过程中,郑成功表现出了强烈的国家主权意识,这在他给揆一的信中说得明明白白。另外,郑成功驱逐荷兰殖民者之后,即以明朝的名义建立地方政权,以管理台湾地区,

---

① 陈彦廷:《郑芝龙、郑成功父子的民间形象分析》,《闽台文化研究》2017 年第 2 期。

并实行屯田垦田、引进先进技术、发展海上商贸、传播儒家文化、严肃社会法纪等措施使台湾摆脱落后，百姓逐渐安居乐业。这些应是郑成功一生最伟大的功绩，也是中华民族共同的历史记忆，同时也是公共记忆形成的基础。

更进一步来说，郑成功当代形象塑造还需要价值的全面呈现，即郑成功文化的价值呈现及认同。郑成功作为收复台湾的历史功臣，与郑芝龙分道扬镳，一心为国，"臣受国家厚恩，愿捐躯以报，此头此血，总之已许国家"[1]，发出"台湾者，中国之土地"的呼声，要求荷兰殖民者归还台湾；在收复台湾过程中，从物资准备、军粮供给，到情报搜集、武力配合，郑成功都注意发动和依靠人民。[2] 这一历史过程中表现出来的爱国主义、主权意识、忠孝节义等价值观念是公共记忆的重要组成部分，必须全面阐释，毕竟对于某个地区和整个社会而言，共同的价值认同至关重要，因为只有在共同价值认同的基础上，才能形成真正意义上持久赓续的群体意识。

在历史认识和现实政治发展问题上，基于基本共识和历史事实形成更多的共同记忆和更深的价值认同，这是两岸关系的未来发展方向，但现实却不尽如人意，如台湾当局"去郑成功化"的意图和手段、宣扬郑成功在"台湾建国"等，基于"刺激—反应"模式，现实要求海峡两岸必须在尊重基本事实和史实的前提下形成更多的公共记忆，打破隔阂、深化沟通，画出最大同心圆。论及这里，相关问题的解决还需要对特定的历史进行深入研究，尤其是郑成功收复台湾的历史及关于郑成功的人物评价问题，要以求实的历史态度驳斥谬论，廓清历史脉络，还原真实的郑成功爱国形象。

在追求公共性的同时，个性亦不能抹杀，因为个体之间正因展现差异才得以实现公共性。[3] 同时我们也应该认识到，公共记忆是相对于个体记忆而言的，其突出特征就是理性，而理性的源头是不容歪曲的事实和科学的分析态度与方法，由此得出的结论才能经得起历史和人民的检验，关于郑成功的历史记忆也是如

[1] 陈心纯：《明末的大英雄郑成功》，《近代杂志》1938 年第 1 卷第 9 期。

[2] 孙文广等：《论台湾民众在郑成功驱荷复台斗争中的作用》，《军事历史研究》2002 年第 1 期。

[3] 任剑涛：《公共与公共性：一个概念辨析》，《马克思主义与现实》2011 年第 6 期。

此。另外，还有一点需要说明，在公共记忆形成过程中，必然会面临"什么样的记忆应当被铭记"这样的基本问题，郑成功的什么面相需要被世人认知、什么样的形象可以形成共识，回答这一问题就需要社会各界、公众的充分协商，当然也包括台湾人民，"当人们只从一个角度去看世界展现自己，公共世界也就走到了尽头"①，在恰当、自由和充分的协商过程中，关于郑成功当代爱国形象的诸多共识也就水到渠成地出现和形成了，最大公约数也就找到了。

2021年，习近平总书记在福建考察时强调要"勇于探索海峡两岸融合发展新路"，而在共同历史记忆和价值认同的作用下，郑成功的当代爱国形象必然会成为共识，这有利于激发和提升海峡两岸人民的深层情感，并最终融入中华民族的共同记忆之中，为祖国的和平统一进程提供文化动力。

三、公共记忆与郑成功形象的当代认同

公共记忆背景下郑成功当代爱国形象的认同主要得益于公共记忆的形成与强化，通过公共空间、标志符号、纪念活动、文化事业等形式，实现"根植于制度上的多元文化实践"②，不断提升郑成功爱国形象在价值呈现和文化交流方面的话语权。

（一）公共空间与公共记忆

公共空间作为公共事件展示、形成共同认知、强化公共记忆的空间，是一种文化传播媒介，博物馆、纪念馆及公园等其他公共空间是其基本组成部分。

郑成功信仰在闽台地区较为兴盛，祭祀郑成功的庙宇等公共空间也较多。清代，在官方"正祀"之前，民间祭祀络绎不绝。在抗日战争爆发前，民众就有感于郑成功的功德而请求建祠立像，这一请求虽然被否决，但国民党政府还是令全国各地清查现有祠宇，并允许予以修葺保存。③全面抗战爆发后，郑成功的英雄事迹再次出现在人民面前，祭祀活动不绝于耳，并在厦门延平公园特建郑成功专

---

① ［美］汉娜·阿伦特：《人的条件》，竺乾威等译，上海人民出版社，1999年，第45页。

② ［美］曼纽尔·卡斯特：《认同的力量》，曹荣湘译，社会科学文献出版社，2006年，第7页。

③ 《本市新闻：表彰御侮先烈》，《大公报》（天津）1930年1月10日。

祠。这些宗祠、庙宇等公共空间具有强大的社会教育和宣传功能，使郑成功公共记忆得以传承，并在传承过程中不断被赋予新的时代内涵。

厦门思明区、郑成功纪念馆、万石植物园郑成功读书处、延平公园"国姓井"、成功大道、演武大桥以及泉州郑成功纪念馆、郑州郑成功纪念馆等公共空间以郑成功生平为基本线索，对其家世生平、举兵抗清、海上贸易、收复台湾、经略台湾等进行详细展示，融合文物、文献、雕塑、图片、视频，加上现代性的科技手段，全方位展示了郑成功在所处时代的独特地位，同时突出了他的爱国形象。

这些公共空间不断发挥自身优势，积极与社会教育相融合，尤其是在青少年中宣传郑成功的爱国事迹，使郑成功爱国主义精神得以不断传承和弘扬，这样郑成功的爱国形象也就实现了社会认同，并不断被强化。

（二）标志符号与公共记忆

标志符号是传递特定信息的存在，本质是其背后蕴含的文化内涵。标志性的纪念物及其所蕴含的公共的或国家层面上的历史、情感、价值构成了公共记忆之"场"。关于郑成功的标志符号最为重要的是经典雕塑、经典画像及其他经典创作等。

早在20世纪40年代，北京历史博物馆就曾将郑成功画像宗牒及郑成功时期的文件史书收归公有，并永久保存在馆中，以供国人参观景仰，以此作为增强人们对郑成功历史功绩的崇敬之情的重要载体。[①] 通过这一形式，向国人传播了郑成功的英勇爱国史迹，并形成和强化公众对郑成功爱国认知的共识。

关于郑成功的经典雕像有两处：一处位于厦门鼓浪屿风景区的皓月园景点，另一处则位于泉州大坪山之巅。鼓浪屿矗立的郑成功石雕像，展示了郑成功高大威武的形象，寓意海峡两岸血脉相连一家亲，期待两岸同胞早日相聚；泉州郑成功雕像同样高大威风，骑马披甲的形象展现了郑成功征战沙场、开疆拓土的伟大形象。

---

① 怀芝：《驱逐荷夷的民族英雄郑成功遗像保存博物馆》，《远东贸易月报》1941年第4卷第5期。

延平郡王信俗活动——海峡两岸成功颂典仪式是国家级非物质文化遗产代表性项目名录扩展项目，可上溯至清光绪年间的祭祀活动。每年春、秋二季，或逢郑成功生辰、逝世纪念日，或郑成功建立思明州的时间，官方或民间都会有组织地进行祭祀郑成功活动，这是维系两岸亲情的标志性文化符号。

通过符号性标志物的建造而构建起的是关于郑成功的历史与记忆，代表着人们对郑成功历史记忆的认同，勾连着过去、现在和未来；同时，这些标志性符号也无时无刻不在展现着郑成功不畏强敌、维护国家统一的精神，诉说着"台湾者，中国之土地"的历史强音。

（三）纪念活动与公共记忆

纪念活动是一种社会仪式、一种象征，也是一种政治动员和表达方式，有着特殊的社会功能。举行纪念活动，既是尊重历史、表达主张的需要，同时也是凝聚人心、形成共识与认同的需要，具有很强的社会整合性和渗透性。

早在 1937 年 5 月 8 日就曾举办纪念郑成功的活动，这一活动由厦门监察委员郑螺生呈请，并将郑成功编入春秋祀典，但是因为祀典已被废除，于是代之在植树节期间举行，由福建省政府会同当地最高行政机关，召集各界依照公祭礼节，举行公祭，以资纪念。[1]1948 年，台湾省政府明令规定，以郑成功登台日即 4 月 29 日为兴台纪念日，并举行开台圣王祭典。

福建等地在郑成功收复台湾的整数年都会举办盛大的系列纪念活动。如 1997 年，福建省暨泉州市各界纪念郑成功收复台湾 335 周年大会召开，时任福建省委副书记的习近平在大会上强调，我们要继承爱国主义传统，弘扬郑成功的爱国主义精神。[2]再如，2022 年是郑成功收复台湾 360 周年，此次纪念活动除两岸信众民间信俗文化活动外，还有精神文化交流、文旅生活互动、全民文体赛事等系列活动，成为传承郑成功爱国精神、联系海峡两岸的重要纽带。

纪念活动的举办，进一步提升了郑成功历史研究与交流的科学性，凝聚了两

---

①《公函：第二九二九号为厦门延平公园特建郑成功专祠并编入春秋祭典案由》，《行政院公报》1937 年第 2 卷第 29 期，第 48—49 页。

②王伟明：《海峡沧波架飞虹——亲历泉台交流漫记》，海峡之声网，2019 年 6 月 4 日。

岸同胞关于郑成功爱国形象的认识，增进了文化认同，拓宽了融合发展的空间与渠道。

（四）文化事业与公共记忆

文化事业的社会参与度、关注度高，是形成公共记忆的重要渠道和手段。关于郑成功的文化事业主要是涉及成立文化研究机构、召开学术研讨会以及发展文旅文创等方面。

厦门大学于1961年成立了郑成功历史调查研究组，并成功召开第一届郑成功研究学术讨论会。郑成功历史调查研究组及讨论会的成果很快得到整理出版，包括《郑成功研究论文集》《郑成功收复台湾史料选编》《郑成功史迹调查》等，具有极高的学术价值。此外，泉州郑成功研究会、温州市郑成功文化研究会以及郑氏文化研究院等的成立，也促进了郑成功历史文化的研究与传承。相关的学术研讨会及研究成果也不断出现，促进了研讨交流，丰富了研究视野。

近年来，随着文旅、文创事业的不断发展与创新，郑成功文化景观旅游、郑成功动漫形象、文化商品、文化活动[1]等不断被提出，明信片、冰箱贴等文创产品相继问世。在这些文化活动中，郑成功的爱国形象是主要构成，由此也直接促进了郑成功文化在更大范围和更多形式上的认同。

从真正意义上来说，公共记忆是通过不同事件的叠放，将历史重新呈现在大众面前。具体到郑成功形象的公共记忆及认同而言，就是要通过公共空间、标志符号、纪念活动、文化事业等方式，对郑氏家族的海上贸易、郑成功收复台湾的全过程、郑氏开发台湾、郑成功的历史记忆、郑成功收复台湾的时代价值、郑成功文化及其精神的传承创新等议题进行深入研究，以此提升郑成功爱国形象的深层次认同。

---

[1] 福建省炎黄文化研究会等编：《闽南文化新探——第六届海峡两岸闽南文化研讨会论文集》，鹭江出版社，2012年，第282—286页。

郑成功文化的现实意义及当代传播

⊙田　丹（河南省社会科学院新闻与传播研究所助理研究员）

1662 年，郑成功率军战胜荷兰侵略者，收复了被殖民统治 38 年之久的宝岛台湾。经过郑氏祖孙三代的苦心经营，台湾地区的生产力水平、经济文化发展水平得到大幅提升。郑成功收复台湾不仅是中国历史上具有重要意义的政治事件，对于台湾地区的历史发展也是重要的转折点。郑成功作为台湾地区经济、文化、政治发展的奠基者，其爱国御辱、开拓创新、忠贞爱民、坚忍不拔的精神深植于两岸人民心中，成为两岸同胞血脉相承的精神纽带。从古至今，郑成功文化对维系海峡两岸同胞的情感、推进祖国完全统一发挥着不可替代的重要作用，深入挖掘郑成功文化的时代内涵具有十分重要的现实意义。

一、郑成功文化的现实意义

362 年前，郑成功率军 2.5 万人、400 余艘战船，开启了东征台湾的艰难历程。经过 9 个月的浴血奋战，以郑成功为首的"郑家军"战胜了荷兰侵略者，使台湾重归祖国版图，捍卫了祖国领土完整。郑成功文化是郑成功一系列社会实践及社会影响的产物，是由郑成功特殊的历史贡献而产生的特有文化现象，包含物质层面和精神层面两方面内容。物质层面的遗迹、纪念馆、祠堂等是郑成功文化的表现载体，郑成功精神则是郑成功文化的主旨要义，忠贞爱国、开拓创新、坚忍不拔是其核心内涵。传承弘扬郑成功文化，对于推进中华民族统一大业的实现具有重要的时代意义。

（一）赓续民族精神，推进祖国统一

15、16 世纪，正是欧洲国家大肆对外扩张时期，尤其是美洲新大陆的发现，缩短了世界各大洲之间的距离，世界逐步进入海权时代。郑成功所处的 17 世纪，正是西方国家对远东地区进行掠夺和殖民的高发期。1624 年，荷兰殖民者占领台湾，对台湾岛的汉族以及原住民进行殖民统治。在经济上，实行剥削政策，强迫台湾人民缴纳人头税；在文化上，派遣传教士利用宗教麻痹台湾人民的反抗意识。为推翻荷兰殖民统治，台湾人民曾多次进行反抗斗争，如郭怀一抗荷事件。但这些反抗斗争，均以失败告终，直至 1662 年郑成功率军收复台湾。在收复台湾的过程中，郑成功展现出了高度的主权意识。甫一登陆，郑成功即向荷兰东印度公司台湾总督揆一送交《谕降书》。郑成功在劝降书中表示，"台湾者，中国之土地也，久为贵国所踞，今余既来索，则地当归我，珍瑶不急之物，悉听而归"[1]。之后，郑成功不断写信敦促荷兰尽快投降，归还全岛。郑成功在书信中从最早居住、最早开发、事实占有的角度来说明台湾岛一向属于中国，并表示自己率军来此主要目的是为了收回属于父亲的土地，并非与其作战。郑成功的招降书具有强烈的主权意识，从事实出发宣示了台湾岛的主权归属问题。1662 年，荷兰驻台湾长官揆一签订投降书，归还台湾岛。

郑成功率军驱荷复台，为保卫领土主权完整和反对殖民统治做出了巨大贡献。郑成功收复台湾的不朽业绩和爱国主义精神，是我国以爱国主义为核心的民族精神的重要组成部分。弘扬郑成功爱国主义精神，是新时代共同推进两岸关系和平发展的重要支撑。尤其是当前台湾岛内"台独"势力不断挑衅，部分外部势力意图"以台制华"频频寻衅的背景下，赓续郑成功爱国主义传统，增进两岸同胞骨肉情谊，共同抵制"台独"势力的阴谋，对推进祖国统一大业有明显的促进作用。

---

[1] 连横：《台湾通史》，华东师范大学出版社，2006 年，第 12 页。

（二）弘扬传统文化，助力民族复兴

人口迁徙是推动文化传播的重要途径之一，而战争是激发人口迁徙的主要因素。郑成功收复台湾，有力地推动了汉文化在台湾的传播和发展。汉民族向台湾迁徙始于唐宋，但一直以来数量较少。直至明代，移民者才有所增多。由于汉族人口在台湾的人口结构中占少数，汉文化处于弱势地位，郑成功收复台湾之后，采取了一系列的措施，为汉文化在台湾的传播提供便利。首先，大量人口跟随郑成功迁入台湾，使汉族人口在数量上占优势，汉字和闽南方言得到了进一步传播；其次，郑成功在台湾设立了一套完整的行政机构，推行其在经济生产、文化教育方面的设施及政策，如建孔庙，加速汉文化在台湾的落地生根；最后，郑成功调动各方人力物力加大对台湾地区的开发力度，向高山族人民传授汉族先进的农业生产技术，为汉文化的传播筑牢经济根基。也有学者从郑成功接受的传统文化教育入手，认为郑成功的儒学思想中的忠孝节义、王道仁政、经世致用等观念对台湾地区社会、文化发展产生了深远影响。

郑成功收复台湾后，采取了一系列的重要措施建设台湾、发展台湾，汉文化传播是其中的重要一项。郑氏三代的文化发展措施，有力地推动汉文化发展成为台湾主流文化。文化的穿透力、生命力是恒久的，两岸人民"民族同宗、文化同源"，是根脉相依、文脉相连的"一家人"。郑成功文化、台湾文化、闽南文化同根同源，是构成中华优秀传统文化的重要文化资源，更是助力中华民族伟大复兴的文化力量。

（三）强化海权意识，建设海洋强国

中国海上丝绸之路历史悠久，其萌芽最早可以追溯到秦汉时期，兴盛于唐宋时期，是已知最古老的海上航线。至明朝时，政府对海事实行严格的限制政策，海禁长达200余年，原本的贸易航路被破坏。郑成功的父亲郑芝龙出身海盗，后被朝廷招抚为海军总督。1633年，荷兰人想垄断海上贸易，先是对厦门、南澳等地进行了一系列的骚扰攻击，最终与郑芝龙所率的舰队发生激战。料罗湾海战以荷兰的失败告终，是中国军队第一次在海上大败西方海军的胜利之战，这一战役奠定了郑氏集团在海洋贸易中的强势地位。经此一役，东亚海域的制海权、贸易垄断权皆归属于郑氏海商集团。郑氏海商集团把控日本及东南亚地区的海上贸易,通商范围扩大到东南亚全境甚至到达欧洲,海洋无疑是郑氏集团发展壮大的基础。1646 年,郑成功向隆武帝提出了后人所称的"延平条陈"策略,即"据险控扼、拣将进取、航船合攻、通洋裕国",此战略具有明显的海洋国家战略思维烙印。南京之战失利后,郑成功放弃陆上抗清的战略,转而收复台湾岛,继续控制东南海上贸易。此时,郑成功的战略行动即是其"通洋裕国"思想的现实写照,以海上贸易支撑海权,从而继续与清廷分庭抗礼。

随着施琅全歼郑氏水师,郑氏集团投降,清廷将台湾纳入版图之中。同时,郑氏集团所代表的中国历史上最大的海洋势力彻底覆灭,中国完全回归农耕社会,直至被鸦片战争敲开国门。郑成功海商集团大力发展海洋贸易,客观上为刚经历了 200 余年海禁的中国重新走向世界,做出了重要贡献。一方面,郑氏海商集团自身从事经营贸易活动;另一方面,通过掌握制海权向其他商人收税,如荷兰人"年愿纳贡,和港通商"。郑成功的一系列海权实践证明,对外贸易是国家积累财富、富国强兵的重要途径。经济上的对外开放带动科学技术、文化文艺的交流,从而缩小中国与外部世界的发展差距。郑成功建立的东亚海洋贸易体系,以及为维护体系正常运转采取的海洋军事实践,对于当代推动全方位对外开放、加快建设海洋强国仍有着可供参考的重要价值。

二、郑成功文化的当代传播

文化传播,即通常意义上所说的文化扩散,具体指人类文化从发源地向外辐射传播的过程。文化传播方式主要分为直接传播和间接传播两种:直接传播通常指人们通过商业活动、战争等形式直接传播某一种物质或精神文化;间接传播又称刺激性传播,指某一群体借用外来文化中的某种元素进行文明创造活动。文化传播的主要途径包括商业贸易活动、人口迁徙、教育和文化活动,其主要传播手段为媒介传播。不管何种形式的文化传播,都必须借由一定的媒介来实现,例如中国古代烽火狼烟、驿寄梅花等都是文化传播手段。从媒介技术发展的角度看,文化传播手段大致包括口述传播、文字传播、印刷传播、电子传播四个主要类型。郑成功文化的当代传播，主要聚焦于通过教育和文化活动来实现文化传承的纵向传播，通过跨媒介叙事的手段来扩大郑成功文化的感召力、影响力。

（一）举办文化节活动，深化两岸交流

福建泉州南安市是郑成功的故乡，也是台胞的主要祖籍地之一。南安市分布有郑成功纪念馆、郑成功陵园、延平王祠、成功庙、郑成功碑林、海上视师石等系列史迹，在海峡两岸交流中发挥着重要作用。多年来，南安市充分发挥郑成功故里这一品牌优势，连续举办了7届郑成功文化旅游节活动。郑成功陵墓拜谒、郑成功学术研讨会、成功故里游等系列活动，已经成为弘扬郑成功文化的日益突出的品牌窗口。

依托文化节平台，两岸围绕郑成功开展的文体交流已成为常态。两岸专家联手创作了小品《我是郑成功》，获2002年中国曹禺戏剧奖小品剧目一等奖、导演奖、优秀表演奖；2016年，南安市组织开展郑成功金身赴台巡游会香活动，并演出了6场高水准的高甲戏《郑成功》；组织举办"郑成功杯"国际青年男子篮球赛及"郑成功杯"传统武术大赛。此外，福建厦门连续14年举办了海峡两岸郑成功文化节，开展两岸信众民间信俗文化活动。2022年，海峡两岸郑成功文化节策划了"成功·礼""成功·说""成功·乐""成功·竞"四大主题活动，旨在推动两岸文化旅游、体育竞赛的深度融合，以探索两岸民俗文化融合发展的新路径。通过举办文化旅游节活动，依托郑成功文化，两岸的交流合作日益深入，涵盖经济、文化、艺术、体育等多个领域，两岸人民的血脉深情得到进一步强化。

（二）开展纪念祭拜活动，强化共同信仰

台湾人民感念郑成功收复台湾、发展建设台湾之恩，加之各种与之相关的传说，郑成功在台湾民众的心中是神明般的存在。1662年，郑成功去世，时隔不久，民间便建庙祀之，称其为"开台圣王""延平郡王""国姓爷"。郑成功信仰对台湾民众的影响非常深远，在日据台湾时期，郑成功成为民众心中光复台湾的精神寄托。直至今日，台湾遍布祭祀郑成功的庙宇，与郑成功相关的故事传说千家传颂，郑成功信仰具有深厚的民间基础。

郑成功信仰在台湾的文化认同中扮演着重要角色，台湾移民及其后代与大陆有着深厚的血缘关系，郑成功信仰正是维持血缘认同、文化认同的精神纽带。台湾地区分布有开元殿、延平郡王祠、国姓庙、郑成功庙、郑氏家庙等，南安市有郑成功纪念馆、祠堂、陵墓及宫庙，海峡两岸的这些具有圣地意味的场馆，促进了郑成功精神、习俗、信仰的相互融合，最终推动郑成功文化的形成和传播。据统计，南安市近些年每年接待进香朝拜、寻根谒祖以及观光考察的台湾宗亲及游客数量达 10 万人次。郑成功信仰是两岸共同文化认同、民族认同的象征，两岸同根同源、同文同宗、同属一个文化圈，通过开展纪念、拜谒活动，承载着共同精神根脉的民俗信仰得以传承弘扬，继而成为连接世界华人内心民族精神的重要桥梁。

（三）推动文化跨媒介传播，共筑精神家园

在新媒介技术出现以前，文化的传播范围和互动都是有限的，传播速度较为缓慢。新兴媒体依靠强大的技术支撑，迅速改变了传统媒体固有的传播范式，大幅度缩短了文化传播的周期、最大限度地扩张了用户传播范围。在新媒体语境下，如何进一步抓住新媒体技术发展机遇扩大郑成功文化的传播力和影响力，是郑成功文化当代传播所面临的问题。新媒体技术重构了文化传播、叙事方式，跨媒介传播是与之相适应的内容生产、传播方式。跨媒介传播主要是指综合运用多种媒介形式开展文化传播活动，是同一内容在不同介质形式之间的交叉传播与整合。如，围绕《武林外传》展开的传播介质有图书、电影、动漫、游戏等多种艺术形式，极大提升了用户的内容体验感及接受度。目前，以郑成功精神为主要内容的媒介艺术产品较为丰富，有诗集《成功颂》、电视专题片《海洋英雄郑成功》、电影《英雄郑成功》《延平王郑成功传奇》、电视剧《郑成功》、纪录片《郑成功》等。除了目前已有的媒介文化产品，直播、短视频等新媒介形态同样是开展文化传播的重要技术手段。因此，要实现跨媒介文化传播，移动端的介入必不可少。

郑成功文化是开展跨媒介传播的核心文化资源，围绕核心文化资源打造 IP，使之成为有利于新媒体传播的新文化形态，从而实现弘扬郑成功爱国精神、共筑两岸精神家园的传播目的。IP 的外延含义已经超越"知识产权"本身，被赋予了更多创造性、创新性意味。郑成功文化 IP 融合了民族精神寄托，是一种强化社会文化认同的新文化媒介形态，台湾"成功啤酒"、南安"郑成功动漫核酸贴纸"的走红即为例证。创新文化跨媒介传播移动端叙事手段、打造跨媒介传播文化 IP，是郑成功文化传播面临的新发展契机，同时也是新时代两岸共筑精神家园的新路径。

三、结语

不忘历史，砥砺前行。在当前世界面临百年未有之大变局的背景下，台湾海峡两岸关系进入新阶段，尤其需要弘扬郑成功爱国主义精神，深化两岸共同精神家园建设，为推进祖国完全统一、实现中华民族伟大复兴贡献精神力量。

郑成功文化是两岸人民共有的精神财富。郑成功收复台湾，维护了国家领土、主权统一，是当之无愧的民族英雄。郑成功爱国御辱、开拓创新、忠贞爱民、坚忍不拔的精神，在台湾各地绵延传承。弘扬郑成功文化在台湾已成广泛共识，"台湾鹿耳门、安平古堡、郑氏家庙等史迹已成为海内外郑成功信众的朝圣地"①。此外，郑成功是建设台湾第一人，是台湾经济文化发展的奠基者，郑成功文化、郑成功信仰已经成为台湾文化中的重要组成部分。郑成功的儒学思想在台湾广泛传播，成为台湾重要的儒学传统，并且在日据台湾时期成为台湾人民反抗侵略的思想武器。由此可见，郑成功文化是维系两岸血脉亲情的重要文化资源。

罔顾文化认同的"去中国化"，注定徒劳无功。郑成功是两岸共有的文化符号，而民进党当局打着"转型正义"的旗号大搞"去郑成功化"，实际隐藏着"去中国化"的政治目的。在台湾，与延平区、郡王里、国圣里、成功村、成功街类似的地名随处可见，郑成功的历史印迹无所不在。郑成功信仰是台湾主要的民间信仰，祭拜郑成功的庙宇社团有 170 个，郑成功信众超 200 万人。台湾各级学校中活跃有"成功系"的影子，如台南成功大学、台北成功高中。郑成功早已成为

---

① 邓倩倩、周义：《弘扬郑成功爱国主义精神　维护国家统一　捍卫民族尊严——郑成功收复台湾 360 周年纪念活动举办》，《台声》2022 年第 12 期。

台湾民众日常生活中的文化符号，从生活、教育到宗教信仰，可谓是"全台无处不成功"。郑成功文化作为文化符号、精神寄托具有顽强的生命活力，民进党当局罔顾历史事实、罔顾文化认同，大搞"去郑成功化""去中国化"，与两岸民心、民意相背而行，注定徒劳无功。

略论郑成功收复台湾的文化意义与
时代价值

⊙靳瑞霞（河南省社会科学院文学所助理研究员）

台湾自古就是中国的领土。从地理学上讲，远古时代，台湾即与大陆相连，后因地壳运动，中间沉降方形成海峡，台湾从而成为岛屿。从考古学上讲，台湾发掘出土的文物，包括石器、黑陶、彩陶和殷代两翼式铜镞等，表明其史前文化与大陆同属一脉。从人口来源及构成上讲，台湾早期居民中，大部分是从中国内地直接或间接移居而来的。从历史依据上看，台湾有文字记载的历史可以追溯到公元 230 年。当时的三国吴王孙权曾派人到"夷洲"（台湾），与台湾有了交流。隋朝也曾多次派人至"流求"（台湾）。至元朝已经在福建设立"澎湖巡检司"管辖台湾、澎湖地区。但明朝时期因禁海令的颁布使台湾与大陆的距离被疏远，从而招致荷兰、葡萄牙和西班牙等外来侵略者的觊觎，于 1642 年被荷兰侵略者所侵占。顺治十八年（1661）二月，郑成功秉持收复国土和取回"家父基业"之双重决心，向荷兰侵略者发起征讨。在金门举行隆重的"祭天""礼地""祭江"誓师仪式后，郑成功亲率将士两万五千余人、战船数百艘，自金门料罗湾发兵，向东挺进，历时约 9 个月，成功将荷兰殖民者驱逐出境，建立第一个在台湾的汉政权。郑成功收复台湾不仅仅体现了中华民族勇于抵抗外侮和捍卫国家主权的勇气、决心、信心与能力，从发展的眼光看，郑成功复台将汉文化传入台湾，从经济发展到文化赓续，以及海洋海权意识建立等，无论是对祖国大陆还是对台湾，甚而对当今世界而言，都具有伟大的文化意义与宝贵的时代价值。

一、郑成功复台的文化意义

郑成功收复台湾后将中华文化的种子广泛播种于台湾，使其生根发芽，台湾文化血脉与大陆得以保持基底的相通，并得到深厚的滋养。儒家文化哲学及理念在台湾的深耕，也使祖国华夏文明和治理体系在更广阔的范围内得以赓续不断，多民族融合统一的国家观得到延伸，大中华观及爱国主义精神传统也得以绵延传承。郑成功在海洋文明的拓建方面，对祖国甚至对世界而言也都具有广泛而独特的文化意义。

1. 郑成功复台于台湾的文化意义。1661 年郑成功携两万余人去台，建立汉文化政权，使其在姓氏、文学、语言、民俗、信仰等方面直接与大陆产生了千丝万缕的文化关联，获得大陆已成体系的儒家思想文化的滋养，由海上贸易往来又得中西文化之交汇，才有今日之文化台湾。由姓氏而言，早期移居台湾的人多以故乡地名命名所居之地。台湾各姓宗祠，都以堂号标明，如"江夏黄氏""颍川陈氏""延陵吴氏"等，以表示本支出自中原。如陆炳文著《台湾各姓祠堂巡礼》一书序中所说："台湾祠堂载明各姓祖先发祥根源和变迁过程，显示各姓宗派都源自黄河流域，与祖国大陆有着脐带相连的宗族血缘关系。"[1] 由文学来讲，台湾文学与大陆文学也一脉相承。台湾文学发展的形式、内质和风格，是依中华古代文学的诗歌与散文的范式来建立的，文体模式均源自中原文化基因。集体离乡的群体记忆使"原乡"构成了台湾文学创作的一个重要母题，此"乡"即大陆故乡。这从侧面也反映出台湾与大陆的血脉关联。即便台湾戏剧所谓正音、乱弹、车鼓戏、采茶戏、歌仔戏、布袋戏、皮影戏等多种戏剧形式，以及诗歌、书画、金石、民间艺术等其他艺术形式，均由祖国大陆分根发脉，有些甚至与八闽文化一脉相袭。语言学方面，从语音、词汇和语法三个层面来看，台湾闽南语语音、语法跟厦门话、福建闽南话几乎完全一样。两岸闽南方言读音甚至在许多方面和唐宋

---

[1] 陆炳文：《台湾各姓祠堂巡礼》，台湾省新闻处发行，1987 年。

以来的官音（广韵系统）极其接近。客家话同样源自大陆移民，其中尚包含许多中国古代雅言的特征，现在岛内所说的客家话也主要是祖国大陆"四县方言"和"海陆方言"。两岸在民俗方面也有着千丝万缕的联系。生活习俗相承，生命礼俗相近，民风民俗因同祖而相袭。如服饰"绸缎之属，来自江浙"；饮食"其肴剖鹿不腊，生鱼不燔"，与三国时期一脉相承；民居上移民建筑造型多承袭漳、泉；生育文化、婚姻习俗及丧葬习俗等皆源自中华，甚至比祖国大陆居民更长久、更完整地保留了古代习俗。此种种文化的传播、传承、绵延、发展，都得益于郑成功家族坚决复台之行动及大力建设开拓之功。也可以说没有郑成功就没有今日之台湾文化。

2. 郑成功复台对祖国大陆的文化意义。2022 年是郑成功收复台湾 360 周年。360 年前，盘踞台湾城 38 年的荷兰殖民者在郑成功军队的强势驱逐下，崩溃瓦解，签订投降书，台湾得以重回祖国的怀抱。郑成功以超人的胆略和不畏强权的勇气谱写了"开辟荆榛逐荷夷"的光辉篇章。在近代，郑成功已经成为当时激励国人奋发图强、救亡图存的精神资源。经学大师刘师培曾列举出郑氏的六个特色，其中第一点"保种的功业"与第四点"实行家族的革命"，论其对明王朝忠心耿耿，矢志抗清，甚至与降清的父亲决裂。其对忠义之坚持，完全符合中华传统文化中忠义之伦理；其背后是对家与国之选择，秉承了以国家为大、"忠君爱国"显然高于"父父子子"的伦理等级观念。中华文化中，家国虽然同构，但国先于家，有国才有家，这是国家利益与个人利益相统一的前提，这对国家的健康发展无疑具重要意义。也因此郑成功能在维护祖国统一的历史中占据重要地位，获得广泛赞誉。刘师培所谓第二点"辟地的功业"及第三点"没有奴隶的性质"，皆强调郑成功不管是战胜荷兰人在台湾建立政权，还是与父亲决裂，拒不降清，为民族舍弃家族，都表现出独立自主的决断特质。第五点"晓得内政"与第六点"晓得外交"，则涵盖了郑氏集团在社会经营与对外交往方面所具有的战略与布局。从英勇顽强、坚忍不拔的战斗精神，到独立自主的主权意识以及对国家主权的自觉维护，郑成功收复台湾及对台湾的开发治理，不仅维护了国家的利益，捍卫了国家主权的完整，也使得台湾的当地人民摆脱了西方殖民统治者的压榨与长期压迫，进而极大促进了台湾岛的开发，至今都对祖国的统一大业产生着积极深远的影响。如现代剧作家欧阳予倩所言："郑成功夺取台湾，不是开边，只是收复失地。收复台湾以后，他极力奖励农业，有组织地增加生产，整顿军旅，虽其恢复中原的志愿，没有能够实现……他独能孤军拒敌始终不屈，使炎黄子孙余绪不坠……谁能说这台湾一岛不系住国运之兴替呢？"① 其顽强抵抗外侮的意志与坚决维护国家主权完整的爱国主义精神，对国人的影响都至为深远。

3. 郑成功复台对当今世界的文化意义。在当今全球化时代，国际的竞争不再是冷兵器时代的攻城略地和赤膊血战，而是早已经转化为经济实力强弱与文化吸引力大小相结合的错综复杂的较量。从地域地理方面的争夺看，世界范围内的海陆资源中，陆地资源的归属已基本明确，21 世纪是国际公认的海洋世纪，海洋资源的争夺日益激烈，在充满未知数的海洋上，海疆的界定必然聚集了无数人的眼光。郑成功作为中华文明发展史上一个功勋卓著的海洋英雄，他一方面能通过经营海上贸易，打造成功的海洋事业，创造庞大的社会财富；另一方面，他凭一己之力抗击欧洲殖民力量，维护中国的东南海权，而并不以殖民其他国家和民族为目的，也不曾侵占他国的人民和土地。他通过海上贸易与东印度公司、东南亚各国及日本等都有着非常密切的联系，在此过程中顺利将中华文化因子播散到海外，扩大了中华文化在国际上的影响力。从时代趋势与时代潮流的角度看，郑氏集团曾经一度极其活跃的海洋活动及其所带动发展的海洋文化因素，都能够与当下的海洋时代有机契合，具有鲜明的时代意义。郑成功将中华文明中的海洋文明血脉延伸到了台湾，海峡两岸的闽台区域同是中华文化中海洋文明最具共同性的代表区域。闽台两地地域的相近性使其在文化经济方面更具一体化的基础，从而在情感方面也更能够唤起民间的文化认同。那么海洋文化所蕴含的不安于现状的乐于和敢于开拓、打拼、求新求变的精神，以及含蓄包容与改革开放共在的精神内涵，经过数千年的演绎，早已积淀为闽人甚至东南沿海区域的文化基因。随着中国改革开放的坚实进程，中国东南沿海省份也传承和发展着海洋文化精神，

---

① 光汉：《中国排列大英雄郑成功传》，《中国白话报》第 20 期，1904 年。

并向海外输送和传播。三百多年前的郑氏集团的商业活动贸易往来已经自然构成了东亚史、欧洲史乃至世界史的一部分。郑成功研究必然应该享有更广阔的研究视野，在中外研究的层面要加强交流打通隔膜，做到精神文化遗产的交流共享。郑成功研究因此具有了地方的也是全国的、民族的也是世界的、中国的也是全球的文化意义。

二、郑成功复台的时代价值

由地缘到血缘的紧密相连，到文化的根脉相通，再到经济发展的互相促进，两岸关系虽然在历史进程中屡经波折，但必须看到，统一是大势，是历史发展的必然。在走向统一的历史进程中，郑成功复台对两岸关系来讲，具有非常重要的时代价值。

1. 郑成功收复台湾为两岸统一提供了有力的历史支撑。主要表现在以下几个方面。第一，郑成功收复台湾的历史文献记载，如《热兰遮城日志》记载了郑成功于 1661 年 4 月 30 日率军进入台江内海、北线尾岛，封锁台江水域围困热兰遮城，登陆赤崁地区包围普罗民遮城，以及写信给荷兰总督招降等。清代蒋毓英所撰的《台湾府志》也载郑成功招降荷兰人之后，在赤崁设行政官职，及世子郑经后续建立街市的过程。再如《台湾郑氏始末》《海纪辑要》《海上见闻录》及《闽海纪略》等历史文献对郑经及郑克塽等有相关记载，说郑经死于承天府的行台，因为藩府在安平镇王城，承天府（东宁）是他办公、居住的场所称为行台。相关历史文献是郑氏集团收复、开发和治理台湾的重要依据，是两岸统一的有力历史支撑。第二，郑成功在两岸的相关信仰与传说。几百年来，郑成功早已成为两岸共同的文化符号，承载着民众的虔敬情感。在大陆，民众普遍敬仰郑成功，评价其为民族英雄；在台湾，郑成功的故事家喻户晓，具有深厚的民间信仰基础。郑成功相关信仰传说在台湾社会中的传播远远超越了乡土的情感和地域的观念，是宗族性、地缘性、民族性等的统合，是台湾移民社会的共同信仰。百姓感念郑成功复台功绩及忠烈之风，在街坊中建庙祭祀。至今依然有中国大陆、日本、马来西亚的相关人士赴台参加郑成功祭典。作为信仰，郑成功的精神内涵已经扎根于民众之中，深刻影响着两岸民众的生活，形成两岸统一的信仰基础。第三，郑成功收复台湾的历史文物遗迹。相比之前三国至隋朝时的零星的关于台湾的记录，郑成功收复台湾不仅有相关文献的明确记载，在史迹、文物等历史遗存方面也都具有明确实物的存在。如1990年在福建连江县海域水下出土尾部镌刻"国姓府"三字的铭文铜铳，具有非常高的考古价值。2000年又在福建东山县海域水下发现郑成功古战船沉船，打捞出大量火铳、铁炮、弹丸等文物，证明火器以及火药技术在郑氏军队海战中已大量应用。大量的两岸相关史迹、文物遗迹等的相互映照构成了两岸统一的物质文化相关性的例证。

2. 郑成功收复台湾为两岸统一构筑了坚实的文化基础。自郑成功收复台湾、郑氏集团开发治理台湾以来，台湾与祖国大陆语言相近、文字同源、文化相通，具有良好的两岸统一的基础。其中儒学思想对郑成功有深刻的影响。郑成功复台后，在开发治理的过程中，将儒学思想付诸实践，从忠孝、忠义、君臣父子等伦理观念到对华夷之辨的理解，从经世致用到仁政安民的政治思想，再到仁义礼智信的经商理念，郑成功以其儒学思想的实践不仅推动和影响了台湾的经济发展，也为台湾人民打下了儒家文化思想的地基，甚至在后来台湾人民进行抵抗外侮的斗争中发挥了极其重要的作用。而所谓经世致用，是明朝末年，儒学学者基于对儒学思想的深刻认识和理解，认为想要国家富强和国家兴盛，要摒弃那些没有用的脱离实际的学问，要从儒学思想中提取有用的东西，用来救世治世，即经世致用。郑成功的老师钱谦益不仅有着丰富的史学和文学知识，更是对国家的政事、兴旺衰败等十分关注，对郑成功影响很大。维护明朝统治，维护国家主权与领土，尊贤任才、仁政安民、赏罚分明等，郑成功将来自大陆的儒家文化因子深耕台湾，使今日之两岸关系能在儒学、宗亲、民俗等文化同根方面形成坚实的互通的文化基础。

3. 郑成功收复台湾为两岸统一形成了深厚的情感积累。在长久以来的两岸关系中，郑成功已经成为一个具有广泛共识的文化符号。虽然在清前期，郑成功一直被清政府视作"逆贼"，其"忠君爱国"形象较为模糊，但时间行至19世纪中叶，随着时局改变，西方列强大肆入侵中国，国家领土主权危机四伏。为稳固王朝统治并强调"华夷有序"的政治目的，郑成功的"逆臣"形象被有意识弱化，其坚决抗击"外夷"、忠心"保家卫国"的忠君爱国形象开始逐步确立。至近代辛亥革命时期，为结束腐败的封建王朝的统治，建立近代民主共和国家，郑成功形象一转而为民族英雄。如在清光绪时出版的多种期刊书籍中，郑成功呈现为一个誓死为明、反对清朝统治的领袖。至抗日战争时期，郑成功英勇顽强抗击并驱逐荷兰殖民者的事迹，与举国抗击日本侵略者的政治环境实现高度契合，郑成功作为民族英雄的影响力扩大至全国，被全国人民所接受。新中国成立后，随着国民党残余势力败退台湾，郑成功的英雄形象再次发生变化，保卫国家领土主权、维护国家统一的民族英雄形象流传至今。与此同时，郑成功的"遗民忠义"形象在台湾地区民众中不断传衍，成为多数台湾民众保持其国族认同的重要精神符号。因此，郑成功成为联结和沟通两岸文化的情感的认同与归属的重要桥梁和纽带。多年来海峡两岸多个郑成功文化节的成功举办，也从侧面反映出由郑成功所赋予两岸的深厚的情感积累。

国际郑成功文化交流协会会长郑栋梁接受采访时提到，郑成功精神的核心内涵包括大忠大义的爱国精神、敢拼敢搏的开创精神和通洋裕国的海洋精神，这些精神特质对中华民族推进祖国统一、"二十一世纪海上丝绸之路"建设、爱国主义教育等无疑都具有重要的时代意义。依据《中共中央关于党的百年奋斗重大成就和历史经验的决议》所指出的，习近平同志就对台工作提出的新时代党解决台湾问题的总体方略，我们必须以民族复兴为必要条件、以人民为中心、以推进和平统一但不放弃使用武力为目标、以坚决反对"台独"分裂和外部势力干涉为保障、以深化两岸关系和平发展和融合发展为路径，贯彻"一国两制"为基本框架的祖国统一思想，把握历史方位，重视郑成功复台所形成的文化意义与时代价值，以郑成功爱国主义精神为纽带，与台湾同胞携手共创民族复兴的美好未来，坚定不移地在民族复兴中推进祖国统一进程。

郑成功爱国主义的文化维度

⊙赵志浩（河南省社会科学院哲学与宗教研究所副研究员）

　　16 世纪末，欧洲爆发了历史上第一次成功的资产阶级革命——尼德兰革命，诞生了荷兰共和国。荷兰共和国通过发展对外贸易和殖民扩张，发展成为海上强国，凭借造船业和航海技术，成为海洋霸主，最强盛时期拥有的商船超过欧洲商船总和。为了保护贸易和海外利益，荷兰建立强大的船队，航行于大西洋、印度洋、地中海、波罗的海，先后把爪哇、锡兰变为殖民地，在印度、澳大利亚等地建立殖民据点，占领毛里求斯、开普等战略据点，在东方贸易中占有垄断地位。1624 年，荷兰侵占中国台湾，先后通过经济、外交、军事等手段迫使中国接受他们的要求。郑成功以自身拥有的经济、军事实力打败荷兰殖民者，收复台湾和建设台湾的系列举措，表现出强烈的爱国主义精神。

　　习近平总书记在纪念中国人民抗日战争暨世界反法西斯战争胜利 75 周年座谈会上指出："爱国主义是我们民族精神的核心，是中国人民和中华民族同心同德、自强不息的精神纽带"，"是激励中国人民维护民族独立和民族尊严、在历史洪流中奋勇向前的强大精神动力"[1]。我们认为，爱国主义是中华民族的优秀传统

---

　　[1] 习近平：《在纪念中国人民抗日战争暨世界反法西斯战争胜利 75 周年座谈会上的讲话》，《人民日报》，2020 年 9 月 4 日，第 2 版。

和道德情感，也是中华民族大团结的政治基础、情感基础和道德基础。凡是有利于维护中华民族领土主权完整、民族团结和谐以及传承传统优秀核心价值理念的思想行为，都属于爱国主义的范畴。郑成功收复台湾的过程和历史影响，集中体现了爱国主义的基本精神。

一、继承了传统的忠义爱国精神

1644 年，李自成攻入北京，崇祯帝自缢，吴三桂迎清军入山海关，江南诸臣在南京拥立福王。1645 年，清军攻陷南京，掠走福王，郑成功的父亲郑芝龙拥立唐王，改年号为隆武，从事反清复明活动。郑芝龙从事海上贸易，一方面反清，一方面攻打在厦门、金门的荷兰人，痛击荷兰军队，使荷兰军队不敢进犯福建。1646 年，清军进军福建，隆武帝被生擒，郑芝龙降清。郑芝龙派亲人劝降郑成功，以书信招降，郑成功原本可以随父降清，博得一官半职。郑成功并非不懂孝道，相反，他自幼就受到儒家忠、孝、节、义等的思想教育，但他心系民族利益，在民族危亡关头，义无反顾，把国家民族利益放在家庭、家族利益之上，弃父取忠，背父报国。

面对父亲降清，郑成功大义灭亲，与父决裂，拒绝降清，并指责其父不顾君臣之义。这种忠君不忠亲的行为超越了家庭亲情的束缚，认为忠大于孝，义重于亲，以民族气节和忠君爱国为重，迫使清政府接受农民战争和民族斗争的教训，不断调整政策，改变与汉民族之间的关系，推进民族融合与国家统一。清朝统一台湾后，1683 年，康熙帝赐郑成功"忠臣"牌匾。1699 年，康熙帝下诏曰："朱成功系明室之遗臣，非朕之乱臣贼子。"[①] 肯定了郑成功的忠君爱国精神。郑成功受到康熙褒扬仅是官方的定位，表明他得到了清廷认可。从后人对郑成功的肯定来看，其功劳远远超过其作为"明室遗臣"的"忠"，郑成功的行为举措表明他拥有忠于中华民族的气节，具有维护国家领土完整、秉持民族大义、坚守华夏正

---

① 陈芳明：《郑成功与施琅——台湾历史人物评价的反思》，《台湾史论文精选》，玉山社出版，1996 年，第 138 页。

统等的意义和价值。

二、坚持正义的民族情怀

明朝中后期，由于商品经济和货币经济发展，特别是对外贸易发展，不得不开放海外市场，加之明末政治腐败，官员相互倾轧，给了荷兰侵犯和占领中国沿海的机会。但由于两种生产方式的根本对立，以及荷兰的侵略掠夺性质，使得中荷之间存在无法调和的矛盾，两国之间的斗争不可避免，郑成功父亲郑芝龙就曾经把荷兰军队驱逐出闽海。17 世纪中叶，郑成功着手收复台湾，当时的荷兰海军占有绝对优势，他们认为，如果两军相遇，"荷船如铁，郑船如纸"[1]，郑成功的部下也夸大荷兰船炮的威力，郑成功认为"此乃常俗之见"。

岂不知，以正义攻打非正义，正义必胜。船坚炮利只是技术层面的东西，只要将士上下一心，同仇敌忾，必胜对手。荷兰占领台湾之后，为了获得高额商业利润，一方面要压低成本，无限制剥夺农民利益，同时为了维护统治也从获取的利润中抽出一部分作为统治成本，拉拢当地官员，并分给农民一些蝇头小利，但荷兰殖民统治与台湾居民在根本利益上是对立的，这是郑成功能够战胜荷兰的根本。郑成功以强烈的爱国精神控诉荷兰对台湾的占领，表现出强烈的国家领土意识，刚到台湾时就宣布："台湾者，中国之土地也。""今余既来索，则地当归我。珍瑶不急之物，悉听归尔。"[2] 郑成功到了台湾之后，允许文武官员及大小将领家眷，只能在承天府或其他各地圈地，创建庄屋，开辟田园，"永为世业，以佃以渔及经商，取一时之利，但不许混圈土民及百姓现耕田地"[3]。受到当地高山族和汉族人民的热烈欢迎，他们帮助军队登陆，为军队提供货车、军粮等，并侦探敌人军情，在民心民意、精神情感层面已胜于敌。

---

① 卡尔弗：《荷人在台湾之史迹》。
② 连横：《台湾通史》卷一，《开辟计》，华东师范大学出版社，2006 年。
③〔清〕杨英撰，陈碧笙校注：《先王实录校注》，福建人民出版社，1981 年，第 254 页。

三、勇于斗争的民族精神

16 世纪，西方人开启了大航海时代，西方国家开始争夺海权。郑成功所处的17 世纪中叶，欧洲列强的竞争与冲突传至远东，使得远东海域成为冲突的区域之一。荷兰是当时最强大的殖民国家之一，拥有坚固灵巧的战船，舰队总吨数占世界四分之三，比英国多十倍以上，同时又拥有先进的新式武器，有恃无恐，成为传统中国乃至亚洲不曾遇见的强大对手。代表工商业文明的荷兰具有竞争、进攻等的特性，拓展海外领地，推行殖民统治，能够达到获取商业利润的目的，占领台湾是为了获取商业利润。荷兰侵占台湾不是最终目的，而是把台湾作为跳板，打开中国门户，把中国变成殖民地，侵略整个中国。荷兰崛起之际，也是明朝衰败之时，天启年间（1621—1627），皇帝朱由校沉迷于营造工作，"朝夕营造"，太监魏忠贤专权，朝政败坏，军备废弛，内有农民起义，外有后金侵扰。在这种情况下，中荷对抗犹如垂垂老人对抗年轻力壮的青年人。到了清代，在东南沿海抗清的郑成功通过精心准备，利用气候条件，采用麻痹手段迷惑荷兰军队，出其不意地攻击敌人，并采用强攻、久围、打援等方式击败荷军，收复并据守台湾，建立了郑氏政权。

既要有爱国情怀，又要有爱国能力，才是真正的爱国。西方海商贸易大多得到本国政府支持，郑氏海商集团非但得不到政府支持，还受到政府压制和剿灭。郑成功既要反清，又要反抗西方殖民者，处境艰难可想而知。面对种种挑战和困难，郑成功以商养军，以智慧、勇气、政策、策略等击败荷兰军队，收复台湾。收复台湾之时，是荷兰威廉执政时代，也是荷兰的巅峰时代，这对荷兰来说是一种耻辱。郑成功挫败当时强大的殖民主义国家，以劣势武器打败优势装备，打击了荷兰的威风，打击了荷兰战胜东方大国的野心，彰显了华夏民族战略战术的优越以及勇于斗争、善于斗争的民族品格。台湾自古以来就是中国领土，郑成功收复台湾，摧毁了荷兰妄图侵占中国的妄想，为台湾是中国领土提供了历史事实依据和法理基础。

四、以农为本的治世理念

郑成功收复台湾之后，一方面继续肃清荷兰残余势力，一方面以农为本，兴修水利，发展农业生产，让有经验的汉族农民教高山族人学习使用牛耕和铁农具技术，增强了高山族和汉族之间的经济文化交流，密切了民族关系。郑成功利用军队和福建移民为台湾带来了人力、物力和资金，加大了对台湾的开发力度，发展了台湾经济，加速了民族融合、民族团结和汉文化在台湾的传播，加强了台湾与祖国大陆之间的亲密联系。郑成功重视粮食生产，颁布屯田谕令，寓兵于民，要求官兵开垦荒地，垦荒屯田，命令将士"按镇分地，按地开荒"，并让其拥有所有权，促进了土地的开发利用，提高了农业生产水平。郑成功把荷兰非法侵占的"王田"变作"官田"，租给百姓，按上、中、下三等征收租税。郑成功规定，官兵和当地农民一样，都必须如实呈报垦地数量，保证了财政收入，同时又以商强兵，通洋富国，农商并举，为管理台湾、稳固政权打下了坚实基础。

五、以文化人的教育情怀

郑成功的老师钱谦益主张经世致用，关心国家兴亡。郑成功深受其影响，收复台湾后，推崇孟子的仁政思想，推行礼教，尊贤任才，善待宗室，仁政爱民，赏罚分明。郑成功在福建沿海抗清时，就在厦门"设储贤、育胄二馆"[①]，用来招贤纳才。郑成功去世后，郑经继任，任用就学于储贤馆的陈永华在台湾推行儒学，创建台湾教育制度，建立了从启蒙教育到高等教育的教育体系，并注重从学校选拔人才，形成　套人才选拔任用机制。明郑政权把学校教育的内容从"四书"转向"五经"，把培养人才和经世致用结合起来，传播经学和"春秋大义"，培养经世致用的人才，兴实学、行仁政、重民生，力图在台湾实现王道理想，让华夏文化在台湾扎根，传播了以儒学为主的中华文化。

郑成功还沿袭明朝府县制，立官设职，制法律、兴学校、起池馆。郑成功死

---

① 〔清〕江日昇：《台湾外记》，福建人民出版社，1981年，第119页。

后，其子郑经采纳陈永华建议，在台湾"设宗庙，立学校"，明朝遗臣和文人前往授徒讲学，传播儒学，有的还著书立说，使儒家文化在台湾广泛传播。郑氏官兵和沿海居民进入台湾，闽南的一些时令节日和风俗习惯也进一步在台湾传播，闽南的道教、佛教、民间宗教开始在台湾流行。郑氏政权还建立一整套教育体系，中央设国子监，地方设府学、州学、县学，在高山族设"小学"，并出台义务教育法令，对那些送孩子读书的家庭减免赋税，补贴家庭贫困且勤奋好学的子弟，中华正统儒家文化在台湾各地扎根。

六、以文治台的治理理念

荷兰殖民者统治台湾期间，经济上施行"王田法"，政治上推行"长老会议制度"，文化上雇佣大批基督教传教士通过宗教活动麻痹人们思想，还强迫高山族学习荷兰语，极力"去中国化"。郑成功收复台湾之后，开垦农业，恢复华夏衣冠礼仪，建立孔庙，使台湾摆脱西班牙、荷兰殖民文化的影响，让中华文化在台湾广泛传播、生根发芽。文明与文化的争夺是不同族群相互争夺的一部分，郑成功对中华民族的特殊贡献在于保证了中华文明在台湾的延续。我们所倡导的爱国主义很大程度上是对中华传统价值观念的热爱与守护，这是文化自信的重要组成部分。地理上的侵占和征服尚不足以把对方完全征服，只有切断被征服者的文化认同和文化自信，才能彻底打败对方。经济、科技、商业在发展，但文化的根没有变，中华民族奋斗抗争的精神没有变，民众抗击侵略的精神没有变，爱国精神没有变，就保住了中华民族文化的根，中国精神就会永远立于不败之地。抛弃了文化之根，就没有了魂，中华民族就不存在了，这才是真正被打败了。只要文化之根还存在，中华民族就永远不会消失，这才是问题的关键，也是战胜敌人的根本。

七、开放包容的民族品格

中国是以农业生产为主的农耕社会，郑氏家族突破固有经济生产模式，以商业为重，积极拓展经济来源，蕴含着求新求变、开放包容的海洋精神。郑氏抗清复明的经济基础来源是海外贸易，为了军事上的更大作为，郑成功致力于海上对外贸易，"输中华之产，驰异域之邦，易其方物，利可十倍"①，以通洋之利养军备战，以商养战，用商业利润支撑政权存在，同时以武力支撑和保护海商利润，占有绝对军事优势使郑成功在东南亚的贸易占据垄断地位，以海上贸易的巨额利润支撑军费支出，把政治、军事、贸易三者融为一体，相互促进。郑成功注重学习西方先进技术，比如学会了先进的航海技术，具备了远航能力，还吸取了西洋人与日本人的长处。如此，才拥有了战胜荷兰的技术力量和资本力量，同时把明朝政权的力量延伸到海上。

郑氏政权具有强烈的海权意识，运用海上军事力量守卫疆土，整顿维护海上和海外贸易秩序，还大力发展台湾与大陆及海外的贸易。明末时期，世界处于大航海时代，新航路被开辟，世界各国贸易往来、文化交流加强，全球贸易将各个国家连接起来。明朝实际上也由此加入了世界潮流，开放商贸出海港口，开海贸易，并从日本、美洲大量进口白银，促进了经济繁荣发展。郑成功继承父业，顺应历史潮流，适应世界经济发展变迁趋势，参与海洋时代的全球博弈，训练海军，经营郑氏海商集团，成为 17 世纪东亚海域最沽跃的力量，实力最雄厚的时候，"舰船千艘"，成就了其沿海地带的霸业，所以才能够成功收复台湾。

八、勇于革新的开拓精神

郑氏海商集团最初借助官方支持，大力发展海上贸易，把中国引入全球大航海时代。地中海沿岸的西方文明注重海上贸易和制海权，并以海军护卫海商和海权。中国长期的农耕文明造就了陆权主义，缺乏海权意识，海军力量薄弱。郑氏海商集团创建了一支维护海上贸易的海军力量，对抗清军和西方海上力量，迫使清廷大规模建造水师，增强了中华民族的海权意识。郑氏海商集团虽然在组织架构上不同于荷属东印度公司，但其拥有的商业、贸易、军事等功能与后者是有相似之处的，这无疑是对传统农业社会和农耕文明的突破。无论是明朝还是清朝，

---

① 〔清〕叶廷推等纂：《（乾隆）海澄县志》卷十五，乾隆二十七年（1762）刻本，第 11 页。

都没有足够的海军实力战胜荷兰，郑成功的父亲郑芝龙是拥有强大海上实力的海商，同时拥有与荷兰相抗衡的海军，郑成功正是在继承父业的基础上不断发展壮大，拥有的实力不仅可以用来抗衡清廷，还能迎战欧洲列强，完成收复台湾的大业。因此，收复台湾不仅把汉文化传播到台湾，也是拥有海洋意识、参与海权博弈的表现，还把开拓进取的海洋文明沉淀到中华文明当中。

16、17世纪，新航路开辟，大航海时代到来，欧洲出现了航海贸易，并得到本国政府的支撑，葡萄牙、西班牙、荷兰、英国在东亚海域展开激烈商贸竞争，台湾地区成为竞争的重要支点。荷兰控制台湾后，使台湾成为荷兰对中国、日本、东南亚乃至欧美贸易的重要据点和东亚海域国际商贸转运站。郑成功收复台湾后，台湾依然是国际商贸转运站，并成为明郑政权从事海上贸易的根据地，通过行政建制把台湾纳入南明王朝疆域之中，扫除了中国统一台湾的外部障碍，最终通过康熙帝统一台湾，台湾成为中国东南海疆的要地，在事实上成为中国领土的一部分。可以说，郑成功收复台湾与康熙帝统一台湾，是完成中国领土与主权统一的两个前后相继、一脉相承的重要步骤。

综上所述，郑成功收复台湾及在台湾实行的开发和建设措施，促进了台湾社会财富的积累，缩小了台湾在政治、经济、文化等方面与大陆的差距，奠定了台湾物质、文化、精神等的发展基础，为日后清朝统一并治理台湾做了准备，并对以后台湾的发展影响至深。

学术界从政治、经济、商业、外交、海洋文化等角度解读郑成功收复台湾的意义。有研究者认为，郑成功收复台湾的动机是："要占其地，治其民，各居一隅，自立一方，然后等待机会，徐图大举，建立全国性的郑氏统一政权。"[1]这涉及主观动机和客观效果之间的关系，即便郑成功为了达成自己的目的，也应看到他收复台湾所造成的历史影响。明清政权转移不仅是朝代更替，也是异族政权交替，带有民族矛盾和民族斗争的特征，郑成功抗清具有反对民族压迫的性质，所以应认为是正义的和爱国的。从客观上看，郑成功把台湾从荷兰手中夺回，捍卫了中

---

[1] 莫树灿：《浅析郑成功收复台湾的主观动机》，《东南文化》1990年第3期。

华民族主权和领土完整，促进了台湾开发和民族融合，有利于中国传统文化在台湾的传播，维护了中华民族利益。通过让那些妄图分裂台湾、侵害中华民族的行为付出代价，向西方列强证实了台湾是中国不可分割的一部分，显示了中国人捍卫领土主权的决心和信心。郑氏政权的反清活动，也加速了清政府统一台湾的步伐，最终台湾回到了祖国怀抱。郑成功收复台湾还阻止了西方国家东扩步伐，鼓舞了亚洲人民反对殖民主义斗争，增强了东南亚地区人民反抗殖民统治的信心，加快了亚洲人民反抗侵略的进程。

"纪念郑成功收复台湾 360 周年学术研讨会" 会议纪要

⊙李立新（河南省社会科学院研究员）

　　2022 年 8 月 27 日，"纪念郑成功收复台湾 360 周年学术研讨会"在河南郑州隆重举行。此次学术研讨会由河南省社会科学院、河南省姓氏文化研究会主办，河南省社会科学院文学研究所（黄河文化研究所）、河南省社会科学院中原文化研究中心、河南省社会科学院历史与考古研究所、河南省郑文化研究院、河南省社会科学院国际学术交流中心联合承办，河南省台湾同胞联谊会、泉州郑成功研究会协办。来自郑州大学、河南大学、河南省社会科学院、河南人民出版社、河南师范大学、河南财经政法大学、信阳师范学院、河南科技大学、新乡学院、商丘师范学院、河南省姓氏文化研究会、河南省郑文化研究院、泉州郑成功研究会、河南省台湾同胞联谊会、中共荥阳市委统战部等单位的专家学者、相关领导和郑氏宗亲代表 70 余人，以及 10 多家媒体记者与会。大家围绕郑成功的生平事迹、郑成功的爱国主义精神、郑成功与郑氏家族、郑成功文化的传播与接受等内容展开深入研讨，就以下问题达成共识：

　　一、郑成功是践行和弘扬以爱国主义为核心的中华民族精神的典范。郑成功收复和开发台湾，是中国人民反抗外来侵略、维护国家领土主权的一次重大胜利。郑成功是中华民族的民族英雄，是伟大的爱国主义者，也是全球郑氏的荣光。在他身上集中体现出胸怀天下、恢复故土的爱国情怀，驱逐外敌、捍卫主权的民族气节，不畏强暴、忠贞不渝的斗争精神，建设台湾、通洋裕国的海权意识。习近平总书记指出："历史深刻表明，爱国主义自古以来就流淌在中华民族血脉之中，去不掉，打不破，灭不了，是中国人民和中华民族维护民族独立和民族尊严的强大精神动力。"民族英雄郑成功身上体现出来的强烈的爱国主义精神，在新时代值得进一步传承与发扬。

二、郑成功文化是海峡两岸高度认同的共有文化符号。在祖国大陆，郑成功是中华民族历史上成功驱逐西方侵略者、捍卫领土主权、传承中华文化、开发宝岛台湾的民族英雄；在宝岛台湾，郑成功受到民众普遍崇拜，被尊为"开台圣王"，逐渐完成从人到神的转化。郑成功文化贯穿古今，超越两岸，成为连接海峡两岸的精神纽带、沟通两岸同胞的心灵桥梁。两岸同胞同宗同祖，同根同源，血脉相连，休戚与共。我们要共同传承弘扬郑成功精神和郑成功文化，促进两岸同胞心灵契合和文化认同，增进两岸同胞骨肉情谊，反对一切敌对势力分裂中国的图谋，坚持一个中国原则和"九二共识"，共创祖国统一的历史伟业，共享民族复兴的伟大荣光。

三、福建南安、光州固始、郑州荥阳均为郑成功文化圣地。郑成功是福建省南安市石井镇人，南安市素以"成功故里"享誉两岸，存留有大量郑成功遗迹。清《郑氏附葬祖父墓志》明确记载郑成功"先世自光州固始县入闽"，河南固始县为郑成功的祖籍地。在台湾最早主祀郑成功的台南郑氏家庙，楹联中有"派衍荥阳"之说；日本平户郑成功庙内悬挂着"荥阳之光"的匾额，说明郑成功家族历史上出自荥阳郡望，郑州荥阳是郑成功的祖根地。建议三地联动，共同讲好郑成功复台的故事，传承弘扬郑成功文化，开发郑成功文化专题旅游线路，推动爱国主义主题教育。